NEW ERA AND NEW JOURNEY
STUDY ON THE
DEVELOPMENT OF SHAANXI
OPEN ECONOMY

新时代、新征程：
陕西开放型经济发展研究

杜跃平 / 主编

北京

图书在版编目（CIP）数据

新时代、新征程：陕西开放型经济发展研究／杜跃平主编．－－北京：中国经济出版社，2021.12
　ISBN 978－7－5136－6693－0

　Ⅰ.①新… Ⅱ.①杜… Ⅲ.①区域经济发展－研究报告－陕西 Ⅳ.①F127.41

中国版本图书馆 CIP 数据核字（2021）第 207987 号

责任编辑	贺　静
责任印制	巢新强
封面设计	华子设计

出版发行	中国经济出版社
印 刷 者	北京九州迅驰传媒文化有限公司
经 销 者	各地新华书店
开　　本	787mm×1092mm　1/16
印　　张	22.75
字　　数	446 千字
版　　次	2021 年 12 月第 1 版
印　　次	2021 年 12 月第 1 次
定　　价	98.00 元

广告经营许可证　京西工商广字第 8179 号

中国经济出版社 网址 www.economyph.com 社址 北京市东城区安定门外大街 58 号 邮编 100011
本版图书如存在印装质量问题，请与本社销售中心联系调换（联系电话：010 - 57512564）

版权所有　盗版必究（举报电话：010 - 57512600）
　国家版权局反盗版举报中心（举报电话：12390）　　服务热线：010 - 57512564

编委会

主　任：黄　藤

副主任：闵小平　潘　君

主　编：杜跃平

编　委：（按姓氏笔画排名）

　　　　王乐乐　王慧珍　张慧文　杨维霞

　　　　周晓燕　郑　端　徐德洪　郭　敏

序　言

一、新时代大变局中，我国全方位开放迈上新台阶

习近平总书记在党史学习教育动员大会上强调："历史发展有其规律，但人在其中不是完全消极被动的。只要把握住历史发展规律和大势，抓住历史变革时机，顺势而为，奋发有为，我们就能够更好前进。"改革开放是我们党的一次伟大觉醒，正是这个伟大觉醒孕育了我们党从理论到实践的伟大创造。改革开放是中华民族发展史上的一次伟大革命，正是这个伟大革命推动了中国特色社会主义事业的伟大飞跃！

改革开放推动中国全方位开放。党的十一届三中全会开启了我国对外开放的历史新时期。党的十八大以来，在以习近平同志为核心的党中央坚强领导下，我国统筹中华民族伟大复兴战略全局和世界百年未有之大变局，深刻认识我国社会主要矛盾变化带来的新特征新要求，深刻认识错综复杂的国际环境带来的新矛盾新挑战，立足社会主义初级阶段基本国情，保持战略定力，准确识变、科学应变、主动求变，善于在危机中育先机、于变局中开新局，抓住机遇，应对挑战，趋利避害，奋勇前进。突如其来的新冠肺炎疫情对于全世界来说是一次严峻考验，使世界百年未有之大变局加速演进，世界进入动荡变革期，单边主义、保护主义、霸权主义对世界和平与发展构成威胁，国际产业链、供应链运转严重受阻，世界经济遭受重创。在风险与挑战面前，习近平总书记在多个场合持续强调对外开放，我国始终践行着向国际社会做出的"中国开放的大门不会关闭，只会越开越大"的庄严承诺，展现大国担当，对外开放步伐持续加速。

一是开放型经济体系建设更加完备。注重对外开放的提质增效，不断完善外贸与投资布局，重点推进金融、教育、文化、医疗等服务业领域的有序开放。

促进国际产能合作,推动形成面向全球的贸易、投融资、生产、服务网络,加快培育国际经济合作和竞争新优势。

二是加速推进自由贸易区建设,并不断推动贸易和投资自由化便利化。建设自贸试验区是新时代推进改革开放的一项重要战略举措,通过让一些地区、一些领域先行先试,促进形成一系列制度创新的高地。2013年9月以来,历经5次扩围,我国已设立21个自贸试验区,向全国复制推广260项制度创新成果,发挥了改革开放试验田的作用。当前,自贸试验区不仅在空间上实现"遍地开花",还实现了京津冀全覆盖,正朝着更大范围、更广领域、更深层次、更高水平开放迈进。这是对当前国际经贸合作形势变化的积极回应,进一步向国际社会传达了中国在深化改革、扩大开放上的坚定决心。

三是扎实推进高质量共建"一带一路"。"一带一路"建设是中国高质量对外开放的重要抓手。中国以"一带一路"建设为重要抓手,坚持"引进来"和"走出去"并重,坚持共商共建共享,遵循市场原则和国际通行规则,发挥企业的主体作用,开展互惠互利合作,形成陆海内外联动、东西双向互济的开放新格局。"一带一路"沿线各国资源禀赋各异,经济互补性较强,彼此间合作的潜力和空间很大,涉及众多产业和生产要素,将释放巨大的发展机遇。2020年第一季度,在全球新冠肺炎疫情非常严重的情况下,中国和东盟的货物贸易总额增长6.1%,突破1400亿美元,东盟第一次成为中国最大的贸易伙伴,高质量共建"一带一路"取得新的积极进展。

四是坚持对内开放和对外开放相结合。积极加快培育开放型经济主体,营造开放型经济环境,以更高水平开放促进更高质量发展。尽管受到新冠肺炎疫情冲击,2020年我国对外开放步伐仍在加快,我国积极扩大进口,商品和服务进口额增速明显高于全球平均水平,10个进口贸易促进创新示范区破茧而出。营商环境持续改善,市场准入门槛不断降低,全国外商投资准入负面清单由40条减到33条,《中华人民共和国外商投资法》颁布实施,知识产权保护不断强化。对外开放高地功能丰富、量质齐升,海南自由贸易港建设顺利开局,深圳进一步扩大改革开放,浦东推进更深层次改革、更高水平开放,区域合作压茬拓展,商签高标准自由贸易协定扎实推进。

二、我国持续加速对外开放,推动形成新发展格局

"十四五"时期,我国将开启全面建设社会主义现代化国家新征程,继续深化改革,全面提高对外开放水平,推动形成国内国际双循环相互促进的新发展

格局，将为世界各国提供更广阔的市场机会。习近平总书记指出，以国内大循环为主体，绝不是关起门来封闭运行，而是通过发挥内需潜力，使国内市场和国际市场更好联通，更好利用国际国内两个市场、两种资源，实现更加强劲的可持续发展。从长远来看，经济全球化仍是历史潮流，各国分工合作、互利共赢是长期趋势。我们要站在历史正确的一边，坚持深化改革、扩大开放，加强科技领域开放合作，推动建设开放型世界经济，推动构建人类命运共同体。

《中共中央关于制定国民经济和社会发展第十四个五年规划和二〇三五年远景目标的建议》提出：实行高水平对外开放，开拓合作共赢新局面。要坚持实施更大范围、更宽领域、更深层次对外开放，依托我国大市场优势，促进国际合作，实现互利共赢。

一是建设更高水平开放型经济新体制。全面提高对外开放水平，推动贸易和投资自由化、便利化，推进贸易创新发展，提高对外贸易综合竞争力。完善外商投资准入前国民待遇加负面清单管理制度，有序扩大服务业对外开放，依法保护外资企业合法权益，健全促进和保障境外投资的法律、政策和服务体系，坚定维护中国企业海外合法权益，实现高质量"引进来"和高水平"走出去"。完善自由贸易试验区布局，赋予其更大的改革自主权，稳步推进海南自由贸易港建设，建设对外开放新高地。稳步推进人民币国际化，坚持市场驱动和企业自主选择，营造以人民币自由使用为基础的新型互利合作关系。发挥好中国国际进口博览会等重要展会平台的作用。

二是推动共建"一带一路"高质量发展。坚持共商共建共享原则，秉持绿色、开放、廉洁理念，深化务实合作，加强安全保障，促进共同发展。推进基础设施互联互通，拓展第三方市场合作。构筑互利共赢的产业链、供应链合作体系，深化国际产能合作，扩大双向贸易和投资。坚持以企业为主体，以市场为导向，遵循国际惯例和债务可持续原则，健全多元化投融资体系。推进战略、规划、机制对接，加强政策、规则、标准联通。深化公共卫生、数字经济、绿色发展、科技教育合作，促进人文交流。

三是积极参与全球经济治理体系改革。坚持平等协商、互利共赢，推动二十国集团等国际机构发挥国际经济合作功能。维护多边贸易体制，积极参与世界贸易组织改革，推动完善更加公正合理的全球经济治理体系。积极参与多双边区域投资贸易合作机制，推动新兴领域经济治理规则制定，提高参与国际金融治理能力。实施自由贸易区提升战略，构建面向全球的高标准自由贸易区网络。

三、陕西将在谱写高质量发展新篇章中加快形成对外开放新格局

改革开放以来，陕西的改革和开放相互促进，不断深化，特别是党的十八大、十九大以来，陕西认真贯彻落实习近平总书记2021、2020年、2015年三次来陕考察时提出的"五项要求""五个扎实"，奋力谱写陕西新时代高质量发展新篇章。抓住新时代、新征程扩大开放的新机遇，打造内陆改革开放高地，不断激发发展动力和活力，始终把深化改革、扩大开放作为发展的倍增器，改革开放迈出坚实步伐，外向型经济发展步伐持续加快，高质量发展取得新成效，全面开放新格局加快形成，推动陕西经济社会发展不断迈上新台阶。

"十四五"时期是陕西在新的历史起点上推进新时代追赶超越和高质量发展的关键五年，陕西将以更大勇气解放思想，在新时代新征程上展现对外开放的新气象新作为，将开启全面建设社会主义现代化新征程，奋力谱写陕西新时代高质量发展新篇章；积极融入新发展格局，深化改革开放，以开放促改革、促创新、促发展。《陕西省国民经济和社会发展第十四个五年规划和二〇三五年远景目标纲要》提出，"十四五"陕西要坚持全面深化改革、扩大高水平开放，破除制约高质量发展的体制机制障碍，补齐开放不足突出短板，增强发展动力和活力。将深度融入共建"一带一路"，内陆改革开放高地建设取得新突破，建成内陆地区效率高成本低服务优的国际贸易通道、商贸物流枢纽、重要产业和人文交流基地。

一是强化开放大通道建设。积极对接国家开放战略，主动参与新亚欧大陆桥、中国—中亚—西亚经济走廊建设和西部陆海新通道建设，加强与东部沿海地区城市、港口合作，推动形成亚欧陆海贸易大通道。加强西安国际港务区、西安临空经济示范区、咸阳临空经济带建设，大力发展多式联运，打造西安国际性综合交通枢纽、航空枢纽和全球性国际邮政快递枢纽集群。加快综合保税区建设，强化口岸开放，高质量建设中欧班列（西安）集结中心，加快西安、宝鸡、延安国家物流枢纽承载城市建设，推进物流网络和交通商贸物流中心优化升级，打造内陆地区效率高、成本低、服务优的国际贸易通道。

二是构建多层次开放平台。深化与"一带一路"沿线国家（地区）的交流合作，加快建设"一带一路"交通商贸物流、国际产能、科技教育、文化旅游、金融等五大中心。高水平建设自贸试验区，在贸易、投资、监管体制机制和行政管理制度等方面开展首创性、差别化探索，加快自贸区协同创新区建设。推进西安"一带一路"综合试验区、国际商事法律服务示范区建设。加快上合组

织农业技术交流培训示范基地建设,打造"一带一路"现代农业国际合作中心。深化中俄、中哈、中韩、中欧等国际合作产业园区建设。办好丝博会、欧亚经济论坛、杨凌农高会等国际会议和展会,积极申办承办高级别国家外交外事活动,形成全国重要会议会展中心。巩固拓展国际友城关系,加强民间对外交流,提升西安领事馆区涉外服务能力。

三是推动外贸外资优化升级。实施对外贸易多元化战略,提升一般贸易出口产品附加值,推动加工贸易产业升级和服务贸易创新发展。深化巩固欧美、日韩等传统市场,以"一带一路"沿线为重点,积极开拓东南亚、中东欧、中亚南亚西亚等新兴市场。加快建设国家外贸转型升级基地、西安国际港务区进口贸易促进创新示范区及西安、延安跨境电商综合试验区,积极创建国家加工贸易产业转移承接示范地,深化西安、西咸新区服务贸易创新发展试点。实施贸易投资融合工程和中小外贸企业孵化工程,加快外贸综合服务平台和国际营销服务体系建设,完善"走出去"一站式服务平台功能。实施外商投资准入前国民待遇加负面清单管理制度,推进金融、教育、文化、医疗等服务业领域开放,加强外商投资促进和保护,保障内外资企业公平竞争。

到二〇三五年,陕西将建成内陆改革开放高地,形成对外开放新格局,市场主体更加充满活力,市场化法治化国际化营商环境基本形成、处在全国第一方阵,对外贸易依存度在全国位次与生产总值排名基本相当,开放不足短板得到破解。

四、将陕西自贸区研究院建设成为高质量智库研究机构

党的十九大以来,我国在加快推进开放型经济发展方面做出了一系列重大战略部署和政策创新,特别是《中共中央 国务院关于新时代推进西部大开发形成新格局的指导意见》明确提出,以共建"一带一路"为引领,加大西部开放力度,积极参与和融入"一带一路"建设,强化开放大通道建设,构建内陆多层次开放平台,加快沿边地区开放发展,发展高水平开放型经济,拓展区际互动合作。《中共中央关于制定十四五规划和二〇三五年远景目标的建议》提出,坚持实施更大范围、更宽领域、更深层次对外开放,依托我国大市场优势,促进国际合作,实现互利共赢,建设更高水平开放型经济新体制,推动共建"一带一路"高质量发展,积极参与全球经济治理体系改革。这些战略部署提出了一系列需要进一步深入研究的重大课题。同时,随着开放型经济发展新格局的建设,陕西也面临许多新挑战、新问题,需要全面深入研究,为政府、企业、

行业协会的决策者和研究者提供智库研究成果，为高质量发展出谋划策。

西安外事学院陕西自贸区研究院是一所专业性、开放型、国际化的智库研究机构。成立四年多来，研究院始终关注陕西开放型经济发展研究。以陕西自贸试验区建设和创新发展为核心，以陕西外向型经济发展战略和建设内陆开发开放高地为主线，以"一带一路"建设为立足点，重点开展陕西开放型经济、贸易通道、跨境电商、服务贸易、陆港建设、文化旅游等课题研究，积极开展企业开放型经济发展和经营管理咨询。我们将努力为陕西开放型经济发展、自由贸易试验区高质量创新发展和企业"走出去"提供高质量和前瞻性的决策咨询研究成果支持。西安外事学院陕西自贸区研究院将进一步加强与党和政府的沟通及信息共享，夯实基础性研究，开展前瞻性研究，用全球视野研究陕西开放型经济发展问题，为陕西谱写追赶超越和高质量发展新篇章出谋划策。

西安外事学院陕西自贸区研究院自成立以来，始终坚持正确方向，始终坚持问题导向，始终坚持价值取向。承担完成了一批省市政府、企业和行业协会委托的研究课题，发表了一批高水平的研究成果，得到了行业和社会的高度肯定和广泛赞誉。这次出版的《新时代、新征程：陕西开放型经济发展研究》，是研究院一批专业研究者近年来完成的相关研究成果的展现。这些研究体现了研究者的思想性、开放性、创新性和学术性。当然，我们自知，由于研究水平有限，还有许多观点不够成熟，研究水平有待进一步提高，恳请同行批评指正。在此特别对研究者们学习参考的相关文献的作者表示感谢。

我们将始终坚持以习近平新时代中国特色社会主义思想为指导，不忘初心、牢记使命，增强"四个意识"、坚定"四个自信"、坚决做到"两个维护"，充分发挥在党和人民事业中的思想库和智囊团作用，为奋力走好新时代的长征路、不断创造新的历史伟业、谱写陕西发展新篇章做出更大贡献！

杜跃平
2020 年 12 月于西安

目 录

陕西深度融入"一带一路"、打造内陆开放高地研究 …………………… 张慧文（1）

对接 CPTPP 新规则的陕西自贸区"内陆改革开放新高地"政策及路径创新

研究 ……………………………………………………………………… 杨维霞（23）

推动东西部自贸区交流合作，提升陕西自贸区开放协同效应 ………… 郑　端（37）

陕西自贸区贸易便利化建设机制及对策研究 …………………………… 张慧文（51）

提升陕西自贸区贸易自由化的对策研究 ………………………………… 郭　敏（62）

自贸区背景下陕西产业集聚路径及政策研究 …………………………… 王乐乐（79）

中欧班列（西安）集结中心建设路径研究 ……………………………… 徐德洪（94）

"一带一路"背景下陕西国际陆港物流发展对策研究 ………………… 王慧珍（115）

陕西打造"一带一路"国际商贸物流中心的路径选择与政策研究 …… 杨维霞（134）

西安国际陆港与城市经济联动发展研究 ………………………………… 谢聪利（158）

新冠肺炎疫情环境下陕西国际物流风险评估及应对策略研究 ………… 王慧珍（180）

西安打造国际商贸物流枢纽城市路径与政策研究 ……………………… 罗　宁（202）

"飞地经济"模式下陕西跨区域产业园区协作发展研究 …… 张旭起　董　华（236）

增强会展经济效应，推动西部城市协同发展 ………………… 朱　彦（258）

"一带一路"背景下陕西会展业发展路径创新研究 ……………… 张　鹏（282）

供给侧改革视角下陕西"一带一路"沿线国家农产品出口贸易研究 …… 周晓燕（302）

陕西农产品跨境电商发展研究 ………………………………… 彭　勇（319）

跨境电商促进陕西特色农产品出口路径研究 …………………… 周晓燕（333）

陕西深度融入"一带一路"、打造内陆开放高地研究

张慧文[①]

摘要：习近平总书记陕西考察重要讲话为陕西进一步指明了加快对外开放的方向与道路。《中共中央 国务院关于新时代推进西部大开发形成新格局的指导意见》中明确指出，要支持陕西发挥综合优势，打造内陆开放高地和开发开放枢纽。陕西应如何抓住机遇打造内陆开放高地？本文通过对开放研究成果的梳理，结合国内外内陆地区开放发展实践经验，归纳、总结了建设内陆开放高地的关键要素。基于此，着重分析了陕西建设内陆开放高地关键要素的情况，发现其存在航空货运能力相对偏弱、开放通道服务体系发展滞后、开放平台功能没有充分发挥、指定口岸功能拓展不足、营商环境欠佳等问题。最后，提出了陕西深度融入"一带一路"、打造内陆开放高地的对策建议：构建内陆国际物流枢纽支撑拓展开放通道；做强做优开放平台体系；积极拓展口岸功能，加速国际国内要素集聚和流动；推动国际贸易优化升级；东西互济，构筑陕西大腹地经济圈；推进西安临空经济示范区建设，提升对外开放能级；官方与半官方机构总动员，构建城市社会关系网络；加快形成法治化、国际化、便利化的营商环境。

关键词："一带一路"；内陆开放；开放通道；口岸；自贸试验区；制度创新

一、引言

长期以来，陕西由于地处西北内陆，受位置劣势所制约，与我国东部沿海地区相比经济外向度低，发展速度缓慢。近年来，陕西按照以开放促改革、促创新、促

[①] 西安外事学院陕西自贸区研究院副教授。

发展的思路，确立了构建陆空内外联动、东西双向互济的全面开放新格局的目标，大力发展枢纽经济、门户经济、流动经济，着力打造内陆开放新高地，取得了一定的成效。2020年4月习近平总书记陕西考察重要讲话中指出：对于陕西而言，开放不足是制约陕西发展的突出短板。要深度融入共建"一带一路"大格局，发挥好陕西自由贸易试验区的先行示范作用，办好丝博会、欧亚经济论坛、杨凌农高会，建设中欧班列（西安）集结中心，加快形成面向中亚南亚西亚国家的通道、商贸物流枢纽、重要产业和人文交流基地，构筑内陆地区效率高、成本低、服务优的国际贸易通道。这为陕西进一步指明了加快对外开放的方向与道路。2020年5月17日，《中共中央 国务院关于新时代推进西部大开发形成新格局的指导意见》中明确指出，要支持重庆、四川、陕西发挥综合优势，打造内陆开放高地和开发开放枢纽。陕西应如何抓住机遇打造内陆开放高地，迎接挑战？这已成为亟待研究的现实课题。当前国际国内环境发生了深刻变化，在深度融入共建"一带一路"大格局过程中，陕西如何增强现有建设开放高地的资源要素，采取怎样的政策措施培育新的要素以加快建设内陆改革开放高地，是本文欲深入探索的问题。

2011年3月19日，"渝新欧"国际铁路联运大通道全线开行，正式开启了内陆城市对欧贸易通过铁路运输的物流时代。随后，"长安号""汉新欧""蓉欧快铁""郑新欧"等中欧班列相继开通，逐步构建了我国西部地区通往中亚西亚、直达欧洲的陆上新通道（戴宾，2015）。中欧班列的开行，打破了我国传统以东部沿海城市为重点的对外开放格局，开启了我国内陆地区"向西开放"的窗口。2012年，党的十八大正式提出创新开放模式，促进沿海、内陆、沿边开放优势互补，形成引领国际经济合作和竞争的开放区域，培育带动区域发展的开放高地。由此，内陆开放开始上升为国家战略。

现有关于内陆开放的研究内容主要涉及两个方面：一是内陆开放的意义和效应（程健，2014；张英，2014；刘慧，2015；李颖慧，2019）；二是推进内陆开放高地建设的政策和路径。黄奇帆（2014）认为，新时期要扩大内陆开放，要开辟新的国际大通道，创造内陆开放的区位条件新优势；要创新大通关制度，促进内陆对外贸易便利化；要优化内陆保税（港）区功能，搭建服务内陆开放的大平台；要创新加工贸易模式，构建内陆开放型产业大集群；要放宽准入门槛，打造外资投资便利化的大环境。樊秀峰（2020）、郝渊晓（2020）、裴成荣（2020）认为陕西应以自贸区为抓手，深度融入"一带一路"共建，打造内陆开放高地。这两方面的研究成果为我们剖析陕西对外开放的现状、探寻发展路径，提供了重要的理论依据。本文拟遵循以下思路展开研究：首先，梳理陕西对外开放基本情况及特征；其次，根据国内外开放发展实践，归纳、总结建设内陆开放高地的关键要素，为分析陕西如何建设内陆开放高地提供理论依据；再次，分析陕西建设内陆开放高地关键要素，找出短板和不足；最后，提出陕西深度融入"一带一路"、打造内陆开放高地的对策建议。

二、陕西对外开放经济的基本情况及特征分析

（一）对外贸易规模持续增长，总量仍然偏小

近年来，陕西对外贸易规模持续增长（见图1），2019年货物进出口总值达3515.75亿元，较上年增长0.056%，低于全国3.3个百分点，居全国第22位；贸易顺差累计实现230.79亿元，较上年减少412.79亿元，降幅达64.14%。其中，实现进口总值1642.48亿元，增长14.47%，较上年回落20.9个百分点，高于全国平均水平12.9个百分点，居全国第8位；出口总值1873.27亿元，下降9.84%，较上年回落35.1个百分点，低于全国平均水平14.8个百分点，居全国第28位。陕西对外贸易总体规模仍然偏小，远低于同处西部的四川（2019年进出口总值为6765.9亿元）和重庆（2019年进出口总值为5792.78亿元）；贸易顺差逐渐收窄。

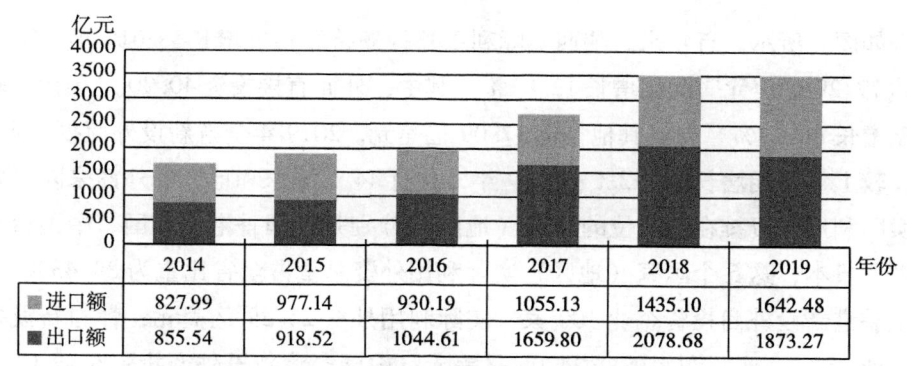

图1 2014—2019年陕西货物贸易进出口额

资料来源：《陕西省国民经济和社会发展统计公报（2019）》。

（二）服务贸易发展较快，但发展不均衡、规模较小

服务贸易正日益成为我国对外贸易发展和深化对外开放的新引擎。近年来，陕西积极学习和借鉴发达国家以及我国发达地区经验，依托陕西制造业优势发展服务贸易，带动"陕西服务""走出去"，服务贸易占全省对外贸易的比重稳步提升。2018年全省服务贸易进出口总额达75.36亿美元。其中国际旅游和服务外包发展较好，如图2所示，自2010年以来，陕西国际旅游收入持续增加。但陕西服务贸易仍存在发展不均衡、规模较小等问题。2018年四川服务贸易进出总额达181亿美元，是陕西的2.4倍。陕西有各类软件和服务外包企业1500多家，多数集中在西安，但具有行业带动效应的龙头企业少，承接国际服务外包的能力总体较弱。

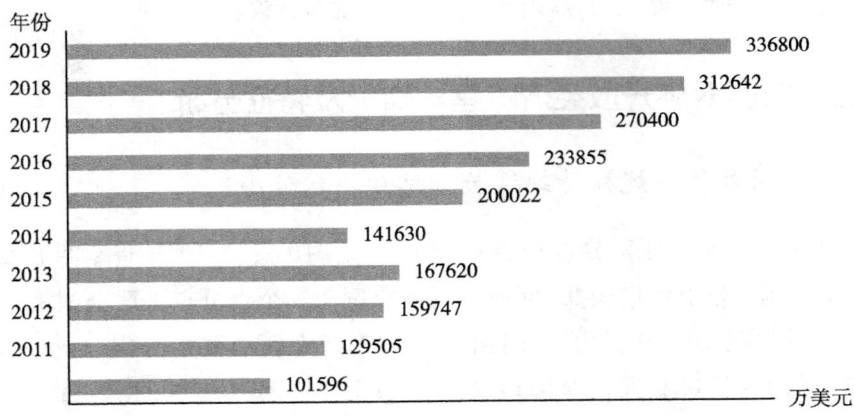

图 2　2010—2019 年陕西国际旅游收入

资料来源：《陕西省国民经济和社会发展统计公报（2019）》。

（三）实际利用外资持续稳定增长，外商投资来源地相对集中

如图 3 所示，近年来，陕西实际利用外资额持续稳定增长，2019 年实际利用外资达 77.29 亿美元，同比增长 12.87%，其中，外商直接投资 40.20 亿美元，较上年同期增长 86.29%，外商其他投资 37.09 亿美元。2019 年全省新设外商投资企业 323 家，较上年同期增长 14.13%；2019 年，共有 44 个国家和地区的外商来陕投资，其中实际利用外资排在前 5 位的国家（地区）分别是中国香港、韩国、中国台湾、新加坡、日本，这 5 个国家（地区）实际利用外资总量占全省比重为 89.43%。其中，中国香港新设外商投资企业 100 家，实际利用外资 25.29 亿美元；韩国新设外商投资企业 25 家，实际利用外资 24.06 亿美元；中国台湾新设外商投资企业 18 家，实际利用外资 11.42 亿美元；新加坡新设外商投资企业 9 家，实际利用外资 4.59 亿美元；日本新设外商投资企业 5 家，实际利用外资 3.76 亿美元。

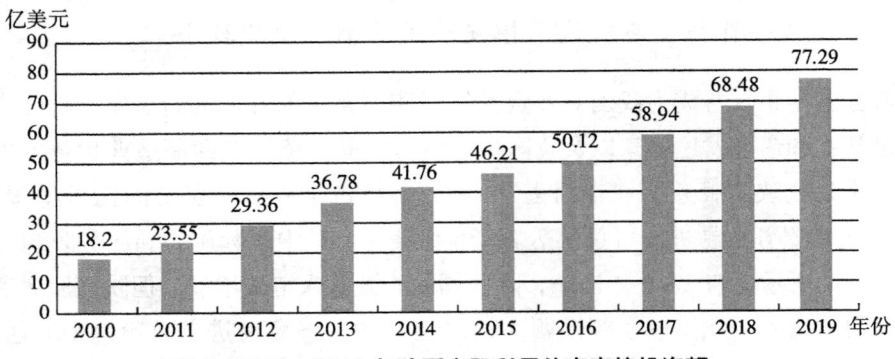

图 3　2010—2019 年陕西实际利用外商直接投资额

资料来源：《陕西省国民经济和社会发展统计公报（2019）》。

(四) 对外直接投资规模小

2019年,陕西省45家境内投资者对22个国家(地区)的50家境外企业进行了非金融类直接投资,投资金额为4.84亿美元,较2018年下降了26.3%。对"一带一路"沿线13个国家(地区)非金融类直接投资额为1.89亿美元,同比增长132.1%,占同期总额的39.1%。主要投向吉尔吉斯斯坦和马来西亚。

截至2019年年底,陕西省累计对外投资额55.61亿美元,对"一带一路"沿路国家累计投资额13.45亿美元,占比为24.12%。陕西省对外直接投资额波动较大(见图4),且规模偏小;如图5所示,陕西与四川、重庆相比,在对外非金融类直接投资存量上差距较大。

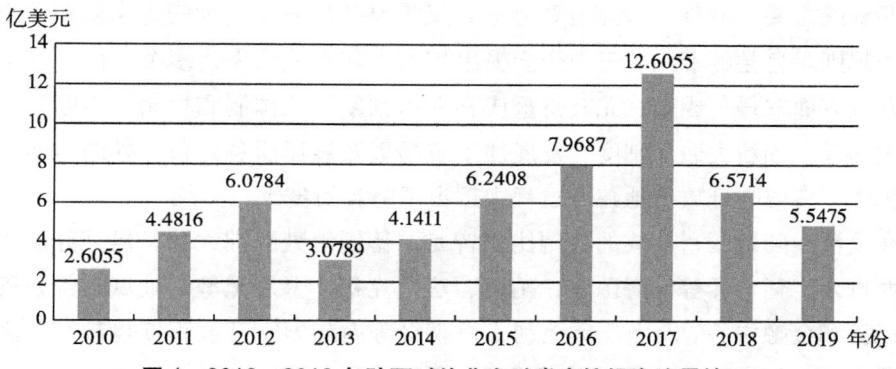

图4 2010—2019年陕西对外非金融类直接投资流量情况

资料来源:《2019年度中国对外直接投资统计公报》。

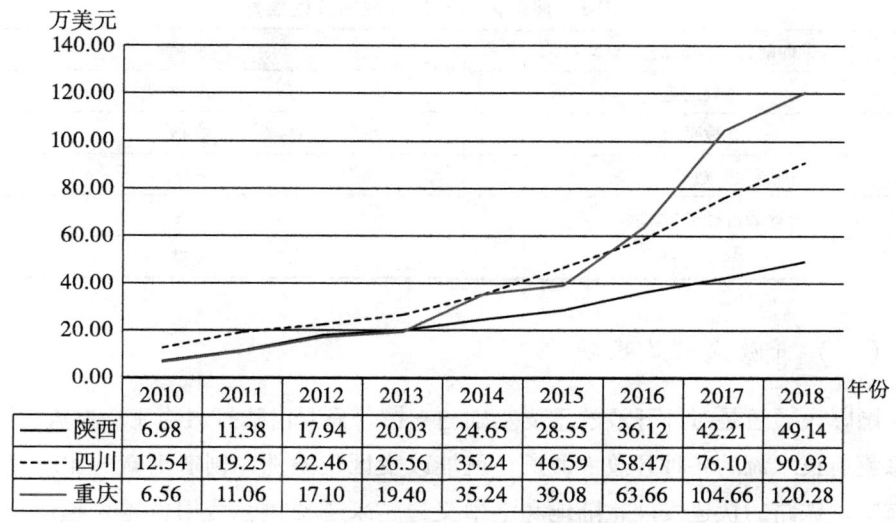

图5 2010—2018年陕西、四川和重庆对外非金融类直接投资存量情况

三、建设内陆开放高地的关键要素

对外开放的基本内涵是指一个国家或地区参与国际国内"两个市场"、配置"两种资源",推动本国或本地生产发展、贸易扩大、人民生活改善(黄奇帆,2014)。它包括两个层面:一是实体经济层面,包括货物、服务、资本、人员、数据的自由流动;二是经济制度层面,包括货物贸易、服务贸易、与贸易有关的投资措施、与贸易有关的知识产权措施,还涉及双边、区域、诸边等各类国际经贸规则所涵盖的内容,不仅是传统的边境政策和边境后政策,还包括新兴领域的政策措施,如数据流动、竞争政策、国有企业、劳工标准等(李计广,2020)。市场跨国配置资源要素既需要"硬件"设施互联互通,又需要"软件"制度安排来协调国家之间不同的规则。自党的十八届三中全会提出扩大内陆开放以来,多个省份在探索实践内陆开放方面取得了成效,尤其是重庆和四川创新开放体制和机制,不断开辟新的国际大通道,创新大通关制度,发展加工贸易以及离岸服务外包,外向型经济规模不断扩大,在内陆开放高地建设过程中迈出了坚实的步伐。

在欧洲内陆地区,开放的案例比比皆是。德国地处欧洲大陆,但其开放水平远高于西班牙、葡萄牙等沿海国家,柏林、法兰克福、慕尼黑等内陆城市都是著名的国际经济和金融中心。瑞士、奥地利、卢森堡等内陆国家开放程度也较高,经济社会发展水平也相应较高。通过对对外开放研究成果的梳理,结合国内外内陆地区开放实践,我们认为建设内陆开放高地需要以下五个关键要素(见表1)。

表1 建设内陆开放高地的关键要素

建设内陆开放高地的关键要素	要素性质
开放通道	基础
开放平台	核心
多层次开放口岸体系	支撑
腹地经济社会发展水平	前提
制度安排	关键

(一)开放通道是基础

国际大通道是对外开放的重要基础与支撑。只要内陆打通物流、人流、资金流、信息流、技术流的各种开放大通道,就能改变区位条件,创造出新的比较优势。随着航空、铁路的快速发展,陆地和空中交通越来越便捷,费用也越来越便宜,陆路和航空开放大通道的构建可以迅速改变内陆的区位条件,创造出新的比较优势。而就面向亚欧大陆的开放而言,西部是真正的开放前沿,具有显著优势。

（二）开放平台是核心

开放平台包括综合保税区、自由贸易试验区、国别合作园区、高新区、国际博览会等。这些平台既是技术、人才、资本、创新资源和要素集聚的重要承载体，又是打造内陆开放高地的核心载体。综合保税区是开放型经济的重要平台，对发展对外贸易、吸引外商投资、促进产业转型升级发挥着重要作用，主要体现在三个方面：一是发挥了促外贸、引外资的先导区作用。特殊区域的单位面积投资强度、工业产值、进出口值均居我国各类开发区之首。二是发挥了推动中西部地区开放发展的助推器作用。出现以成都、郑州、西安为代表的"小区推动大省"成功范例，吸引龙头企业入区，聚集一批配套企业，打通本地进出口通道，促进中西部开放发展。三是发挥了引领新业态探索创新孵化器的作用（李少楠，2020）。自由贸易试验区是内陆地区新一轮高水平开放的重要承载平台，同时也是"试验田"，可以加速打造更优的营商环境，提高贸易和投资自由化和便利化水平，促进各类企业公平竞争，实现以高质量的开放平台带动经济高质量发展。

（三）多层次开放口岸体系是支撑

口岸是国家指定的对外来往的门户，是国际货物运输的枢纽，是连接和利用国际和国内两个市场、两种资源的重要渠道。内陆地区应构建包括一类口岸和指定口岸的多层次开放口岸体系。通过开设指定口岸，特定产品能从境外直接运入内陆地区，使内陆地区从入境货物"终点站"，变为"起点站"和"枢纽站"，成为覆盖腹地区域、辐射全国的进境产品重要的集散中心，从而有效提升内陆地区在国家对外开放格局中的区位重要性和影响力。建设指定口岸将拓宽进境产品类别和增加进口业务量，推进多式联运、陆港联动发展，促进区域物流中心建设，能够推动完善口岸的外贸服务和管理机制，构筑内陆地区深化对外开放的投资和通商平台，形成便捷、高效的国际物流通道和区域性商贸物流枢纽。

（四）腹地经济社会发展水平是前提

一个地区要成为内陆开放高地，需要强大的腹地经济作为支撑。腹地经济水平决定了人才、资金的集聚程度，是影响国际贸易发展的重要因素。以临空产业为例，国际经验表明，机场所在区域的人均 GDP 达到 3000 美元以上才会保证临空产业的稳定、健康发展（曹允春，2013）。因此，腹地经济社会发展水平与人口规模是内陆开放高地形成与后续提升的前提。

（五）制度安排是关键

内陆地区要把开放搞好，就要把体制搞活（黄奇帆，2014）。我国沿海地区体制机制搞得活，才能深度参与国际国内"两个市场"，有效配置"两种资源"。内陆地区体制不灵活、开放程度低，使得很多优势没发挥出来，没能很好地利用国际资本和要素。近年来，重庆市创新开放的体制机制，用实践证明内陆地区也可以成为开放高地。制度安排包括：创新大通关制度，促进内陆对外贸易便利化；打造支撑对外开放的高质量发展环境，包括营商环境、投资环境、市场环境等。制度安排是决定开放的内生变量和关键因素。

四、陕西打造内陆开放高地关键要素分析

（一）开放通道

1. 中欧班列"长安号"

中欧班列"长安号"自2013年开行以来，开行量持续增长，2018年以来更是飞速发展，2018年开行量达1235列，2019年达2133列（见图6）。2020年上半年，中欧班列（西安）共开行1667列，是上年同期的两倍；运送货物总重130.1万吨，是上年同期的1.9倍，开行量、货运量、图定班列数量稳居全国前列。中欧班列"长安号"运输网络和覆盖范围不断扩大，截至2020年7月，开行线路达15条（见表2），通达15国45个城市，实现了辐射范围欧亚区域全覆盖。2020年上半年陕西省出台了《支持中欧班列长安号高质量发展的若干措施》，该措施将进一步支持中欧班列"长安号"优化运营组织、提高通关效率、带动产业聚集、建设中欧班列集结中心，助力中欧班列"长安号"开辟陕西通往亚欧区域效率高、成本低、服务优的国际贸易陆路大通道。

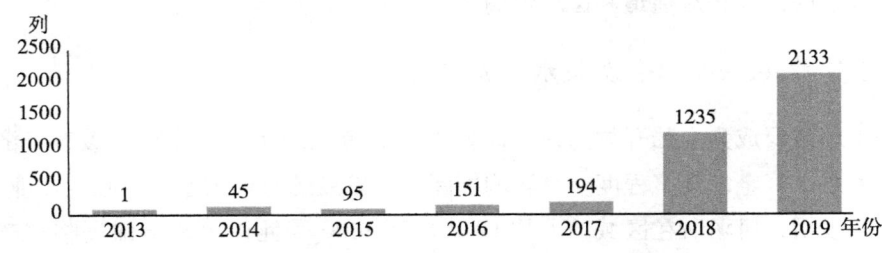

图6　2013—2019年中欧班列"长安号"开行数量

资料来源：根据陕西省统计公报整理。

表2 中欧班列"长安号"开行线路

序号	开行线路	口岸站	境外发到站国别	运行时间/天	运输里程/公里
1	西安—伊斯坦布尔	霍尔果斯	土耳其	12	12000
2	西安—马拉—汉堡/杜伊斯堡	阿拉山口	德国	15	9440
3	西安—罗斯托克	阿拉山口	德国	15	—
4	西安—斯瓦夫库夫	阿拉山口	波兰	10	9478
5	西安—布拉格	阿拉山口	捷克	12	9623
6	西安—加里宁格勒—纽斯	阿拉山口	德国	10~12	9400
7	西安—根特	阿拉山口	比利时	14	9783
8	西安—科沃拉	霍尔果斯	芬兰	13~15	9110
9	西安—布达佩斯	阿拉山口	匈牙利	13~15	8767
10	西安—莫斯科	满洲里	俄罗斯	12	7423
11	西安—基辅	二连浩特	乌克兰	12	—
12	西安—明斯克	阿拉山口	白俄罗斯	13	9717
13	西安—阿拉木图/塔什干	阿拉山口	哈萨克斯坦、乌兹别克斯坦	6	—
14	西安—比什凯克	霍尔果斯	吉尔吉斯斯坦	7	—
15	西安—加德满都	吉隆	尼泊尔（南亚）	8	—

资料来源：根据陕西省统计公报整理。

2. 航空大通道

近年来，陕西充分利用地处中国地理版图中心的优势，逐步构建起融入世界、开放发展的航空大通道，着力打造空中"丝路"。

（1）航空客货运输能力持续增加。如表3所示，西安咸阳国际机场运营规模逐年增加，2019年客运量超过4720万人次，全国排名第7位，货邮吞吐量突破38万吨，全国排名第11位。

表3 西安咸阳国际机场2011—2019年主要运输生产指标

年份	起降架次/架次	增长率/%	旅客吞吐量/人次	增长率/%	货邮吞吐量/吨	增长率/%
2011	185127	13.6	21163110	17.5	172569.200	9.2
2012	203321	11.0	23420905	10.7	174794.000	1.3
2013	225115	10.7	26044534	11.2	178870.000	2.3
2014	245971	8.8	29260755	12.3	186412.600	4.2
2015	267102	8.6	32970215	12.7	211591.460	13.5
2016	291027	9.0	36994506	12.2	233778.980	10.5
2017	318959	9.6	41857229	13.1	59872.545	11.2

续表

年份	起降架次/架次	增长率/%	旅客吞吐量/人次	增长率/%	货邮吞吐量/吨	增长率/%
2118	330477	3.6	44653311	6.7	312637.100	20.3
2019	345748	4.6	47220547	5.7	381869.600	22.11

资料来源：根据全国机场生产统计公报整理。

（2）国内国际航线逐年增加，通航能力显著提升。2019年西安咸阳国际机场全年新开通国际客运航线19条，国际（地区）通航点达到67个，航线75条，其中全货运航线13条（见表4），通达全球36个国家或地区，连接74个主要枢纽和旅游城市，为陕西构建起了对外开放和融入世界的航空大通道，进一步推动了陕西与"一带一路"沿线国家的经贸合作和人文交流。国内货运航线也编织成网，已开通国内全货运航线15条，连接国内重点航空物流枢纽，初步形成了"北上南下、东进西出、通达世界"的航线网络布局，实现了西北五省枢纽联通，带动西北地区融入全球经济。

表4 西安咸阳国际机场已开通全货运航线

国内全货运航线		国际全货运航线	
序号	航线	序号	航线
1	西安—广州	1	西安—阿姆斯特丹
2	西安—西宁	2	西安—芝加哥
3	西安—兰州	3	西安—哈恩
4	西安—南京	4	西安—哈利法克斯
5	西安—武汉	5	西安—首尔
6	西安—乌鲁木齐	6	西安—莫斯科
7	西安—鄂尔多斯	7	首尔—西安—河内（第五航权）
8	西安—吐鲁番	8	西安—曼谷
9	西安—深圳	9	西安—金奈
10	西安—成都	10	西安—孟买
11	西安—银川	11	西安—布鲁塞尔
12	西安—杭州	12	西安—德里
13	西安—天津	13	西安—达卡
14	西安—淮安		
15	西安—榆林		

资料来源：根据全国机场电子统计公报整理。

（二）开放平台

1. 综合保税区

（1）综合保税区是促外贸、引外资的先导区，也是带动地区开放发展的助推器。目前，陕西有6个综合保税区，分别是西安综合保税区、西安高新综合保税区、西安航空基地综合保税区、陕西西咸空港综合保税区、宝鸡综合保税区、西安关中综合保税区（见表5），以上综合保税区对全省进出口总值的贡献率达70%以上。西安高新综合保税区表现尤为抢眼，2020年第一季度实现进出口贸易值223.7亿元，同比增长96.2%，在全国14个贸易值超过百亿元的综合保税区中增幅排名第一。西安高新综合保税区在构建开放型经济新体制实践中积极先行先试，探索了新路子，积累了新经验，形成了围绕"半导体高端芯片制造+封测"全产业链的极具特色的竞争优势。但西安高新综合保税区发展至今，也出现了产业结构单一、引领赋能不足、配套能力不足等问题，亟须按照新形势、新要求、新变化，扩面提质，提升能级。

（2）综合保税区发挥了引领新业态探索创新的孵化器作用。西安综合保税区、西安高新综合保税区、西安航空基地综合保税区、陕西西咸空港综合保税区均为陕西自贸试验区的核心片区，是探索贸易便利化的主战场和先行区，涌现出了中欧班列铁路仓单归并、特殊区域外集成电路保税研发等一批在全国有影响力的创新案例。

表5　陕西、四川、重庆综合保税区情况一览

省份	综合保税区名称	数量
陕西	西安综合保税区	6
	西安关中综合保税区	
	西安高新综合保税区	
	西安航空基地综合保税区	
	宝鸡综合保税区	
	陕西西咸空港综合保税区	
四川	成都高新综合保税区	6
	成都高新西园综合保税区	
	绵阳综合保税区	
	成都国际铁路港综合保税区	
	泸州综合保税区	
	宜宾综合保税区	
重庆	重庆西永综合保税区	4
	重庆两路寸滩保税港区	
	重庆江津综合保税区	
	重庆涪陵综合保税区	

资料来源：根据各省统计公报整理。

2. 陕西自由贸易试验区

三年来，陕西自由贸易试验区基本完成了总体方案明确的 165 项试点任务，累计形成创新案例 370 个，其中 16 项创新成果在全国复制推广，53 项改革创新成果在全省复制推广。

（1）优化营商环境取得新突破。企业落户是营商环境最好的"投票器"。陕西自贸试验区试点多项商事制度改革，通过推出一系列政策和服务举措，市场活力得到极大释放，各类企业得以快速增长。截至 2020 年 6 月 30 日，陕西自贸试验区新设市场主体 66047 家，新增注册资本 8049.23 亿元。其中新设企业 44487 家（含外资企业 521 家），新增企业注册资本 8027.26 亿元（含外资企业注册资本 28.67 亿美元），新增注册资本亿元以上企业 788 家。

（2）以提升投资贸易自由化、便利化水平为重点，开放型经济发展迈出新步伐。一是加快投资领域改革，促进新产业、新业态加快聚集。全面落实外商投资法及其实施条例和外资准入前国民待遇加负面清单管理模式，不断提高开放度和透明度。二是推进贸易监管制度改革，贸易便利化水平不断提升。西安海关、人民银行西安分行、发改、商务、税务等部门围绕贸易便利化开展了卓有成效的探索实践，在通关便利化、检验检疫、金融改革等方面实现了新突破。

（3）与"一带一路"沿线国家经济合作与人文交流取得新进展。一是深化国际产能合作。"中欧""中俄"等国际合作园区加快建设，"中欧"产业园聚集了德国博世、法国阿尔斯通等世界 500 强企业的 9 个项目。杨凌片区设立了年度规模 1500 万元的现代农业国际合作专项资金，经开功能区与中国兵器集团合作设立了总规模 100 亿元的军民融合产业基金，为助推陕西省企业开展国际产能合作奠定了坚实基础。着力打造"丝绸之路国际博览会""丝绸之路国际艺术节""丝绸之路国际电影节"等人文交流平台。建设文化艺术品保税展示中心、丝绸之路文化交流中心、丝绸之路文物考古中心，与"一带一路"沿线 18 个国家的博物馆联手打造智慧博物馆。

（4）发挥自贸试验区辐射带动作用，区域协同发展取得新成效。陕西自贸试验区先后分两批将 53 项改革创新成果在全省复制推广，不断扩大改革红利惠及范围。2020 年，在宝鸡、铜川、渭南、延安、安康、韩城开展陕西自贸试验区协同创新区建设，通过"创新协同""产业协同""政策协同"，增强陕西自贸试验区辐射带动能力，助推"三个经济"高质量发展。

3. 欧亚经济论坛

欧亚经济论坛是经国务院批准，以上海合作组织国家为主体，面向广大欧亚地区的大型机制性涉外论坛。2015 年 3 月，国家发展改革委、外交部、商务部联合发布了《推动共建丝绸之路经济带和 21 世纪海上丝绸之路的愿景和行动》，明确将欧亚经济论坛列为推动"一带一路"建设的重要平台，西安是欧亚经济论坛的永久会址。论坛为"一带一路"沿线国家和地区搭建了对话、交流的平台，也为陕西西安带来了人流、物流、资金流、信息流，为城市带来了稳定的关注度，将为西安拓展更为广阔的发展空间，对西安发展产生持续的联动效应。

4. 中国杨凌农业高新科技成果博览会

中国杨凌农业高新科技成果博览会（简称杨凌农高会）由科技部、商务部、农业农村部、国家林业和草原局、国家知识产权局、中国科学院和陕西省人民政府共同主办，是国家5A级农业综合展会和国际展览业协会（UFI）认证展会。杨凌农高会自1994年创办以来，依托和发挥杨凌示范区的农业科技优势，展会规模不断扩大，展览内容日益丰富，知名度和影响力逐年提升。26年来，累计吸引了70多个国家和地区以及我国30多个省份的上万家涉农单位参展，参展项目及产品超过17万项，连续六届项目签约投资和交易额均超过了1000亿元，对促进我国农业科技创新、带动特色现代农业发展、加强中外农业科技合作交流发挥了重要作用。

5. 丝博会

第四届丝博会共有俄罗斯、柬埔寨、美国、英国等25个国家的200余家境外企业参展；国内23个省份共2000余家企业参展，大会举办主旨论坛、重要会议、投资促进活动等经贸合作交流活动65项；此外，大会还配套举办文化、旅游、艺术、美食等活动，促进陕西省与"一带一路"沿线国家和地区及国内省份之间的合作与交流。

（三）多层次开放口岸体系

目前，陕西拥有一类航空口岸1个，一类铁路口岸（临时）1个，二类公路口岸1个。西安咸阳国际机场已建成并运营进口冰鲜水产品、进境食用水生动物、进口药品、进境水果、进口肉类5个指定口岸，西安国际港务区已建成并运营进境粮食指定口岸、进口肉类指定口岸和整车进口口岸。陕西指定口岸的类型和数量均居内陆省份前列，进境指定口岸的经济效益和带动效应逐步显现。

（四）腹地经济社会发展水平

腹地经济社会发展水平与人口规模是内陆开放高地形成与后续提升的基础。

表6展示了陕西与周边几个省份2019年经济发展与人口规模的基本情况，从表6中数据可见，陕西地区生产总值总量、工业地区生产总值以及人口规模在5个省份中均仅高于重庆，而服务业GDP总值则是最低的，每十万人口高校平均在校生数是最高的。

再结合城镇化率来看，陕西城镇化水平虽不高，但由于人口基数偏小，未来城镇化空间并不大，这将对未来的陕西经济发展中可受雇劳动力形成制约。

表6　2019年陕西与周边省份经济与人口基本情况

省份	人口数量/万人	城镇化率/%	地区生产总值总量/亿元	农业地区生产总值/亿元	工业地区生产总值/亿元	服务业地区生产总值/亿元	每十万人口高等学校平均在校生数/人
陕西	3876.21	59.43	25793.17	1990.93	11980.75	11821.49	3.27
四川	8375.00	53.79	46615.80	4807.20	17365.30	24443.30	2.13
重庆	3124.32	66.80	23605.77	1551.42	9496.84	12557.51	2.90
河南	9640.00	53.21	54259.20	4635.40	23605.79	26018.01	2.46
湖北	5927.00	61.00	45828.31	3809.09	19098.62	22920.60	2.80

注：农业地区生产总值＝第一产业增加值；工业地区生产总值＝第二产业增加值；服务业地区生产总值＝第三产业增加值。

资料来源：各省统计公报。

（五）制度安排

1. 与建设内陆开放高地有关的政策措施

2020年5月，《中共中央 国务院关于新时代推进西部大开发形成新格局的指导意见》中明确指出，要支持陕西发挥综合优势，打造内陆开放高地和开发开放枢纽。《中共陕西省委关于学习贯彻习近平总书记来陕考察重要讲话精神 奋力谱写陕西新时代追赶超越新篇章的决定》中，对陕西深度融入共建"一带一路"大格局做出了安排（见表7）。

表7　建设内陆开放高地的相关政策

序号	文件	单位
1	《中共中央 国务院关于新时代推进西部大开发形成新格局的指导意见》	中共中央、国务院
2	《关于大力发展"三个经济"的若干政策》	陕西省人民政府
3	《中共陕西省委关于学习贯彻习近平总书记来陕考察重要讲话精神 奋力谱写陕西新时代追赶超越新篇章的决定》	陕西省委
4	《支持中欧班列长安号高质量发展的若干措施》	陕西省发改委等部门
5	《西安临空经济示范区发展规划（2019—2035年）》	陕西省发改委

资料来源：根据国务院、陕西省政府、陕西省发改委官方网站等公开资料整理。

2. 营商环境

北京大学和武汉大学学者结合"十三五"规划纲要和《优化营商环境条例》[①]要求，构建了中国省份营商环境评价指标体系，该指标体系包括4个一级指标、12个二级指标、24项评估内容，具体指标如表8所示。

---

① 《优化营商环境条例》由国务院于2019年10月正式发布，本条例是我国优化营商环境领域的第一部综合性行政法规。

表8 中国省份营商环境评价指标体系

一级指标及其权重	二级指标及其权重
市场环境（28.21%）	融资（3.85%）、创新（3.85%）、竞争公平（10.26%）、资源获取（3.85%）、市场中介（6.41%）
政务环境（35.9%）	政府关怀（6.41%）、政府廉洁（6.41%）、政府效率（23.08%）
公正透明（30.77%）	政策透明（14.1%）、司法公正（16.67%）
人文环境（5.13%）	对外开放（1.28%）、社会信用（3.85%）

根据这一指标体系计算的陕西营商环境总得分是46.27，全国排名第24位，表明陕西营商环境欠佳。

（六）陕西打造内陆开放高地关键要素存在的短板与不足

1. 国际航线数量不多，航空货运能力相对偏弱

西安咸阳国际机场联通国家地区数量及境外城市分别为29个和50个。国际化航线少，这在一定程度上制约了西安国际开放大通道建设。西安咸阳国际机场货运能力相对偏弱，2019年西安咸阳国际机场货邮吞吐量381869.6吨，全国排名第11位，如图7所示，在已获批的国家级临空经济示范区中排名偏后，这与其优越的区位优势不相匹配。

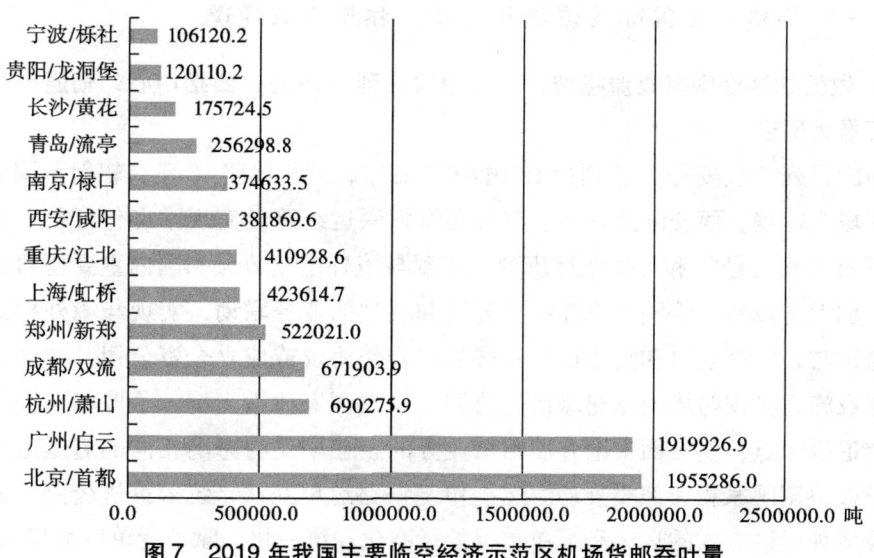

图7 2019年我国主要临空经济示范区机场货邮吞吐量

2. 开放通道服务体系发展滞后

西安陆港国际物流设施总量不足，西安咸阳国际机场货运支撑条件偏弱，多式联运、转运设施匮乏，通道服务通达性、便捷性不足，货代、多式联运企业数量偏少。

3. 开放平台功能没有得到充分发挥

陕西自贸试验区建设还仅仅处于"放管服"改革阶段，制度创新仅局限于一般的便利化层面，离国际贸易自由化标准还有较大差距，在对标国际经贸规则、创新陆路市场开放制度方面探索不够。欧亚经济论坛、丝博会、杨凌农高会等具有国际影响力的论坛和博览会的平台价值没能充分发挥出来。

4. 指定口岸功能拓展不足

从陕西在全国对外开放、经济发展大格局中的地位来看，指定口岸还有很大拓展空间，主要表现为正式投入使用的指定口岸类别少，加之现有的产业结构、产业链培育周期以及业务宣传等因素的不足，从陕西直接入境的货物批次和货值有待提升；与相邻省份竞争激烈，重庆、河南指定口岸发展势头良好，尤其陕西与河南两地指定口岸具有很高的相似度，面临激烈的竞争。

5. 营商环境欠佳

吸引集聚资源要素、激发市场主体活力和社会创造力的能力不足，投资贸易和金融服务国际化水平低等问题普遍存在。

五、陕西深度融入"一带一路"、打造内陆开放高地的对策建议

（一）构建内陆国际物流枢纽支撑，拓展开放通道

1. 做强陆港型国家物流枢纽，打造中欧班列（西安）集结中心，畅通东西双向国际贸易大通道

中欧班列"长安号"已到达15国45个城市，开行线路15条，辐射范围实现了欧亚区域全覆盖。西安港至青岛、宁波等海铁联运线路已实现常态化开行。要依托中欧班列"长安号"和海铁联运班列，实现与境外枢纽节点和国内重要枢纽城市的协同。加大与俄铁、哈铁等境外铁路公司和场站的业务联动，实现与境外枢纽的协同。通过与各沿海港口和沿边口岸签署战略合作协议或成立合资公司，共同运营物流枢纽设施，实现与境内枢纽城市的协同。争取国家政策支持。争取将西安港纳入启运港退税试点，使在西安港开展出口业务的企业享受与海港相同的启运港退税政策。积极协调国家相关部委推动海运提单与铁路运单互认，统筹推进公路、铁路和海运等多种运输方式的运单和提单单据的标准化和统一化，赋予运单以物权属性。

2. 扩大国际航线覆盖面，增强国际航线通达性，打造"一带一路"国际航空物流枢纽

《西安临空经济示范区发展规划（2019—2035年）》中设定的发展目标是：到2025年，西安咸阳国际机场年旅客吞吐量突破8000万人次，货邮吞吐量突破80万吨；到2035年，年旅客吞吐量突破1亿人次，货邮吞吐量突破200万吨。2020年5

月发布的《中共中央 国务院关于新时代推进西部大开发形成新格局的指导意见》中就指出：西部地区要"加强航空口岸和枢纽建设，扩大枢纽机场航权，积极发展通用航空"。我们认为西安临空经济示范区应充分利用"临空＋保税＋自贸＋口岸＋跨境＋航权"六大功能叠加优势，充分利用第五航权，并试点"第七航权＋中途分程权"，引入国外航空运输企业，增开加密国际航线，把西安咸阳国际机场打造成为东盟—中亚国际航空运输走廊核心支点、向西开放并向东集散航空中转基地、"一带一路"国际航空物流枢纽。

3. 抢抓新基建政策机遇，建设数字"一带一路"信息通道

相对于互联网应用水平而言，新型数字基础设施在推动对外贸易升级过程中具有更为明显的促进作用。新型数字基础设施的建设与完善能够通过技术扩散效应推动对外贸易升级，尤其是在贸易环节的组织与要素流动的加速两个方面表现更为突出（钞小静，2020）。要做强智慧信息网，推进"云、网、端"信息基础设施发展，建设国家"一带一路"大数据中心西北分中心、多式联运大数据运营中心，统筹推进政府投资数据中心和超算中心建设，打造国家西向信息传输大通道和大数据存储交换中心、信息枢纽中心、互联网信源集散地。

（二）做强做优开放平台体系

1. 以自贸区为抓手，打造内陆开放制度高地

对标国际经贸规则，结合向西开放实际创新制度措施，创新陆路市场开放制度。一方面，针对企业的"投资设立—业务经营—兼并收购—资产处置—经营退出"全生命周期，对各行各业的企业，结合其不同特点，给予精准化的制度与政策创新支持；另一方面，要在丝绸之路经济带国际化过程中，支持企业大胆试，政府大胆改、自主改。例如，在"两国双园"的投资合作框架下，可以尝试与所在地区的中心城市开展双边与多边国际谈判，签署投资保护意向书，以保护中国企业"走出去"的投资权益。再如，沿线国家与地区经济发展不平衡、文化差异大，导致投资贸易风险大，可尝试按照国际惯例，倡议并起草丝路货物贸易违约与救济法文件等。总之，向西开放是全新的领域，面临的问题也是前所未有的，需要借鉴已有经验，依托WTO规则，大胆创新投资贸易模式，创新贸易规则和制度。

强化自贸区与所在园区的融合，推动区域整体协同创新。目前陕西的自贸试验区都是在各种高新区、经济区、综合保税区、国家级新区的基础上叠加设立的，其目的是为制度创新提供可依托的区域产业基础和贸易环境优势。由于过去各类园区的发展主要定位于经济功能和产业功能，自贸区的定位主要是贸易与投资便利化方面的制度创新功能，二者的发展既有区别又有联系。需要进一步强化自贸区与原有各类园区的协同创新作用，促进自贸试验区与各类园区协同融合发展。

2. 提升欧亚经济论坛、丝博会、杨凌农高会的影响力，延伸其平台价值链

探索建立丝博会、杨凌农高会参展企业会员制度，包括划分不同权限的会员，可根据国家发展程度确定是否缴纳会费以及缴纳多少会费。利用举办欧亚经济论坛、丝博会、杨凌农高会的契机，采取各类措施，吸引各类国际贸易主体落户陕西。工作重点包括：第一，吸引贸易企业。鼓励大型跨国公司、大型知名采购商、高端装备和技术贸易企业、跨境电商平台企业，以及各类新型贸易企业落户西安，或在西安成立地区总部，从事进出口及相关配套服务，形成新的贸易网络。第二，吸引各类贸易服务企业。贸易也是服务密集型行业，需要吸引国际顶尖的金融、银行、咨询、中介企业落户陕西，为进出口贸易提供必要的服务，以保证贸易顺利进行。第三，鼓励国外各类贸易促进机构、行业协会、国际标准组织等专业性服务机构在陕西集聚。各类机构的集聚将有助于提升欧亚经济论坛、丝博会、杨凌农高会的国际影响力。另外，要依托"一带一路"国际合作高峰论坛、中国国际进口博览会、中国国际服务贸易交易会等国际重大活动，大力开展城市营销。

3. 支持综合保税区内企业延伸产业链条，打造检修维修中心

陕西在航空航天和高新技术方面有着较好的产业基础，且科教优势突出，因此各综合保税区应按照《国务院关于促进综合保税区高水平开放高质量发展的若干意见》内容，支持综保区内企业开展高技术含量和高附加值的航空航天、工程机械、数控机床等再制造业务，支持区内企业探索开展高技术、高附加值、符合环保要求的保税检测和全球维修业务。

4. 依托西安高新区融入全球创新体系

西安高新区是陕西区域创新增长极，也是打造内陆开放高地的重要载体，因此，西安高新区应按照《国务院关于促进国家高新技术产业开发区高质量发展的若干意见》内容，争取中省扶持政策，建设好西安国家自主创新示范区，在更高层次探索创新驱动发展新路径。通过共建海外创新中心、海外创业基地和国际合作园区等方式，加强与国际创新产业高地联动发展，引进、集聚国际高端创新资源，深度融合国际产业链、供应链、价值链，支持西安高新区与"一带一路"沿线国家开展人才交流、技术交流和跨境协作。

（三）积极拓展口岸功能，加速国际国内要素集聚和流动

1. 拓展口岸功能

继续推动建立口岸和海关特殊监管区（综保区）工作联席会议制度，统筹推进全省口岸和综合保税区建设发展。一是促成西安港铁路口岸尽早正式成为一类口岸。二是构建与陕西开发开放水平相匹配的指定口岸无缝对接格局，形成指定口岸各具特色、相互补充的局面，使口岸功能产生叠加放大效应。充分利用国际航线、中欧班列"长安号"的运能,增强口岸的国际物流集散功能,为指定口岸入境产品辐射中西部乃至全国市场奠定坚实基础,扩大与周边省份竞争的比较优势。

2. 强化政策支持

加快建设"单一窗口",推进大通关,整合监管资源,优化口岸服务,增强口岸集聚效应。加快电子口岸建设步伐,尽快构建集通关、物流、商贸于一体的信息化平台,切实提升口岸信息化水平,实现信息互换、监管互认、执法互助。

(四)推动国际贸易优化升级

1. 增强贸易创新能力,促进贸易新业态发展

利用西安建设国家新一代人工智能创新发展试验区的契机,推动互联网、物联网、大数据、人工智能、区块链与贸易有机融合,培育外贸新动能。用好用足中省市促进中国(西安)跨境电子商务综合试验区发展的相关政策,做大跨境电子商务规模,探索推进市场采购贸易方式试点。

2. 抓好加工贸易转移承接中心建设

承接国内外产业转移、发展加工贸易,是提高陕西开放型经济比重的有效途径。应抓好陕西加工贸易产业转移承接中心的建设,充分发挥国际港务区的"内陆港+自贸区"的平台和政策优势,持续招大引强,将陕西加工贸易产业转移承接中心打造成承接国外和东南沿海产业、面向"一带一路"的加工贸易基地,为陕西开放型经济跨越发展注入新动能。

3. 优化国际市场布局

着力深化与共建"一带一路"国家的贸易合作,拓展中亚、西亚、南亚、非洲、拉美等市场,逐步提高自贸伙伴、新兴市场和发展中国家在陕西省对外贸易中的比重。综合考虑市场规模、贸易潜力、产业互补、国别风险等因素,引导企业开拓一批重点市场。

4. 探索服务贸易创新发展模式

以建设西安和西咸新区服务贸易试点为契机,进一步发挥西安服务外包示范城市的作用,推动陕西省服务业和服务贸易集聚发展,探索建设文化、中医药服务等领域特色服务出口基地。探索构建数字贸易国内国际双循环相互促进的新发展格局,大力发展数字贸易。推动传统服务贸易领域转型,着力推进旅游、运输、教育、文化等产业国际化发展。在疫情防控常态化情况下着力加强旅游、体育等领域国际合作,积极发展中高端入境游,促进来陕留学和购物,提升服务业国际化水平,引导消费回流,利用53个国家人员由西安航空口岸过境免签停留144小时的政策吸引入境消费。以共建"一带一路"国家为重点,探索建设服务贸易境外促进中心,更好地发挥贸易促进机构、行业协会的贸易促进作用。

（五）东西互济，构筑陕西大腹地经济圈

就陕西而言，在其成为向西开放前沿的同时，也就扩大了陕西的腹地经济圈，我国东部的广大区域、陕西毗邻的八省区都可以构成陕西巨大的腹地经济基础，成为陕西向西开放的坚强后盾。应深化省际区域合作，扎实推进苏陕合作，加强与东部地区的交流协作，推进晋陕豫黄河金三角区域、陕甘宁蒙晋交界地区、陕甘川渝毗邻区域实现设施联通、产业合作、人文交流。

（六）推进西安临空经济示范区建设，提升对外开放能级

西安临空经济示范区作为陕西省构建开放型经济新体制的创新示范区，将极大地提升区域对外开放能级。西安临空经济示范区应突出"临空＋自贸"特色，探索空港型自由贸易区发展新模式，以制度创新为核心，建立同国际投资和贸易通行规则相衔接的制度体系。探索构建与韩国仁川自由经济区、迪拜临空经济区等"一带一路"沿线临空经济区的合作平台和机制，开展国际产能合作。建设面向全球的飞机维修基地，引入外商设立独资飞机维修企业，在陕西西咸空港综合保税区开展保税维修业务，支持有条件的企业在陕西西咸空港综合保税区探索开展"两头在外"的航空器材包修转包区域流转试点。

（七）官方与半官方机构总动员，构建城市社会关系网络

陕西建设开放高地必须在将产业融入国际产业链的同时，构建国内外社会关系网络。一是加强与全国其他自贸试验区的沟通与合作。这种沟通与合作可以从产业创新合作、总部经济合作、制度创新合作、对外投资合作、人员交流合作等方面展开。二是建立欧亚大陆桥中心城市联盟（包括国内地区与19个欧亚国家的中心城市）。国家之间，经由双边友好城市关系，可结盟丝路中心城市；陕西与国内欧亚大陆桥沿线节点城市，亦可经由友好城市共建关系结盟，从而为双边政策沟通、经贸合作创造条件。三是加快丝路沿线国家与地区在西安设立领事馆的步伐。建立中亚与西亚国家留学生国际教育基地（汉唐学院），依托陕西高校进行留学生招收与培养工作，从而形成留学生教育的长效机制。四是建立与完善对外投资与贸易促进机构体系。可以通过两条渠道实现：一是利用现有的贸促会，继续完善此类机构的功能与作用。可以通过设立外派市场调查员制度来完成，将市场调查员外派往"走出去"的企业兼职，实行双薪酬制度，使其担负定期搜集东道国市场信息的职责，他们是企业"走出去"的"眼睛"与"耳朵"。二是采用市场化的运作模式，招商引进专业的咨询公司来完成。

（八）加快形成法治化、国际化、便利化营商环境

抓好已出台的《优化营商环境条例》的落实。推动数字营商环境便利化。以陕西自贸区为载体，对标国际高标准，探索构建与我国数字经济创新发展相适应、与我国数字经济国际地位相匹配的数字营商环境，争创数据跨境传输安全管理试点。

参考文献

[1] 戴宾. 构建成都内陆自由贸易试验区的思路与举措[J]. 西南交通大学学报（社会科学版），2015(3):1-4.

[2] 程健,邢珺,章彦姗. 内陆地区经济开放度指标体系的构建[J]. 统计与决策，2014(15):59-62.

[3] 刘慧,叶尔肯·吾扎提,王成龙. "一带一路"倡议对中国国土开发空间格局的影响[J]. 地理科学进展，2015(5):545-553.

[4] 张英. 内陆型开发开放高地建设与区域经济增长的实证分析——以陕西省为例[J]. 改革与战略，2014(1):82-85.

[5] 李颖慧,李敬. 中国内陆开放实践:机制分析与经济增长效应[J]. 重庆工商大学学报（社会科学版），2020(6):11-23.

[6] 郝渊晓. 紧抓西北大开发机遇 加快建设内陆开放高地[N]. 陕西日报，2020-05-23.

[7] 裴成荣. 以建设高水平自贸区为引领打造内陆改革开放高地[J]. 新西部，2020(13):5-6.

[8] 黄奇帆. 内陆地区扩大开放的战略选择:一个直辖市例证[J]. 改革，2014(2):5-11.

[9] 李计广,李秋静. 我国推进高水平开放:内涵、标准与评估[J]. 国际贸易，2020(4):4-13.

[10] 陕西省发展和改革委员会. 西安临空经济示范区发展规划（2019—2035年）[Z]. 2019.

[11] 西安市人民政府. 全面贯彻新发展理念 加快国家中心城市建设 推进枢纽经济门户经济流动经济发展工作方案（2020—2022年）[Z]. 2019.

[12] 曹允春,刘芳冰,罗雨,等. 临空经济区开放发展的路径研究[J]. 区域经济评论，2020(1):134-144.

[13] 张三保,康璧成,张志学. 中国省份营商环境评价:指标体系与量化分析

[J]. 经济管理,2020(4):5-19.

[14]张婷,刘洪愧. 以进博会创新发展促进高水平对外开放的对策思考[J]. 国际贸易,2020(5):14-20.

[15]Shuzhong Ma, Jiwen Guo, Hongsheng Zhang. Policy Analysis and Development Evaluation of Digital Trade: An International Comparison[J]. China & World Economy,2019(3):49-75.

[16]王拓. 数字服务贸易及相关政策比较研究[J]. 国际贸易,2019(9):80-89.

[17][美]乔尔·科特金. 新地理[M]. 王玉平,王洋,译. 北京:社会科学文献出版社,2010.

[18]任泽平,马家进,连一席. 新基建[M]. 北京:中信出版社,2020.

对接 CPTPP 新规则的陕西自贸区"内陆改革开放新高地"政策及路径创新研究

杨维霞[①]

摘要：在当前国际贸易保护主义日益逆全球化潮流的冲击下，推动区域一体化发展已成为各国加强国际合作的重要路径。区域一体化贸易协定的签署对世界贸易版图、战略布局产生了一定影响，其中，《全面与进步跨太平洋伙伴关系协定》（CPTPP）作为亚太地区大型区域一体化贸易协定，代表了亚太地区迄今为止最高水平的自由贸易协定发展方向。它的生效势必给中国的对外贸易带来一系列的挑战，造成重大压力。面对挑战和压力，中国应积极推动自贸区战略，倒逼"深水区"改革，降低 CPTPP 对我国经济贸易的负面影响。本文主要对陕西自由贸易试验区在政府职能转变、投资管理制度、贸易监管、金融开放创新等方面已经形成的创新成果进行分析，在此基础上再通过对标 CPTPP 新规则，找出其目前发展中的一些差距，针对其进一步的发展提出相关政策建议，以期为其他自贸区的发展提供借鉴。

关键词：CPTPP 新规则；陕西自贸区；内陆改革开放新高地；政策；创新

一、引言

2018 年 12 月 30 日，备受世界关注的亚太地区大型区域一体化贸易协定《全面与进步跨太平洋伙伴关系协定》（CPTPP）正式生效。与以往的贸易协定相比，CPTPP 协议涉及地域较广，囊括 11 个发展程度不同的国家，覆盖世界人口的 6.55%，所有签署国国内生产总值之和占全球经济总量的比例达 13%，贸易总量约

---

① 西安外事学院陕西自贸区研究院教授。

占全球的 13.5%；协议条款范围较宽，制定标准高，可引领 21 世纪国际经贸规则。在当前国际贸易保护主义日益逆全球化潮流的冲击下，推动区域一体化发展已成为各国加强国际合作的重要路径，它的签署会对世界贸易版图、战略布局产生一定的影响。对于中国来说，在危机中育先机，于变局中开新局，加入 CPTPP 不仅与我们自身的对外贸易发展方向相一致，而且可以起到"以开放促改革""倒逼国内改革进程"的作用，是提高自身实施高标准规则的能力、拓展与亚太国家经贸合作的重要时机。

自由贸易试验区是我国进入新时代进一步深化改革开放的试验田，肩负着"制度创新高地"的使命，是我国发展更高水平开放型经济的助推器。目前我国的自贸试验区已经达到了 18 个，形成了东西南北中皆有，沿海成片、内陆连线的对外开放新格局。尤其是海南自贸区向自贸港的升级，更标志着中国对外开放质量的大幅提升。各自贸区也纷纷根据国家对各自确定的发展重点和开放方向，不断推动自由贸易发展，快速对标国际先进，到目前为止已形成一系列具有地方特色的经验和创新案例，并进行了一定的推广。其中，陕西自由贸易试验区（以下简称陕西自贸区）自挂牌成立 3 年以来，找准自身特点、定位，大胆试、大胆闯、自主改，与"航空港""跨境电商综试区"等新平台、新载体、新动能相结合，变区位优势为竞争优势，转化资源禀赋为开放亮点，在优化营商环境、强化制度创新等方面形成了一系列创新成果。陕西陆空内外联动、东西双向互济、集散辐射全国的门户和枢纽作用正在强势凸显。

作为我国西部改革开放的桥头堡，陕西自贸区在新的发展建设阶段如何对接 CPTPP 规则，未来应在哪些规则领域进一步开放创新，破除制约发展的体制机制障碍，探索在新阶段进一步推动各领域的政策及路径创新制度，打造内陆型改革开放新高地，是值得深入研究的重要问题。

二、陕西自贸区建设成效

打造西部内陆型改革开放新高地，是国家赋予陕西自贸区的主要发展任务。陕西自贸区作为陕西改革开放的排头兵、试验区，不断释放制度创新红利和政策叠加优势，积极探索差异化改革，加快转变政府职能，通过制度创新提升营商环境，特别是通过不断出台投资贸易便利化举措，主动融入"一带一路"建设，盘活核心发展要素，在危机中育先机，于变局中开新局，引领陕西全面深化改革、全面扩大开放和高质量发展，带动区域平衡协调发展，建设内陆型改革开放新高地。3 年来，其总体方案明确的 165 项试点任务已基本完成，目前已累计形成创新案例 370 个，其中 16 项创新成果或得到国务院和相关部委通报表扬，或在全国进行复制推广，53

项创新成果在全省复制推广，这为陕西改革开放、区域经济发展提供了内生性动力。统计数据显示，2019 年，陕西自贸区全年货物进出口总额 2476.32 亿元，占全省进出口总额的比例高达 71%，同比增长 24.84%。2020 年 1—6 月陕西进出口总值为 1290.08 亿元人民币，在全国排名第 16 位，同比增长 3.63%。陕西探索出了新形势下推动全面深化改革和扩大开放的新路径，为打造成内陆改革开放高地注入了强劲动能。

（一）搭建"通丝路"跨境金融服务平台

"通丝路"平台以进出口电子商务平台为主体，以线下配套信息管理和投融资金融服务为两翼，主要服务于陕西出口企业及农户，全方位介入以农副产品为主的多品类商品流通链条管理，扩大支付结算通道，快速提升市场占有率。利用国际贸易结算和海外机构的优势，通过商户及企业宣传推广、产品信息发布，借助"互联网＋"平台模式，实现跨境网络购物、跨境交易结算。该平台将接入银行、海关、税务及省口岸办提供的各类接口，打通支付结算、企业报备、产品报备、在线报关全流程，提供单一窗口的"一条龙"服务。该平台的计价和结算全部使用人民币进行，这样就大大提高了结算效率，降低了汇兑费用，最终使得陕西自贸区在"一带一路"中的国际市场影响力不断提升。创新"跨境人民币＋精准扶贫"新模式，与省内金融机构和外贸企业共同帮助陕西中小企业及农户将特色产品推向全球市场，为中小企业和农户提供出口代理和融资担保等服务。

目前入驻陕西自贸区"通丝路"平台的外贸企业达 160 余家，涉及装备制造、工业品、农产品等 200 余种类，跨境人民币结算额突破 1000 万元人民币，共计 33 笔，覆盖陕西 70% 的县域，出口目的地包括缅甸、韩国、新加坡、日本、老挝、泰国、俄罗斯等国。

（二）创新铁路运输方式舱单归并新模式

和其他内陆地区一样，陕西铁路货物运输是其主要运输方式。针对此短板，利用陕西"一带一路"重要节点的地理特征和产业优势，西安海关与西安国际港务区为提高进境粮食指定口岸通关效率，与阿拉山口等海关对接，实现企业从原来的"一柜一单"模式变为"舱单归并"模式。"五同一"，即同一品名、同一规格、同一合同、同一公司、同一列次的大宗进口货物，其舱单可以归并成一个舱单，一单到底，改变了以前沿途运输更换运单的操作，用一票报关单申报，3 小时内完成报关手续，不仅大大节省了通关时间，还能节省 90% 以上的通关费用。这样做不仅显著提升了中欧班列通关效率，而且促进了内陆地区货物贸易便利化，有利于辐射带动"一带一路"沿线西部城市的协同开放。2019 年，中欧班列"长安号"共开行

2133 列，同比增长 70%，运送货物达 180.2 万吨，同比增长 50%。例如，西安爱菊粮油工业集团有限公司从哈萨克斯坦采购 2000 吨初榨食用油，通过"舱单归并"的新模式，将原来需要申报 86 票的货物缩减为两票，通关费用从 30100 元降低到 700 元。

（三）实现中国农业标准化的国际覆盖

陕西自由贸易区杨凌片区是我国自贸区领域唯一的现代农业科技板块、首个国家级农业高新区，有基础、有条件、有能力为干旱半干旱地区乃至"一带一路"沿线国家农业发展提供技术标准和整体解决方案。杨凌以农业标准化为核心，先后探索形成了"三型五化""五位一体"的安全农产品标准化综合服务模式，培育出了"农科城""秦岭山"等一批杨凌特色优势农产品品牌，远销国外，杨凌品牌价值已达 818.58 亿元。杨凌目前已建立了 11 个国家级、11 个省级农业标准化示范区，在国内建立了 70 个农业科技示范推广基地，在哈萨克斯坦等"一带一路"沿线国家建设了 7 个农业国际合作园、20 多个农业科技示范推广基地，推动了我国农业技术标准在外应用，扩大了中国农业标准化的国际覆盖面。

（四）构建"一带一路"跨国农业产能合作新模式

为了充分发挥"一带一路"与自贸区的共振效应，陕西努力践行自贸区投资自由化、贸易便利化政策试验要求，目前逐步把"一带一路"沿线区域的农产品贸易产业链搭建起来，打通了从种植、收购、加工、物流到销售的全球全产业链，完成了跨国合作。例如，陕西爱菊粮油工业集团有限公司将农业技术输出至哈萨克斯坦，利用哈萨克斯坦良好的土地条件进行种植和产地初加工，然后进口哈萨克斯坦农产品进行深加工，目前已实现"北哈州、阿拉山口、西安"三地互为支撑、协同发展的中哈农业跨国全产业链体系。

（五）实现"全城通港"政务服务新模式

西安国际港务区全面实现了数据共享、信息跑路、足不出户的"互联网+"的全城通港政务服务新模式。该模式旨在全面打造一个线上、线下一体化的 7×24 小时的 15 分钟政务服务圈。启用 24 小时自助信包箱和全城 1345 个中国邮政速递易箱柜，用户在国际港务区政务服务网填写资料、输入位置关键字，系统会帮助用户自动搜索周围可供选择的速递易箱柜，用户可根据自己的位置和时间等条件选择最方便的速递易箱柜进行邮寄或取件。该模式极大地方便了群众，让群众办事像网购收发件一样方便，享受在家门口随时随地"自助交件、自助取件"的新政务服务模式。这种以"最多跑一次"改革撬动政府数字化转型的做法，进一步打通了政务服务的"最后一公里",缩短了服务距离,全面提高了政务服务效率。

(六) 建立大型机场运行协调新机制

为了提高放行正常率和始发正常率,提升资源利用效率和机场整体运行品质,西安咸阳国际机场公司基于 A – CDM 机场协同决策系统,联合东航、海航、地勤、油料等单位,构建起包括决策层、组织层、实施层和协调层在内的四级协同管控框架。此管控框架将航空公司运行、机场保障、空管运行服务,以及政府监督四大管理体系融为一体,探索出了大型枢纽机场协同运行、高效运转的新模式。

该模式通过数据平台,全面整合了空管、机场、地勤等运行主体实时数据。运用信息实时共享,保证了各单位间信息畅通,缓解了因空域、时刻、机位等资源而不断凸显的矛盾,提高了资源利用率和时间节点可预测性水平,实施了六大协同机制,即空地协同放行机制、航班分类处置机制、不利条件运行机制、关键资源统筹机制、地面运行督查机制、运行评估提升机制。这样可以明显缩短机场的地面滑行时间、关舱等待时间和航班延误时间,从而实现了良好的经济效益和社会效益。据相关数据统计,运用该模式使得西安咸阳国际机场出港航班平均滑行时间缩短 3.5 分钟,累计减少碳排放 8 万吨以上,每年可节省燃油成本 5000 万元左右。

(七) 构建"云审批、微服务、智监管"体系

陕西自贸区西咸片区将持续构建"云审批、微服务、智监管"体系,打造行政许可的云审批平台,商事登记、许可审批和项目的微信申报平台,基于信用大数据应用的智能监管平台。把与行政审批有关的各类申报事项全部纳入微信平台,率先实现随时随地微信办理,打造全国领先的商事电子政务环境,实现各种商事证照电子申办、电子发放、电子公示、电子应用。具体采用工商登记注册全程电子化系统,市场主体关注工商部门官方微信,完成"刷脸—自主选名—录入申报信息"三步操作,即可领取电子营业执照。通过微信刷脸实名登录技术、申报信息一次录入技术、手写签名技术的综合运用,进一步简化流程,可以防控微信办照风险。这一创新工作模式降低了申报门槛,将表格填报改为信息填报,大大提升了效率,减少了审核工作量,审核时间从 1 个小时压缩到 10 分钟左右。全程电子化办照,可通过微信公众号发放电子营业执照,电子营业执照在全社会推广后,将实现"零跑路"办照。

(八) 探索技术经理人全程参与的科技成果转化服务模式

技术经理人全程参与的科技成果转化服务模式打通了科技成果转化的"最后一公里"。在该模式中,技术经理人扮演了科技创新的推动者、传播者和发起者等多重角色,能够更"贴心"地为科技工作者服务,提供集信息集散、技术评价、市场

预测、决策支持、专家咨询等于一身的全方位服务,从而改变了国内目前科技成果转化以"柜台中介"为主的服务方式,确保了科技成果转化的连贯性,使转化更加具有针对性,也会提升它的预期效果。

三、陕西自贸区对接 CPTPP 新规则的主要内容

陕西自贸区和其他自贸区一样,改革创新的核心是"制度创新"。从目前的改革成效来看,对标国际高标准经贸规则,主要集中在政府职能转变、投资管理制度、贸易监管、金融开放创新等领域。从以上阐述中可以看出,目前已有 16 项创新成果或得到国务院和相关部委通报表扬,或在全国进行复制推广,53 项创新成果在全省复制推广。但若与 CPTPP 规则对接,我们发现仍存在一定的差距。

(一)政府职能转变方面

1. 竞争政策

因为国有企业在我国社会承担着特殊的责任,所以在中国自贸区战略实施中,国有企业扮演着重要的经济和社会角色,在"走出去"的企业中,国有企业仍然占有主导地位,成为"走出去"的主力军。据《2018 年度中国对外直接投资统计公报》统计,2018 年中国非金融类对外直接投资的存量中,国有企业占 66.2%。同时,我国政府为实现此战略,通常会为国有企业提供一定的财政、信贷、外汇、税收、保险等方面的优惠措施。例如,《关于支持境外加工贸易业务的信贷指导意见》《国家税务总局、对外贸易与经济合作部关于境外带料加工装配企业有关出口退税问题的通知》《对外经济技术合作专项资金管理办法》等均对国有企业有一些特殊照顾,这样的优惠政策会使国有企业获得的利润高于市场利润。

为了避免类似的情况出现,在 CPTPP 的框架下,国有企业将受到很多规则的约束和限制,主要有以下几个方面:①扩大非歧视待遇。CPTPP 中非歧视待遇适用的领域将服务贸易领域也纳入其中,对象也包括国有企业海外投资设立的企业。②扩大非商业性援助的调整范围。鉴于对反竞争商业行为的禁止和消费者保护,非商业性援助的范围不仅包括货物贸易,更包含服务贸易,对象既包括成员国国内企业,又包括国有企业海外投资设立的企业。要求缔约国不得通过直接或间接方式向国有企业提供非商业援助而对另一缔约方的利益造成不利影响。否则会根据该条例规定对中国国有企业进行审查甚至提起诉讼。③公开国有企业的相关信息。这些规则使得我国国有企业在走出国门的时候,会被禁止或更难获得政府的融资或优惠待遇。同时规则也禁止了在一些活动中国有企业向其他地方企业提供优惠待遇(如在采购中)。这些条款的目的是给予外国公司更多与国企竞争的机会,使其获得更多的市

场份额。

因此，陕西自贸区和我国其他自贸区一样需要面对这样的问题。

2. 知识产权

通过调研发现，陕西各自贸片区的行政执法机关在知识产权行政执法协作和保护方面取得了一定的成效，各自建立了知识产权运营服务中心，例如，西安高新区设有知识产权服务联盟和知识产权法律援助中心，杨凌示范区管委会成立了知识产权促进中心等机构，主要为各区内企业提供涉外知识产权服务、展会知识产权服务和维权援助等服务。同时，各片区之间建立了多部门联合协作机制，实现了执法信息资源共享和重大案件提前介入。

在 CPTPP 的框架下，我们发现：①CPTPP 的商标法的保护客体范围扩大到了对声音、气味商标都予以保护，同时加强了对域名和国名的保护。②CPTPP 明确了知识产权的保护标准，扩展了知识产权权利内容，将驰名商标的保护范畴从同类保护扩大到了跨类保护，将数字形式增加到了复制权的控制之中。③CPTPP 规定了严格的执法程序和法律责任。基于知识产权民事侵权救济标准和救济措施，规定了具体的救济方式、赔偿数额的计算、诉讼费用的承担、侵权工具与货物的处理、法定赔偿等。对临时措施与边境措施给予了极其宽松的知识产权执法裁量自由，并且将边境措施施用于进出口和过境的各个环节，加大了海关的知识产权执法力度。

通过对接 CPTPP 的相关内容，我们发现，陕西自贸区各片区对转口贸易货物、过境贸易货物、保税货物和展示交易货物的知识产权边境保护尚未涉及，有待加强。自贸区的多边贸易货物知识产权执法协作框架协议尚未出台。目前已有的双边的、分散的执法协作机制并不能满足自贸区对知识产权行政执法的集中、专业和高效的要求。另外，海关的知识产权执法力度有限，海关备案的数目较少，执法案件相对较少，在相关企业的知识产权受到侵犯时不能获得海关及时、有效的保护。面对不断增多的新型知识产权纠纷，执法力量仍有待加强。

（二）投资管理制度方面

陕西自贸区在投资管理制度方面，一方面，为了提高对外开放度和透明度，减少或取消外商投资准入限制，已经全面实施外资准入前国民待遇加负面清单管理模式，做好了对外开放的压力和风险测试。另一方面，为了有效引进境外资金、先进技术和高端人才，提升利用外资综合质量，鼓励外资更多投向高端装备制造、新一代信息技术、新材料、生物医药等先进制造业领域，鼓励跨国公司在自贸区设立地区总部、研发中心、销售中心、物流中心和结算中心。目前，美国康坦无害化农业总部、西门子创新工业技术中心等外资企业和项目已相继落户自贸区。有关资料显示，2019 年陕西自贸区新设外商投资企业 91 家，占全省的 28.17%，实际利用外资

30.78亿美元，占全省的39.83%，货物进出口总额2476.32亿元，占全省进出口总额的71%。

另外，作为国务院确定的"互联网+监管"系统试点省，省内的陕西自贸区在投资的事中事后监管制度方面，已经完善了社会信用体系监管平台，建成事中事后综合监管平台，并积极创新综合监管新模式，率先实现动态监管"双随机、一公开"常态化，推动信用信息归集共享和联合应用，并陆续出台守信联合激励和失信联合惩治的相关制度及清单。目前，陕西自贸区在监管事项梳理、监管数据汇聚、监管应用对接方面已达到全国领先，政务数据监管共享能力显著提升。

与CPTPP的投资管理制度规定对接中，陕西自贸区的差距主要在于以下几个方面：①在CPTPP中，负面清单数目更少，对外资的开放水平相对更大。而陕西自贸区虽然已出负面清单，但是在对外资开放水平方面，负面清单数目较多，所涉行业也较多，因此，对外资开放水平与CPTPP的规定相比，还需进一步提高。在对外资的透明度方面，陕西自贸区仅涉及限制措施和所涉部门，但并未对设定的原则和法律依据予以详细具体说明，说明其对外资的透明度不够。另外，也未参照CPTPP设定"未来不符措施"，使得未来投资管理动态调整的空间不足。②在投资的事中事后监管制度方面，陕西自贸区的主要问题在于，外资主管部门对企业运营过程的动态监管仍然不足，外商投资国家安全审查的具体政策措施尚不清晰。

（三）贸易监管方面

在贸易监管方面，陕西自贸区与CPTPP对接的差距主要体现在以下几个方面：第一，货物贸易自由化方面，按照CPTPP规定，各参与国的关税减让力度很大，各参与成员国的零关税比重已高达80%以上。而中国目前参与最大零关税比重（中韩自由贸易协定）也只达到57.02%，与CPTPP规定差距显著，因此，货物贸易自由化对陕西自贸区的挑战也不小。第二，卫生与植物卫生措施方面，CPTPP关于卫生及植物卫生措施的规定主要是以CPTPP中以美国为代表的发达国家的动植物检验检疫标准为基础制定的。陕西自贸区在这方面一直低于国际水平，例如，动植物检验检疫标准尤其是在农残、药残、微生物和重金属方面的科学依据不充分且标准较低，违反行为处罚力度不够。这些方面若与CPTPP标准比较，差距更大。因此，该规则对中国国内规则的挑战不小。第三，监管的一致性方面。全球价值链生产尤其是新冠肺炎疫情暴发对国内监管提出了空前的挑战。实现监管的一致性，可以有效推动管制的协调性和标准的一致性，促进自贸区内贸易与投资，提升自贸区内价值链的整合。这方面在中国所参与签订的协定中还未涉及，因此是一个全新的考验。

（四）金融开放创新方面

陕西自贸区自成立以来，通过"金融政策进自贸区"系列活动，鼓励各片区结合各自的产业特点和优势,开展差异化金融措施改革,推动跨境贸易和投融资便利化。在此活动中,西安国际港务区提出了"金融发展二十条";建立浐灞自贸片区"通丝路"陕西跨境电子商务人民币结算服务平台;自贸区长安银科商业保理有限公司开启美元融资业务;通过信用金融服务平台开展市场化征信服务;按照"物流+贸易+金融"发展模式,持续探索供应链融资特色金融产品。这样的措施实现了"园区+市场化"的政务、信用和金融服务一体化功能,为区内企业解决了融资难、融资贵的问题。

对照CPTPP的相关规定,在自贸区金融开放创新体系方面,陕西自贸区与之对接的差距主要体现在:大规模跨境资本流动的金融监管配套制度和金融法制环境保障不足,对肩负打造"一带一路"国际金融制高点先行先试任务的陕西自贸区来说,还有更长的路要走,还需要做出更多的制度创新。

四、陕西自贸区对接 CPTPP 新规则制度创新路径

在下一阶段,对照CPTPP对接差距,陕西自贸区要依托自己的发展优势,从推进四条"丝绸之路"建设、加快构建"五大专项"服务体系、高质量完成建设总体方案中的160项改革试点任务等战略规划出发,统筹谋划多维度、多层次的制度创新,探索出独具特色且不可复制的制度创新举措,在优势领域创造出新的国际最高标准经贸规则,以此加快培育对外开放新优势,搭建开放新通道,持续推动陕西全省经济社会发展。

(一)构建高效、便利的自贸区营商环境

1. 建立自贸区跨部门知识产权执法协作机制

为了满足自贸区对知识产权行政执法的集中、专业和高效的要求,本文建议由陕西自贸区知识产权行政管理机关、海关、公安机关、司法机关联合建立跨部门多边执法协作机制。具体来说,基础性框架包含以下几个方面:第一,建立联席会议制度。陕西自贸区知识产权行政管理机关、海关、公安机关和相关司法机关定期组织召开执法联席会议,一方面,通过分析执法协作过程中存在的问题,进行执法经验交流,进一步完善联合执法的措施和计划。另一方面,面对重大疑难问题,各部门可以共同研究具体案情,商讨相关对策。第二,开展联合执法专项行动。针对自贸区内具有涉外因素的知识产权侵权假冒违法案件,陕西自贸区知识产权行政管理机关、海关、公安机关和相关司法机关探索开展跨部门、跨区域联合执法。第三,实现执法信息资源共享。运用大数据、云计算、物联网等信息技术,建立"互联网+"信息共享平台,实现陕西自贸区知识产权行政管理机关、海关、公安机关和

相关司法机关对相关违法案件举报投诉信息、案件线索等信息的共享和案件移送，并实现信息的相互认可、相互使用，提高案件处理的专业性和高效性。

2. 强化西安海关的行政执法力度和保护功能

由于陕西自贸区各片区中的案件多为涉外知识产权案件，要构建高效、便利的自贸区营商环境，必须强化西安海关的行政执法力度和保护功能。第一，强化海关对自贸区进口、过境或转运货物的行政执法力度，坚持对知识产权地域性进行保护。一方面，对进入自贸区的货物，如果涉嫌侵犯知识产权，海关应当立即进行知识产权行政执法；另一方面，对自贸区中过境或转运中有明显证据证明涉嫌侵犯知识产权的货物，海关也应对其进行知识产权执法。第二，提高本地企业的知识产权保护意识。海关通过开展展示自贸区知识产权保护成果和创新示范产品及品牌等活动，积极鼓励、号召本地自主品牌企业到海关申请知识产权备案和保护，并承诺与其建立保护自主知识产权的联系配合制度，增强其知识产权保护意识。第三，陕西自贸区知识产权行政管理机关、海关、公安机关、司法机关联合建设新业态（如跨境电商和互联网邮递渠道）的侵权态势研判中心，免费提供"知识产权网上侵权预警与存证云服务"，合作推出自贸区外贸订单知识产权状况预确认服务，提前预判知识产权风险，有效筛选知识产权问题订单。

（二）对 CPTPP 国有企业规则新发展的应对措施

第一，规范对国有企业的政府补贴。在涉及政府非商业援助行为方面，对国有企业的援助范围和力度一定要合适，不能对其他同行造成严重的影响，注意提高援助行为过程的透明度，必要时公开被援助国有企业的信息。第二，提高对国有企业的信息披露程度。在披露国有企业的相关信息时，要将那些未涉及核心内容的信息尽量公布于众，保障公众的知情权，如工商注册登记情况、重要的人事变动情况、重要人员的薪酬情况、破产重组等重要信息。

（三）构建以信用监管为核心的综合监管体系

陕西自贸区应该构建以信用监管为核心的综合监管体系，加强事中事后监管，缩短与 CPTPP 的差距。第一，将企业信用和诚信管理体系融入综合监管平台。首先，完善陕西自贸区区内企业诚信档案，结合大数据信息技术，完善平台的监管功能。其次，对企业进行分类监控，对信用等级较低的企业实行重点监控，并将监控内容及时向社会公众公示，加大对企业失信、违法违规行为的惩戒力度；而对信用等级相对较高的企业，通过适当减少检查频率，降低监管成本。第二，建立自贸区综合监管执法部门。避免多头管理、重复检查，综合监管执法部门将集中行使市场监管、城市管理、民防、环保、药品食品监管等各领域的全面行政检查权和处罚权，提高监管效率和效果。第三，实现电子化监管。利用区块链、大数据、物联网等现代信息化技术，加快综合监管数字化和流程化建设，真正实现现代化的综合监管治理。第四，完善社会参与监管机制。充分尊重新闻媒体和社会公众对重要公共事件的知情权，及时公开突发敏感事件的处置信息，探索实施"吹哨人制度"，加强舆论监督。例如，在企业信用信息公示系统中增加群众登录口，拓宽群众反馈渠道，完善社会举报奖励制度以及处罚结果信息共享制度，以更大力度地推进政务公开。

（四）充分挖掘金融开放领域创新

陕西自贸区各片区在过去3年建设期未能充分挖掘金融开放领域，目前其金融领域发展水平内与上海自贸区、外与CPTPP均存在较大差距，因此陕西自贸区在今后的发展中，应当持续加大金融领域开放创新力度。第一，探索新的外汇管理模式。应大力引进或设立本外币特许兑换机构、合资期货、证券公司等金融机构，探索新的外汇管理模式，促进商业保理发展。第二，扩大人民币跨境结算业务范围。鼓励符合条件的境内外主体开立人民币结算账户，扩大人民币离岸和结算业务范围。第三，设立期货保税交割仓库。依据之前在西安商品交易所交易过程中具备竞争优势的特色产品，发展一批期货品种，并在海关特殊监管区设立期货保税交割仓库，为商品交易提供快捷、便利的金融服务。

五、总结

总之，陕西自贸区经济的发展需要以CPTPP这样高标准的协定作为指引并形成倒逼之势。作为我国西部改革开放的桥头堡，为在我国"一带一路"沿线进行更大范围、更宽领域扩大改革开放压力测试，陕西自贸试验区在未来3年新的建设发展期，要坚持一贯的以制度创新为核心，通过不断探索实践，构建高效、便利的自贸区营商环境，找到对接CPTPP国有企业规则新发展的应对措施，构建以信用监管为核心的综合监管体系，充分挖掘金融开放领域创新，大力破除制约其创新发展的体制机制障碍，摸索出对接CPTPP的、更适合我国发展的制度成果，打造西部内陆型改革开放新高地，同时也为制度创新成果在全国范围内的推广奠定基础。

参考文献

[1]王云.CPTPP国有企业规则的新发展及我国的应对[D].武汉:中南财经政法大学,2019.

［2］Myrdal G. Economic theory and underdeveloped regions［M］. London：Duckworth,1957.

［3］Williamson J G. Regional inequalities and the process of national development［J］. Economic Development and Cultural Change,1965,20(3).

［4］Friedmann J. Regional development policy：a case study of Venezuela［M］. Cambridge, Mass. and London：MIT Press,1966.

［5］Malmberg A. Industrial geography：agglomeration and local milieu［J］. Progress of Human Geography,1996,2(1).

［6］Richardon H W. Regional growth theory［M］. Macmilan, 1973.

［7］Matin R, Sunley P. Paul Krugman's geographical economics and its implications for regional development theory：a critical assessment［J］. Economic Geography,1996,10(6).

［8］Krugman P. Geography and trade［M］. Leuven：Leuven University,1991.

［9］Krugman P. Development, geography and economic theory［M］. Cambridge：MIT Press,1995.

［10］Malmberg A. Industrial geography：location and learning［J］. Progress of Human Geography,1997,23(5).

［11］Stephen Hoadle, Yangjian. China'S Cross-Regional FTA Initiatives：Towards omprehensive National Power［J］. Pacific Affairs,2007,80(2).

［12］王昕. TPP/CPTPP国有企业规则对中国的影响及对策研究［D］. 昆明：昆明理工大学,2019.

［13］张丽萍. TPP协议和WTO有关国有企业规定之比较［J］. 国际商务研究,2017(5):27-34.

［14］余烨. TPP国有企业的定义对中国国企分类改革的启示［J］. 长安大学学报(社会科学版),2017,19(4):86-94.

［15］赵旸頔,彭德雷. 全球数字经贸规则的最新发展与比较——基于对《数字经济伙伴关系协定》的考察［J］. 亚太经济,2020(4):58-69.

［16］孙秀娟,吴一鸣. CPTPP的规则、影响及中国对策：基于和TPP对比的分析［J］. 法制与社会,2020(19):1-3.

［17］曹广伟. 亚太经济一体化视域下CPTPP的生成机理及其后续影响［J］. 商业研究,2018(12):90-96.

［18］中国社会科学院世界经济与政治研究所国际贸易研究室.《跨太平洋伙伴关系协定》文本解读［M］. 北京：中国社会科学出版社,2016.

［19］马其家,樊富强. TPP对中国国有企业监管制度的挑战及中国法律调整——

以国际竞争中立立法借鉴为视角[J].国际贸易问题,2016(5):59-70.

[20]张宇.CPTPP的成效、前景与中国的对策[J].国际贸易,2020(5):52-60.

[21]关兵,梁一新.中国应该加入CPTPP吗?——基于一般均衡模型GTAP的评估[J].经济问题探索,2019(8):92-103.

[22]吴立鸿.CPTPP正式生效后我国对外贸易面临的挑战及应对之策[J].广西农学报,2019,34(1):65-68,76.

[23]赵灵翡,郎丽华.从TPP到CPTPP:我国制造业国际化发展模拟研究——基于GTAP模型的分析[J].国际商务(对外经济贸易大学学报),2018(5):61-72.

[24]李天国.逆全球化背景下韩国亚太自由贸易区战略——基于RCEP、CPTPP规则比较[J].东北亚学刊,2020(3):61-75.

[25]董静然.数字贸易的国际法规制探究——以CPTPP为中心的分析[J].对外经贸实务,2020(5):5-10.

[26]崔晓静,陈镜先.CPTPP税收措施规则解析及中国应对[J].河南师范大学学报(哲学社会科学版),2020,47(2):61-67.

[27]李鸿阶.《区域全面经济伙伴关系协定》签署及中国的策略选择[J].东北亚论坛,2020,29(3):115-126.

[28]韩秀丽,翟雨萌.CPTPP下过境货物知识产权的执法规则——法理解读及中国应对[J].厦门大学学报(哲学社会科学版),2020(2):141-151.

[29]刁莉,杨玉蒙,陈哲馨.CPTPP对中国与东盟双边贸易的影响研究[J].开发性金融研究,2020(3):34-41.

[30]刘艺卓,焦点,赵晶.CPTPP农产品原产地规则与我国应对的谈判策略[J].中国外资,2020(2):66-67.

[31]郑建成,王卓.CPTPP、美日贸易协定及中国的应对——基于日本与CPTPP10国及美国贸易投资面板数据的分析[J].东北亚经济研究,2019(6):76-92.

[32]蔡彤娟,郭小静.TPP到CPTPP:中国面临的新挑战与对策[J].区域与全球发展,2019(2):5-16.

[33]白洁,苏庆义.CPTPP的规则、影响及中国对策:基于和TPP对比的分析[J].国际经济评论,2019(1):58-76,180.

[34]樊莹.CPTPP的特点、影响及中国的应对之策[J].当代世界,2018(9):8-12.

[35]胡枚玲,张军旗.论CPTPP规制合作的新范式及中国应对[J].国际贸易,2019(10):35-41.

[36]刘斌,于济民.中国加入CPTPP的可行性与路径选择[J].亚太经济,2019(5):5-13.

[37]杨立强,余稳策.从 TPP 到 CPTPP:参与各方谈判动机与贸易利得变化分析[J].亚太经济,2018(5):57-64.

[38]石超.从 TPP 到 CPTPP:知识产权条款的梳理、分析与启示——兼谈对中国开展知识产权国际保护合作的建议[J].石河子大学学报(哲学社会科学版),2019,33(4):68-74.

推动东西部自贸区交流合作，提升陕西自贸区开放协同效应

郑 端[①]

摘要：开放协同是自贸试验区建设的重大任务，不仅能加强自贸试验区对其他区域的引领示范、辐射带动作用，还能推进自贸试验区之间的协同共竞、开放互助，开创立体化、层次化、差异化的开放协同新格局。本文通过对自贸试验区七年开放协同实践的梳理，分析了开放协同现状，凝聚出陕西自贸区开放协同思路。在此基础上，从内部开放协同、外部开放协同两个角度提出陕西自贸区开放协同策略，分别从区域协同、创新协同、产业协同、人才协同、政策协同等方面入手构建陕西自贸区开放协同新体系，通过构建长效保障机制，如完善政府引导机制、完善多元化参与机制、创新合作模式等，进一步提升陕西自贸区开放协同效应，为其深度融入"一带一路"建设贡献支撑力量。

关键词：开放协同；陕西自贸区；产业协同；制度创新

一、引言

从2013年9月上海自贸试验区正式挂牌成立至今，我国先后批准设立了六批次共21个自贸试验区（以下简称自贸区）。近年来，各自贸区深入开展差别化探索，推动贸易投资自由化、便利化水平显著提升，不断为中国经济乃至全球经济注入新活力。

2020年两会期间，习近平总书记强调"坚定不移推动经济全球化朝着开放、包容、普惠、平衡、共赢的方向发展，推动建设开放型世界经济"，提出"着力打通生产、分配、流通、消费各个环节，逐步形成以国内大循环为主体、国内国际双循

---

① 西安外事学院陕西自贸区研究院副教授。

环相互促进的新发展格局,培育新形势下我国参与国际合作和竞争新优势"。

自2017年4月1日以来,陕西自由贸易试验区(以下简称陕西自贸区)历经3年多建设发展,持续进行金融创新、管理方式改革创新,营商环境不断改善,国际航空枢纽、国际运输走廊建设有力推进,形成创新案例370个,16项创新成果或在全国复制推广或得到国务院和相关部委通报表扬,53项创新成果在省内推广,已成为陕西改革开放的新高地和高质量发展的排头兵。随着改革开放事业不断向前推进,陕西自贸区迎来了发展的关键时期,面临的新情况、新问题也不断增多。陕西经济要实现转型升级、创新驱动、高质量发展,需要陕西自贸区发挥引领作用,构建与国际接轨的法制化和便利化的营商环境。因此,应进一步发挥陕西自贸区的开放引擎作用,着眼协同深化,将改革向纵、深、广推进,实现开放协同效应,打造内陆改革开放高地。

二、自贸区开放协同实践

从全国自贸区建设情况来看,开放协同已成为推进自贸区工作的重要内容。2017年9月,广东自由贸易试验区与四川自由贸易试验区签署战略合作框架协议,提出加强自贸区交流合作,重点围绕投资、贸易便利化、金融、现代物流产业、科技和人员交流五方面深化合作,开展联动试验、互补试验、协同试验;2018年4月,在成都举行的中国自由贸易试验区协同开放发展论坛上,上海、广东、四川等11个自由贸易试验区共同签署了《中国自由贸易试验区协同开放发展倡议》,明确进一步强化协同改革、协同创新、协同发展的思维,大力实施内陆与沿海沿边沿江协同开放战略;2018年8月,四川省政府办公厅印发《中国(四川)自由贸易试验区协同改革先行区建设实施方案》,从区域内部探讨自贸试验区的整体、系统、协同发展,不拘囿于"单兵突进";2019年8月,浙江省印发《关于进一步推动中国(浙江)自由贸易试验区改革创新的若干意见》,明确提出在全省范围内建设"自贸试验联动创新区";2019年8月,在江苏自由贸易试验区揭牌仪式上,浙江、江苏、上海"两省一市"签署了《上海江苏浙江自由贸易试验区联动发展战略合作框架协议》,三地将开展共同打造制度创新高地、推进产业发展、开展科技创新、促进金融服务一体化、加强对外投资合作、推进数据互联互通、推动政务服务一体化、开展交流学习八个方面合作,全面加强三地自贸区的沟通联络、协调配合,积极探索创新合作模式,不断提高合作水平;2019年11月,黑龙江自贸区绥芬河片区与广东自贸区南沙片区正式签署战略合作框架协议,重点围绕加强制度创新、政务服务、产业发展、金融创新、贸易便利化、人才引进与交流等领域深化合作;2020年4月,天津、河北签署《津冀自贸试验区战略合作框架协议》,两地自贸区将从协同推进制度创新、建立创新合作机制、促进产业对接合作、提升政务服务水平、促进国际商贸物流合作、推动大通关一体化建设、促进金融领域创新合作、建立人才互动交流机制八个方面加强交流，通力合作。

通过自贸区协同开放实践可以看出，自贸区之间的创新合作机制已较为成熟和完善，但针对某一自贸区如何融入协同系统，还没有具体实践。

三、陕西自贸区开放协同的背景与现状

（一）陕西自贸区开放协同背景

截至2020年9月，我国已先后产生六批共21个自贸区，分布在全国21个省份，形成了多领域复合型综合改革开放态势。其中，沿海地区包括辽宁、河北、天津、山东、江苏、上海、浙江、福建和广东，中西部地区包括重庆、四川、湖北、河南、陕西、北京、安徽、湖南，沿边境地区包括黑龙江、云南、广西和海南。各自贸区均通过自主基础性制度创新、全系统制度创新、全流程制度创新、聚焦产业制度创新四种创新，进行了政府职能转变、投资管理体制、贸易便利化、金融开放创新、完善营商环境、科技创新、服务国家战略等方面的改革，涉及的改革任务有180多项。自由贸易试验区目前已经初步形成了以自由贸易港为引领，东中西协同、陆海统筹的"雁阵"格局——既有逐渐成熟的东南沿海自贸片区，又有你追我赶的中西北部自贸片区，还有刚刚起步的新设自贸试验片区。

在各自贸区结合自身特点与定位良性发展时，协同开放发展成为新时代自贸区建设的必由之路。

首先，从对外开放视角来看，"一带一路"倡议是新时代改革开放战略的重要组成部分，自贸区作为"一带一路"的战略支点，有效推进了与"一带一路"沿线各国间的政治沟通、经济往来、文化交流等，通过制度融通化解了"一带一路"倡议实施过程中的民族歧见，消减了贸易摩擦，打破了文化壁垒并且扫清了诸多制度障碍，强有力地提高了我国在国际政治经济事务和规则制定中的影响力与话语权。

其次，从区域发展的视角来看，通过交通互联、信息互通等方式打破物理空间界限形成的中国自贸区体系，将助推国内东北振兴、中部崛起、西部大开发等区域协同发展新格局的形成，从而扭转以往渐进式改革开放带来的区域发展不平衡、市场失灵、资源错配、价格扭曲，以及收入分配不均、社会福利损失等积弊。

另外，从实践操作的过程来看，自贸区开放协同也能进一步提升其风险管控能力，提升要素流动，促使其形成良好的驱动机制并进行相应的制度创新。

陕西自贸区的功能定位是：更好地发挥"一带一路"建设对西部大开发的带动作用，加大西部地区门户城市开放力度，努力将自贸区建设成为全面改革开放试验田、内陆型改革开放新高地、"一带一路"经济合作和人文交流重要支点；着力打

造新兴产业和高端制造业，承担中国经济内循环的重要节点功能，带动中西部连片区域的发展。作为新时代改革开放的新高地，陕西自由贸易试验区是连接"双循环"的重要平台和关键节点，是促进"双循环"新格局形成的重要抓手和有力支撑，也是与"一带一路"沿线国家互联互通的枢纽和门户，为新一轮经济全球化提供了重要支撑。因此，开放协同对于陕西自贸区具有非常重要的现实意义。

（二）陕西自贸区开放协同现状

陕西自贸区挂牌3年多以来，积极发挥向西开放前沿优势，释放制度创新红利，在内部协同及外部开放方面成效初显。

1. 外部开放协同现状

陕西自贸区通过自主探索，加大开放力度，拓宽开放渠道，与深圳前海蛇口自贸片区等21个自贸片区共同发起成立全国自贸片区创新联盟，加强改革创新协同；与三门峡市、兰州市建立联动发展机制，将西安区域创新经验向三门峡市和兰州市复制推广，在自贸区制度创新、区域协同、产业融合、平台共享和"一带一路"建设等方面共享经验，协同发展；投资贸易自由化、便利化改革全面推进，金融创新活力迸发，区域协同发展步伐不断加快，与"一带一路"沿线国家和地区的经济合作和人文交流持续深化。

同时，通过丝绸之路国际艺术节、丝绸之路国际电影节、丝绸之路国际旅游博览会等平台，提升对外合作的功能。在国际产能合作方面，鼓励企业在国外设立生产制造基地与营销网络和服务基地。

陕西自贸区在教育合作领域也有所突破，与31个国家和地区的128所大学打造了新丝绸之路大学联盟。此外，还打造了"通丝路"陕西跨境电商平台，揭牌陕西省丝绸之路考古中心等。

陕西自贸区还开发运行了陕西科技管理服务一体化云平台、国家知识产权运营公共服务平台、军民融合（西安）试点平台和大数据中心"中国库"，推动西部地区科技协同创新和技术有效利用；同时，依托西安科技大市场，建立了国内首个实现科技资源要素信息高速流转和有效分发的云服务公司，协助青海西宁、山西运城等10余个中西部城市建设区域科技创新综合服务体系。

（1）西安区域。陕西自贸区西安区域注重加强区域互通互联，开放合作，协同发展。2017年12月，西北地区商务主管部门负责人签署了《西北地区商务部门利用陕西自贸试验区平台推动西部大开发实现联动发展合作框架协议》。省自贸办组织开展了陕西自贸区改革创新经验推介交流活动，向西北4省推荐45项创新实践案例。2019年9月，西安市政府出台《关于深化中国（陕西）自贸试验区西安区域改革创新若干措施的通知》，从加快营商环境建设、鼓励支持金融创新、引导产业聚集发展等7个方面提出了31项具体支持措施，以最大限度地发挥试点效应和政策效应，增强贸易集聚辐射能力。2019年11月，陕西自贸区西安管委会与三门峡市商务局签订《自贸区建设合作协议》，将西安区域创新经验向三门峡市复制，带动三门峡开展自贸区协同创新，深入推进关中平原城市群和中原城市群融合发展。2020年9月，西安市商务局中国（陕西）自由贸易试验区西安管理委员会与兰州市商务局召开座谈会并签订合作协议，达成全面深化合作共识，按照"聚力改革、联动开放、创新发展"的原则，充分发挥陕西自贸区西安区域平台作用，在两市商务领域实现资源、信息、人才共享，重点围绕"一带一路"对外经济合作、率先推广自贸区改革经验、深化产业互利合作、协同推进制度创新、加强区域协同发展五个方面开展务实合作，推动两市商务经济健康、快速发展。

（2）西咸新区。2019年1月，西咸新区与新疆阿拉山口市、中译语通科技（陕西）有限公司与阿拉山口综合保税区管委会分别签署战略合作协议，推动地区协同开放、创新发展。

（3）杨凌片区。杨凌片区不断深化农业国际合作，主动融入"一带一路"建设，先后与全球60多个国家在现代农业领域建立了合作关系，与哈萨克斯坦农业部等20多个丝路沿线国家的政府部门签订了加强农业合作的有关协议，开展国际交流合作活动300余项，布局建设了中哈、中澳、中德、中俄等一批国际农业科技合作园区，打造了现代农业国际合作中心，成为集现代农业投资、贸易、技术、人文交流于一身的现代农业科技服务平台，在俄罗斯、美国等国家建立了6个海外农业示范中心。截至2020年7月，杨凌自贸片区累计新增各类市场主体2349家，其中企业1633家，实际利用外资2433万美元，同比增长42.7%。

2. 内部开放协同现状

从陕西省自贸区内部开放协同角度来看，宝鸡高新区、铜川市新区、渭南高新区、延安高新区、安康高新区、韩城高新区和经开区7个区域已被省政府批复设立首批陕西自贸区协同创新区，在协同创新区率先复制、推广自贸区改革经验，同时，推动跨区域合作与创新，鼓励自贸区与协同创新区开展平台、产业、项目、人才等方面的深度合作，推动产业优势互补、协调联动、错位发展。

为加强陕西自贸区各管委会、功能区之间的沟通交流，实现优势互补和协同发展，由自贸区西咸新区管委会倡议，自贸区西安管委会、西咸新区管委会、杨凌示范区管委会共同签署常态化研讨交流机制倡议书，该倡议明确了陕西自贸区要建立定期研讨交流机制，由自贸区3个管委会每季度轮流主办相关活动，根据活动需要邀请省级部门和智库机构参加。紧紧围绕进一步扩大开放和深化改革的要求，不断拓展陕西自贸区创新发展思路；加强区域合作和协同发展，充分发挥陕西自贸区的引领带动作用；在深入总结评估的基础上，继续解放思想、积极探索，加强统筹谋划和改革创新，不断提高自贸区发展水平，形成更多可复制、可推广的制度创新成果。

从陕西自贸区的开放协同现状可以看出，其内部各片区之间已经建立了较好的制度创新机制，向西走出国门的开放协同成果斐然，切实形成了定位特色，但在与国内其他自贸区开放协同方面力度还不足，需要进一步推动东西部自贸区交流合作，提升陕西自贸区开放协同效应。

四、陕西自贸区开放协同思路

自贸试验区的开放协同需要实现一个特定区域内部各资源要素的协同交互，使"外联"和"内通"相结合，构建起一条完整的区域协同路径。

我国各自贸区设立的时间批次、功能发展定位不同，且各自贸区资源禀赋、区位优势、要素流动等方面也都有自己的特性，自贸试验区开放过程中需要挖掘自身特质，走差异化协同发展之路。

因此，陕西自贸区应结合自身资源、地域、产业、要素等特色，首先探索制度协同开放，进一步加大开放协同力度，对标学习先进的规则、标准与管理经验，形成自己的发展标准，适应参与国内、国际大循环的新要求。

其次提升陕西自贸区的资源配置能力和能级。目前我国市场的不完善、制度性交易成本过高的问题仍然比较突出，尤其是要素跨行政区域流动的各种显性和隐性制度障碍仍然较多，需要陕西自贸区在各类要素交易平台建设上取得新突破和新进展。

再次抓好产业协同。自贸区开放协同的首要任务是为产业发展服务，依托市场主体、依托产业推进开放协同，才能真正地把协同落到实处。"内通"的产业协同主要聚焦以陕西自贸区为支点的省内资源要素的有效流动，打造具有陕西省特色的"微循环"。"外联"的产业协同主要聚焦国内资源要素的有效流动，推动形成以国内大循环为主体，国内、国际双循环相互促进的新发展格局。

最后加强陕西自贸区的渗透功能与辐射带动效应。陕西自贸区应大力发展平台经济、网络经济等新业态和新模式，重点打通国内的消费市场、产业链、创新链，以及新兴产业的跨区域市场，切实履行好国内循环的载体功能，同时起到助推中国商品及中国企业"走出去"的桥头堡作用。

五、陕西自贸区开放协同效应提升策略

陕西自贸区应把协同开放作为自由贸易试验区建设的重大任务，进一步强化协同改革、协同创新、协同发展思维，着力提升自由贸易试验区改革开放的整体性、系统性、协同性。

陕西自贸区协同效应提升可从内部协同及外部协同两方面着手合力推进。

（一）陕西自贸区内部协同效应提升策略

陕西自贸区三大片区自揭牌以来，围绕自贸区建设总体方案颁布了各个片区的实施方案和政策措施，已陆续公布了自贸区的改革创新成果，多项成果在自贸区内、省内乃至全国得到复制推广，取得了一系列改革成效。为了进一步提升陕西自贸区内部开放协同效应，基于已获批的7个协同创新区，陕西省可以构建"1+X+N"的立体化自贸区域协同体系。

陕西省可以借鉴福建、广东、浙江、四川等省经验，出台相关政策措施，充分发挥陕西省多区叠加的优势，在目前已经设立的7个协同创新区基础上，积极推进陕西自贸区协同创新区建设，加快自贸区的示范延伸区和优先拓展区布局，实现与自贸区的协同创新，初步构建"1个自贸试验区+7个协同创新区+N个示范延伸区"的自贸区协同体系，通过分享创新经验，带动整体提升，进一步打造"1个自贸试验区+X个协同创新区+N个示范延伸区"的立体化自贸区域协同体系，切实发挥陕西自贸区总引擎和排头兵的作用，促进营商环境进一步优化，为自贸区扩区增容做好准备。

1. 区域协同

区域协同联动发展是自贸区的重要内涵之一。陕西自贸区中心片区资源集聚、基础扎实、体量较大，国际港务区片区陆港通道齐备、运输走廊联通欧亚，杨凌示范片区以"农"为特色、外向度高。三个片区各有特点、资源互补、优势叠加，应在工作机制、制度创新、产能合作、招商引资等方面加强区域协同，共同推动陕西自贸区高质量跨越式发展。

（1）深化定期研讨交流机制。以区域合作、优势互补、互利共赢为出发点，在陕西自贸区已有的3个管委会参与的研讨交流机制的基础上，囊括7个协同创新区，共同建立区域协作联席工作制度，形成常态化沟通联络机制，定期举办工作交流会，共同举办自贸区研讨会和论坛，定期视频会商，打破空间、时间限制，实现政务互通、资源共享、信息对称，形成工作合力。还可以互派人员挂职锻炼，学习对方自贸区管理经验，提升管理水平。

（2）推进"四港"联动。陆运、空运优势互补，推动物流枢纽的智能化发展。发挥西安国际港务区片区陆港和西咸新区空港优势，加快区块链、物联网等技术的应用，促进公路港、铁路港、空港、信息港"四港"联动发展，构建陆空互动、多式联运的综合交通运输体系，提升口岸服务水平。

2. 创新协同

按照省政府办公厅印发的《陕西自贸区试验区协同创新区建设实施方案》，将在总结首批7个协同创新区建设经验的基础上，在省内各市全面开展协同创新区建设工作。因此，必须建立陕西自贸区与协同创新区的双向创新协同机制。陕西自贸区的改革创新试点经验率先在协同创新区复制推广，既能带动协同创新区与陕西自贸区同步发展，又能进一步检验陕西自贸区创新经验成效；协同创新区探索出的改革创新经验也可以反哺陕西自贸区。

在制度创新协同基础上，还应创新陕西自贸区与协同创新区进出境协同监管模式，提升通关一体化水平和开放合作力度。

3. 产业协同

根据发展定位和产业关联性，建立陕西自贸区相关片区、功能区和协同创新区点对点产业协同发展机制，利用陕西自贸区创新平台优势和协同创新区产业基础，协同做强省内相关产业，构筑协同产业链，提高风险抵御能力，实现互利共赢。协同创新区可以发展特色产业，建设进口肉类、粮食等进境商品区域分拨中心，设立国家开放口岸，提升口岸能级，大力培育口岸经济。

表1为以陕西自贸区为载体的省内产业协同情况，应在自贸区3个片区、9个功能区内部产业协同基础上再分两阶段协同，第一阶段协同主要面向6个协同创新区，第二阶段协同可以面向省内其他城市，之后第三阶段协同可拓展至关中城市群。

表1 以陕西自贸区为载体的省内产业协同

陕西自贸区各功能区	各功能区主导产业	第一阶段产业协同（协同创新区）	方法与手段	第二阶段产业协同（省内城市）	方法与手段
西安高新区	软件与服务外包产业、生物医药产业、电子信息产业、新能源汽车产业	宝鸡、渭南、铜川、延安、安康、韩城	成立高新技术产业联盟，协调在科技创新、产业对接等方面的协同	榆林、府谷、山阳、神木、汉中、商洛、西户、旬阳、白水、安塞、蟠龙、三原、富平、蒲城、凤翔	鼓励相关城市在西安设立"飞地"科技园
西安经开区	先进制造产业、服务外包产业	宝鸡、渭南	完善工业互联网产业链生态，加速推动产业聚集与创新发展	铜川、延安、榆林	以工业互联网平台集聚中小企业，打造并应用新模式，形成具有鲜明特色的工业互联网产业集群
西安国际港务区	临港产业、融资租赁产业、电子商务产业	宝鸡、渭南、铜川、延安、安康、韩城	全域改革、全域协同，与当地主导产业发展紧密结合	各地级市、县级市	临港产业与腹地产业协同发展；产融协同，推动融资租赁高质量发展；重点发展农业电商

续表

陕西自贸区各功能区	各功能区主导产业	第一阶段产业协同（协同创新区）	方法与手段	第二阶段产业协同（省内城市）	方法与手段
西安浐灞生态区	金融商务产业、会展产业	宝鸡、渭南、铜川、延安、安康、韩城	构建数字生态，赋能产业协同发展	各地级市	依托各自优势与特色，形成产业链分工合作，推动金融服务项目、会展项目、参展企业、会展服务、人才、资本等要素在城市群间有序、多向流动
西咸新区	临空产业、文化旅游产业、健康医疗产业	临空产业：宝鸡、延安、安康；其他产业：6个协同创新区	协同联动、资源互补，发展重点临空产业及配套冷链物流等产业，融合发展临空旅游、临空会展、旅游医疗等产业	临空产业：汉中、榆林文化旅游及健康医疗产业：各地级市、县级市	临空产业应加快冷链物流、飞机维修、飞机租赁、航食、航材等领域发展；文化旅游产业应以文促旅、以旅彰文，建设特色文化旅游产业；社区医疗与健康医疗产业协同发展
杨凌片区	现代农业产业	宝鸡、渭南、铜川、延安、安康、韩城	因地制宜，依托各地禀赋和区位特色，构建生态农业产业体系及产业链	各地级市、县级市	按照省委"一区一品、一品一链、一链一策"的发展规划，构建透明可靠的信息公开和线上线下协调机制；提高深加工水平，拓展和优化产业链

西安高新区已形成四大主导产业和八大产业集群，第一阶段协同面向均有省级及以上高新区的6个协同创新区，第二阶段协同面向有省级及以上高新区的其他城市，协同发展过程中要坚持辐射带动区域协同发展，各地应加快培育地方特色鲜明的创新型产业集群，坚持"围绕产业链部署创新链，围绕创新链布局产业链"，而不只是简单的产业转移。

西安经开区以先进制造产业和服务外包产业为发展重点，第一阶段协同面向装备制造业实力较强的宝鸡、渭南两个城市的协同创新区，第二阶段协同面向电力装备制造基础良好的铜川、现代化工及新材料具有优势的延安、高端能化装备产业有发展契机的榆林，推动产业错位集聚发展，围绕特色产业集聚发展、成链发展、关联发展，加快形成与大企业分工协作的中小微企业集群，培育中小企业特色产业集聚区和创业示范基地。

西安国际港务区的特色产业在协同发展时应坚持全域改革、全域协同、与当地主导产业发展紧密结合的原则，临港产业因特殊的地理条件，需与腹地产业协同发展；融资租赁产业应按照产融协同模式，推动融资租赁高质量发展；电子商务产业在内部协同时重点发展农业电商，在外部协同时重点发展跨境电商。

西安浐灞生态区金融服务产业、会展产业协同发展时应遵循构建数字生态，赋能产业协同发展的理念，以线上金融、线上会展为载体，依托各自优势特色，形成产业链分工合作。尤其会展产业是一个包括展会、展商、场馆，以及物流、广告、搭建、仓储等展览服务在内的庞大产业链条，更需加强产业链协同，推动会展项目、参展企业、会展服务、人才、资本等要素在城市群间有序多向流动。

西咸新区的临空产业第一阶段协同发展目标为宝鸡、延安、安康三个有机场的协同创新区，第二阶段协同发展目标为有机场的汉中、榆林，在发展临空重点产业同时，还应加快冷链物流、飞机维修、飞机租赁、航食、航材等领域发展；文化旅游产业协同时应以文促旅、以旅彰文，建设特色文化旅游产业，打造特色文化旅游线路；健康医疗产业应与社区医疗协同发展。

杨凌片区的现代农业产业协同发展应因地制宜，依托各地禀赋和区位特色，构建生态农业产业体系及产业链，按照省委"一区一品、一品一链、一链一策"的发展规划，构建透明可靠的信息公开机制和线上线下协调机制，提高深加工水平，拓展和优化产业链。

根据陕西的区位优势、产业定位和产业关联，促进自贸区相关片区和协同创新区产业协同发展，做大做强相关产业，最终形成产业链条。

4. 人才协同

以合作共赢、资源共享为原则，全面深入推进区域间人才合作，在人才信息共享、交流合作、联合培养等领域探索陕西特色。鼓励发展服务业人才飞地，在人才招引、产业招商、技术创新方面提升服务水平。

具体执行时，可以打造省级层面基于共享平台的自贸区人才资源库，有效利用陕西科研院所林立、科研力量坚实的特点，引导院校、研究所等机构内自贸区研究专家投入自贸区智力建设，同时，培养自贸区作业人才，培育以在校学生为主体的自贸区后备人才，形成自贸区人才梯队。

5. 政策协同

在遵循宪法和法律、行政法规基本原则的前提下，对地方性法规作变通规定，充分利用国家对自贸区的赋权，推动国家和省级下放至自贸区实施的管理事权同步在协同创新区实施，最大限度地激发协同创新区的积极性和创造性。整合协同创新区与自贸区的有利资源，建立信息互通共享机制，形成优势互补，联动协作招商，推动优势产业落地。

（二）陕西自贸区外部协同效应提升策略

陕西自贸区应以制度创新为核心，实行高水平的贸易和投资自由化、便利化政策,推动自贸区改革开放和高质量发展,成为新时代改革开放新高地。因此,陕西自贸区应主动对标全球最高标准,携手创新度较高的国内其他自贸区,不断提高自贸区协同效应及发展水平。

1. 提升创新协同效应

构建协同创新平台,依托多方合作优势推进自贸区创新协同的深入研究。

(1) 制度创新。2020年7月,中山大学自贸区综合研究院发布"2019—2020年度中国自由贸易试验区制度创新指数",通过投资便利化、贸易便利化、金融管理与服务创新、政府职能转变、法治环境5个一级指标、19个二级指标和57个三级指标构建了"制度创新指数",对全国43个自贸试验(片)区进行评估,西安片区获得77.17分,在全国排名第15位;杨凌片区得分70.78分,在全国排名第35位。陕西自贸区在制度创新方面还需百尺竿头、更进一步。

陕西自贸区制度创新的协同需要精准对接"一带一路"建设、关中平原城市群协同发展国家战略,推进与东部自贸区之间的制度对接,既要完善与标杆自贸区如上海、海南、福建等自贸区的制度创新协同,又要注意与区位优势相近的四川、重庆、河南等自贸区的制度协同。聚力现代政府治理、双向投资管理、贸易监管服务、金融开放创新、产业集聚创新五大核心制度创新体系,与东部自由贸易试验区合作,对重大改革任务集中攻坚、集成突破,强化叠加放大效应,形成一批跨区域、跨部门、跨层级的制度改革新成果。

(2) 金融创新。陕西自贸区还应促进金融开放创新,与东部自贸区协同探索跨境融资新模式,推动跨境人民币业务发展,构建多层次金融生态体系,提升金融服务实体经济水平。

2. 加强产业协同

构建充满韧性的多层次、多功能、包容循环的立体产业链发展格局,为陕西提高城市能级和核心竞争力提供支撑。

在以国内大循环为主体、国内国际双循环相互促进的新发展格局下,陕西自贸区要构建多层次、多功能、包容循环的立体产业链发展格局,可以引导本地企业围绕人工智能、5G、物联网、云计算、区块链等信息技术在重点发展的9大产业展开多路径发展,实现新型高端产业链的占位、补缺和产业链延伸扩展,形成面向陕西的产业链条转移,提高企业的韧劲和成长力,增强内生成长动能及外延拓展能力。

同时,探索"飞地经济"合作模式,制订成本分担和利益分享等措施,建立"总部+基地""龙头+配套"的产业协同发展机制,立足会展、现代物流、先进制造、生物医药等特色产业,不断完善产业链配套和现代供应链体系,推动产业优势互补、协调发展。

以陕西自贸区杨凌片区为例,它是我国自贸区中唯一一个以推动现代农业国际合作交流为主要特色的自贸片区。杨凌片区可以借东部自贸区改革成果之力,助力片区内部与协同创新区之间的协同,带动城市群经济发展,构建具有国际影响力和竞争力的农业产业集群。利用片区已经建设的种质资源保税研发园、高端食品加工园、生物医药及植物提取物产业园、跨境电商产业园和设施农业装备及农业生产资料展示交易中心,大力发展大宗农产品跨境贸易及保税加工产业,依托杨凌成熟的饲料产业和植物提取产业基础,承接东部农业转移,集聚形成特色农业产业链。

3. 优化人才协同

重点是要加快引进、培育一流科学家、学科领军人才、产业技术人才和高水平创新团队,充分发挥陕西高等院校和职业院校优势,把就学和就业、创业连接起来,培育造就一大批智能人才、技能人才。与发达地区相比,中西部地区发展滞后很大的一个原因就是人才协同的落后,特别是顶尖人才的引进和培育滞后。

陕西自贸区可以利用西安高新区及协同创新区吸引国内外大院大所,为高端人才的集聚创造条件。打造专门承担协同创新区开发建设和产业发展工作的协同创新公司,面向全球招聘产业研究、企业服务、宣传策划、招商管理等领域的人才,实现科技创新人才规模集聚效应。

陕西自贸区还应进一步加强人才链建设,在大力引进优秀人才的同时,注重本地人才的培养使用,充分利用陕西教育资源丰富、高校及研究院所集中的优势,实现本地在就学、就业、创业方面的协同,还要进一步吸引顶尖大学和研发机构的入驻,培育大量优秀人才为陕西所用,实现人才的协同引进和培育。

六、陕西自贸区开放协同长效保障机制

未来,陕西还需陆续制定出台对接自贸区的系列配套政策文件,形成具有可操作性的自贸区开放协同政策体系,力争与东部经验较为成熟的自贸区逐步形成全方位、多层次、宽领域的合作格局,构建陕西自贸区开放协同新格局。

(一)完善政府引导机制

自贸区建设是一项复杂的系统工程,本质在于从自身的内部改革上下功夫,以转型和寻找新的经济增长突破口作为契机,打造新的经济增长极。政府应发挥引导作用,可从如下几个方面完善引导机制。

(1)做好顶层设计和系统集成。充分利用好国际国内两个市场、两种资源,大力发展枢纽经济、门户经济、流动经济,建设空铁公联运的智能枢纽港,用高水平的开放促进高端要素加快集聚,建立起外向型经济发展新优势。

(2)持续推动产业结构调整。结合陕西省经济发展的特点及自贸区各自的产业

侧重，总结之前几年的产业发展经验，构建"保持+提升+优化+转移+新增"五位一体的发展理念：保持独特主导产业发展，力争深化这些产业的引领功能；提升优势产业发展规模和速度；优化有一定竞争优势及持续发展潜力的产业结构；转移价值密度低的产业；新增符合循环经济理念的高价值产业。

（3）推动营商环境全面优化。充分利用大数据、物联网、人工智能、区块链等新技术和新手段，持续推进自贸区内外"智慧政务"建设，提升公共服务能力和效率，以程序最简、成本最低、效率最高、环境最优吸引更多资源和要素的聚集。

（二）完善多元化参与机制

一是构建跨区域合作战略联盟。加强陕西自贸区对内对外的沟通和协调能力，推进区域间政府合作机制的形成，发挥政府部门的综合协调作用，构建跨区域的协同创新系统。二是完善多元化参与机制。充分发挥各类社会组织、企业、公众在自贸区建设过程中的作用。鼓励各类区域性社会组织参与自贸区建设过程中一系列重大问题的论证、宣传与协调工作。充分发挥企业的资源配置作用、专家学者的参谋咨询作用，给予公众更多机会，听取公众意见。三是打造自贸智库联盟。可以由陕西省自贸办牵头，以西安交通大学"一带一路"自由贸易试验区研究院为依托，联合省内外研究力量，如厦门大学中国（福建）自贸区研究院、中国（上海）自由贸易试验区协同创新中心等机构，建立陕西自贸智库联盟，设立自贸协同创新研究中心，打造一支在全国有影响力的自贸研究队伍，做到既能领会中央大政方针，又能掌握陕西实际情况，还能充分了解自贸发展规律。政府相关部门提出系列亟待研究的重大课题，自贸智库联盟充分发挥力量，梳理自贸建设成果和经验，及时做好自贸政策研究。

（三）创新合作模式

建立利益共享机制，拓宽合作领域，创新合作模式。了解合作方的诉求和平衡点，区域之间开展合理的产业竞争与合作，创新多元化的合作模式，培育新的经济增长点并建立利益共享机制。

陕西自贸区还应探索数字经济、智能经济。新的数字经济时代已经来临，自贸区作为新的经济增长和新动能的爆发点，需要大力发展数字经济，尤其是以大数据、人工智能、云计算为代表的新的智能经济，应积极布局，为这些新技术、新产业的加速成长提供制度创新方面的支撑和保障。要提升其资源配置的能级，并大力发展平台经济、网络经济和总部经济等新经济形态。

参考文献

[1]中共中央 国务院关于新时代推进西部大开发形成新格局的指导意见[Z/OL]. (2020-05-17). http://www.gov.cn/zhengce/2020-05/17content-5512456.htm.

[2]王珍珍. 统筹推进福建自贸试验区三大片区协同发展[N]. 福建日报, 2015-08-24(011).

[3]福建社会科学院课题组. 深化福建自由贸易试验区与台湾自由经济示范区对接合作研究[J]. 亚太经济, 2016(3):130-136.

[4]任再萍,田思婷,施楠. 自贸区成立对其区位优势与协同互补性的影响研究:基于Dendrinos-Sonis模型的实证分析[J]. 中国软科学, 2016(11):175-183.

[5]陈金明,施楠,任再萍. 我国自由贸易区的溢出及协同互补效应研究[J]. 全球化, 2018(5):23-38.

[6]杨凡欣. 推动自贸区创新 提升制度型开放水平[N/OL]. 中国经济时报, [2020-06-04]. https://baijiahao.baidu.com/s?id=1668535628973538968wfr=spider&for=pc.

[7]王利平. 加强协同:深化福建自由贸易试验区改革探索[EB/OL]. [2020-05-21]. http://fj.people.com.cn/n2/2020/0521/c181466-34033232.html

[8]邵李津. 基于集成力模型的福建自贸区协同发展对策研究[J]. 林业经济, 2017,39(4):16-21.

[9]杨陈静,刘航. 自贸区协同发展的研究综述[J]. 四川行政学院学报, 2019(2):89-98.

[10]符正平. 探索自贸区差异化发展路径[J]. 人民论坛, 2020(27):23-25.

[11]张洁,黄毅华. 昆明市自贸区实现科技创新跨越发展的关键点研究[J]. 中国市场, 2020(25):18-19.

[12]丁珊,徐元国. 自贸区和长三角一体化协同发展初探[J]. 全国流通经济, 2020(20):100-102.

[13]曾卓琪,张良卫,马少冰. 广东自贸区的国际供应链及其协同对策[J]. 物流技术, 2019(4):83-88.

[14]龙云安,张健,王雪梅. 科技创新支撑自贸区与长江上游地区协同发展:效应与模式[J]. 科学管理研究, 2009(4):92-97.

[15]常金玲,任照博. 河南自贸区信息协同平台建设研究[J]. 评价与管理, 2017(3):21-24,30.

陕西自贸区贸易便利化建设机制及对策研究

张慧文[①]

摘要：陕西自贸区通过创新海关监管制度、提升空港和陆港物流能力和推进专业化进口口岸建设等举措，提升了贸易便利化水平，但口岸基础设施建设滞后、航空货运短板明显、信息化与贸易便利化融合程度不高的问题依然突出，严重制约了贸易便利化建设进程。本文分析了自贸区贸易便利化建设机制，认为陕西自贸区贸易便利化建设应以企业需求为出发点，以国际供应链为导向，通过"国际贸易单一窗口"平台，建立海关、商检、外汇、行业协会和企业间协同高效的合作机制，实现贸易流程便利化；运用国际供应链思维，通过制度创新，完善口岸基础设施建设并强化信息技术在贸易中的应用，以优化贸易环境，实现国内要素流动的便利化。陕西自贸区应加快构建大通关协作机制，构建关企之间的互动机制，运用国际供应链思维构建国内贸易优化协同机制，以创建陕西自贸区贸易便利化建设长效推进机制。本文最后提出了推进陕西自贸区贸易便利化建设的对策及建议。

关键词：陕西自贸区；贸易便利化；国际贸易单一窗口；舱单归并；国际供应链

一、贸易便利化的内涵及评价标准

（一）国际组织对贸易便利化内涵的界定及评价标准

贸易便利化问题是近年来国际贸易领域新的热点问题。迄今为止，学术界对于"贸易便利化"这一概念还没有统一的界定。一般地，从狭义上看，贸易便利化仅

---

① 西安外事学院陕西自贸区研究院副教授。

针对港口运输和海关监管效率。从广义上看，贸易便利化不仅针对上述两方面，还包括市场进入、进出口监管程序复杂度、边境管理的透明度、运输和通信基础设施的数量及质量、营商环境、服务基础设施等方面。美国前贸易代表罗伯特·佐利克（2003）认为，贸易便利化措施实质上是旨在降低交易成本和提高过境时效性的市场准入程序的延伸，这意味着贸易便利化涉及所有与"边境"和"边境后"相关的影响贸易效率的因素。各类国际经济组织都对"贸易便利化"做出过相关定义，并设计了一套评价贸易便利化的指标体系（见表1）。

表1 国际组织对贸易便利化内涵的界定及评价标准

组织机构	内涵界定	评价标准
世界贸易组织（WTO）	对国际贸易货物流动过程中所涉及的行为、惯例及手续进行的简化与协调	透明度、信息公开、预裁定、申诉权、进出口货物检测、进出口环节费用、清关、边境机构工作协调、文件与程序简化、税收、中转手续、海关合作与贸易便利化委员会等
亚太经合组织（APEC）	使用新的技术和其他措施，简化和理顺阻碍、延迟跨境货物流动的程序和行政障碍，降低货物流通成本	海关程序、标准与一致性、商务流动性和电子商务
世界银行（WB）	减少与货物运输、国际供应链服务相关的费用	通关效率、基础设施建设质量、运输价格竞争力、物流服务质量、并柜及追踪并柜货物的能力、货物准时到达频率
联合国贸易便利化与电子商务中心（UN/CEFACT）	推广国际贸易便利化和标准化，制定全球统一的标准以消除国际贸易中的技术壁垒，提高效率	贸易程序便利化、产品标准、电子商务、贸易融资和物流服务
世界海关组织（WCO）	海关程序的简化及标准化，同时将平衡贸易便利化与贸易安全之间的关系	海关活动的透明性和可预测性、货物申报手续与单证的简化和标准化、授权人的程序简化、信息技术使用等

资料来源：笔者整理所得。

（二）本文对贸易便利化内涵及评价标准的界定

在国际贸易便利化规则逐渐境内化的趋势下，我们需要对贸易便利化的内涵进行重新审视。黄志瑾（2014）认为贸易便利化的核心内容是简化与协调国际贸易程序，主要保障措施包括以透明度、程序简化、国际合作为核心的制度建设和以信息化、智能化为核心的基础设施建设等方面。陈丽芬（2017）认为贸易便利化是指整个国际供应链措施的便利化，即最大限度地简化贸易流程，增加贸易规则的透明度和可预见性，构筑贸易的法律基础，消除贸易中的技术性和机制性障碍，完善配套服务，加速要素跨境流通，降低交易成本，减少贸易风险和不确定性，提高贸易效率和资源配置水平,最终实现贸易的自由与开放。贸易便利化具体可概括为两个方面:一方面是口岸效率和海关管理等跨国因素的便利化;另一方面是制度政策、基础设施、信息技术等国内因素的便利化(见图1)。本文认为陈丽芬关于贸易便利化内涵及评价标准的界定符合国内自贸试验区贸易便利化建设的实际情况,因此将借鉴陈丽芬对贸易便利化内涵及评价标准的界定。本文认为陕西自贸区在贸易便利化的跨国因素方面,主要应通过改善许可、检验检疫、运输仓储、数据传输、结算支付和保险等方面实现贸易流程便利化;在贸易便利化的国内因素方面,主要应通过改善基础设施、电子商务和信息技术等硬环境和制度政策、物流服务和协调机构等软环境,实现贸易环境的优化,达到贸易便利化的目标。

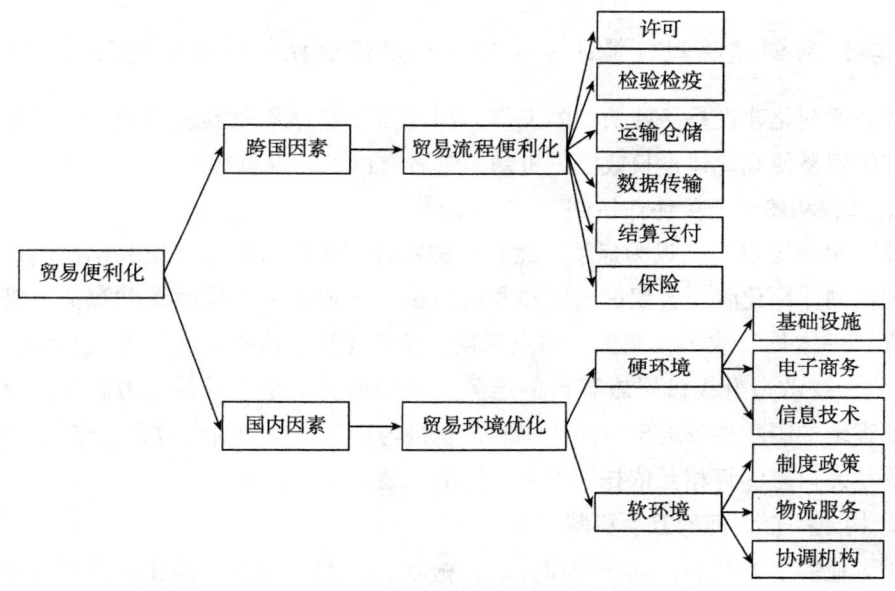

图1 自由贸易试验区贸易便利化涵盖范围

二、陕西自贸区贸易便利化建设长效推进机制

(一)陕西自贸区贸易便利化建设机制分析

贸易便利化是指整个国际供应链措施的便利化,即最大限度地简化贸易流程,完善配套服务,加速要素跨境流通,从而降低交易成本。国内自贸试验区贸易便利化建设主要包括两个方面:第一,口岸效率和海关管理等跨国因素的便利化;第二,制度环境、基础设施、信息技术等国内因素的便利化(陈丽芬,2017)。因此,陕西自贸区贸易便利化建设机制是以企业需求为出发点,以国际供应链为导向,通过"国际贸易单一窗口"平台,建立海关、商检、外汇、行业协会和企业间协同高效

的合作机制，使贸易流程便利化；以企业需求为出发点，运用国际供应链思维，通过制度创新、完善口岸基础设施建设和强化信息技术在贸易中的应用，以优化贸易环境，实现国内因素的便利化（见图2）。

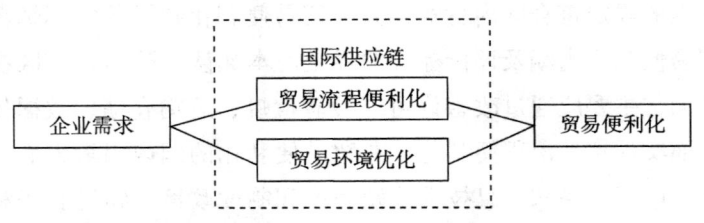

图2　国内自贸区贸易便利化建设机制

（二）对创建陕西自贸区贸易便利化建设长效推进机制的思考

贸易便利化建设是一项长期的工作，因此需要建立长效推进机制。关于创建陕西自贸区贸易便利化建设长效推进机制，笔者有以下几点思考。

1. 加快构建大通关协作机制

以"单一窗口"建设为抓手，建立与国际投资贸易自由化、便利化惯例对接的大通关机制。深化陕西自贸试验区和非自贸试验区通关一体化改革和海关监管、检验检疫"一体化"改革，完善"信息互换、监管互认、执法互助"通关措施。运用"互联网＋"改造升级口岸旅客自助通关、货物通关、企业通关能力。加快建立与中西部腹地的国际货源进出口协作机制，积极与山西、内蒙古、甘肃、宁夏、青海、新疆等地区口岸签订相互依托、相互支持的大通关合作协议。

2. 构建关企之间的互动机制

以企业需求为核心，创新合作方式，树立"亲商"理念，淡化海关管理者的身份，强化其服务者角色，提高海关服务效能和服务水平，提高企业的话语权。探索以谅解备忘录（MOU）约定海关与企业合作的方式，把海关与企业作为平等的主体对待，弥补法律法规的不足，推动海关与企业之间的良性互动。

3. 以国际供应链思维构建国内贸易优化协同机制

在国际贸易便利化规则逐渐境内化的趋势下，国内贸易环境优化对贸易便利化的影响越来越大。国内贸易环境优化既包括基础设施、电子商务和信息技术等硬环境方面的因素，也包括制度政策、物流服务和协调机构等软环境方面的因素，因此，需要以企业需求、产业发展需要为出发点，以国际供应链思维构建贸易优化协同机制。

三、陕西自贸区贸易便利化建设的主要措施及成效

截至 2020 年 8 月 31 日，陕西自贸区新设市场主体 68482 家，新增注册资本 8266.46 亿元。其中新设企业 46785 家（含外资企业 539 家），新增企业注册资本 8244.33 亿元（含外资企业注册资本 28.91 亿美元），新增注册资本亿元以上企业 810 家。陕西自贸区在贸易便利化建设方面取得了一定的成效。

（一）创新电子加工贸易报关制度

2017 年 8 月，陕西自贸试验区在全国率先实施海关特殊监管区域外集成电路保税检测研发试点，该项保税政策对集成电路服务贸易实施保税监管，将集成电路产业链上的设计、芯片制造、封装测试等企业全部纳入加工贸易保税监管范围（见表 2）。

表 2 海关特殊监管区域外集成电路保税检测研发试点前后做法的比较

试点前的做法	试点后的做法	成效
检测用物料以"暂时进出货物"或"一般贸易"模式进出口	检测物料纳入加工贸易监管范围	减少暂时进出货物业务审批，同时简化企业往返银行与海关办理保证金缴纳、核销手续流程
进出货物时被要求检测物料必须在规定时间内离境，故企业只能将检测物料先出口至香港，然后再进境，之后在国内下游企业封装后再出口至境外	检测物料纳入加工贸易保税监管后，海关允许企业在保税状态下通过自行运输将货物流转至国内下游企业，封装后再出口至境外	试点企业生产运营更为灵活，赋予企业兼顾国际国内两个市场的功能，延长了国内产业链，提高了产品附加值，全面提升了企业综合竞争力

资料来源：笔者整理所得。

这一制度创新降低了企业检测物料的通关时间，显著提升了集成电路设计企业的通关效率。该模式下海关通关时间能够缩短至 2 小时以内，通关时效提升近 95%。通关时效的提升降低了企业成本，提升了科技创新企业在全球协同开发背景下的国际竞争力。例如，英特尔西安分公司在成为试点后，其所需样品、物料的国际收付时间缩短至 2 天，与印度、德国等国的同类企业处在同一水平上。

（二）创新铁路运输方式舱单归并新模式

铁路运输方式舱单归并新模式是指企业同一品名、同一规格、同一合同、同一公司、同一批次的大宗进口货物，几十节车厢的舱单归并成 1 个舱单，用 1 票报关单申报。在国务院印发的《关于做好自由贸易试验区第四批改革试点经验复制推广工作的通知》中，由陕西自贸试验区创新的这一贸易便利化措施被复制推广至全国范围。此项举措大大节省了通关时间，提升了通关效率，降低了通关的费用。西安

爱菊集团在采用舱单归并后，2000 吨初榨食用油从哈萨克斯坦通过中欧班列运回西安报关时，将原来需要申报 86 票的货物缩减为 2 票，企业节约通关费用 98%。

（三）构建进口通关平台

西安进境粮食口岸、进口肉类指定口岸和整车进口口岸相继投入使用，强化了陕西自贸试验区的进口平台功能，使进口贸易更加便利。西部机场集团航空物流有限公司国际快件监管中心正式运营，中心采用"国际快件智能管理系统"，该系统每天放行约 16000 件，一年约放行 400 万件。自此，从海外入陕的快件将不再需要经北京、上海等地中转，在运送货物的飞机落地西安咸阳国际机场后，仅需要 6 小时就能完成清关和交付，大幅缩短了物流通关周期。

（四）港口物流条件持续改善

（1）航空物流运输能力显著提升。2019 年西安咸阳国际机场全年新开通国际客运航线 19 条，国际（地区）通航点达到 67 个，航线 75 条，其中全货运航线 13 条，能够通达全球 36 个国家和地区，连接 74 个主要枢纽和旅游城市，为陕西构建起了对外开放和融入世界的航空大通道，进一步推动了陕西与"一带一路"沿线国家的经贸合作和人文交流。国内货运航线也已编织成网，已开通国内全货运航线 15 条，能够连接国内重点航空物流枢纽，初步形成"北上南下、东进西出、通达世界"的航线网络布局，实现了西北五省枢纽联通，带动西北地区融入全球经济网络。西安咸阳国际机场运营规模逐年增加，2019 年客运量超过 4720 万人次，全国排名第 7 位，货邮吞吐量突破 38 万吨，全国排名第 11 位（见表 3）。

表 3　西安咸阳国际机场 2011—2019 年主要运输生产指标

年份	起降架次/架次	增长率/%	旅客吞吐量/人次	增长率/%	货邮吞吐量/吨	增长率/%
2011	345748	13.6	21163110	17.5	172569.2	9.2
2012	203321	11.0	23420905	10.7	174794.0	1.3
2013	225115	10.7	26044934	11.2	178870.0	2.3
2014	245971	8.8	29260755	12.3	186412.6	4.2
2015	267102	8.6	32970215	12.7	211591.46	13.5
2016	291027	9.0	36994506	12.2	233778.98	10.5
2017	318959	9.6	41857229	13.1	59872.545	11.2
2118	330477	3.6	44653311	6.7	312637.1	20.3
2019	345748	4.6	47220547	5.7	381869.6	22.11

资料来源：笔者根据全国机场生产统计公报整理。

（2）中欧班列"长安号"常态化开行。中欧班列"长安号"自 2013 年开行以来，开行量持续增长，2018年以来更是飞速发展，2018年开行量达1235列，2019年达2133列。2020年上半年，中欧班列（西安）共开行1667列，是上年同期的2倍；运送货物总重130.1万吨，是上年同期的1.9倍，开行量、货运量、图定班列数量稳居全国前列。中欧班列"长安号"运输网络和覆盖范围不断扩大，截至2020年7月，开行线路达15条（见表4），通达15国45个城市，辐射范围实现了欧亚区域全覆盖。国际港务区与京东物流合作开行的跨境电商班列使跨境电商货物的配送时间由原来的45天压缩至15天左右，在节省成本的同时，提升了用户的购物体验。

表4 中欧班列"长安号"开行线路情况

序号	开行线路	口岸站	境外发到站国别	运行时间/天
1	西安—伊斯坦布尔	霍尔果斯	土耳其	12
2	西安—马拉—汉堡/杜伊斯堡	阿拉山口	德国	15
3	西安—罗斯托克	阿拉山口	德国	15
4	西安—斯瓦夫库夫	阿拉山口	波兰	10
5	西安—布拉格	阿拉山口	捷克	12
6	西安—加里宁格勒—纽斯	阿拉山口	德国	10~12
7	西安—根特	阿拉山口	比利时	14
8	西安—科沃拉	霍尔果斯	芬兰	13~15
9	西安—布达佩斯	阿拉山口	匈牙利	13~15
10	西安—莫斯科	满洲里	俄罗斯	12
11	西安—基辅	二连浩特	乌克兰	12
12	西安—明斯克	阿拉山口	白俄罗斯	13
13	西安—阿拉木图/塔什干	霍尔果斯	哈萨克斯坦、乌兹别克斯坦	2~7
14	西安—比什凯克	霍尔果斯	吉尔吉斯斯坦	7
15	西安—加德满都	—	尼泊尔（南亚）	8

资料来源：笔者根据新闻报道资料整理。

四、陕西自贸区贸易便利化建设中存在的不足

（一）口岸的基础设施建设滞后

陕西航空口岸和电子口岸的基础设施建设投入不足、发展滞后、功能不配套问题突出。相比郑州开放的6个指定口岸、成都的4个指定口岸，咸阳机场指定口岸只有冰鲜、食用水生动物、水果3个，需要进一步扩大种类。另外，陕西口岸管理和服务的规范化、制度化程度不高，与营造法治化、国际化、便利化营商环境的要

求不相适应。再者,陕西电子口岸有限责任公司的法人治理结构不够完善,电子口岸的政务服务和商务服务体系不够健全,国际贸易"单一窗口"有待完善。

(二)陕西航空货运短板明显

(1)国际航线数量不多。西安咸阳国际机场联通国家地区数量及境外城市分别有29个和50个。国际化航线少,在一定程度上将制约陕西国际开放大通道建设。

(2)西安咸阳国际机场货运能力相对偏弱。2019年西安咸阳国际机场货邮吞吐量381869.6吨,全国排名第11位。如图3所示,在已获批的国家级临空经济示范区中,排名也偏后,这与其优越的区位优势不相匹配。目前,西安咸阳机场驻场全货运飞机只有4架737货机,2架757货机,全部满载运行1年吞吐量极限为6万吨左右,其余货物都由客机腹舱运输。西安咸阳国际机场配套不足。目前,咸阳机场货运停机坪只有10个停机位,货运区也只能支撑50万吨/年的货运吞吐量。

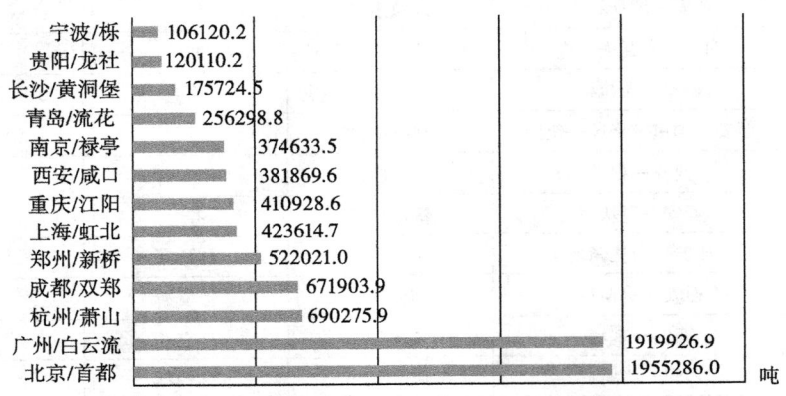

图3 2019年我国主要临空经济示范区机场货邮吞吐量

(三)信息化与贸易便利化融合程度不高

信息化与贸易便利化融合是实施贸易便利化措施的核心。目前西安自贸区在积极推进信息的标准化、无纸化和自动化,应用电子数据标准、WCO数据模型、信息通信技术安全、数据保密等方面还做得不够,距离实行高效率的实时监管目标相去甚远。

五、推进陕西自贸区贸易便利化建设的对策及建议

(一)以产业发展需求为出发点创新贸易监管方式

陕西自贸试验区应以集成电路设计企业开展全程保税业务试点为契机,把试点范围从单一企业扩展到集成电路产业,利用制度创新的优势,探索这一海关监管模式在生物

医药、新一代信息技术等产业领域的可行性。同时，进一步探索跨境研发设计通关便利化的制度。以WTO《贸易便利化协定》为标准，推行预裁定制度，对原产地管理实施预确定，提高企业申报的便利度。实行预审查制度，即货物到达口岸或者相关进口手续完成前，即可向陕西自贸试验区海关提交进口申报文件，提前进行海关审查。

（二）加快推进国际贸易单一窗口建设

国际贸易单一窗口是货物监管制度的一个方向，也是降低贸易监管制度成本的主要途径。因此，陕西自贸试验区要把加快推进国际贸易单一窗口建设作为贸易便利化的重点工作。当前应借鉴新加坡等国的经验，成立专门的机构，负责数据元标准化的推进和协调工作，推进信息的标准化、无纸化和自动化，提高单一窗口建设的运作效率。

在国际贸易单一窗口建设过程中，应关注以下几个方面功能的开发和应用。第一，口岸政务服务功能。在推广应用"单一窗口"标准版的同时，结合本地口岸通关业务特色需求，进一步提升和扩展项目的应用功能，建设本地口岸政务服务项目，如物流监管等。第二，口岸物流服务功能。结合本地口岸业务特点与需求，打通港口、机场、铁路、公路等物流信息节点，促进运输、仓储、场站、代理等各类物流企业与外贸企业的信息共享和业务协同，支持水、陆、空、铁及多式联运等多种物流服务方式，积极开展与地方各类物流信息平台的互联合作，推动外贸与物流联动发展。第三，口岸数据服务功能。以口岸管理相关部门的通关物流状态信息为基础，整合运输工具动态信息、集装箱信息、货物进出港和装卸等作业信息，形成完整的通关物流状态综合信息库，为企业提供全程数据服务，方便企业及时掌握通关申报各环节状态。第四，口岸特色应用功能。发挥"单一窗口"信息资源、用户资源的集聚优势，与金融保险、电商、通信、信息技术等相关行业对接，为国际贸易供应链环节上的各方提供特色服务，有效支持西安口岸新型贸易业态发展。

（三）以供应链为切入点进行风险监管

陕西自贸试验区可以借鉴日本海关信息系统（Customs Information System，CIS）的做法，运用自动化信息技术建立风险评估系统，通过对整个供应链环节上的生产商、出口商和进口商等主体的信息进行分析，确定货物的风险，使合法商品流动更加便利，抑制非法商品的流通。同时，应运用供应链思维建立口岸工作流程和工作模式。

（四）加强陆港和空港联动，大力发展多式联运

推进空港和陆港联动发展，首先，实现两港的信息互通。结合西安智慧城市建设，构建航空物流信息公共平台，通过信息互通、平台共享，促进陆港、空港在通

关机制、物流组织等方面的无缝对接,实现空—铁—陆多式联运,共同打造立体交通枢纽体系。其次,实现资源共享。两港充分调动各自资源,协同争取优惠政策,携手开展对外招商,在金融合作、产业互动、人才交流、制度建设等方面展开通力合作,实现两区之间资源共享,得到 1+1>2 的效果。

（五）积极拓展口岸功能,加速国际国内要素集聚和流动

（1）拓展口岸功能。继续推动建立口岸和海关特殊监管区（综保区）工作联席会议制度,统筹推进全省口岸和综合保税区建设发展。一是促成西安港铁路口岸尽早正式成为一类口岸;二是构建与陕西开发开放水平相匹配的指定口岸无缝对接格局,形成指定口岸各具特色、相互补充的局面,使口岸功能产生叠加放大效应。充分利用国际航线、中欧班列"长安号"的运能,增强口岸的国际物流集散功能,为指定口岸入境产品辐射中西部乃至全国市场提供坚实基础,扩大与周边省份竞争的比较优势。

（2）强化政策支持。加快建设"单一窗口",推进大通关,整合监管资源,优化口岸服务,增强口岸集聚效应。加快电子口岸建设步伐,尽快构建集通关、物流、商贸于一体的信息化平台,切实提升口岸信息化水平,实现信息互换、监管互认、执法互助。

（六）加强信息技术在贸易便利化建设中的应用

陕西自贸区应当借鉴美国、新加坡等国家的信息化监管模式的经验,从以下几个方面加强信息技术在贸易便利化建设中的应用：一是将"单一窗口"作为无纸化贸易的基础,加大人力资源、技术开发和电信基础设施投入,承认电子文件的法律效力,统一电子文件的格式,实现不同监管部门之间、跨境的数据交换。二是加快建立适应跨境电子商务发展的海关监管、检验检疫、跨境支付、物流等支撑系统,支持"跨境通"等跨境电子商务平台运营。三是建立信息跟踪和监管延伸机制,加强对区内企业在区外经营活动的跟踪、管理和监督,实施动态监管、动态跟踪,评估开放的影响,推进企业运营体系与监管系统对接,实行企业分类监管服务制度。

（七）出台支持物流业发展壮大的优惠政策

物流业服务水平是影响贸易便利化的重要因素,西安的物流业发展还需要一定的政策扶持。西安自贸区可以利用制度创新的优势,在税收减免等方面出台相关政策。在税收减免方面,物流业未来减税的重点应该放在交通运输环节。交通运输业缴纳税收占物流业纳税总额的90%以上,物流业的减税重心必须置于交通运输业。另外,物流业未来减税的重点应该放在流转税而不是所得税方面。

参考文献

[1] 黄志瑾. WTO《贸易便利化协定》评述——多哈回合的突破?[J]. 世界贸易组织动态与研究(上海对外经贸学院学报), 2014(5):5-12.

[2] 陈丽芬. 中国(上海)自由贸易试验区贸易便利化评估及提升路径[EB/OL]. (2015-05-16). https://www.chinathinktanks.org.cn/content/detail/id/atkx4040.

[3] 彭羽, 陈争辉. 中国(上海)自由贸易试验区投资贸易便利化评价指标体系研究[J]. 国际经贸探索, 2014(10):63-75.

[4] 谢谦. 贸易便利化、经贸发展与我国的改革实践[J]. 经济学动态, 2018(1):27-39.

[5] 伊馨. 福建自贸区贸易便利化的制度创新[J]. 开放导报, 2017(2):110-112.

[6] 宋鹏霖, 李飞, 夏小娟. 对标新加坡提升自贸试验区贸易便利化的路径与思考——以上海自贸试验区为例[J]. 上海对外经贸大学学报, 2018(1):59-66.

提升陕西自贸区贸易自由化的对策研究

郭 敏[①]

摘要：中国（陕西）自由贸易试验区是党中央、国务院批准设立的我国第三批自由贸易试验区之一，也是西北地区唯一的自由贸易试验区。其战略定位是以制度创新为核心，成为全面改革开放试验田、内陆型改革开放新高地。其设立对当地贸易自由化的影响成为社会各界普遍关注的问题。本文通过考察自贸区设立前后陕西贸易发展状况，揭示陕西省在对外贸易自由化过程中存在的问题，分析其中的影响因素，借鉴我国若干自贸区建设发展经验，结合陕西自贸区实际情况和资源禀赋，有针对性地提出提升陕西自贸区贸易自由化的对策。

关键词：自贸区；贸易自由化；贸易依存度

一、引言

党的十九大报告中明确指出要"赋予自由贸易试验区更大改革自主权，探索建设自由贸易港"，这充分说明自由贸易试验区建设将是我国目前乃至未来一段时期内全面深化改革的重要举措。那么，自由贸易试验区设立后对贸易自由化有何影响？相关联的经济指标有何变化？这些都是值得我们深思的问题。针对以上问题，本文拟从相关文献资料入手，通过考察我国第三批设立自由贸易试验区中的陕西自由贸易试验区设立前后陕西贸易发展现状，揭示陕西省在对外贸易自由化过程中存在的问题，分析其中的影响因素，并有针对性地提出相应对策及建议，以促进陕西自由

[①] 西安外事学院陕西自贸区研究院副教授。

贸易试验区贸易自由化的深入发展，同时，也为我国其他自由贸易试验区的后期建设提供有益的借鉴和参考。

二、贸易自由化对自贸区发展的效应分析

贸易自由化是自由贸易区的主要特征之一。一方面，表现为因设立自贸区这一制度高地而形成的分享溢出效应、示范效应、辐射带动效应，使得区域经济向国际化和双向化发展，促进贸易自由化；另一方面，在短期内也产生了一定的区域虹吸效应，从而影响区域贸易自由化的发展。由此可见，自由贸易试验区战略对地区对外贸易的影响是复杂的。

（一）"正"向促进效应

"正"向促进效应主要表现为因自贸区这一制度高地形成的产业"集聚效应"、技术"推进效应"、区域"辐射效应"和营商环境"优化效应"。

1. 产业"集聚效应"

自贸区自挂牌以来，通过推出放松管制、提升资源配置效率等一系列服务创新制度，吸引大量的资本、人才和技术要素集聚到自贸区内，实现了专业化生产，为区域经济的发展提供了许多助力，进而促进贸易产业的抱团式增长，加快了行业企业的转型发展，提高了企业竞争力，增强了行业企业经营实力，显著提高了行业企业经济发展潜力。产业的集聚使得整体产业规模扩张、交易范围扩大，上下游产业链连接更加紧密，有利于扩大外贸产业的规模经济效应，促进资本的形成和积累，促进外向经济增长与贸易发展。自由贸易区与国外市场的深度接触，有利于企业扩大对外投资，吸收国外知识，同时吸引优秀的国际人才和先进技术，不断发展自身，从而促进区域经济的蓬勃发展。

2. 技术"推进效应"

自贸区自设立后，通过制定多项税收优惠政策，尤其是关税税率的不断调整和贸易协定等政策的出台，促使货物贸易的广度和深度都在增加，在贸易量增加的同时，贸易多样性也在不断增强。在日益频繁的贸易往来过程中，出现更多高质量货物，其隐含的技术水平和资本水平会给企业带来"技术溢出"效应。先进技术、生产要素附着在货物上，通过贸易的形式最终被企业吸收，这对企业的产品创新、生产创新以及管理创新等方面都起到了很大的促进作用，即"干中学"效应，不仅降低了自主创新成本，也能够提升企业的潜在创新能力。此外，企业本身享受的自贸区相关优惠政策，在一定程度上可以减少行业企业在进口贸易中的投入成本，促使企业有更多的资源和精力开展创新活动，通过技术溢出效应，促使企业加快创新发

展步伐，提升创新能力。通过以上两种效应的综合作用，自贸区的设立在很大程度上推进了企业的技术创新。

3. 区域"辐射效应"

自由贸易区的建设整合了该区域在文化、科技、教育、人才等方面的资源，通过资源优势推动周边地区的经济发展。自由贸易区在建立过程中会制定许多优惠政策和条件，必将吸引周边地区的高端服务业进入自由贸易区。高端服务业的不断汇集，使得产业向外进行知识溢出和知识共享，从而使自由贸易区周边一些区域有了承接并消化吸收自由贸易区产业"溢出效应"的机会，弥补了自身的实力缺陷。自由贸易区的核心使命是制度创新，它促进了一系列政策变革，如金融、税收、贸易和政府管理等方面的变革。这为其他区域在制定创新型的制度和政策措施上提供了参考和借鉴。自由贸易区通过各种实践活动积累贸易合作经验，进行各种创新性尝试，进而探索出新的措施和手段，这种"示范效应"将促进区域经济与自贸区经济协同发展。

4. 营商环境"优化效应"

自贸区自挂牌后，围绕建设自贸区所开展的各项贸易优惠政策和制度创新，会促使各级政府制定相关创新型政策，积极转变政府职能，尊重其他市场主体的选择，降低对国际贸易的限制，改善企业的经营环境，创造更加国际化、法制化的发展环境，促成新形式的产业集群，促进多方企业进行战略合作，整合资源，使周边地区具有业务范围的开放性与政策上的优惠性，为其提供一个更大的融资和投资平台，有效激活市场主体活力，为贸易企业提供更加良好的营商环境；使新注册企业呈爆发式增长态势，使原有企业更好地在激烈的国际贸易竞争中发展壮大。与此同时，自由贸易区的设立使得对外贸易的货物进出更加便利，海关监管的程序更加简化，大大降低了企业的运输成本，不断增强企业的经营实力，提升企业的竞争力，扩大地区贸易量，提高贸易额，有利于企业经济利益与社会效益的实现，从而通过企业群体带动区域经济的发展。

（二）短期影响效应

短期影响效应主要表现为对本地不具有比较优势的产业产生"挤出效应"和对区域经济产生"虹吸效应"。

1. 挤出效应

基于企业异质性理论，行业内不同企业具有不同生产率，企业进入市场必须投入固定成本，而这部分成本之后则成为沉没成本，同时也为新企业进入市场设置了生产率门槛，只有生产率高于或等于该门槛，企业才会选择生产，否则会退出市场。自贸区设立后，多项出口优惠政策的实施，将提高出口企业的利润，刺激原来只在国内生产的部分高生产率企业出口，从而导致行业内生产要素需求增加，提高生产成本，使得低于原生产率门槛的低效率企业退出市场。与此同时，自贸区相关"负面清单"的减少，使得区外更多高质量的货物和服务纷纷涌入，从而会对地区原有的产业结构形成冲击，对原有的出口加工区等外向性战略产生负面影响，造成本地区竞争力相对较弱的行业市场不足，而竞争力相对较强的行业会生产过剩。与此同时，还可能出现由于与自贸区的功能定位不符而引发的对地区贸易发展的消极影响。另外，自贸区与中国其他经济特区之间可能存在"挤出效应"，进而导致不同经济特区之间产生经济利益冲突。

2. 虹吸效应

"虹吸效应"是指某一地区由于具有政策、位置、设施等优势，对相邻地区产生较大的吸引力，使相邻地区的资源流向该区域。自由贸易区凭借先进的管理模式、税收制度和产业政策创新等竞争优势，促使周边区域有海外业务的企业有意将财务中心、运营中心等功能性企业总部转移到自贸区，进而对区域经济产生影响。

因此，自贸区对贸易自由化的发展既是一个难得的机遇，也是一个重大的挑战。

三、陕西对外贸易发展现状

第一，从进出口总量来看，近年来陕西省对外贸易总量整体上呈现出上升趋势，尤其是近年来外贸进出口总量增长速度较快。具体如图 1 所示，在 2010 年、2011 年、2012 年这三年，受国际金融危机的影响，世界经济形势总体比较低迷，我国各地对外贸易均受到不同程度的影响，陕西省对外贸易总量也处于较低水平；2013—2016 年，陕西省对外贸易呈现出迅速增长态势，这不仅与逐步缓和的国际经济形势有关，还与引进外资发展加工贸易以及本地外贸企业迅速成长有关，在此期间，外资企业利用陕西省劳动要素优势和资源要素禀赋实现了快速崛起；2017—2018 年，虽然在发达国家复苏步伐沉重、国际贸易争端频发等国际背景下，全球新兴经济体增速普遍放缓，但是由于在陕西设立了自由贸易试验区，政策红利使得陕西省对外贸易规模仍呈现出明显的增长态势，特别是出口总额增长强劲。

第二，从进出口贸易的商品结构看，陕西省对国外高新技术零部件的需求较大，地区技术创新能力有待进一步提升。在出口方面，2018 年，陕西省电机、电气设备、核反应堆、锅炉、机器、机械器具年出口额都超过 800 亿元，居于主体地位，这说明陕西省出口商品结构相比以往有明显改善，产业结构也在不断调整和优化。车辆及其零件、附件，杂项化学产品，有机化学品，光学、照相、电影、计量、检验、精密仪器及设备，其他贱金属、金属陶器及其制品，钢铁制品和塑料及其制品的年出口额均排在前 10 位，出口量占据重要位置，这也从侧面反映出陕西省贸易结构向制造型和科技型发展。蔬菜、水果、坚果等原材料和低附加值轻工产品作为主

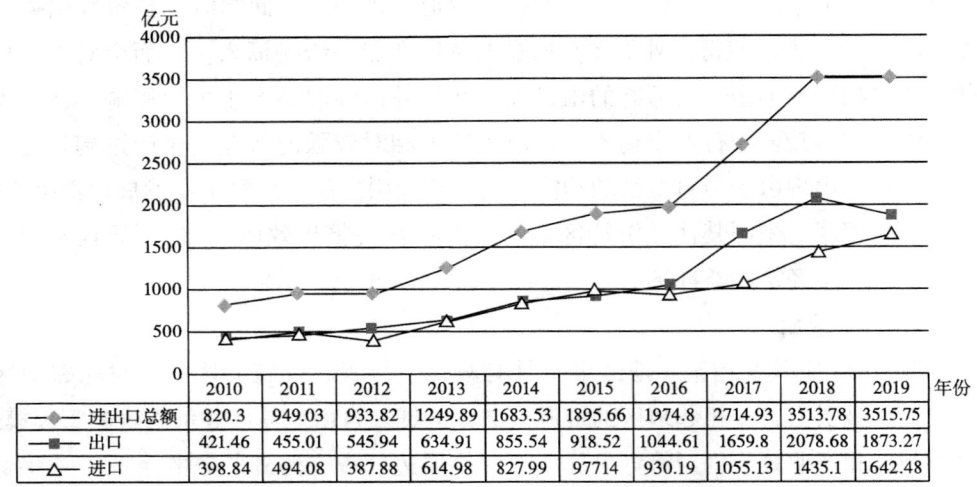

图1 陕西省2010—2019年对外贸易总量折线图

资料来源：笔者根据《陕西统计年鉴（2020）》和2020年陕西省统计公报整理而得。

要出口商品，在一定程度上反映出了陕西省的地区要素禀赋。在进口方面，2018年陕西省与其他国家开展的产业内贸易较多，电机、电气设备，核反应堆、锅炉、机器、机械器具，光学、照相、电影、计量、检验、精密仪器及设备，杂项化学产品，塑料及其制品等商品在很大程度上反映出这种情况（见表1）。陕西省加大铜及其制品，矿砂、矿渣及矿灰，无机化学品、贵金属、稀有金属等的进口，这与本地区发展制造业及加工贸易生产有关，同时也说明陕西省高新技术加工产业有所发展。未来要想进一步提升高新技术产业附加值，需提高本地区的技术创新能力，以减少对国外高新技术零部件的需求。

表1 2018年陕西省出口、进口前10商品及交易额

序号	2018年陕西省出口前10商品		2018年陕西省进口前10商品	
	商品名称	金额/亿元	商品名称	金额/亿元
1	电机、电气设备	917.73	电机、电气设备	946.04
2	核反应堆、锅炉、机器、机械器具	835.95	核反应堆、锅炉、机器、机械器具	114.08
3	车辆及其零件、附件	41.71	矿砂、矿渣及矿灰	78.18
4	杂项化学产品	27.80	铜及其制品	60.24
5	有机化学品	24.07	无机化学品、贵金属、稀有金属等	41.52
6	光学、照相、电影、计量、检验、精密仪器及设备	22.06	光学、照相、电影、计量、检验、精密仪器及设备	38.43
7	其他贱金属、金属陶器及其制品	21.11	药品	25.77
8	蔬菜、水果、坚果等	20.77	杂项化学产品	16.61
9	钢铁制品	19.68	塑料及其制品	16.56

续表

序号	2018年陕西省出口前10商品		2018年陕西省进口前10商品	
	商品名称	金额/亿元	商品名称	金额/亿元
10	塑料及其制品	9.94	含油子仁及果实；杂项子仁及果实；工业用或药用植物；稻草、秸秆及饲料	15.62

资料来源：笔者根据《陕西统计年鉴（2019）》数据整理所得。

第三，从贸易市场结构来看，陕西省主要的贸易市场国家或地区有韩国、中国香港、中国台湾、美国、日本、新加坡、德国、澳大利亚、法国、荷兰、英国等地。具体如图2所示，邻近国家或地区、美国传统贸易市场仍然是陕西省进出口贸易的主要市场，这说明地理距离因素是影响陕西对外贸易市场选择的主要因素。同时，陕西省与美国、德国、澳大利亚、法国、荷兰、英国等传统国际贸易市场的贸易量较大，说明外商直接投资的企业内部交易量较大。从出口总额来看，陕西省最大的出口地是中国香港，其次是美国和韩国，从进口总额看，陕西省最大的进口地是中国台湾，其次是韩国，然后是日本、美国，这说明陕西省产业结构和消费结构正在不断靠近发达国家或地区的标准。

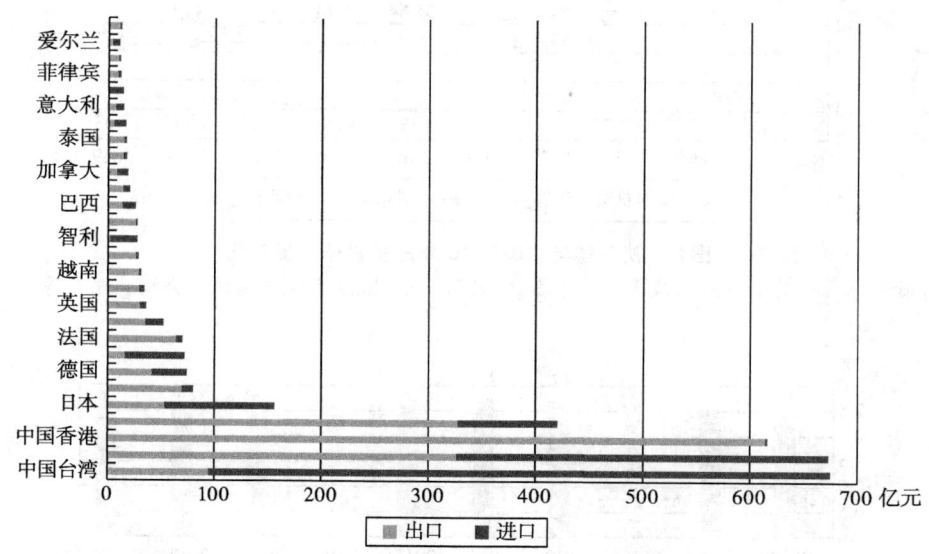

图2　2018年陕西省贸易进出口10亿元以上的国家或地区

资料来源：笔者根据《陕西统计年鉴（2019）》数据整理所得。

四、陕西省对外贸易自由化存在的问题

(一) 贸易总量及对经济的贡献度较低

2018 年,陕西省对外贸易总量为 0.3514 万亿元,在西部地区占比较高,进出口贸易总额呈逐年攀升的趋势,特别是自贸试验区设立后的 2017 年、2018 年,其年增长幅度更大,然而与沿海发达地区(2018 年广东、江苏、上海、浙江的进出口贸易总额分别为 7.16 万亿元、4.38 万亿元、3.4 万亿元和 2.85 万亿元)相比,仍然存在较大差距。2010—2019 年,陕西省的外贸依存度始终处在 10% 左右,虽然与全国平均值的差距在逐渐缩小,但与全国 34% 以上的外贸依存度平均水平相比依然差距较大(见图 3)。2018 年以前陕西省贸易总额占全国贸易总额的比重一直低于 1%,而陕西省地区生产总值占全国 GDP 的比重一直在 2.6% 左右(见图 4),这说明贸易对陕西经济的贡献程度远低于全国平均水平,其对陕西省经济发展的贡献度仍有较大的提升空间。

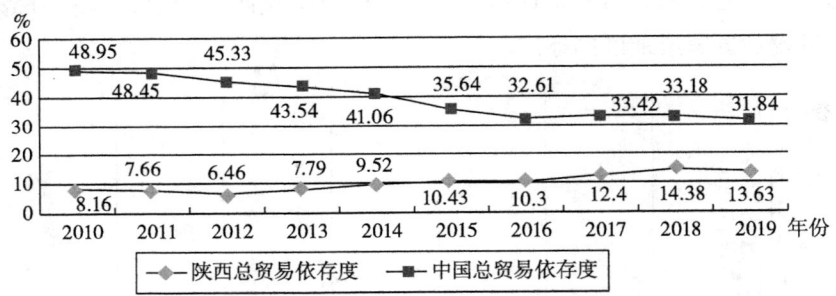

图 3　陕西省与中国近 10 年总贸易依存度对比

资料来源:笔者根据《陕西统计年鉴 (2018)》和 2019 年陕西省统计公报整理而得。

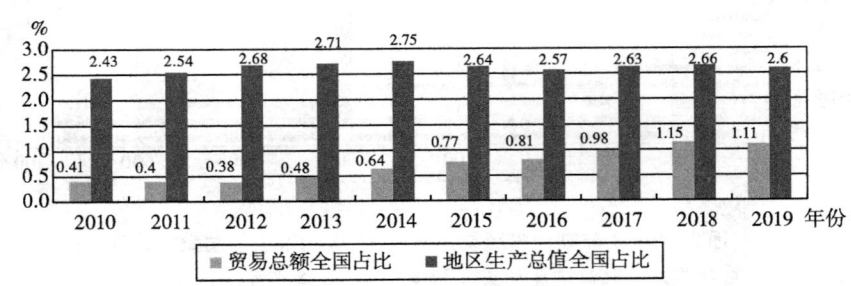

图 4　陕西省近 10 年贸易总额与地区生产总值全国占比对照

资料来源:笔者根据《陕西统计年鉴 (2018)》和 2019 年陕西省统计公报整理而得。

（二）技术密集型产品占比有待提升

从出口商品结构分析发现，近年来，电机、电气设备，核反应堆、锅炉、机器、机械器具在陕西省出口产品中占主导地位，出口贸易额呈现出逐年上升的趋势，同时，作为陕西省比较优势的农产品的出口额持续增加，而蔬菜、水果、坚果等初级加工商品的出口额在近年来呈微弱降低态势。对近年来出口商品占比进行统计发现，2016 年、2017 年、2018 年的电机、电气设备占比分别为 42.20%、43.65%、44.15%，核反应堆、锅炉、机器、机械器具的占比分别为 35.38%、37.62%、40.22%，电机、电气设备与核反应堆、锅炉、机器、机械器具的占比逐年增加，说明近年来陕西省对出口商品结构的调整作用明显。与此同时，对近年来进口商品占比进行统计后发现，2016 年、2017 年、2018 年电机、电气设备占比逐年递增，分别为 57.15%、62.01%、65.92%，而核反应堆、锅炉、机器、机械器具占比则逐年递减，分别为 11.72%、10.17%、7.95%，说明近年来陕西省对进口商品结构的调整明显倾向于电机、电气设备方向，也反映了陕西省在参与国际贸易过程中，技术密集型产品的比较优势和国际分工地位有待进一步提升。

（三）新兴市场有待扩大

陕西省 2018 年进出口贸易市场除了邻近国家和地区以外，主要以美国、日本、新加坡、德国、澳大利亚、法国、荷兰、英国等传统市场为主，对新兴市场的开辟力度比较欠缺，进出口贸易市场结构有待进一步优化。这将导致一系列问题。首先，近几年来，在以美国为首的经济发达国家的助推下，贸易保护主义和贸易壁垒盛行，发达国家在国际贸易中获取巨额贸易利益的同时，以本国制造业萎缩、失业率上升等不正当理由进行贸易保护和采取不正当的贸易救济措施，从而变相地降低发展中国家出口产品在国际市场中的竞争力。陕西省对外贸易的发达国家传统市场隐藏着巨大的贸易壁垒风险和政治风险，对外贸易尤其是出口贸易易受传统国际市场波动的影响。其次，传统市场贸易业务拓展有限，在一定程度上不利于陕西省继续扩大对外贸易活动，新兴市场随着经济的崛起蕴藏着巨大的消费潜力，大力开拓新兴贸易市场、与新贸易伙伴开展经贸合作，有利于扩大陕西省对外贸易产业的产能输出，能够继续扩大陕西省出口产品的国际市场份额。

五、我国若干自贸区促进贸易自由化发展的做法与启示

（一）我国若干自贸区促进贸易自由化发展的做法

1. 上海自贸区贸易自由化发展的做法

上海自贸试验区肩负着全面深化改革和扩大开放，探索新途径、积累新经验的重要使命以及发挥示范带动、服务全国的积极作用。在上海自贸区的建设和发展中，主要从以下五个方面入手进行改革创新。

（1）推进外商投资管理体制改革

通过试行负面清单管理模式对区内的外商投资项目进行投资管理。外国投资者在负面清单内的领域投资，需要履行核准程序；而在负面清单之外的领域投资，需要按照内外资一致的原则，管理方式上需要参考准入前国民待遇，即对各类外商投资项目由核准制管理改为备案制管理。区内注册企业的境外投资大幅提高了备案项目的规模上限，而一般项目实施备案制管理，精简了投资项目管理、外商投资企业设立及变更管理、工商登记等环节。

（2）降低服务业的准入门槛，优化服务贸易的监管方式

上海自贸区重点推进金融服务、商贸服务、航运服务、专业服务、社会服务、文化服务等六大领域的发展，对注册于自贸区内的服务企业实施相应的开放措施，放松对投资者的资质要求、股比限制、经营范围等准限制措施，创造有利于各类投资者公平进入的市场环境。同时，优化与服务贸易相适应的海关监管方式。鼓励支持销售、结算、物流、维修和研发等业务在自贸区内开展；鼓励支持扩大期货保税交割业务相关试点品种、企业和范围，拓展进出口业务；鼓励支持符合条件的区内企业，在提供税收担保的情况下，开展区外保税展示交易；鼓励支持自贸区开展跨境电子商务试点。

（3）推动贸易转型升级，创新监管服务模式

不断培育创新贸易中新型业态，形成以自我的品牌、技术、服务、质量为核心的外贸竞争新优势，不断提升我国贸易在全球贸易价值链中的地位；鼓励跨国公司设立亚太地区总部，积极培育贸易新型业态和功能等涉及功能拓展的多项试点；深化国际贸易结算中心试点，拓展专用账户的服务贸易跨境收付及融资功能；鼓励建立第三方检验鉴定机构，按照国际标准采信其检验结果。

（4）金融领域不断开放

在试验区内对人民币资本项目兑换、金融市场利率市场化、人民币跨境使用等先行试水。在试验区内金融机构资产方价格可以实行市场化定价；建立面向国际的外汇管理改革试点及与试验区相适应的外汇管理体制，全面实现贸易投资便利化；在实现跨境融资自由化时，企业可以充分利用境内外两种资源、两个市场；支持金

融服务业对符合要求的民营资本和外资金融机构全面开放,鼓励在试验区内设立外资银行和中外合资银行。

（5）培育国际化、法制化的营商环境

根据国际通行做法,实施促进贸易、投资的税收政策。例如,将融资租赁企业或金融租赁公司在自贸区内设立的项目子公司纳入融资租借出口退税的试点范围;国内租赁公司或租赁公司在自贸区内登记并设立项目子公司的,经国家有关部门批准从境外购买空载重量在 25 吨以上并租借给国内航空公司使用的飞机,享受进口环节增值税优惠政策;在现行政策框架下,对自贸区内生产企业和生产性服务业企业进口所需的机器、设备等货物予以免税,但不包括生活性服务业等企业进口的货物以及法律、行政法规和相关规定明确不予免税的货物等。

2. 天津自贸区贸易自由化发展的做法

天津自贸区于 2014 年 12 月在国务院常务会议上获得批准,2015 年挂牌成立。天津自贸区不仅承担着先行先试的责任,还承担着贯彻落实京津冀协同发展国家战略,共同构建全方位、多层次、宽领域的对外开放新格局,提升区域竞争力的重任。设立 5 年来,其发展经验主要表现在以下四个方面。

（1）打造区域制度创新新高地

推进天津自贸区参与和引领京津冀协同发展,带动京津冀一体化体制机制创新。按照可复制、可推广的基本要求,深化行政管理体制、商事登记制度、投资贸易便利化的监管制度等改革,实行外资准入前国民待遇加负面清单管理模式,创新境外投资管理模式,将成功经验向北京、河北推广。

（2）打造区域转型升级新引擎

在北方各大港口中,天津港的腹地范围最广阔,对北方经济发展的促进作用最大。在天津设立自贸区,恰恰利用了现有的发展条件,借助于港口经济促进更大程度的对外开放,形成了一定的吸附效应,吸引更多外向型企业注册落地,推动航运业等中高端产业向北方聚集。优化京津冀现代服务业、先进制造业和战略性新兴产业布局,推进天津自贸区航空航天、航运物流、金融商贸等高端产业集聚,创新区域经济合作模式,推动区域产业转型升级。

（3）打造区域开放经济新动力

扩大区域服务业和高端制造业领域开放,促进国际创新资源与区域制造业和科技深度融合。深化服务区域的国际结算中心、期货保税交割、跨境电商等各项改革试点工作。增强自贸区口岸辐射功能,开展启运港退税试点,将保税物流业务的创新政策辐射到京冀两地,提升区域通关一体化水平。

（4）打造区域金融创新新平台

推动区域金融创新运营示范区建设。实施京津冀金融改革创新试验,创新金融监管、金融产品、金融服务模式,积极发展科技金融,探索建立跨区域的产权、技术、科技成果转化等新型交易市场,优化京津冀金融资源配置。大力发展融资租赁业务,设立自由贸易账户体系,推进人民币跨境使用、利率市场化、外汇管理制度、外资金融机构设立等方面的创新。

3. 广东自贸区贸易自由化发展的做法

广东自贸试验区设立5年来,在优化营商环境、投资贸易便利化、粤港澳合作、金融业开放等领域加快制度创新,成为打造高水平对外开放门户枢纽、进一步推动粤港澳贸易自由化、发挥广东和港澳各自的比较优势、推动珠三角经济发展的核心引擎。

(1)对接国际高标准规则,营造公平、透明的营商环境

目前,广东自贸试验区实施全国最短外商投资负面清单,率先在现代服务业和先进制造业领域大幅放开外资准入,设立了全国首家外资控股证券和基金公司、外商独资船舶管理公司、外资相互保险社、外资大宗商品交易平台;通过实施分类改革,为企业和群众办事减免或取消各种不必要的证明,打造"无证明自贸区";以世界银行营商环境评价指标为参照,大幅提高办事效率、降低制度性成本;率先成立综合执法局,构建"一支队伍管执法,一个标准走流程,一个平台办案件"的集中统一执法体系;同时,推进司法体制综合配套改革,实行港籍专家陪审员制度,前海法院探索适用域外法审理涉外商事案件;推动仲裁机构国际化,自贸试验区仲裁机构港澳台及国外仲裁员超过40%,设立知识产权等专业性审判、仲裁机构,在前海建设法律查明中心。

(2)畅通出海大道,提升贸易门户枢纽功能

广东中亚班列首次以"铁路—驳船运输—海运"的铁水联运方式走出国门,打通"中亚—广州—东南亚"出海物流通道,实现了"丝绸之路经济带"和"21世纪海上丝绸之路"的无缝联运,为国内企业"走出去"提供了稳定的国际物流出海大通道。在完善海陆空铁多式联运网络方面,推动建设深中通道、前海妈湾跨海通道,推动澳门轻轨延伸至横琴,开启南沙港与德国汉堡港之间安全智能贸易航线,启动"陆铁联运"对接"中欧班列"。在推进国际贸易通关智能化方面,聚焦"减环节、压时间、降成本、优服务",推行国际贸易"单一窗口",将经验成果向全国复制推广。建立"提前申报、随机布控、货到验放"等快速验放机制,实施"多证合一",简化进出口单证。在加快贸易监管模式转型方面,推出"先入区后报关""两步申报、两段准入""货物按状态分类监管"等便利化措施,并创建"全球报关服务系统",提供跨多国海关的一站式报关服务。

(3)完善跨境投融资服务体系,创新金融监管模式

设立5年来,广东自贸试验区不断完善跨境投融资服务体系,创新金融监管模

式，打造金融对外开放试验示范窗口。在深化外汇管理体制改革方面，率先开展跨境人民币贷款、全口径跨境融资宏观审慎管理、跨境资金池等改革试点。同时，拓宽跨境投融资渠道，率先实施全口径跨境融资宏观审慎管理，拓展自贸试验区个人直接投资和其他经常性项目业务，允许境外机构投资者参与境内碳排放权交易，启动合格境内投资企业（QDIE）和合格境外有限合伙人（QFLP）试点。在开展跨境金融业务创新方面，率先实施跨境人民币贷款、跨境双向发债、跨境双向人民币资金池、跨境双向股权投资、跨境资产转让、跨境金融基础设施等"六个跨境"业务，并获批设立自由贸易账户体系（FT账户体系）。此外，还促进与境外资本市场互联互通，成功在香港发行首单离岸人民币债券（点心债）、首单境外机构人民币债券和首单双币种国际绿色债券。在完善金融风险防控体系方面，推动供应链金融业务创新，上线跨境金融区块链服务平台，并落地全国首单区块链跨境支付业务，探索开展金融监管沙盒试点，探索完善适应金融科技发展趋势的新型监管模式。同时，建立广东省地方金融风险监测防控平台，率先运用国家互联网金融风险防范技术进行全天候风险实时监测。

（4）探索与港澳制度、规则、机制对接

为深化粤港澳服务贸易自由化改革，广东自贸试验区不断推动与港澳"机构互设、资金互通、市场互连"。在推进港澳居民就业创业便利化改革方面，广东自贸试验区推进南沙粤港深度合作产业园和横琴粤澳合作产业园建设，并探索通过资质认可、合伙联营、项目试点、执业备案等特殊机制，推动港澳金融、会计、法律、建筑、导游、专利代理等20多类专业人士在区内执业，率先实施台港澳人士免办就业许可证。同时，试点澳门企业到横琴跨境办公，开通对澳跨境直达通勤专线，试行澳门居民享受珠海基本医疗保险。

（二）我国若干自贸区贸易自由化发展做法对陕西自贸区的启示

我国设立自贸区意在倒逼经济改革、释放改革红利、加强与国际接轨。以上自贸区的核心要义不仅是以上海自贸区试点内容为主体，而且要结合地方特点充实新的试点内容。从横向来看，自贸区是撬动中国新一轮改革开放的支点，要发挥试验区、桥头堡和排头兵的作用。各自贸区都追求机制、体制、法治上的创新和突破，围绕面向世界、服务全国的战略要求，将扩大开放与体制改革相结合，将培育功能与政策创新相结合，将大胆试验与谨慎求证相结合，构建国际合作发展的新平台，拓展经济增长的新空间。因此，三大自贸区都以加快政府职能转变、扩大投资领域的开放、推进贸易发展方式转变、深化金融领域的开放创新、完善法治领域的制度保障等作为主要任务，涉及行政管理、贸易、金融等领域的开放。

总之，各自贸区都立足国家总体战略，充分发挥自身优势，为"一带一路"建设、京津冀一体化、长江经济带发展、粤港澳深度融合等探索新途径，积累新经验，实现多层次、全方位的发展。对陕西自贸区贸易自由化发展有如下启示。

1. 明确功能定位，因地制宜发展自贸区

自贸区不同于普通的城市管理体制，应为本地区经济发展进行先行先试和不断创新。因此，其功能定位是否准确，关系到发展的成败。上海本身对外开放水平高，金融等服务业发达，总部经济优势明显，自贸区设立后，继续加大对外开放力度，减少负面清单数量，力争成为国际一流的自贸区。天津滨海新区地处京津冀地区，在港口、高端制造业方面具有发展优势，因此确定了工贸结合的功能定位，从管理体制、监管制度、优惠政策等方面制定并完善相关措施，促进区内生产加工和对外贸易发展，也发挥地理辐射作用，引领京津冀协同发展。广东毗邻港澳，是我国改革开放的先行地，外商投资活跃，进出口贸易占全国的20%以上，自贸区发展过程中明确了"两区一枢纽"的战略定位，即打造开放型经济新体制先行区、高水平对外开放门户枢纽和粤港澳大湾区合作示范区。总之，各自贸区均能根据所在地的区位优势及产业优势准确定位，将自贸区建设与区位发展和国家战略相结合，确定各具特色的发展战略。

2. 建立大平台管理体制，推动货物流动自由

为更好地促进自贸区内货物自由流动，需要避免行政分割产生的货物流动障碍。上海、天津、广东自贸区均建立了统一科学的大平台管理体制，将区内的海关、检验检疫、港口、交通运输等纳入统一信息管理平台，避免各行政服务部门在形态、功能、政策、监管模式上的相互交叉，以及功能和资源利用的单一化、分散化。统筹推动自贸区各行政服务管理部门在功能、政策、监管和法制四个方面的整合，做到综合互补平衡，实现外延扩张和内涵优化的双轮驱动。

3. 建立与国际接轨的投资环境，实现投资便利化和金融自由化

以上三个自贸区在促进投资自由化方面，给予自贸区内企业在投资、雇工、经营、人员出入境等方面更大的自由，简化负面清单的内容，形成了良好的投资环境。虽然在自贸区发展中金融开放并非主要任务，但从以上自贸区的发展来看，没有金融领域的改革和金融自由化相配套，自贸区发展很难取得大的进展。因此，要积极、有序、稳妥地推动外汇自由兑换、资金自由流动、利率市场化、资本项目开放，建立宽松、稳定的金融环境。

4. 加大税收减免力度，以税收优惠政策吸引企业入驻

以上三个自贸区无一例外地将税收减免作为重要鼓励措施。从效果来看，税收优惠在促进自贸区发展上的作用均得到了有力验证。陕西自贸区在今后的建设中，可以吸收其经验，制定科学合理的所得税、营业税、增值税及个人所得税政策，允许在区内开展商品零售业务，所购商品在市内消费或带出境外可以免除进口关税。

六、提升陕西贸易自由化程度的对策

上海、天津、广东自贸试验区获批后，勇于探索，积极实践，发展各具特色，其做法对陕西自贸区贸易自由化发展在顶层设计层面有很大的借鉴价值，但也不能全盘照搬。借鉴上海等自贸区的经验，结合陕西的经济发展和资源禀赋情况，笔者建议从以下几个方面入手进行改革，推进高水平的自由贸易区建设，促进陕西贸易自由化发展。

（一）结合自身实际，服务国家战略

从传统意义上讲，陕西作为内陆省份比沿海地区的市场开放力度小一些。而自贸区战略、西部大开发战略的实施，使海关监管、制度政策、基础设施等贸易方面的软硬实力不断增强，可以为本地区过剩的产能寻求新的输送出口市场，同时依靠从新贸易伙伴的进口丰富本地市场的商品结构。"一带一路"倡议和自贸区战略的协同发展，会使自贸区成为"一带一路"的节点平台，"一带一路"倡议的实施以自贸区作为基础支撑，二者相辅相成、相互促进。

（二）加强新基建，扩展货物流动范围

在陕西自贸区建设过程中，应加强新型基础设施的建设与完善，着力推进国际航空枢纽、国际运输走廊、中欧班列建设，使陕西省通过"空中经济走廊"和中欧班列，将贸易市场延伸到欧洲和非洲，便于引进新兴市场的产品和技术，推动进出口贸易业态的发展与完善。新兴贸易市场将会持续发力，从而推进建设"中欧""中俄"等国际合作园区，不断完善农业国际合作交流平台，节约贸易新业态下的商品物流运输时间，降低商品的流转成本，这不仅有利于开辟新的贸易市场，而且为跨境电商、保税展示交易等新型贸易业态成长提供了有利条件，使新型贸易业态产业链各个环节逐渐完善，确保陕西省跨境电商等新型贸易业态继续保持蓬勃发展态势。

（三）持续推进"放管服"改革，营造良好营商环境

为了营造良好的营商环境，陕西自贸区必须持续推进"放管服"改革，切实转变政府职能。具体应从以下几个方面入手：一是建立"一枚公章管审批、一支队伍管执法"的政府管理新模式，建立企业走出去"一站式"服务平台，为企业提供融资信贷、会计审计、风险评估等服务。二是实行宽松的出入境管理。为吸引跨国公司和国际人才进入自贸园区，需要放宽外国人免签入境要求，缩短其入境审查时间；允许其获得永久居留权；放宽外币使用限制；建造专供外国人居住的住宅区；建立

方便外国人的学校、医院。三是实行投资者业务运营的自由开放政策。使得投资者除可从事装卸、运输、再出口、展示、加工、零售等核心业务外，还可从事报关、金融、租赁、保险、税务、会计、餐饮、住宿、美容、美发和洗衣等业务。

（四）继续推动金融市场化与金融制度创新改革

为满足园区内企业跨境结算、资金融通的需要，陕西自贸区要鼓励地区银行或金融机构加快步伐实施金融创新，支持各类金融机构设立分支，包括中外资银行、保险公司以及非银行金融机构，特别是允许民营银行、金融租赁公司和消费金融公司等金融机构入驻；逐步实现人民币资本项目的可兑换、金融产品利率市场化、人民币跨境使用等先行先试；建立金融监管和风险防范机制，金融监管机构要按照央行发布的自贸园区反洗钱、反恐融资和反逃税细则，强化对跨境资金流动的监测和跟踪分析，建立区内防范体系。

（五）加强人事制度建设，完善先进人才培养、吸纳机制

自贸区不仅需要掌握国际经贸规则和具有创新能力的管理人才，还需要大量的金融、航运、商贸、文化和社会等服务领域的国际化专业人才。目前我国人才绿卡门槛较高，人才流动自由度低，应尝试突破目前的涉外用工政策，降低绿卡申办门槛，促进自贸区人力资源的跨境自由流动。陕西自贸区应完善制度建设，打造先进人才、技术吸纳机制。具体应从以下两方面入手：一方面，应充分利用陕西这一教育大省的教育资源优势，与教育管理部门达成合作，实现人才的订单式培养、技术定向式输送；另一方面，应制定科学、合理的人事聘用制度和技术引进制度，创新与"一带一路"沿线国家人文交流模式，拓宽人文交流渠道，构建人文交流平台，以吸引高水平人才和先进技术。

（六）推动相关配套财税制度改革

推动税制改革，探索与自贸园区相配套的税收政策，包括对离岸贸易、离岸金融采取低税率，对境外投资收益采取分期缴纳所得税等优惠，打造国际化的营商环境。如在对跨国公司从事离岸贸易和离岸金融的高管征所得税时，可参照上海陆家嘴金融高管的个人所得税补贴政策。

（七）激发辐射效应，探寻协同发展

为了推进自贸园区可复制、可推广经验，必须突破自贸区的地理空间局限。一是将自贸园区注重事先事后企业备案登记制和企业年度申报与异常名录企业信用制度等经验推广到自贸区以外的区域。二是采取在自贸区周边增设辅区的办法，将不

易放在区内的大型项目或者对环境有影响的项目放到辅区。三是设定区内企业可在园区外进行的业务范围。借鉴相关经验、做法，设定自贸园区可以委托加工的业务范围。四是建立电子围栏管理体制。对自贸区企业、货物、人员进行特殊监管，实现企业在区外经营、货物在区外销售、人员在区外居住，从虚拟空间上扩大自贸区的功能范围，从而实现自贸区与周边地区经济协同发展，最大限度地降低自贸区对周边经济的"虹吸效应"。

参考文献

[1]张军,闫东升,冯宗宪,等.自贸区设立能够有效促进经济增长吗？——基于双重差分方法的动态视角研究[J].经济问题探索,2018(11):125-133.

[2]杨晶晶,胡佳刚,周定根.中间品贸易自由化如何影响企业研发投入：来自我国微观企业层面的证据[J].湖南大学学报(社会科学版),2018,32(4):71-78.

[3]Bloom N,Draca M,Reenen J V. Trade Induced Technical Changed? The Impact of Chinese Imports on Innovation, IT and Productivity[J]. The Review of Economic Studies, 2016, 83(1):87-117.

[4]周凤秀,张建华.贸易自由化、融资约束与企业创新——来自中国制造业企业的经验研究[J].当代财经,2017(6):100-108.

[5]刘秉镰,吕程.自贸区对地区经济影响的差异性分析——基于合成控制法的比较研究[J].国际贸易问题,2018(3):51-66.

[6]张明志,季克佳,张倩玉.贸易自由化如何影响企业出口关系的进入与退出？——基于企业微观层面数据的经验分析[J].北京师范大学学报(社会科学版),2018(3):144-157.

[7]丁俊发.上海自贸区给物流业发展带来的机遇与挑战[J].中国流通经济,2014,28(11):4-7.

[8]盛誉.贸易自由化与中国要素市场扭曲的测定[J].世界经济,2005(6):29-36.

[9]杜艳,周茂,李雨浓.贸易自由化能否提高中国制造业企业资源再配置效率——基于中国加入WTO的倍差法分析[J].国际贸易问题,2016(9):38-49.

[10]Yao D, Whalley J. The China (Shanghai) Pilot Free Trade Zone: Background Developments and Preliminary Assessment of Initial Impacts[J]. The World Economy, 2016, 39(1):2-15.

[11]黄启才.基于非参数合成控制法的自贸政策引资动态效应——以上海自贸

试验区为例[J].亚太经济,2018(3):112-120.

[12]王利辉,刘志红.上海自贸区对地区经济的影响效应研究——基于"反事实"思维视角[J].国际贸易问题,2017(2):3-15.

[13]陈琪,刘卫.中国(上海)自由贸易试验区的制度经济学与集聚经济学分析[J].浙江金融,2014(5):35-38,76.

[14]刘秉镰,吕程.自贸区对地区经济影响的差异性分析——基于合成控制法的比较研究[J].国际贸易问题,2018(3):51-66.

[15]《天津经济》课题组.四大自贸区发展特点与经验综述[J].天津经济,2015(9):31-38.

[16]中共中央党校省部级干部进修班课题组,周汉民.我国四大自贸区的战略定位和政策建议[J].中国领导科学,2015(11):19-22.

[17]灰蓝.四大自贸区区别定位[J].上海国资,2015(5):9.

[18]贾康,于长革,梁季,等.中国(上海)自由贸易试验区财税难点和对策研究[J].科学发展,2015(5):53-58.

[19]林毅夫."一带一路"与自贸区:我国改革开放的新举措[J].新经济,2016(34):5-9.

[20]马曼.自贸区与"一带一路"建设对接途径、问题和对策[J].国际金融,2018(9):72-76.

[21]吕荣艳.自贸区战略对河南省对外贸易的影响研究[D].郑州:郑州大学,2019.

[22]刘向尧.自贸区辐射效应分析[J].中国集体经济,2019(15):16-17.

自贸区背景下陕西产业集聚路径及政策研究

王乐乐[①]

摘要: 外商直接投资(Foreign Direct Investment, FDI)能够极大地推动其进入区域的产业集聚,刺激产业腹地形成巨大的竞争优势并促进经济发展。中国(陕西)自由贸易试验区(以下简称陕西自贸区)是我国第三批批准设立和西北唯一的自由贸易试验区。提升利用外资水平是自贸区在深化投资领域改革方面的重要任务。在此背景下,本文通过研究陕西省 FDI 利用现状,发现陕西省利用 FDI 及产业集聚存在的问题,分析陕西自贸区通过 FDI 提升产业集聚的路径,并提出了相关政策建议,可作为省政府制定自贸区相关政策的参考。

关键词: FDI;产业集聚;陕西自由贸易试验区

一、引言

2013 年 9 月,中国第一个自贸易试验区——中国(上海)自由贸易试验区挂牌成立,标志着中国开始了新一轮的改革开放探索。截至 2020 年,中国已经成立 21 个自贸区,初步形成了以各大城市群为腹地、从沿海至内陆分布的格局。中国(陕西)自由贸易试验区的主要任务是落实中央关于更好发挥"一带一路"建设对西部大开发的带动作用,加大西部地区门户城市开放力度的要求,打造内陆型改革开放新高地,探索内陆与"一带一路"沿线国家经济合作和人文交流新模式。我国自贸区的设立是为了促进区域开放经济发展,对于自贸区来说,外商直接投资技术溢出

---

① 西安外事学院陕西自贸区研究院副教授。

对产业的影响更为明显，从母国和国际资本市场带来的资金弥补了各国经济发展中的资金缺口，同时为各国提供了先进技术和管理理念等。外商直接投资的公司通过FDI实现技术转移，由此促进所在区域的产业集聚。区域产业集聚形成后，因其可以通过降低成本、提高效率、加剧竞争、刺激创新等多种途径使产业腹地拥有巨大的竞争优势，无论是在发达国家还是发展中国家，产业集聚都极大地促进了经济的发展。

当前，中国已成为发展中国家FDI的第一大东道国，自贸区在政策、基础设施以及交通物流等方面具有优势，加强与国外经济交流、吸收外资是自贸区的主要任务。在实现进一步开放的前提下，陕西自贸区应制定怎样的引资策略？如何更有效地利用外资促进地区产业集聚？如何发展新的产业并在产业集聚基础上促进产业结构优化升级？这些都是目前需要解决的问题。那么，陕西利用外资的现状如何？产业集聚现状如何？FDI对陕西省产业集聚的作用如何？陕西省政府应如何制定自贸区相关政策？对这些问题的分析有利于问题的最终解决。

二、陕西FDI的现状分析

（一）陕西FDI的规模现状

2014年以来，陕西实际利用外资额提高较快，到2019年，陕西实际利用外资额增加了一倍（见表1）。2015—2017年，陕西实际利用外资增幅较大，从2018年开始增幅变小（见图1）。2014年以来，陕西FDI溢出效应值大于全国溢出效应值，且一直保持增长（见图2）。陕西作为中国西北部不发达地区，实际利用外资额从比重上来说在全国较小，但实际利用外资所占比重超过陕西地区生产总值在全国GDP中的占比。以上情况说明，陕西实际利用外资情况在不断改善，特别是2016年陕西自贸区被批准设立以来，实际利用外资规模有明显提高。

表1　2014—2019年陕西与全国利用外资状况对比

年份	2014	2015	2016	2017	2018	2019
陕西实际利用外资/亿元	256.523328	287.814364	332.912076	397.951092	453.159552	533.185065
陕西地区生产总值/亿元	17689.94	18021.86	19399.59	21898.81	24438.32	25793.17
陕西FDI技术溢出效应/%	1.45	1.60	1.72	1.82	1.85	2.07
全国实际利用外资/亿元	7363.7	7813.5	8132.2	8775.6	8856.1	9415.2
全国GDP/亿元	635910	676708	743585	820754	919281	990865
全国FDI技术溢出效应/%	1.16	1.15	1.09	1.07	0.96	0.95
陕西FDI占全国比重/%	3.48	3.68	4.09	4.53	5.12	5.66
陕西地区生产总值占全国GDP比重/%	2.78	2.66	2.61	2.67	2.66	2.60

资料来源：由《陕西统计年鉴》（2014—2019）整理。

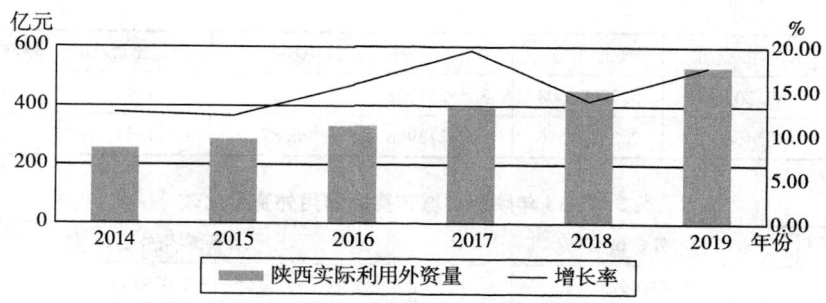

图 1　陕西实际利用外资规模及变化

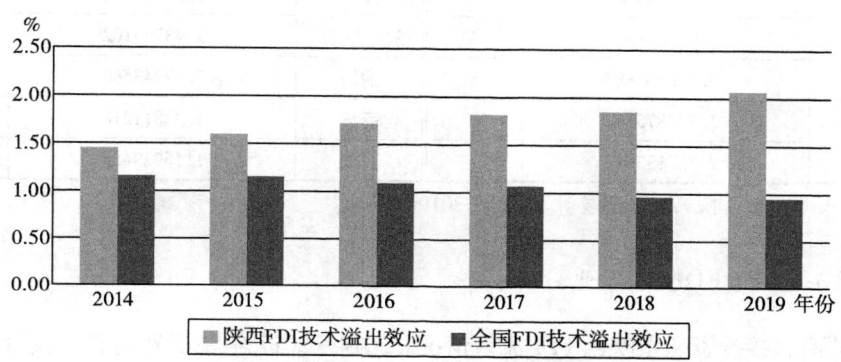

图 2　陕西和全国 FDI 技术溢出效应对比

（二）陕西 FDI 的区域分布

FDI 在陕西的分布具有明显的地域差异，由表 2 及表 3 可看出，陕西利用外资出现一枝独秀的情况，省会城市西安连续五年外商直接投资比例高达 90%以上，其余外商投资主要投向关中其他地区如西咸新区、宝鸡和咸阳等地。陕北外商直接投资占比在陕西三个区域中排名第二，比陕南地区情况略好。特别需要注意的是，陕北、陕南两个地区 FDI 流入量在近 5 年中未出现明显上升的趋势，而是呈起伏态势。陕西除西安、咸阳、渭南、榆林和汉中几个城市外，其他城市在近 5 年都存在 FDI 未流入的情况。

由于 FDI 会促进产业进一步集聚，分析 FDI 对陕西省产业集聚的影响，实际上就是分析陕西自贸区 FDI 对陕西省产业集聚的影响。

表 2　关中、陕北、陕南实际利用外资情况比较

年份	关中/亿元	陕北/亿元	陕南/亿元	关中比重/%	陕北比重/%	陕南比重/%
2014	246.1370818	5.11633812	4.59358584	96.20	2.00	1.80
2015	258.4686346	6.63511452	0.75114504	89.82	2.31	0.26
2016	307.5291908	2.92128354	1.33709499	92.38	0.88	0.40

续表

年份	关中/亿元	陕北/亿元	陕南/亿元	关中比重/%	陕北比重/%	陕南比重/%
2017	388.2035183	5.77684008	3.85257708	97.58	1.45	0.97
2018	440.4660553	7.34134356	5.71213968	96.87	1.61	1.26

表3 2018年陕西各城市实际利用外资量比较

地区	实际利用外资量/亿元	名次	地区	实际利用外资量/亿元	名次
西安	395.8316923	1	汉中	2.02889484	8
西咸新区	24.61805148	2	延安	1.54317768	9
宝鸡	6.01654008	3	韩城	1.53325158	10
咸阳	5.96624784	4	杨凌示范区	1.43796102	11
榆林	5.79816588	5	铜川	1.32943566	12
渭南	3.73287534	6	商洛	1.32811218	13
安康	2.35513266	7	其他	1.16929458	14

资料来源：由《陕西统计年鉴》（2014—2019）整理。

（三）陕西FDI的行业分布

以外商直接投资衡量陕西FDI流入情况。2014—2017年陕西外商直接投资总额整体上呈不断上升的趋势，但到2018年，外商直接投资数量大幅度下滑，跌落至2014年之前水平。由表4可看出，陕西外商投资主要流入了制造业，其次分别是房地产业，批发和零售业，交通运输、仓储和邮政业以及金融业。从2014年开始，制造业外商投资额有大幅度上升，但到2018年，制造业外商投资出现大幅度下滑，跌至2010年外商投资水平。其他几个外商直接投资额相对较高的行业中，房地产业的外商直接投资于2016年有大幅度的提高，之后呈现出较为快速的下滑趋势。其他几个行业除批发零售业外，也基本呈现出2016年或2017年增长较快、2018年增长减缓或者下降的趋势，分别如图3~图4所示。

表4 2014—2018年陕西各行业外商直接投资额　　　单位：亿美元

行业	2018年	2017年	2016年	2015年	2014年
制造业	7.4537	43.0868	30.3772	40.4106	24.4421
房地产业	4.5715	6.8859	11.883	1.3675	7.361
批发和零售业	4.9525	3.3211	1.9455	1.5932	2.3479
交通运输、仓储和邮政业	2.4002	1.6994	1.8461	0.9395	0.7762
金融业	1.0431	0.9662	3.381	0.4437	0.419
电力、热力、燃气及水生产供应业	0.5726	1.6801	0.255	0.4688	0.141
住宿和餐饮业	0	0.6309	0.0002	0.069	0.2225
信息传输、软件和信息技术服务业	0.236	0.3363	0.1325	0.0537	0.6765

续表

行业	2018年	2017年	2016年	2015年	2014年
租赁和商务服务业	0.2136	0.1689	0.0277	0.1434	3.9903
科学研究和技术服务业	0.0277	0.0818	0.0001	0.1045	0.8181
水利、环境和公共设施管理业	0.0102	0.0473	0.1375	0	0.1597
农、林、牧、渔业	0.1011	0.0370	0.0350	0.0845	0.2635
采矿业	0	0.0115	0.06	0.1494	0.1288
文化、体育和娱乐业	0	0.01	0.092	0.0527	0.0001
居民服务和其他服务业	0	0.0013	0	0	0

资料来源：由《陕西统计年鉴》（2014—2019）整理。

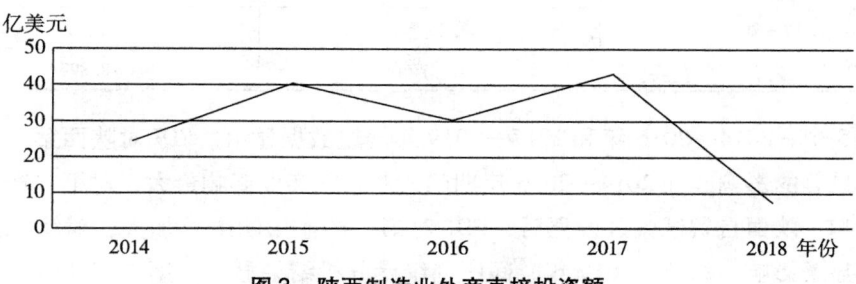

图3　陕西制造业外商直接投资额

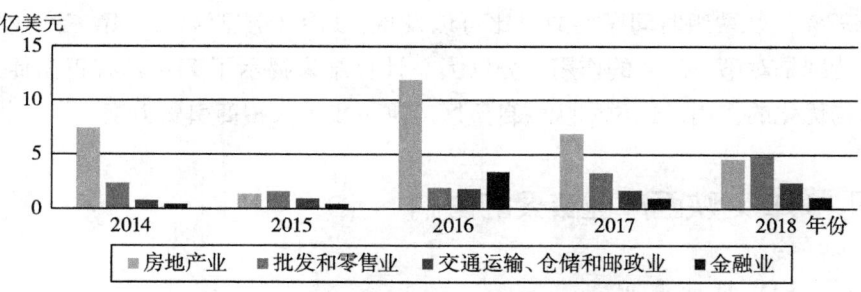

图4　2014—2018年陕西各行业外商直接投资额对比

这说明陕西从自贸试验区批准设立以来，依靠政策热点和关注度提升了吸引力，但随着国家批准自贸区的数量和广度的增加，热点褪去，外商直接投资的吸引力在逐步减弱。这从一定程度上表明，从自贸区设立后到2018年，陕西产业集聚能力并未得到实际加强。

三、FDI对陕西三次产业发展的影响

对于我国自贸区来说，FDI技术溢出对产业转型升级的影响相比其他地区更为明显。外商直接投资的公司通过FDI实现技术转移，这种技术转移会给东道国带来

外部经济，由此产生技术溢出效应。本文采用陕西2014—2018年的时间序列数据，以陕西自贸区设立时间为基准，将三次产业数据分为2014—2016年、2017—2019年两组，计算FDI与三次产业的相关系数，测算FDI实际利用对陕西三次产业产值贡献情况，计算结果如表5所示。

表5 FDI对陕西三次产业的影响

时间组/年	产业	贡献度
2014—2016	第一产业	1.719
	第二产业	-0.415
	第三产业	2.1652
2017—2019	第一产业	1.857
	第二产业	7.379
	第三产业	18.897

表5中，2014—2016年和2017—2019年两组数据显示，FDI对陕西第一产业均有较为显著的影响，在2014—2016年期间，对第三产业影响最大，对第二产业没有显著影响。陕西自贸试验区设立后，FDI对第三产业影响继续加大，对第二产业也产生了显著影响。2017—2019年时间序列统计分析结果显示，第二产业吸收FDI每增加1%，产业增加值增加7.379%，第三产业吸收FDI每增加1%，产业增加值增加18.897%。从两组时间序列的对比可以发现，FDI对陕西第二、第三产业的作用提升，特别是对第三产业的作用十分巨大。计算结果揭示了FDI具有正面促进陕西产业结构优化的作用，这说明陕西自贸区应进一步加大招商引资力度。

四、FDI对陕西产业集聚的影响

（一）FDI推动产业

陕西FDI大部分流入了制造业。陕西外商投资主要工业企业统计数据显示，以2018年该类企业单位数量来看，外商投资工业企业总产值排名靠前的几个行业依次为：计算机、通信和其他电子设备制造业，医药制造业，食品制造业，酒、饮料和精制茶制造业，农副食品加工业，非金属矿物制品业，有色金属冶炼和压延加工业，化学原料及化学制品制造业，专用设备制造业，汽车制造业；外商投资企业数量排名靠前的几个行业分别是：酒、饮料和精制茶制造业（20家），计算机、通信和其他电子设备制造业（15家），电气机械和器材制造业（14家），化学原料及化学制品制造业（12家），食品制造业（12家）。从外商投资工业企业单位数量和工业总产值两个数据来看，陕西由FDI所推动的产业集聚主要在计算机、通信和其他电子设备制造业，医药制造业，酒、饮料和精制茶制造业，电器机械和器材制造业，农副食品加工业，食品制造业，化学原料及化学制品制造业，专用设备制造业，有色金属冶炼和压延加工业和汽车制造业。

（二）产业集聚的衡量指标

此处借用了梁琦教授计算区位熵的方法来计算陕西的产业集聚状况。区位熵是产业的效率与效益分析的定量工具，又称专门化率，它由哈盖特（P. Haggett）首先提出并用于区位分析中，可以用来衡量某一区域要素的空间分布情况，反映某一产业部门的专业化程度。专业化程度实际上也代表了一个地区的产业集聚程度。区位熵指数从行业角度来分析集聚状况，具体计算公式如下：

$$\beta_{ji} = \frac{q_{ij}/q_j}{q_i/q}$$

其中，q_{ij} 表示地区 j 行业 i 的产值，q_j 表示地区 j 的全部工业产值，q_i 表示产业 i 的全国产值，q 表示全国工业总产值。上面的产值也可以用销售收入或者就业人员来代替。β 指数的分子是地区 j 行业 i 的产值占该地区工业产值的份额，分母是产业 i 占全国工业产值的份额，它通过测度该地区的生产结构与全国平均水平之间的差异来评价一个地区的专业化水平。当某一地区某产业区位熵 β_{ij} 大于 1 时，说明该地区这一产业相对专业化，具有比较优势，该产业在该地区存在着集聚状况，并在一定程度上说明该产业具有较强的竞争力，区位熵越大，表示该地区该产业的比较优势越显著，竞争能力越强；区位熵等于 1 时，表示该地区该产业处于均势，该产业的优势不明显；区位熵小于 1 时，表明该地区该产业处于比较劣势，竞争力弱。

（三）FDI 推动的陕西制造业产业集聚概况

如前所述，本文根据 2014—2019 年的《陕西统计年鉴》和《中国统计年鉴》，选取 FDI 推动产业作为分析对象，计算计算机、通信和其他电子设备制造业，医药制造业，酒、饮料和精制茶制造业，电器机械和器材制造业，农副食品加工业，食品制造业，化学原料及化学制品制造业，专用设备制造业，有色金属冶炼和压延加工业，汽车制造业 10 个产业的区位熵（β 指数），结果如表 6 所示。

表6 陕西省制造业产业集聚指数（区位熵）

制造业细分	2014 年	2015 年	2016 年	2017 年	2018 年
计算机、通信和其他电子设备制造业	0.675	0.375	0.483	0.444	0.393
酒、饮料和精制茶制造业	2.233	1.867	1.767	1.795	1.694
电器机械和器材制造业	0.984	0.729	0.727	0.709	0.704
农副食品加工业	2.206	1.778	1.829	1.985	2.109
食品制造业	2.244	1.770	1.757	1.813	1.776

续表

制造业细分	2014年	2015年	2016年	2017年	2018年
医药制造业	0.742	0.953	1.045	1.386	1.594
有色金属冶炼和压延加工业	1.702	1.702	1.766	1.762	1.548
化学原料及化学制品制造业	1.079	0.716	0.884	0.909	0.929
专用设备制造业	0.971	0.869	0.910	0.870	0.776
汽车制造业	1.597	0.825	1.048	0.975	1.002

注：①根据2014—2019年《中国统计年鉴》《陕西统计年鉴》计算整理。②分行业工业总产值数据均为规模以上工业企业统计数据。

由表6中数据可以发现：

（1）到2018年，陕西制造业利用FDI前10位中，酒、饮料和精制茶制造业，农副食品加工业，有色金属冶炼和压延加工业，医药制造业，食品制造业和汽车制造业的区位熵指数大于1，说明陕西FDI流入较多的这6个产业已经具有比较优势，初步形成了集群态势。

（2）陕西的酒、饮料和精制茶制造业，农副食品加工业，食品制造业，有色金属冶炼和压延加工业2014—2018年指数均大于1.5，说明这4个产业的产业集聚程度较高，是陕西的优势产业，特别是农副食品加工业，其2018年区位熵值大于2，是陕西最具有竞争力的行业。

（3）陕西汽车制造业区位熵在2015年和2017两年小于1，其余3年均大于1，整体呈现出波动趋势，且2018年集聚程度较2014年差，说明汽车制造业在陕西初步形成了集聚态势，但是集聚所形成的竞争力并不强，存在失去集聚优势的可能性。

（4）纵观陕西2014—2018年集聚程度最强的4个产业，5年来基本上都是传统优势产业，这些产业在陕西具有较长的发展历史，说明产业集聚中历史的作用非常明显，一个行业在某一特定区域集中，循环累积，不断自我强化，将导致产业长时期锁定在某个地区。

（5）陕西医药制造业自2014年以来区位熵不断提升，到2018年区位熵大于1.5，特别是陕西自贸区批准设立之后，陕西医药制造业区位熵的增长加速，这说明近5年陕西医药制造业发展态势良好，同时也可从侧面说明陕西自贸区的批准设立对陕西医药制造业形成集聚优势具有推动作用。

（6）2014—2018年，除具有集聚态势的6个产业，其余几个产业中，化学原料及化学制品制造业的区位熵在2014年大于1，这说明在2014年，陕西化学原料和化学制品制造业已初步具备一定的集聚态势，但是2015年区位熵下降较快，2016年又开始回升，但2018年仅接近于1，说明陕西自贸区的设立对陕西化学原料及化学制品制造业影响较小，对其形成集聚的推动作用不大。

(7) 陕西专用设备制造业、电器机械和器材制造业在 2014 年已近乎形成集聚，但是 5 年以来集聚程度不断减弱，到 2018 年，这两个产业区位熵不到 0.8，说明陕西自贸区设立对专用设备制造业、电器机械和器材制造业的推动作用不大。

(8) 2014—2018 年，陕西省计算机、通信和其他电子设备制造业区位熵值均小于 0.7，呈起伏状态，但整体上处于下降态势，特别是 2016 年以来，呈现出持续下滑的趋势。在陕西自贸区鼓励外资更多投向高端装备制造、新一代信息技术、新材料、生物医药等先进制造业领域的背景下，FDI 流入并未明显推动计算机、通信和其他电子设备制造业的产业集聚，这是需要引起重视的。

总体上看，陕西目前形成产业集聚的产业中，劳动密集型产业仍占绝大多数，技术密集型制造业较少，且集聚程度不如具有历史积淀的传统产业。但从表 6 中可以看出，陕西工业企业 FDI 排名前 10 位的产业中有 6 个产业的区位熵平均指数高于 1，这在一定程度上说明 FDI 对这些行业的集聚具有很大的促进作用，还有 3 个行业集聚指数没有达到过 1，且区位熵增长率为负，呈下滑态势，说明 FDI 对这 3 个行业的集聚形成所起的推动作用不大。

(四) 其他产业集聚分析

除 FDI 主要流入的制造业十大产业外，结合陕西自贸区发展目标和规划，对交通运输、仓储和邮政业，批发和零售业以及金融业进行产业集聚分析，计算其区位熵，结果如表 7 所示。

表 7　陕西省自贸区相关产业集聚指数（区位熵）

产业	2014 年	2015 年	2016 年	2017 年
交通运输、仓储和邮政业	0.961	0.859	0.891	0.839
批发和零售业	0.829	0.828	0.859	0.851
金融业	0.524	0.636	0.737	0.745

注：①根据 2014—2019 年《中国统计年鉴》《陕西统计年鉴》计算整理。②三个产业数据以当年产业增加值统计数据统计计算。2019 年《中国统计年鉴》仅公布三个产业至 2017 年数据，因此区位熵仅计算到 2017 年。

由表 7 中数据可以发现：

(1) 陕西交通运输、仓储和邮政业的集聚程度从 2014 年开始稍有下滑，说明陕西交通运输业对物流发展的支撑不足。

(2) 批发和零售业集聚程度从 2014 年开始变化不大，说明 FDI 的流入对该产业集聚程度的提升作用不大。

(3) 金融业的集聚程度从 2014 年开始一直呈平稳上升趋势，集聚程度不断提高，说明 FDI 流入对陕西金融业集聚的推动作用较大。

五、陕西利用 FDI 及产业集聚存在的问题

根据之前对陕西 FDI 溢出效应及其对产业结构的影响、陕西 FDI 推动产业集聚现状的分析,发现陕西在利用 FDI 及产业集聚方面主要存在以下几个问题。

(一) FDI 规模较小且分布严重不均

2104—2018 年,陕西 FDI 规模增长速度较快,但与东部地区的浙江、江苏,中部地区的湖北、河南等省相比,陕西 FDI 规模在全国占比较小。作为国家第三批批准建设的自贸区之一,FDI 标志着陕西自贸区是否实现了更大程度的开放。从近三年 FDI 比重可以看出,陕西自贸区开放程度仍有不足。此外,FDI 过于集中在陕西自贸区所在腹地,特别集中于省会城市西安和西咸新区。陕西自贸区作为陕西省乃至西北地区改革开放高地,其主要功能是引领和示范,将开放政策应用于陕西的发展建设上。而开放政策的实施需要利益相关者的参与,其中之一就是省级政府和各级地、市、县政府的协同。从 FDI 在陕西区域分布来看,自陕西自贸区批准设立以来,自贸区腹地省会城市西安和西咸新区的虹吸效应就不断增强,省内城市之间差距持续拉大。而根据之前的研究,陕西经济空间特性本身就是"断崖式、单中心"结构,全省就有省会城市西安一个一级中心,没有二级中心,城市层级结构极不合理,省会西安的首位度过高且不断提升。这种情况的持续不仅不利于陕西整体发展,最终还会导致其经济衰退。

(二) FDI 对陕西区域创新能力的影响有限

FDI 技术溢出对区域创新能力的影响完全是通过吸收能力实现的,也就是说,只有 FDI 推动了本土制造业技术进步和提高了人力资本素质时,FDI 的技术溢出才是有效的。从陕西自贸区设立后 FDI 对陕西省三次产业的作用来看,引进 FDI 对第三产业的作用远远超过了对第二产业的作用,而陕西 FDI 主要流向制造业,说明 FDI 对陕西区域创新能力的影响是十分有限的。

(三) 高技术密度产业不具备竞争优势

根据之前的分析,陕西 FDI 主要流入的产业中,有 6 个产业区位熵大于 1,表明具备一定的集聚优势,实现了一定程度的集聚。但在这个 6 个产业中,属于高技术密度和中高技术密度的产业仅有医药制造业和汽车制造业,其余 4 个产业均为低技术密度和中低技术密度产业,而最能体现区域创新能力的计算机、通信和其他电子设备制造业的区位熵值偏低,完全没有集聚优势。

（四）交通运输业不具备竞争优势

交通运输业与地区经济之间存在极强的相关性，陕西省政府于2016年9月提出了"十三五"期间加快构建全省综合交通运输体系规划。但从2016—2017年交通运输业区位熵来看，陕西交通运输业发展速度较慢，集聚程度不足，区域竞争力不足。交通运输业集聚性不足、缺乏竞争优势，势必给陕西经济发展带来不利影响。交通运输业发展不足带来的主要问题是陕西物流渠道等核心资源的发展程度不够，国际陆港在服务进出口贸易方面存在资源浪费，功能区没有得到充分利用，特别是国际陆港在陆空多式联运方面效率较低，没有能够充分利用现有产业直接的关系、合作与互动机制之间的关系，使自身产生陆港集聚效应，提升陕西省交通运输业的竞争能力。

（五）地区金融发展水平不足

从金融业区位熵指数来看，陕西金融业近5年来不断提高集聚性，但是到2017年仍然没有达到一定程度的集聚。实践研究表明，金融发展水平不足使得企业的融资约束得不到有效缓解，未能加大R&D经费的投入，从而阻碍地区吸收能力的提升，进而使本土企业不能有效转化FDI技术溢出效应，不利于提高企业自主创新能力。由此可见，陕西省高密度技术产业集聚程度较弱，金融发展水平不高也是原因之一。

六、陕西自贸区发展路径与政策建议

陕西自贸区在吸收FDI、实现FDI技术溢出、推动全省经济发展方面起着制度创新和政策探索的重要作用。根据之前的分析，陕西自贸区在支持产业发展以及实现人文交流方面存在一定的盲目性和混乱性。陕西自贸区应以FDI投向和利用为主要观测点，以陕西现有具备集聚优势的产业为切入点，以新兴战略产业发展为目标，将政策和制度创新推动经济发展的战略格局放大到整个陕西省，打造省内外联动发展的产业链，加强关中地区与陕北、陕南的空间经济联系，实现陕西全省经济的高质量发展。

（一）市场化运作国际会展活动，引导激励陕北、陕南企业参与全球产业链

陕西的陕北和陕南地区在农副产业，酒、饮料和精制茶制造业，以及食品制造业都拥有知名品牌或企业，同时，这三个产业都有集聚优势，陕西自贸区应为陕北、陕南地区这三个产业相关企业提供展示平台，为其扩大市场尤其是进入国际市场寻找机会。

目前，陕西境内知名品牌会展活动有"丝绸之路"国际博览会、中国杨凌农业高新科技成果博览会、欧亚经济论坛等，这些均是政府主导的会展活动，市场化不足导致企业缺乏参与积极性。因此，在具体的会展活动方面，自贸区可举办市场化运作的如农副产品贸易博览会、酒及饮料博览会等会展活动，通过具备竞争力的产业实现规模效益，打开知名度，带动陕北、陕南相关企业参与，以争取更多的亮相和展示机会，从而有机会进入国际市场，加入全球供应链。

（二）引导FDI投向新型服务业

如表8所示，将陕西传统服务行业和新型服务行业FDI规模进行对比。

表8 陕西传统服务行业和新型服务行业FDI规模对比

行业	2014年	2015年	2016年	2017年	2018年
房地产业	7.361	1.3675	11.883	6.8859	4.5715
批发和零售业	2.3479	1.5932	1.9455	3.3211	4.9525
交通运输、仓储和邮政业	0.7762	0.9395	1.8461	1.6994	2.4002
电力、热力、燃气及水生产供应业	0.141	0.4688	0.255	1.6801	0.5726
金融业	0.419	0.4437	3.381	0.9662	1.0431
住宿和餐饮业	0.2225	0.069	0.0002	0.6309	0
居民服务和其他服务业	0.0011	0	0	0.0013	0
传统服务业	11.2687	4.8817	19.3108	15.1849	13.5399
信息传输、软件和信息技术服务业	0.6765	0.0537	0.1325	0.3363	0.236
租赁和商务服务业	3.9903	0.1434	0.0277	0.1689	0.2136
科学研究和技术服务业	0.8181	0.1045	0.0001	0.0818	0.0277
水利、环境和公共设施管理业	0.1597	0	0.1375	0.0473	0.0102
文化、体育和娱乐业	0.0001	0.0527	0.092	0.01	0
新型服务业	5.6447	0.3543	0.3898	0.6443	0.4875

资料来源：由2014—2019年《陕西统计年鉴》整理。

从表8中可发现，陕西服务业FDI行业分布极不平衡。传统服务行业中的批发和零售业、房地产业占比高达一半以上，而信息传输、软件和信息技术服务业，科学研究和技术服务业等新型服务业占比过低，特别是近3年新型服务业FDI占比连1/10都不到。这说明陕西服务行业FDI依旧以传统服务领域为主，尤其需要注意的是，陕西传统服务行业FDI在2016年增速很快，虽然2017—2018年整体呈下降趋势，但从近5年看还是有微弱增长。

从当今全球服务业发展整体趋势看，新型服务贸易将是服务行业未来发展的方向，其主要表现为高级要素聚集的角逐，传统服务业竞争力将日趋减弱。陕西新型服务业FDI数据显示，从2014年以后，新型服务业的FDI不但没有增长，反而大幅度下滑。2016—2018年，新型服务行业FDI规模和占比都不断缩小，说明陕西自贸区在引导外商直接投资流向方面存在极大漏洞。陕西自贸区近几年要借助高质量FDI的知识技术外溢效应，引导其流向在未来具有主导地位的、知识技术密集型的新型服务业甚至高技术服务领域，通过及时实施合理举措，不断优化升级服务业内部结构，促使陕西全省各个方面能力得到提升，使陕西服务行业在"干中学"的模式下逐步提高竞争力。

（三）有针对性地扶持和引导形成汽车生产制造产业链

根据产业集聚区位熵的测算，陕西中高技术密度产业中，汽车制造业已具备集聚优势，但与汽车制造相关的仪器仪表制造业、专用设备制造业，与汽车零部件采购和整车销售相关的交通运输业等产业都不具备相应的竞争优势。从实际情况看，陕西省内目前缺少具备竞争力的零部件生产厂家和汽车物流企业。而陕西自贸区设立后，对汽车出口制定了诸多政策支持和扶持，有利于陕西省内汽车制造业产业集群的形成。另外，陕南、陕北地区均有三线建设时代建立的相关制造企业，使得陕西具备在省内形成关中、陕南和陕北分工明确、产业协同发展的格局。

陕西汽车产业集群难以形成的主要原因在于，陕西省内汽车企业对技术创新投入以及自主汽车品牌建设重视不足，尤其是当前陕西省内中低端汽车市场需求旺盛，导致汽车企业更多地选择了"技术依赖、扩大产能、占领市场"的策略，汽车行业整体"重制造加工，轻技术""重引进，轻创新"的现象严重。在自主品牌的建设上，仍然无法脱离模仿创新的发展方式，这也使得即使汽车市场需求旺盛，自主零部件生产开发也严重不足，无法在省内或国内与相关制造业协同发展。因此，陕西自贸区在扶持和引导汽车产业时，应依据对外技术依赖程度和自主品牌建设程度将现有汽车企业划分为不同等级，重点扶持自主创新程度高、自主品牌建设较好的汽车企业，引导外商投资更多地流向这类企业。

（四）扶持和引导高技术密度产业相关企业与高校等科研机构合作

陕西高技术密度产业中的计算机、通信和其他电子设备制造业的区位熵指数较低且近5年呈现出不断降低的趋势。而从我国新兴高技术密度产业发展来看，近几年我国整体新兴高技术密度产业技术进步速度很快，国内相应产业经过20年左右的追赶，技术水平的差距迅速缩小以至于接近或者赶超国际领先者，在一些子行业与国际领先者形成了直接竞争。相关研究表明，陕西计算机、通信和其他电子设备制造业近年来全要素生产率的增长速度较快，主要是由技术效率与技术进步共同推动的。而在纯技术效率提高的同时，陕西电子及通信设备制造业区域创新综合效率却在全国排名最低，主要原因是陕西电子及通信设备制造业科技机构或研究院规模较小。陕西省会西安高校林立,在电子及通信设备制造业区域创新人才支持方面理应具备优势,但由于相关科技机构和研究院无法提供足够的就业岗位和薪酬,导致行业内人才外流现象严重。因此,陕西自贸区应关注扶持和引导高技术密度产业相关企业与高校和科研机构合作,特别是注重引导外商直接投资和科研人员共建研究机构,减少对相关技术创新研发的阻碍,促进区域创新能力的提高。

(五)拓宽高技术密度产业融资渠道

从区位熵数据和陕西高技术密度产业集聚情况看,陕西自贸区经过3年的发展,虽有创建金融小镇吸引多家金融机构入驻的举措刺激形成金融业集聚格局,但收效甚微。对于制造业特别是高技术密度产业来说,研发投入是提升创新能力以及推动产业转型升级的重要因素。如前文所述,陕西自贸区在产业支持和引导方面存在一定的盲目性,自贸区设立几年期间鲜有对新兴产业技术创新和技术研发机构成立方面的资金投入,相比四川等省份的自贸区,陕西自贸区引导金融制度创新时缺乏对自主创新项目和自主制造方面的支持。因此,陕西自贸区应根据区域创新能力提升需求,确定扶持发展重点,为有条件自主创新和实现自主制造的企业提供良好的融资环境,推动陕西至关中平原城市群创新产业升级,进一步合理配置资源,形成区域产业链集群。

(六)陕西自贸区发展政策建议

根据前文陕西自贸区发展路径分析,现从陕西自贸区政策方向方面提出以下建议:

第一,加大对汽车制造业产业链上下游相关产业的财政政策支持力度。陕西省政府应根据省内汽车制造企业自主研发和自主品牌建设的程度,确定重点扶持企业,通过财政政策支持和引导省内特别是陕北、陕南相关制造业企业加入以重点扶持的汽车制造企业为核心企业的产业链,尽快在自贸区政策支持下形成以重点扶持企业为核心的产业链,刺激相关国际采购、国际物流以及跨境金融的发展。

第二,支持民间商会在杨凌片区举办与传统产业相关的会展活动。陕西自贸区杨凌片区的发展目标为培育以现代农业为特色的外向型产业集群,当前陕西具备集聚优势的产业大部分和农产品相关。陕西自贸区可通过支持民间商会组织市场化运作与农副产品加工制造、酒饮料制造和食品加工相关的会展,通过政策扶持,鼓励陕南、陕北相关企业参加会展或在杨凌片区设置办事点,强化杨凌片区结合现代农业实现传统产业改造升级的品牌形象,使杨凌片区成为以现代农业为特色的传统产业核心聚集区域。

第三,加大政府对自贸区范围内高技术密度企业科技产品的采购力度。政府采购是一种可以影响区域产业集聚的创新方向和高科技产业发展速度的重要政策工具,加大对自贸区范围内高技术密度企业科技产品的采购力度,一方面可以吸引高技术密度企业向自贸区范围迁移,从空间上快速实现集聚;另一方面可以有针对性地引导外资,使外商直接投资更多投向高技术密度企业,加快省内高技术密度企业的发展。

第四,完善陕西自贸区产学研一体化发展的财政政策。通过税收优惠政策鼓励高校科研和企业以及风险投资机构联合在陕西自贸区范围内设立技术研发和高新技术服务企业,并对在其中从事高层次研发工作的员工实行个人所得税优惠和奖金奖励,优先解决其子女入学教育和住房等问题。

第五,在自贸区范围内增加新型服务业的固定资产投资。作为生产要素的基础要素,固定资产投资对服务相关产业竞争力的提升有显著的促进作用,同时也能在保证传统服务行业比较优势的基础上,在新型服务行业中建立比较优势。服务业的固定资产投资主要体现在对基础设施建设投资上,在增加服务贸易固定资产投资的前提下,如何加以利用来更好地建设基础设施,对服务业的竞争优势的形成至关重要。在建设基础设施的过程中,自贸区政府要引导和鼓励民间资本投资,提高民间资本参与建设的积极性,以缓解资金压力。政府应主要在运输、通信等基础设施建设方面投资,为新型服务业发展提供良好的环境。

参考文献

[1] 彭萌,周兵. 广东自贸区 FDI 与产业转型升级研究 [J]. 广州大学学报(自然科学版),2020(1):78-82.

[2] 刘畅. FDI、吸收能力与区域创新:金融发展的视角[D]. 北京:对外经济贸易大学,2016.

[3] 胡安建,赵燚,常志有. FDI 溢出效应对我国产业结构升级影响的实证研究——基于地区差异以及动态特征的分析 [J]. 区域金融研究,2016(12):4-9.

[4] 段冰. FDI 对产业集聚作用的实证研究——以江苏省制造业为例[D]. 南京:南京财经大学,2010.

中欧班列（西安）集结中心建设路径研究

徐德洪[①]

摘要：在"一带一路"和"三个经济"等中省战略驱动下，中欧班列"长安号"自 2017 年开行以来，重载率、货运量、实际开行量三项指标稳居全国第一。建设中欧班列（西安）集结中心不仅是后疫情时代应对国际国内形势变化和挑战的重要举措，也是弥补陕西开放不足短板的重要发力点，还是推动陕西深度融入"一带一路"建设双循环大格局的助推器。本文系统分析了中欧班列开行现状、西安建设集结中心的比较优势和西安中欧班列集结中心选址布局，重点从顶层协作机制建立、物流通道扩容、班列组织优化、通关效能提升、数字供应链平台搭建和外向型经济发展六个方面提出了具体的发展路径建议，最后结合中欧班列的发展前景提出了目标展望。

关键词：中欧班列；西安集结中心；空间布局；发展路径

一、引言

中欧班列（西安）集结中心是依托和利用陕西、西安区位交通优势以及"西安港"开放平台优势，辐射吸引西北、西南、华中、华北、华东等主要进出口货源地，统筹布局、优先建设的中欧班列枢纽节点，是促进中欧班列开行由"点对点"向"枢纽对枢纽"转变，加快形成"干支结合、枢纽集散"高效集疏运体系的重大示范工程。

---

① 西安外事学院陕西自贸区研究院副教授。

近年来，陕西充分释放交通区位和开放平台等优势，深度融入共建"一带一路"大格局，中欧班列"长安号"作为服务全国向西开放的抓手和平台，取得了跨越式发展，引领中欧班列高质量、高效率、市场化、可持续发展，成为联通丝路沿线国家的"丝路使者"，为加快打造内陆改革开放高地、推动中国与沿线国家的"五通"、打造"东西双向互济，陆海内外联动"的国际贸易新通道作出了重要贡献。

当今世界正在经历百年未有之大变局，加快形成以国内大循环为主体、国内国际双循环相互促进的新发展格局，培育新形势下我国参与国际合作和竞争新优势，打造以西安为枢纽的国内国际双循环大通道，需要进一步强化陕西、西安通道网络体系和交通基础设施建设，而建设中欧班列（西安）集结中心正是破题之举。

二、研究背景

（一）西安港带动全国陆港蓬勃发展

"陆港"概念自2002年在西安率先提出后，得到了蓬勃发展。截至2019年8月（全国陆港发展高峰论坛在格尔木召开），全国共有各类国际陆港120余个，数量已经超过了海港的数量。目前全国绝大部分省域（除西藏、海南等极少数省区外）均建成了数量不一的国际陆港。陕西除西安国际陆港外，宝鸡、商洛、榆林等地市也均在建设国际陆港。据中国港口协会陆港分会统计的数据，全国共计陆港约100多个，其中除新疆乌鲁木齐以外各地市州均在建设国际陆港。国际陆港已经成为推动内陆地区外向型经济发展的重要业态。

（二）中欧班列"长安号"位居全国前列

2019年，中欧班列"长安号"共开行2133列，运送货物总重达180.2万吨，分别是2018年的1.7倍和1.5倍，开行量、重载率、货运量等核心指标均居全国前列，蝉联中欧班列高质量发展综合评价全国第一。2020年上半年，西安海关验放中欧班列"长安号"1667列，是上年同期的2倍；货物发运总重130.1万吨，是上年同期的1.9倍。长安号开行量、重载率、货运量3项核心指标连续三年居全国第1位。

（三）后疫情时代国际形势发生深刻变化

中欧班列是新冠肺炎疫情背景下重要的国际物流通道。受新冠肺炎疫情影响，国际货运航班大幅度减少，原本主要依托空运的快件、跨境电商物品运输受到影响，中欧班列凭借其分段运输不涉及人员检疫、运载能力大、时效快、可有效承接空运转移货物的独特优势，犹如疫情下的"逆行者"，推动着中国与世界防疫设施联通、经济贸易畅通、中外民心相通。新冠肺炎疫情发生以来，我国通过中欧班列向西班牙、德国、法国、匈牙利、捷克、波兰等多个国家运送防疫物资，为加强国际疫情防控合作发挥了积极作用。在全球常态化疫情防控的背景下，中欧班列将继续发挥联系中国与世界的纽带作用，在世界互联互通、互帮互助的强大合力下，为"人类命运共同体"建设贡献重要力量。

（四）习近平总书记来陕西考察重要指示

2020年4月，习近平总书记来陕考察时对陕西提出了"打造内陆改革开放高地"的要求，指出开放不足是制约陕西发展的突出短板，勉励新时代陕西要有勇立潮头、争当时代弄潮儿的志向和气魄。加快建设中欧班列（西安）集结中心是弥补陕西开放不足短板的重要发力点，可以推动陕西深度融入共建"一带一路"的大格局，在实现"打造内陆改革开放高地"目标中发挥着重要推动作用。

建设中欧班列（西安）集结中心，是落实习近平总书记"五通"要求的生动实践，深度融入共建"一带一路"大格局，服务和引领新一轮改革开放的战略布局，是陕西、西安加快补齐开放不足短板，推动"一带一路"沿线国家和地区资源共享、合作共赢、融合发展，打造内陆改革开放高地的重要抓手和平台。

按照加快形成以国内大循环为主体、国内国际双循环相互促进的新发展格局的要求，深度融入共建"一带一路"的大格局，以高质量、市场化、可续持续为发展宗旨，以建设中欧班列（西安）集结中心为抓手，提升陕西、西安服务国家物流干支结合和国际物流通道能力，通过货物集结吸引贸易、产业、创新、金融、人文等要素聚集，对于充分发挥陕西、西安连接内陆地区和欧亚大陆的纽带作用，服务全国向西开放，推动"点对点"向"枢纽对枢纽"转变，形成"干支结合、枢纽集散"的通道网络体系，推动区域协同发展，具有重大的现实意义和深远的历史意义。

三、中欧班列的开行现状

中欧班列是往返于"一带一路"沿线各国的国际铁路联运列车。中欧班列的开行契合国家战略，既是"一带一路"战略的受益者，又是积极的践行者。作为国际物流贸易的新通道，这种新的运输方式运行时间短、安全稳定、绿色环保，缩短了中国与欧洲国家之间的运输时间，对中欧贸易发展起到了极大的推动作用。中欧班列的开行，促进了我国与沿线国家的经济合作和贸易往来，逐渐成为"一带一路"的亮点工程和抓手，具有极其重要的战略意义。

（一）全国中欧班列开行现状

2011年3月19日，从中国重庆到德国杜伊斯堡的"渝新欧"集装箱货运班列发车，标志着中欧之间的铁路货运新模式"中欧班列"正式开通。截至2020年11月，中欧班列已开行9年有余，开行规模快速增长，运输覆盖范围不断扩大（见图1）。

一方面，中国境内不同省份陆续探索班列新线路；另一方面，班列早期线路在维持主线运营的基础上通过开行支线打造"1+N"线路布局，促使中欧班列联通的国内外地区更加广阔。

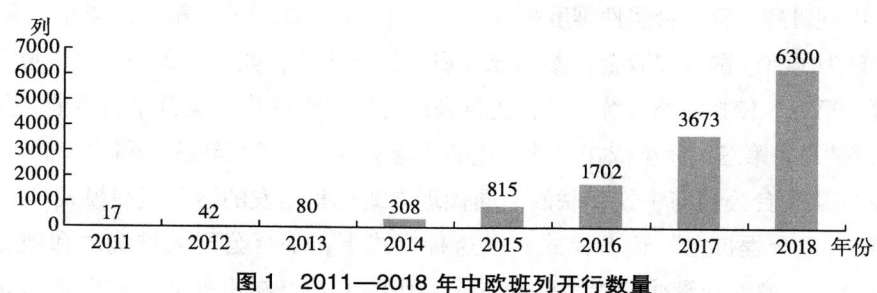

图1 2011—2018年中欧班列开行数量

1. 中欧班列发展的总体历程

自2011年"渝新欧"开行以来，到2016年"中欧班列"统一品牌标识首次亮相，再到《中欧班列建设发展规划（2016—2020年）》发布实施，中欧班列走出了一条从探索到逐步规范化再到迅猛发展的路径。其发展目标也实现由出口本地货物，到吸引外地货物形成物流枢纽，再到以通道带贸易、以贸易带动产业发展的转变，直接促使中欧陆路铁路交通线出现爆发性增长。

2. 中欧班列发展的两个阶段

（1）市场培育阶段（2011—2017年）

这一阶段是中欧班列的高速增长期，主要以提升发行数量、扩大开行规模为目标，从原本的零散开行逐步向稳态开行转变，形成规模化的市场格局，取得了快速发展。但是高速发展下的弊病日益显现：各地为了抢占市场急于揽货，造成无序竞争的局面，产生了线路重复、托运空箱等问题，导致整体运营成本不但没有降低，反而增加。班列的正常开行完全依靠政府补贴，补贴使得运营企业实现暂时性盈利，但是这种不符合市场规律的现象成为行业弊病。

（2）量质并重、提质增效阶段（2018年至今）

中欧班列经多年市场培育，已经到了以市场化和集结化为目标的提质增效、量质并重的关键阶段。在这一阶段，市场规模化初步形成，行业自律意识逐渐加强，达成高质量发展的共识。进一步的发展目标着重于发挥市场的决定性作用，推动中欧班列的高质量发展，使其成为"一带一路"精谨细腻的"工画笔"和极富成效的载体。

3. 中欧班列的运营分析

中欧班列在运营过程中，参与主体众多，主要包括中国及沿线国家的铁路公司、物流公司以及进出口企业。国内目前典型的中欧班列运营平台企业有渝新欧（重庆）、郑州国际陆港、蓉欧国际（成都）、汉欧国际（武汉）、长安号（西安）、营满欧（满洲里）、义新欧（义乌）等。我们注意到，由于这些班列运营平台的属性、与中铁国际多式联运有限公司（简称为中铁多联）之间的代理合作方等存在差异，每一个平台都设计了相对独特的运营模式。

（1）运营平台组织模式

从中欧班列运营平台属性维度来看，主要有三种组织模式：第一，依托政府参与，主要表现为国有或国有控股企业参与成立班列运营企业，如"渝新欧""蓉欧""郑欧"等；第二，依托铁路系统参与，主要表现为中铁多联作为运营平台企业，如西安的"长安号"；第三，完全依托民营企业的运营平台，如"义新欧"和"营满欧"。

（2）从平台公司与中铁多联的不同代理方式视角出发的运营组织模式

第一，"全程自主"运营模式。在这种模式下，平台公司采取境内和地方铁路局进行合作、境外同沿线各国铁路局分段合作的方式，在班列运行初期通常采用这种模式，可参考"渝新欧"初期的发展。第二，"境内委托＋境外自主"运营模式。境内班列运输委托于中铁多联，境外同沿线铁路分段合作。重资产平台公司一般倾向于采用这一模式，如"郑欧"的部分线路。第三，"境内自主＋境外委托"运营模式。境内由平台公司自主选择代理方，在境外委托给代理公司，如"蓉欧"部分线路以及"长安号"就采用了这种模式。

（3）国内几个城市的运营现状

成都和重庆作为"成渝地区双城经济圈"的核心城市，此次双双被纳入集结中心的名单里，两地若形成合力则可以在整个中欧班列的市场竞争中掌握更多的话语权。重庆市政府口岸物流办正积极加强与四川省口岸物流主管部门的工作对接，两地在铁、公、水、空、口岸等多个方面达成二十多项具体合作共识，正在推动两地中欧班列政策衔接、资源共享等方面的合作事项。

截至2020年6月底，郑州中欧班列开行量为439列。但根据4月发布的《郑州市2020年对外开放实施方案》，2020年郑州要初步确立国际交通枢纽门户地位，中欧班列（郑州）年开行1100班次，本地货物占比达到18%。若以此为目标，则上半年郑州的开行数量未及一半，这也要求当地在下半年进一步开拓市场，发挥国际化综合交通枢纽的优势，吸引本省和外省货物集结运输。

2020年上半年，乌鲁木齐开行的中欧班列数量为47列，在五大集结中心中居末位。21世纪经济研究院认为，乌鲁木齐需要解决货物从哪里来的问题，发挥丝绸之路经济带商贸物流中心和交通枢纽中心的作用。根据《中欧班列（乌鲁木齐）集结中心建设方案（2020—2024 年）》，新疆计划用 5 年时间，努力建成现代化的集结中心，打造技术领先、理念先进、管理高效、运转协调的中欧班列国际货运综合服务平台，提升集货能力，推动产业集聚。

对于地方经济的发展而言，中欧班列是外贸经济复苏的一大推动力。2020 年 7 月 16 日，据郑州海关发布的数据，2020 年上半年河南省外贸进出口总值 2280.4 亿元，较上年同期增长 7.7%，高于全国总体增速 10.9 个百分点，增速居全国第 6 位。四川、河南等地均指出，上半年外贸经济的增长与中欧班列在疫情之中保持稳定开行有密切关系，使得本省的外贸企业能持续向欧洲客户交付订单。

2020 年上半年中欧班列的高速增长存在一定的偶然性。第一是新冠肺炎疫情暴发导致海运公司和航空公司的运力被动缩减，大量往返于中国与欧洲之间的海上及空中航线被取消，存量运力无法满足市场需求。在此基础上，中欧班列过去一直坚守的"稳定、低价、高效"的价值观被市场"再发现"。第二，铁路货运的独特性，使得其受疫情的影响更小，如跨境铁路货运的环境相对隔离，机务人员受疫情感染概率相对较小，这使得中欧班列成为非常时期中欧之间贸易往来的替代性解决方案。

在这方面，义乌显示了城市产业的比较优势对中欧班列开行的支撑作用。义乌在国际小商品产业链上扮演着重要的供应端角色，这使得当地一直保持着较充足的跨境货运需求。截至 2020 年 6 月底，义新欧已经开行 300 列，是除五大集结中心外开行量较高的城市之一。

中欧班列要想进一步实现市场化发展，其运载的货品的种类丰富程度是重要指标。同时，一些新的运输业态也在中欧班列上获得有效实践，其中包括冷链运输、跨境邮政与电商业务。一些新的技术也在中欧班列上获得应用，包括组网成功的北斗卫星。北斗卫星将在未来深度参与中欧班列的运营工作，其中包括对全程物流的实时跟踪定位，以提升中欧班列的"智慧化"运行水平。

对于此前市场占有率并不突出的中欧班列而言，2020 年是扩大客户群体的关键窗口期。但仍需认清的现实是，在中国的物流体系中，中欧班列的市场占有率仅在 1% 左右，未来中欧班列仍需要在市场开发、国际合作等方面发掘潜力。

（二）西安"长安号"开行现状

近年来，西安国际港务区在西安海关、中铁西安局集团公司等相关单位的鼎力支持下，以中欧班列（西安）集结中心建设为统领，以建设内陆第一大港、服务全国向西开放为目标，实施了一系列创新班列运营组织模式、加快港口功能设施建设、深化与大型央企合作等有效措施，取得了突出成效。2017 年中欧班列"长安号"开行 194 列，2018 年中欧班列"长安号"开行 1235 列，2019 年中欧班列"长安号"开行 2133 列，截至 2020 年 10 月 19 日，长安号开行突破 3000 列。自 2020 年 7 月 1

日起,中欧班列"长安号"公共班列常态化开行西安至杜伊斯堡、西安至马拉舍维奇两条线路,稳定的开行频次进一步提升了班列整体运行时效。同时,西安国际港务区与国际快递(DHL)、德铁等境外大型物流企业合作,推出了德国快线等创新产品,从西安直达德国仅需 11~12 天,大大缩短了中欧市场运输周期。

四、西安打造中欧班列集结中心的比较优势

(一)交通区位优势

西安地处全国地理几何中心,到全国各大城市平均距离最短、速度最快、平均成本最低,西安距阿拉山口、霍尔果斯口岸比重庆、成都、武汉等主要中欧班列开行城市近 600 公里左右。依托西安天然的地缘优势和绝佳的交通区位优势,中欧班列(西安)集结中心应运而生。中心的建设使得中欧班列"长安号"的货源地从西安周边辐射到大半个中国,涵盖我国沿海、内陆多个省份。此外,西安国际港务区分别与韩国仁川港、日本中山商事株式会社签署了战略合作协议,不仅为国外企业利用中欧班列"长安号"开拓第三方国际市场提供了物流选择方案,更为陕西加强对外经济交流与合作、全方位扩大开放搭建了便利通道。

(二)中欧班列开行优势

在中欧班列开行之初,地方政府往往通过补贴的方式使其迅速扩大市场占有率,但财政部已要求相关地区从 2018 年起逐步降低对中欧班列的补贴标准,以使其发展符合市场经济规律,如 2020 年地方财政补贴将被压缩至运营费用的 30% 以下。而 2020 年上半年中欧之间对跨境铁路货运的强烈需求,给这些城市的中欧班列带来了摆脱财政依赖的机遇,哪座城市在高满载率的情况下开出了更多的班列数量,代表其所获得的市场资源更多,更有望率先实现完全市场化运行。

在建设五大集结中心的背景下,相关资源将趋于向成都、西安、重庆、郑州、乌鲁木齐等头部城市聚集。目前,超过 50 座城市开行了中欧班列,这些城市未来如何提升其在跨境铁路货运市场上的竞争力,将是亟待解决的问题。与其他城市相比,西安开行中欧班列具有如下优势:

第一,地方政府强有力的支持,中欧班列被认为是西安对外开放、"一带一路"建设的重要推动力。

第二,西安自身区位优势突出,地处中国大陆的几何中心,到全国各大城市平均距离以及到阿拉山口、霍尔果斯边境口岸的距离,均较其他中欧班列开行主要城市更短。

第三,西安在近几年采取了多种策略,吸引外省货源使用"长安号"进行运

输,目前来自全国 15 个省份的货源在西安进行集散分拨,省外货源超过了 80%。

第四,西安在中欧班列的发展方面提速超过国内其他城市。从 2020 年 7 月 1 日起,中欧班列"长安号"推出了每天开行 4 班的"公共班列",不仅可在运行总量上进一步提升,亦可提升对中小货主的吸引力。2020 年上半年,成都和重庆的中欧班列开行量均未突破千列,但这两座城市开始了从数量增长到质量增长的跨越,因此亦保持着多项开行数据方面的领先地位。

（三）重大战略平台叠加优势

西安是我国"一带一路"核心节点城市,也是国家明确规划建设的国家中心城市和国际化大都市,总面积 10776 平方公里（含代管的西咸新区）,是我国人口过千万的特大型城市之一。

（1）国家战略多重叠加。近年来,西安在"一带一路"、区域均衡发展、创新驱动、军民融合、全面对外开放等国家战略中的地位日益突出。"一带一路"倡议关键节点、引领西北地区发展的重要增长极、以军民融合为特色的国家创新高地、内陆开放高地、国家综合交通枢纽等国家级战略多重叠加,承担着国家全面创新改革试验区、国家自主创新示范区、陕西自贸区西安核心区、国家级临空经济区、国家级跨境电子商务综合试验区等试点任务,面临前所未有的发展机遇。

（2）经济发展全面提速。近年来,西安积极落实习近平总书记来陕视察提出的"五个扎实"要求,全面加快"追赶超越",以科创大走廊、工业大走廊、文化产业大走廊和对外开放通道建设为抓手,经济社会发展取得显著成绩。2019 年,实现地区生产总值 9321.19 亿元,按可比价格计算,同比增长 7.0%,西部重要经济中心的地位更加凸显。2019 年新登记各类市场主体超过 100 万户,同比增长超过 150%,在全国 15 个副省级城市中,新登记各类市场主体户数及同比增长率排名均居第 1 位,营商环境入围"2019 全球城市营商环境百强"。2010—2019 年西安市地区生产总值如图 2 所示。

图 2　2010—2019 年西安市地区生产总值

(3) 产业基础不断夯实。近年来，西安重点打造以高新技术产业、先进制造业、商贸物流业、文化旅游业"3+1"万亿级大支柱产业和新一代信息技术、生物医药、智能制造、现代物流、商贸服务等 15 个千亿级重点产业为主体的产业集群（大部分为航空偏好型产业）（见图 3）。航空、航天、集成电路产值稳居全国前 5 位；新一代信息技术、航空航天、汽车制造、现代物流、商贸服务等产业集群加速壮大，进入千亿级方阵。2019 年西安三次产业结构比重为 3.00：33.98：63.02，工业结构调整步伐加快，以物流为代表的服务业凸显良好发展势头，产业结构优化取得新进展。

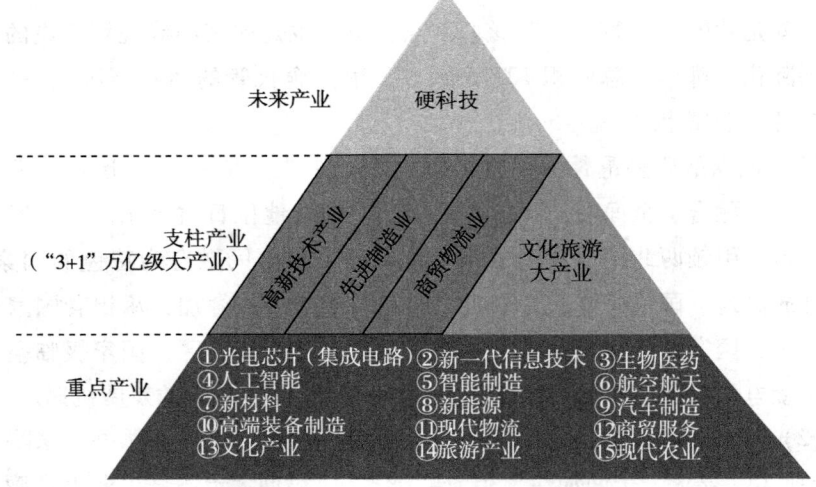

图 3 大西安"13115"现代产业体系

（4）对外开放成效显著。近年来，西安加快构筑国家向西开放重要门户，积极发挥欧亚经济论坛永久会址、世界文化旅游大会永久会址、中国（陕西）自由贸易试验区核心区、"一带一路"国际商事第二法庭等平台优势，依托中欧班列"长安号"和西安咸阳国际机场联通洲际的国际航线网络，加速推动中西部地区融入全球产业链。2019 年，西安进出口总值达 3515.7 亿元，跨境电商进出口额累计超过 100 亿元，均达到 2018 年的 2 倍以上。

五、西安中欧班列集结中心空间布局

（一）核心区空间布局

中欧班列（西安）集结中心建设以"一核多园、联动发展"的模式加快推进，中欧班列（西安）集结中心核心区域位于西安国际港务区，包含货运北环线以北的枢纽紧密辐射区域、西禹高速和绕城高速东北公路枢纽中心以及新丰铁路编组站周边区域三大板块，依托西安港铁路枢纽（西安铁路集装箱中心站和新筑铁路综合物流基地），建设中欧班列集结中心公铁联运基地、商品交易集散中心、粮油集散交易中心、整车中转小件到发中心、中欧班列集结中心冷链及鲜活货物集散基地、长大笨重商品物流集散中心、木材集散交易中心、空铁联运及高铁快运集散中心等功能区域，总占地面积约10平方公里。

（二）承载区空间布局

西安陆港型国家物流枢纽建设的主要功能设施包括基本功能设施和延伸互补功能设施两个部分，构成"两中心六片区"的设施功能布局。"两中心"指国际铁路枢纽港和国际公路枢纽港，分别依托西安"集装箱中心站"和西安传化丝路公路港两大主体进行建设；"六片区"是指提升枢纽经济和流动经济的主要经营活动承接区，包括口岸服务区、综合保税区、邮快件作业区、产业转移承接区、商贸物流区、信息化服务区（见图4）。

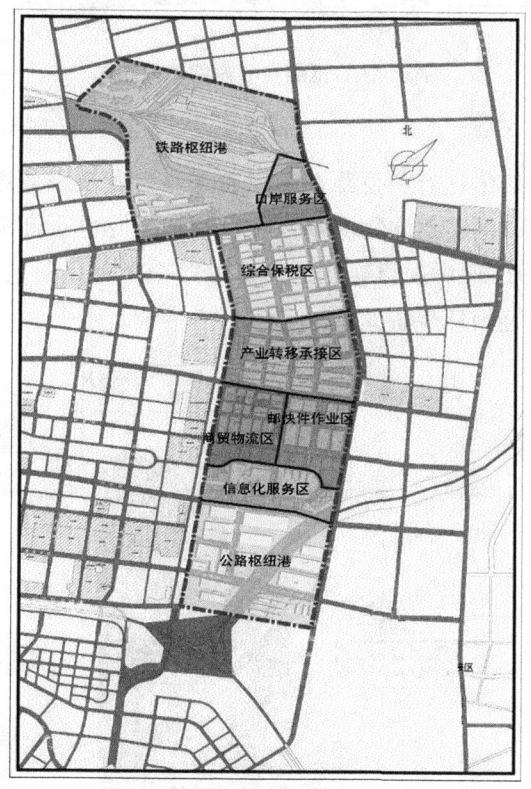

图4　枢纽内部结构

1. 两中心

（1）铁路枢纽中心

铁路枢纽中心目前有集中分布特货作业区、集装箱作业区、整车作业区（普货)、快件含邮件作业区、钢材流通加工区、冰鲜冷链作业区、公铁联运周转区、公路物流集散区,以及包含仓储作业集拼区、整车成件包装作业区、整车中转小件作业区在内的普货区,总占地面积5600亩(见图5)。

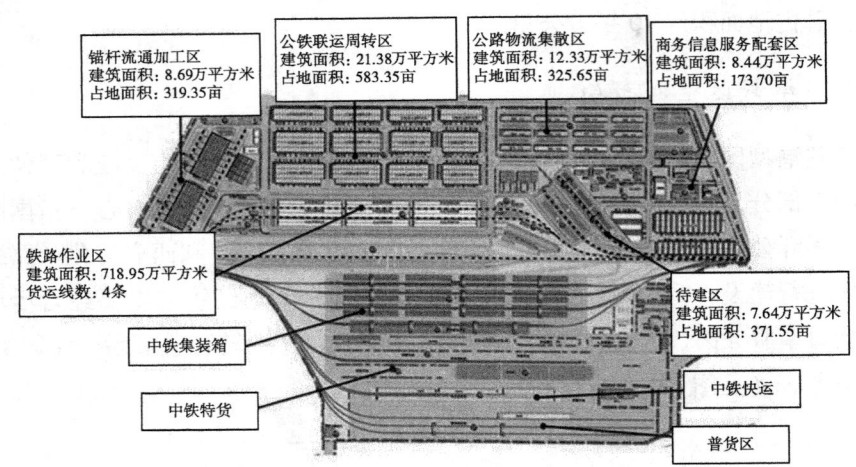

图5　铁路枢纽中心内部功能布局

(2) 公路枢纽中心

公路枢纽中心包括传化丝路公路港、圆通跨境商贸及服务产业园、卡行天下西北智能公路枢纽平台、国美西北物流基地、百利威国际电子商务产业园等,总占地约1.8平方千米(见图6)。项目建成后,可覆盖全国110条港港互通线路及70条区域线路,形成供应链闭环生态圈。

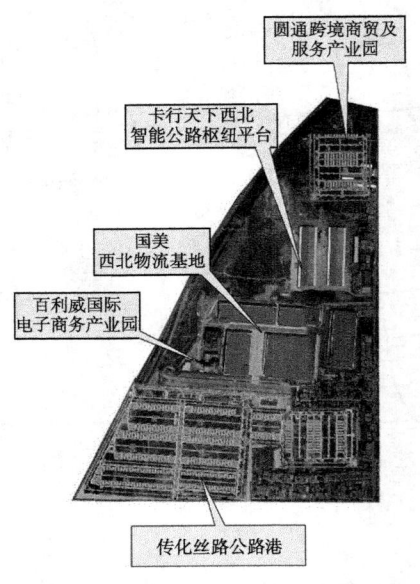

图6　公路枢纽中心内部功能布局

2. 六片区

（1）口岸服务区

已建成铁路一类开放口岸、公路二类口岸、进境粮食指定口岸、整车进口口岸、肉类进口口岸、西安港综合口岸。

（2）综合保税区

已建成总规模200万平方米的保税仓、冷链仓、大宗商品交割库、医药库、粮食库、电商仓、中转仓、分拨仓及专业化堆场。在建仓储设施总规模超100万平方米。

（3）邮快件作业区

正建设中国邮政西安邮件处理中心、圆通西北运营中心，建设中国邮政干线运输集散中心、西安邮件处理中心、西北仓储物流中心、国际邮件互换局、跨境电子商务西北中心，推动构建国际化、便利化邮件处理体系。

（4）产业转移承接区

已建成爱菊粮油加工基地、东南沿海产业转移承接区，正在建设"一带一路"智能终端制造产业园、索格亚航空产业园等。

（5）商贸物流区

已建成大宗商品交易中心、跨境电商综合试验区、二手车出口基地、"一带一路"国际商品展示采购中心、保税文化创意产业园、国药西北物流中心、西北医药物流中心。

（6）信息化服务区

依托全国唯一一个铁路与海关"数据互联、自动放行"试点城市，已建成中欧班列长安号综合信息服务平台、海关监管信息系统、公路港智能信息服务平台、传化智能化信息中心、怡亚通大数据平台。

六、西安中欧班列集结中心建设路径

（一）建立顶层沟通协调机制

夯实集结地位。深度挖掘国内外市场需求，加快东行海铁联运大通道建设，持续提升中欧班列（西安）集结中心的枢纽功能。积极接洽国内东中部地区的制造业城市，推进与东部沿海港口的深度合作，拓展海铁联运线路，完善公铁联运体系，在助力兄弟城市尽快融入全球制造业体系的同时，推动中欧班列"长安号"形成合理的货品结构。切实发挥西安国际中转枢纽功能，加大与东亚、南亚和大洋洲等国家合作，为构筑世界多边贸易格局贡献陕西力量。充分发挥西安国际港务区指定进口口岸及跨境电商综试区等功能，开发汽车、粮油、板材等回程大宗稳定货源，提升中欧回程班列（西安）集结中心的集结功能。组织我国东中部地区城市与中欧班列沿线城市定期召开经贸洽谈会和交流会，吸引"一带一路"沿线国家政府、企业参与，共同交流中欧班列运营经验，洽谈合作业务，推动中欧班列长安号品牌的共建、共享、共用。

1. 建立协调推进机制

协调国家发展改革委，成立中欧班列（西安）集结中心建设部际联席会议机制，统筹发改、财政、交通、铁路、海关等国家部门和相关省市的资源导入，争取国家层面政策支持。研究发布中欧班列高质量发展指数，拓展宣传渠道，推动权威机构对指数引用分析，提高指数国际影响力。

2. 搭建跨国跨区域交流合作平台

协调推动中欧班列沿线的省际合作、区域合作、国际合作，建立中欧班列合作交流机制，与国际枢纽节点和重要枢纽城市协同，共商共议中欧班列开行过程中的重大事项，协同推动中欧班列提质、降本、增效，形成同频共振、互相促进、成果共享的中欧班列高质量发展局面。

3. 搭建公共交流合作运营平台

通过股权合作、战略联盟、平台对接、资源共享等市场化方式，吸引铁路、海运、港口、航空等领域国际知名企业及相关省市班列运营主体，共同组建中欧班列（西安）集结中心公共运营平台（公司），打造运营合作共同体。联合班列沿线相关省（区、市），统筹运营、统一品牌、统一规则、统一运作，打造中欧班列（西安）集结中心国际化品牌。

（二）物流通道网络扩容

1. 增强港口吞吐能力

加快西安陆港型国家物流枢纽建设，加快启动建设西安铁路集装箱中心站第三条（J5、J6）、第四条（J7、J8）线束建设。加快新筑铁路物流基地开发，完善功能布局，建设涵盖集约化集装箱堆场、期货交割仓库等全功能国内国际货物集拼分拨区。加快建设国家骨干冷链物流基地。加快集装箱装卸基础支撑系统、港口作业系统、港口服务系统、业务管控系统建设，建设更加规范的海关监管作业场所和海关集约封闭式集装箱查验场地，建设西安铁路集装箱中心站和西安综合保税区专用快速通道，通过电子围网、监控摄像头、信息化系统等实现途中自动化监管，打造国内首个现代化、智能化、自动化陆港码头，增强中欧班列始发直达和集零成整的中转能力，提升中欧班列（西安）集结中心物流枢纽要素聚集力和业务承载力。

2. 拓展铁路运输网络

协调国家将青岛港—西安—阿拉山口、霍尔果斯口岸铁路运输快线、宝鸡—汉中铁路、西平二线铁路、安康—张家界—常德铁路、西安铁路枢纽第二货运北环线建设纳入"十四五"规划，推动高水平铁路设施联通。加快打通郑州至兰州瓶颈路段，提升服务日本、韩国深度融入"一带一路"新的贸易体系的能力。

3. 完善公路集散分拨体系

协调加快京昆高速蒲城至涝峪口段改扩建工程。启动京昆高速公路、国道210、国道310等过境公路与西安港的衔接优化方案研究和实施工作。建设京昆高速与西安港的快运线连接项目，打造公铁连运无缝衔接一体化集疏运体系。加快西安国际港务区对外公路网及内部货运通道改造，提高联运便捷性、安全性，减少疏港货物运输对城市交通的干扰，构建中欧班列（西安）集结中心枢纽核心区高效快速交通体系。

（三）优化班列组织模式

1. 加强同城陆—空港联动

加快研究实施西安铁路集装箱中心站到西安咸阳国际机场的空铁联运快速通道。支持西安咸阳国际机场打造区域性航空总部基地和航空快件国际枢纽中心。推动两港平台对接、资源共享，发挥叠加优势，实现协调发展，构建陕西公铁空一体化物流服务网络。

2. 加强异地陆—海港联动

加强与青岛港、天津港、宁波港、唐山港、上海港、连云港港等海运港口合作，开通西安至沿海主要港口的班列，扩大中欧班列（西安）集结中心集结半径，高效连接东西双向陆海物流大通道。加大与沿海港口的运营协调，实现设施平台共建、共享、共用。引进海港资源，探索推进在海铁联运、临港产业、大宗散货、冷链物流、国际物流贸易等方面实现优势互补，打造陆海多式联运业务新模式。

3. 推动班列与邮件、快件、跨境电商融合发展

加快中国邮政西安邮件处理中心等平台建设，支持邮政企业发挥国有企业骨干作用，试行开通中欧班列长安号邮件专列。推动邮件、快件与中欧班列融合，为全省以中欧班列长安号为载体的跨境电商、邮递物流、快件物流等企业提供通关、结汇、退税等一站式服务，打造龙头邮递快递物流企业"走出去"并进行境外物流网络布局的重要支撑平台。

4. 提升班列集结能力

加大与国内各合作省市协作，制订实施"＋西欧"开行计划，织密"＋西欧"通道网络，为"＋西欧"城市提供国际贸易通关、国际班列集散换装等服务保障，加大国内外中欧班列集结分拨线路布局，构建更加科学、高效、集约的"长安号＋国内城市/沿海港口/境外城市"的国际物流通道格局。强化中欧班列（西安）集结

中心与全省各地市产业聚集区的协同联动,推动中欧班列服务全省经济发展。加快试点中欧班列铁路运输含锂电池电子产品试点试运工作,研究制定并推行有关规则标准。不断丰富货源种类,引导各类货代企业在陕西注册,设立区域总部,发展跨区域、跨产业合作联盟。

5. 优化班列境外资源配置

加快中亚、南亚、西亚及欧洲的境外物流设施布局组网,为中欧班列往返对等开行和货物境外集散提供支撑。面向欧洲方向,探索在汉堡、杜伊斯堡、罗兹、马拉舍维奇、布列斯特、莫斯科等地建设中欧班列海外服务基地;面向中亚、西亚方向,在阿拉木图、塔什干、巴库、伊斯坦布尔等地建设中欧班列海外服务基地;面向南亚方向,强化西安港与喀什市、日喀则市的合作,开行公铁联运至南亚班列。提升班列对境外资源的配置能力,构建境内外一体服务网络。

(四)提升通关服务效能

1. 推动通关服务便利化

加快中国(陕西)自由贸易试验区建设。优化海关监管作业场所布局,高水平建设综合口岸(整合粮食、整车、肉类等海关监管作业场所),设立具备退税、集拼和分拨功能的口岸作业区、多式联运作业区以及集中查验作业区。推进进出口"提前申报",加快"两步申报""两段准入"通关模式改革,提升"7×24"小时口岸通关服务保障能力。推进实施边境口岸和内陆口岸舱单共享,全面实施货物跨关区便捷流转。深化全国通关一体化改革,进一步提升沿线海关信息互换、监管互认、执法互助。应用大数据、云计算、物联网、人工智能等新技术,推进智能海关建设。加快推广应用国际贸易"单一窗口",促进信息互联互通,提高监管信息化、智能化、规范化水平。

2. 推进监管服务互认互通

试点对经由中欧班列(西安)集结中心到发的国际联运集装箱货物实行始发站、中转站和目的站的监管互认。扩大经认证的经营者(AEO)、中欧安全智能贸易航线试点计划(安智贸)、海关—铁路快速通关伙伴合作计划(关铁通)等互认互通范围,推进西安海关开展国际公路运输公约(TIR)业务,形成中国—中亚—欧洲海关检验合作机制。积极对接国际货运代理协会(FIATA)等机构,推动海运提单与铁路运单互认互使等。支持企业、协会、联盟加强业务协同,推动使用货运电子运单,推动全流程互认和可追溯,依托通道内具备条件的运输线路开展"一单制"探索。

（五）构建数字供应链服务平台

1. 建设数字化陆港运营支撑体系

随着西安港综合信息服务平台不断提升口岸信息化和自动化水平、海关与铁路"单一窗口"联动，西安港通关便利化水平与场站作业效率稳步提升（见图7）。

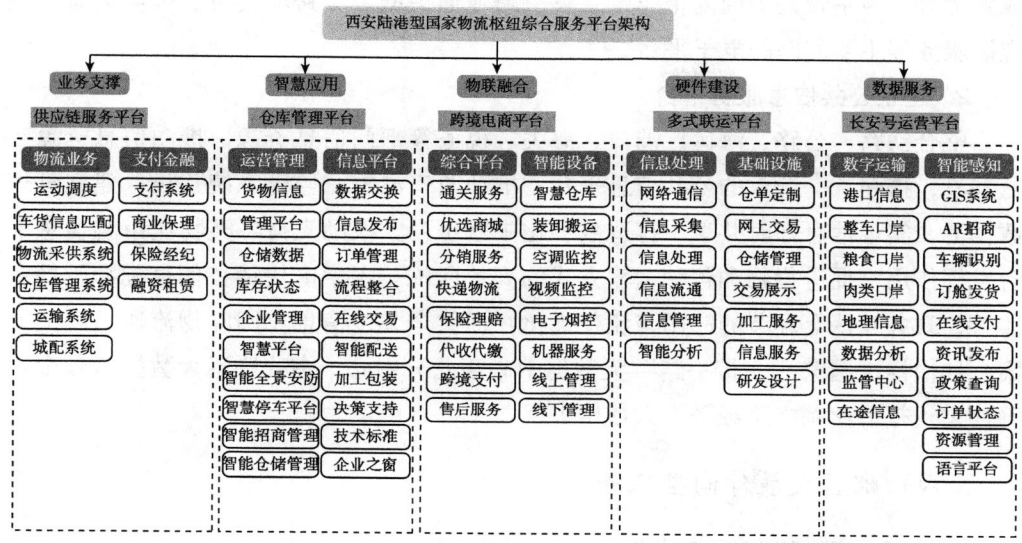

图7　西安陆港型国家物流枢纽支撑平台体系

（1）西安港综合物流信息服务平台

该平台包括在线支付、咨询发布、政策在线查询、订单状态查询、多语言操作、箱源管理等功能，可实现班列销售与服务的闭环管理。未来可提供铁路、航空、港口的订舱、报关报检、转关、保险、理赔、金融结算、车货对接、全程跟踪等多元化信息服务。平台（一期）已开发建设完成，可为货主、货代及物流企业提供以中欧班列为基础的定制化全程物流解决方案，并提供全过程的货物监控和信息查询，解决了国际铁路运输信息监管和反馈不及时、区间内无法实时跟踪的难题。

（2）西安港多式联运大数据中心

该项目（一期）已建设完成，由数据IDC机房、云平台、地理信息共享平台三大板块组成。平台利用先进的信息采集、信息处理、信息流通、信息管理、智能分析技术，为多式联运提供相关系统搭建服务，智能化地完成运输、仓储、配送、包装、卸载等多个环节，并能实时反馈流动状态，为多式联运相关企业提供最快捷的物流信息服务。

（3）智能化仓储物流信息平台

仓库物流信息平台围绕西安港主要仓储库存设施建设，通过平台建设，为用户提供准确的仓储数据、货物状态与配送信息,实现高效、便捷的仓储管理与销售配送。

(4) 西安港跨境电商综合服务平台

该平台包括西安国际港跨境通关综合服务平台、海外优选商城(B2C)与跨境贸易分销服务(M2B2C)平台。依托圆通、京东公司在国内与跨境快件服务方面的成熟优势,该平台是为国内企业建立解决跨境通关服务、跨境支付、跨境物流、供应链服务等主要问题的电子平台。

2. 建立公共信息服务平台

整合铁路、公路、海运、港口、海关、税务等部门信息资源,推动信息资源互通共享,搭建统一开放的公共信息平台,推动西安港物流监管系统建设,建立班列数据池,实现信息即时共享,打造数字化中欧班列。鼓励支持各类物流市场信息平台发挥作用,促进货物和各种运输方式的高效匹配。探索区块链在信息溯源、行业监管、政务互认等环节的应用与流程优化,提供全方位信息化国际物流通道解决方案。加快推进国家"一带一路"大数据中心西北分中心、多式联运大数据运营中心等建设,打造丝绸之路经济带大数据中枢。

(六) 配套发展外向型经济

1. 大力发展"班列+产业"

充分发挥中欧班列通道纽带功能,发展通道经济、枢纽经济,设立"一带一路"产业转移承接发展基金,引导信息链、资金链、研发链、供应链、物流链、需求链、服务链、销售链等全产业链要素高度融合聚集,建设"国家级'一带一路'国际产业转移承接中心"。支持各地市加强与"一带一路"沿线国家的产业合作,建立中欧班列特色产业园区。吸引"一带一路"沿线国家知名企业和国内外向型企业来陕西投资发展,推动"央企入陕",在陕西建设面向"一带一路"的区域总部。

2. 推动运贸产一体化发展

依托中欧班列长安号的全网物流优势,加大招商引资力度,通过物流枢纽功能带动贸易导入及产业聚集,引导行业龙头企业逐步将贸易转向西安,建设汽车、快消品等中西部贸易集散基地和商品分拨中心。进一步优化陕西营商环境,不断提升劳动力素质,创造更好条件承接国内外加工贸易产业转移,将西安国际港务区打造成集物流、仓储、跨境电商、零售、批发、生产加工等于一体的运贸产融合发展基地。扎实推进西安跨境电子商务综合试验区和外贸综合服务平台等建设,培育国家外贸转型升级基地、省级特色出口基地等各类外贸集聚区,积极创建国家级进口贸易促进创新示范区。加快建设进口商品展示交易分拨中心、跨境电商国际合作中心、加工贸易转移承接中心,在境外重点区域建立"海外仓"和陕西商品展示中心。随着中欧班列贸易通道的建立和逐步成熟，中国庞大消费市场对"一带一路"沿线国家具有强大的吸引力，应借鉴德国汉堡、意大利博洛尼亚"现代化港口＋大型商贸中心"的建设模式，吸引欧洲国家在西安国际港务区建立商品贸易展示馆，更好地服务于陕西外向型经济发展。推动"一带一路"沿线国家在陕西设立商协会，鼓励跨国贸易公司在陕西设立区域性总部，做好国际商品保税展示交易，举办中欧班列沿线国家商品博览会。成立"一带一路"电商联盟，支持企业在"一带一路"沿线国家设立海外仓和跨境商品展示中心，培育贸易新业态新模式。推动全省大宗商品交易资源整合，建立面向"一带一路"的期货交易中心。加快与沿线国家签署自贸协定，推进"一带一路"沿线贸易自由化进程。

3. 积极发展"班列＋高端物流"

加快完善冷链物流体系，大力发展铁路冷藏运输、冷藏集装箱多式联运及公路冷藏集装箱运输，支持国内段枢纽城市开通至集结中心的冷链班列、班车，积极构建陕西与中亚、南亚、西亚和欧洲国家之间的双向冷链物流通道，打造"一带一路"特色冷链物流中心；依托综合保税区等特殊监管区，大力推进保税物流发展。

4. 积极拓展跨境电商业务

《2019 年全球电子商务数据报告》显示，2018 年我国跨境电商行业交易规模达 9 万亿元，同比增长 11.6%。因此，应紧抓跨境电商爆发式增长的市场机遇，适应全球抗疫常态化的新形势，积极拓展跨境电商业务。在跨境电商专列开行的基础上，大力开发国际邮包、电商快件、冷链运输等高附加值货源，吸引更多跨境货源，不断提升陕西外贸水平。另外，主动对接跨境电商平台，争取将西安设为中西部跨境电商集散分拨中心，推动跨境货物搭载中欧班列长安号从西安起运出境，同时将"一带一路"沿线国家高品质商品引入内陆市场，这样不仅能够缩短跨境进出口物流成本，更能进一步提升陕西对外开放水平。

5. 稳步推进"班列＋金融"

推动《国家外汇管理局关于优化外汇管理支持涉外业务发展的通知》等相关政策在陕西落地，推动金融业对外开放、推动本外币一体化账户体系试点尽快实施达效，提升企业贸易及投资便利化，打造国内企业"走出去"的资金安全区、国外投资进入的前沿基地，畅通服务全球资本渠道；加快中欧班列"长安号"数字金融综合服务平台建设，为中欧班列相关企业提供供应链金融服务；支持国际贸易投资便利化的各类金融机构聚集，推动国家金融机构布局建设功能性总部、区域性总部、结算中心等，深度参与全球资本市场，打造服务"一带一路"沿线国家的金融服务企业聚集区。

七、前景与展望

(一) 近期目标

到 2021 年,初步形成"干支结合、枢纽集散"的集疏运体系;基础设施建设更加完备;信息化、智能化水平全国领先;规模效应快速显现、物流成本有效降低、运输时效大幅提升、创新发展实现突破,基本建成中欧班列(西安)集结中心,形成面向欧亚,特别是中亚、南亚、西亚的国际贸易通道,示范引领效果初步显现。

建成 3 个海外服务基地,实现中欧班列欧洲方向公共班列每天 2 列,中亚方向公共班列每天 1 列,西亚方向公共班列每周 1 列,常态化开行南亚方向公铁联运班列;国际干线开行 15 条以上,开行量年均增长 15% 以上,西安港年集装箱吞吐量 50 万标准箱,货运量 230 万吨,各项指标居全国前列。

(二) 中期目标

到 2025 年,中欧班列(西安)集结中心示范工程全面建成;基础设施、智能化、信息化世界一流;带动全国中欧班列开行实现"点对点"到"枢纽对枢纽"转变;全球互联互通的多式联运网络体系构建完成;实现中欧班列高质量、高效率、市场化、可持续开行;"班列+口岸""班列+产业""班列+贸易""班列+金融"等发展成效明显,对区域经济发展带动作用凸显,为构建现代化经济体系提供有力支撑。

10 个海外服务基地建成投用,集装箱吞吐量突破 100 万标准箱,货运量超过 500 万吨,各项指标在全国持续领先。

(三) 远期目标

到 2035 年,陕西成为"一带一路"沿线国家知名企业开拓国内市场的重要集聚地、国内外向型企业"走出去"的重要平台,西安港成为服务"一带一路"的国际知名自由贸易港,中欧班列成为联通欧亚的国际贸易主通道,成为陕西服务和引领全国谱写改革开放伟大事业历史新篇章的重要动力和引擎。

参考文献

[1]王硕. 基于一带一路倡议的中欧班列发展研究[D]. 大连:大连交通大学,2018.

[2]张晓爽. GC 公司中欧班列运营优化研究[D]. 济南:山东大学,2018.

[3]郑旸. ZT 公司中欧班列国际联运业务流程优化研究[D]. 北京:北京交通大学,2018.

[4]雷异. 基于需求分类的中欧班列多式联运运输方案研究[D]. 北京:北京交通大学,2018.

[5]丁伟. 基于客户时间需求的 XK 公司中欧班列货运线路选择研究[D]. 北京:北京交通大学,2018.

[6]栾廷玉. 高铁货运班列货类选择及货运量预测研究[D]. 北京:北京交通大学,2018.

[7]李龙. 限时达快货班列开行方案的研究[D]. 成都:西南交通大学,2018.

[8]李泽文. 中欧班列货源组织优化研究[D]. 成都:西南交通大学,2018.

[9]王迪. 集结中心作用下中欧班列网络化开行方案设计研究[D]. 北京:北京交通大学,2017.

[10]刘宗清. "一带一路"下中欧班列铁路运输公司选择研究[D]. 北京:北京交通大学,2017.

[11]陈子星. 云计算推动我国国际物流发展[J]. 物流技术,2015,34(24):71-74.

[12]陈蓉,石国进. 打造"一带一路"中欧班列品牌的思考[J]. 铁道运输与经济,2015,37(11):71-74.

[13]郭小花. 基于"丝绸之路经济带"的兰州空港物流国际竞争力发展研究[J]. 生产力研究,2015(11):66-68,161.

[14]陈振江,龚英. 渝新欧大通道下的重庆市物流集货网络布局研究[J]. 物流工程与管理,2015,37(11):6-8,11.

[15]许英明. "一带一路"战略视角下中欧班列综合效益发挥路径探讨[J]. 前沿,2015(11):45-48.

[16]陈蓉. "汉新欧"在"中欧班列"整合中的 SWOT 分析研究[J]. 中国市场,2015(43):70-73.

[17]周晓伟,杨书锋. 郑州国际物流集疏网络浅析[J]. 物流技术(装备版),2015,34(10):94-96.

[18]许英明. "一带一路"战略视角下中欧班列发展路径探讨[J]. 西南金融,2015(10):70-73.

[19]王蒙燕. 浅析"一带一路"战略对全球经济的影响[J]. 品牌(下半月),2015(8):37,39.

[20]赵青松. 中欧国际铁路班列运行特点、问题及对策——基于"渝新欧"班列

的运行实践[J].对外经贸实务,2015(3):33-35.

[21]申现杰,肖金成.国际区域经济合作新形势与我国"一带一路"合作战略[J].宏观经济研究,2014(11):30-38.

[22]谢泗薪,张文华.资源整合视角下的物流产业集群创新网络运行机制[J].中国流通经济,2014,28(3):49-53.

"一带一路"背景下陕西国际陆港物流发展对策研究

王慧珍[①]

摘要："一带一路"倡议的提出为陕西发展外向型经济提供了机遇，而国际陆港的大力发展正是陕西抓住这次机遇的助力剂。本文通过对陕西国际陆港物流的发展现状进行调研，发现其存在的问题，针对问题提出在"一带一路"背景下陕西国际陆港物流的发展对策，最后通过调研和计算建立陕西国际陆港物流节点布局的优化方案，为陕西的内陆城市向国际港口城市转型提供理论指导，在一定意义上可以使陕西的中心城市形成自己的"国际航运港口"，成为连接陕西与国际市场的纽带，为陕西开辟通往东部与海外市场的便捷通道，进而带动整个陕西经济的发展。

关键词："一带一路"；陕西省；国际陆港物流；国际陆港物流节点布局

一、引言

"一带一路"倡议承载着丝绸之路沿途各国发展繁荣的梦想，顺应和平、发展、合作、共赢的时代潮流。丝绸之路的振兴，无疑将开启新一轮更广、更深、更紧密的合作，给沿途国家带来新的发展机遇。陕西，是古丝绸之路的起点，同样也是新欧亚大陆桥重要枢纽，因"一带一路"倡议站在了丝绸之路经济带重要节点的前沿位置。然而，出于特殊的体制及地理位置的原因，陕西与沿海地区在吸引外资及对外出口方面都存在着不小的差距，究其原因，在于基础设施建设的相对落后及功能的缺失，直接影响了陕西经济建设的进一步发展。沿海区域凭借着特殊的地理优势在国际贸易中占据了更有利的位置，其结果是区域经济的不平衡发展导致贫富差距

[①] 西安外事学院陕西自贸区研究院教授、副院长。

进一步扩大，影响和谐社会建设的进程。"一带一路"倡议的提出为陕西发展外向型经济提供了机遇，而国际陆港的大力发展正是陕西抓住这次机遇的助力剂。

对于沿海港口而言，通过国际陆港的建设，进一步连接内陆腹地，可有效开发和扩大货源市场，提高港口的综合竞争力。对于承运人而言，货代、船代和船公司通过在国际陆港设立分支机构，可以方便收货、还箱、签发以当地为起运港或终点港的多式联运提单。货代和船公司等还可以将服务延伸到货主方，提供更为周到的服务，拓展更多的内陆客户。对于货主而言，如果在内陆建立功能完善的国际陆港，企业就可就近办理货物的各种进出口通关手续，既节约了时间和成本，又提高了效率。对于运输系统而言，国际陆港促进了集装箱运输多式联运的实施，降低了整个运输的经济成本和社会成本。西安国际港区成立10年来，一直以开展现代物流、国际贸易和出口加工为主要业务。"一带一路"倡议的提出为西安国际港务区的大力发展及在陕西的其他城市建立子港提供了机遇。

二、"一带一路"背景下陕西国际陆港物流发展现状

西安国际港务区位于西安市主城区东北部的灞渭三角洲，西沿灞河，北至铁路北环线，东至西韩公路，南接西安绕城高速，是西安经济社会发展和城市建设"北扩、东拓、西联"的前沿区域，园区规划建设面积 44.6 平方公里。

自 2008 年组建以来，西安国际港务区始终坚守为中国内陆"造港开埠"的使命，按照"先建内陆港、后建开发区、再建东部新城"的发展路径，依托"西安综合保税区、西安铁路集装箱中心站、西安公路港"三大核心平台，形成了以"长安号"国际货运班列、"西安港"、一类开放口岸、跨境电子商务试点为基础的对外开放格局，创立了"港口内移、就地办单、海铁联运、无缝对接"的内陆港模式。西安国际港务区被写入《关中—天水经济区发展规划》《中共中央 国务院关于深入实施西部大开发战略的若干意见》《推动共建丝绸之路经济带和 21 世纪海上丝绸之路的愿景与行动》《关中平原城市群发展规划》等国家战略，明确提出要"打造西安内陆型改革开放新高地""支持西安陆港建设""打造中欧班列品牌""打造国际性综合交通枢纽"，先后获得了"国家级现代服务业创新基地""国家跨境贸易电子商务服务试点核心区""国家电子商务示范基地"等 15 个国家级称号，基本形成了临港产业、电子商务、新金融、现代商贸物流、文体健康五大主导产业体系，着力打造丝路经济带上最大的内陆型国际中转枢纽港、商贸物流集散地和大西安东部城市新中心。

西安国际港务区作为陕西连接"一带一路"、实现陆海空互联的重要交通枢纽，可充分发挥在国内外物流组织和国际开放合作中的便利性。

（一）交通初具规模

西安港务区已形成"米"字形高速公路网络。通过西安地铁 3 号线与主城区实现快速连接，地铁 14 号线、城际铁路和机场高速连接线正在加快建设。中欧班列"长安号"开行线路 15 条，覆盖亚欧大部分国家，西安国际港务区已与国内众多口岸城市、物流中心和产业园区建立起高度发达的多式联运体系；铁路集装箱发运量 100 万标准箱的运量要求货邮年吞吐量不低于 100 万吨，陆港集装箱年发运量不少于 60 万标准箱，以"两港五园十一中心"为主的物流骨干体系初步建成，以"长安号+空港货运"为主的国际运输和陆空多式联运网络全面建成，物流设施承载能力显著增强，物流业增加值达到 1500 亿元。

（二）内陆港功能平台初步形成

建区以来，西安国际港务区陆续获批并初步建成西安铁路综合货运枢纽、国家铁路对外开放口岸、国家进口肉类指定口岸、进境粮食指定口岸、多式联运监管中心、国家跨境贸易电子商务服务试点等重要功能平台。其中，西安铁路集装箱中心站 2017 年实现集装箱货物吞吐量 13.8 万标准箱，同比增长 20.3%，货物合计约 262 万吨；西安综合保税区是西北地区面积最大的海关特殊监管区域，2017 年全年进出区货物总额 6.2 亿元，同比增长 20%；西安进境粮食口岸是我国在内陆地区唯一粮食进口指定口岸，2017 年年底正式通过国家验收，并成功运营；国家进口肉类指定口岸 2017 年 1 月正式通过国家验收；西安港整车进口指定口岸获准筹建，正在加快建设。西安跨境电商试点平台 2017 年完成进出口货物 530 万单。西安港将成为西北五省区进口车辆的集散中心。

（三）内陆港多式联运体系已初步形成

西安国际港务区作为我国唯一拥有国际、国内双港口代码的内陆港，围绕积极打造多式联运枢纽目标，目前已开通中亚班列"长安号"，能够覆盖中亚五国 44 个站点和城市，开通的西安至华沙、汉堡、莫斯科、布达佩斯、科沃拉 5 条中欧班列，为沟通中欧经贸往来搭建了物流通道。2017 年，中欧班列"长安号"全年共开行 193 列，并实现运输"有来有往"。2018 年，中欧班列"长安号"全年开行 1235 列，重载率、货运量、实际开行量居于全国前列。同时，积极围绕发展跨境电商，开通了西安往返荷兰阿姆斯特丹、韩国首尔的跨境电商包机航线，目前正积极探索跨境电商非邮路运输。海铁联运方面，开通了澳大利亚墨尔本、新西兰利特尔顿至西安的海铁联运航线，西安至青岛、宁波的五定班列开通运营良好。此外，西安国际港务区在德国的汉堡、法兰克福、帕希姆，芬兰的科沃拉等地建立了海外仓，为促进跨境电商货物快速周转提供了重要保障。

（四）临港产业初具规模

国际港务区依托西安综合保税区，发展临港加工制造业。引进了中百佳、瑞可维等一批项目，重点发展电子产品加工制造、保健食品加工制造等产业；依托粮食口岸，引进了爱菊集团，重点发展进出口食品加工业；围绕高端精密设备制造，引进了德国TSP金属制造、西安光机所等项目，重点发展精密金属工业配件制造、光电子产品制造等产业。

三、陕西国际陆港物流存在的问题

（1）西安国际港务区自建立至今，在基础设施建设以及招商引资方面快速成长壮大。但其经营还是政府模式，未完全市场化，缺乏创新，没有建立起以市场为导向的国际物流系统。

（2）西安国际港务区的物流平台在其建设规划的模式上还是借鉴传统物流企业，往往关注采购、仓储以及运输等环节较多，对中间的增值环节如流通加工、库存管理、成本控制、提升内在发展动力关注度还不够。

（3）物流信息平台的整合功能还不够完善，缺乏能整合国际陆港物流所有参与方的物流信息系统。需要进一步简化国际货运班列客户对接流程，与境内外铁路公司、国内外海陆空港联网，实时交换电子运单。

（4）多式联运枢纽未形成。已经开通的中亚班列"长安号"，能够覆盖中亚五国44个站点和城市，开通的西安至华沙、汉堡、莫斯科、布达佩斯、科沃拉5条中欧班列，为沟通中欧经贸往来搭建了物流通道。海铁联运方面，开通了澳大利亚墨尔本、新西兰利特尔顿至西安的海铁联运航线，西安至青岛、宁波的五定班列开通。这些通道仅仅处于起步阶段，离完善的多式联运还有一定的差距。

（5）缺乏与国外陆港的联动发展，口岸功能建设滞后。西安在进一步整合全国的货源并通过"长安号"运往世界各地的过程中，需要与国外陆港联动发展。目前其与国外陆港的合作滞后。

（6）缺乏对陕西省内资源的整合。目前陕西出港货物小于进港货物，除了临港产业不能形成规模效应外，对陕西省已有的优势资源也缺乏相应的整合。

（7）国际陆港物流人才较为缺乏。首先，缺乏国际陆港物流方面的智库资源，对"一带一路"背景下国际陆港物流发展模式研究不够；其次，虽然西安的高校众多，但开展物流管理专业的专业院校并不多，尤其国际陆港物流方向目前只有西安外事学院在开设；最后，物流管理专业整体师资力量薄弱，导致学校专业设置、教学大纲的理论知识与社会实践操作需求存在差异甚至脱节。

四、陕西国际陆港物流发展对策

（一）重视以市场为导向发展国际陆港物流

国际陆港物流中心建设必须以市场作为主导的因素，努力避免重复建设问题。国际陆港建设应当充分发挥市场在资源配置中的决定性作用，利用好现有的基础设施，结合各类规划来做好相关的建设工作，减少资源的浪费，从而使各地区的国际陆港能够整合在一起，发挥联动作用。国内功能相同港口之间存在着竞争资源甚至抢货的现象。为了避免这些问题的存在，陕西国际陆港物流中心建设应当做好相关规划，结合国家宏观战略和区域经济的目标，以之作为设计的出发点，做好相关的布局规划工作，充分发挥市场在资源配置中的作用，扩大服务覆盖的区域范围，在进行充分市场调研情况下设计相关的主营业务，避免重复建设和资源浪费。

（二）提升内在发展动力，降低成本

国际陆港建设要结合科学的规划、合理的设计以及相关实践，注重运输能力和物流组织水平的提高，尽量降低整体的经营成本。从实际调查来看，大部分地区都没有构建起高效率的物流网络。在国际陆港物流体系建设中应向西方发达国家学习，结合国家港口和海空联运等模式来降低成本，充分发挥联动能力，提升整体的运力，做好物流资源的组织和体系建设工作。

（三）完善多式联运标准化建设，提升信息化水平

国际陆港物流中心建设应当完善多式联运标准化体系，结合陆港、铁路、公路、沿海、内河港口之间的无缝对接，做好信息平台的建设工作。陕西应尽快搭建"一带一路"智慧物流信息平台，建立订单信息流、物流、资金流"三流合一"的管理系统，推进智慧物流与商贸服务现代化的设施共建共享，提升国际中转集散、分拨、配送的效率，提高对国际生产要素的集聚服务能力。出于为西安国际陆港与海外国际陆港的联动提供信息支持的目的而建立的陆港物流信息平台应是跨国大型信息共享中心。同时加快推进港口 EDI 信息系统建设，打造智慧陆港。

（四）建立适应陕西陆港物流发展的陆港、海港、空港联运模式

建议在西安国际港务区的主导下，与西安铁路集装箱中心站、航空货站、国内海港共同研究合作与管理模式。加强与空港、海港、国际知名船公司、码头运营和其他各类物流龙头企业的合作，按照国际通行标准大力推进港口口岸功能设施建设。深芬

市场需求，科学布局中欧班列"长安号"的集结线路，建立以发挥枢纽集散功能、推动产业落户发展为基础的物流通道网络，在西行班列的基础上，广泛开行西安至徐州、襄阳、义乌等内陆腹地的集结班列，西安至各大沿海港口、沿边口岸的五定班列，共同探讨创新集结中心的组织运营模式，实现优势互补、集约发展的绿色常态化，以国际贸易供需为根本制定物流通道的发展规划，持续提高内陆港运营效能，打造陆海空互联创新合作示范区，加大与空港、海港的合作运营，实现物流集聚。

（五）构建国内外陆港物流联运系统，推进口岸功能建设

以陕西西安作为货物集聚地构建国际陆港物流系统。探索与国内外陆港联动的发展模式，在进一步推动"长安号"国际货运班列良好运营的基础上，努力拓展并延伸班列运营线路。积极组织货源，在现有回程班列的基础上进一步增加班次，打造面向丝绸之路经济带的货运干线。积极通过内蒙古等地的北部出境口岸，加强与蒙古、俄罗斯等国的经贸往来，并依托第一、第二欧亚大陆桥与俄铁、哈尔滨铁路局开展全方位合作，打通与欧洲城市之间的物流大通道。向南通过铁路、公路等多种运输方式对接，与长江黄金水道乃至北部湾港口紧密合作。最终形成连接东西、贯通南北，辐射欧洲、中亚和太平洋沿岸主要贸易伙伴的商贸物流网络大格局。

（六）构建陕西国际陆港物流子母港联运系统

本文通过对陕西各个城市的调研，建议建立陕西省内国际陆港子母港联运系统，使陕西各个城市在西安发展"三个经济"的过程中出一份力、受一份益，从而形成以西安市为母港、其他10个城市为子港的联运系统。具体包括：将西安建设成国际陆港中心母港，将榆林和汉中建设成国际陆港物流中心子港，剩余8个城市则都建设国际陆港配送中心子港。

（七）完善国际陆港物流人才培养体系

首先，建立国际陆港物流专业方面的人才资源智库；其次，鼓励企业扩大与高校的合作，引导学校培养符合市场需求的国际陆港物流方面的专业人才。

五、"一带一路"背景下陕西城市国际陆港物流节点布局优化

物流节点的合理布局与区域经济的发展以及国际物流的畅通密切相关，但目前研究物流节点合理布局的文献不多。国外学者对物流节点布局的研究侧重于认识方法的探讨，如 Markus Hesse（2004）等对物流空间布局进行了物流、节点和网络特征等方面的研究，而 De Luagen（2004）、Igor Kabashkin（2005）等则进行了物流集

群的研究。在国内，沈玉芳（2011）、韩增林（2002）等分别对长三角和全国的物流布局特点进行了分析，鞠颂东（2007）等则利用网络理论对物流空间布局的理论与方法进行了探讨。

本文以物流网络理论为基础，选取陕西各地级市的多类指标，通过对所选指标的处理分析，划分每个城市物流节点的类型，力求为陕西各城市物流节点的布局优化提供一定的指导，使陕西各城市的物流业得到健康发展，进而利用"一带一路"提供的巨大商机发展国际物流。

（一）物流节点的类型、地位及作用

1. 物流节点的类型

国家与国家之间、城市与城市之间的全部物流活动都是在线路和节点上进行的。国际陆港物流节点是国际陆港物流网络中连接物流线路的结节，其中，在线路上进行的活动主要是运输，包括干线运输、集货运输、配送运输等。物流除运输之外的其他所有功能要素，如包装、装卸、保管、分货、配货、流通加工等都是在物流节点上完成的。因此，国际陆港物流节点是国际陆港物流系统中非常重要的组成部分。国际陆港物流线路上的活动是靠国际陆港物流节点组织和联系的，如果脱离了国际陆港物流节点，国际陆港物流线路的运行必然陷入瘫痪。根据不同的划分标准，国际陆港物流节点可以分为不同类型，本文主要从功能与服务范围考虑，依次将其划分为核心节点（国际港务区）、主要节点（国际陆港物流中心）和辅助节点（国际陆港配送中心）。

国际港务区是城市物流功能区，能够对国际陆港物流组织管理节点进行相对集中的建设，具有经济开发性质。同时，国际港务区也是经济功能区，能够依托相关物流服务设施降低物流成本，提高物流运作效率，改善与企业服务有关的流通加工、原材料采购等生产活动，便于与消费地直接联系，具有产业发展的性质。

国际陆港物流中心是较大的物流据点，是以交通运输枢纽为依托建立起来的负责经营社会物流业务的货物集散场所，能够组织、衔接、调节和管理物流活动，包括订货、咨询、取货、包装、仓储、装卸、中转、配载、送货等物流服务。

国际陆港配送中心是发挥配送职能的流通仓库，也可以称作基地、据点或流通中心，它不以贮藏仓库这种单一的形式出现，而是依据需求量的大小进行布局。国际陆港配送中心的目的是降低运输成本、减少销售机会的损失，并为此建立设施、设备并开展经营、管理工作，其特点为服务对象单一、影响范围小、运量少等。

2. 物流节点的地位及作用

首先，从国际货物流通来看，国际港务区是城市国际陆港物流节点的最高层次，是区域物流和国际物流的媒介，具有统一性和综合性。而国际陆港物流中心具有较为完整的物流环节，能够实现国际物流集散、信息和控制等功能的一体化运作，具有较强的专业性和全面性。国际陆港配送中心则为特定用户服务，主要面向城市生活或某一类型生产企业，辐射范围小，但是专业性很强。

其次，从节点功能来看，国际港务区的功能很全面，有较大的储存量，能够对整个物流网络进行优化和协调；国际陆港物流中心与国际港务区相类似，但规模较小，功能也更加细化与专业，有一定的储存和调节功能，具有连接性，在三者中起到了承上启下的作用；国际陆港配送中心作为最低层次，功能较为单一，辐射面积较小，种类多、数量少，主要进行配送和集货。

（二）研究区域概况及数据指标的选取

1. 陕西区域概况

陕西位于西北内陆腹地，是连接中国东部地区、中部地区和西北地区、西南地区的重要枢纽。全省总面积 20.58 万平方公里，截至 2017 年年底，全省常住人口 3835.44 万，下辖 1 个副省级城市、9 个地级市和杨凌农业高新技术产业示范区，其中西安、宝鸡两市城市人口过百万。行政区划如下：关中有宝鸡、咸阳、渭南、铜川、西安、杨凌区；陕南有汉中、安康、商洛、延安。2017 年陕西生产总值 21898.81 亿元，拥有西咸新区、西安国际港务区、中国（陕西）自由贸易试验区等经济高地。

2. 数据指标的选取

由于影响国际陆港物流节点空间布局的因素是多方面的，本文从人口、经济、交通、运输等方面选取具有代表性的指标进行分析计算（见表1）。国内生产总值（GDP）是第一、第二、第三产业增加值的和，能全面反映城市的经济发展水平；人口规模是城市的一个重要特征，常住人口的数量在一定程度上反映了城市集聚能力的大小；城镇居民人均可支配收入反映了以城市为中心的市场发育水平和经济景气程度；货物运输量和周转量则反映了城市生产力和运输能力的大小；第三产业与城市物流发展联系紧密，其比重大小影响着城市现代服务业的发展水平，同时对带动城市第一、第二产业的发展起着积极的作用；进出口总值影响着城市国际物流的发展水平；道路网密度体现了城市道路系统的发达与否以及和其他省市的连接强度。

表1　陕西11个地级市国际陆港物流节点评价指标

城市	GDP/亿元	人均GDP/元	常住人口/万人	城镇居民人均可支配收入/元	货物运输量/万吨	货物周转量/万吨公里	第三产业百分比/%	进出口总值/万元	道路网密度/千米/平方千米
西安	6282.65	71647	883.21	35630	23011	3240829	61.28	18299475	1.32
铜川	311.61	36803	84.72	27594	8583	883924	41.06	21429	1.03
宝鸡	1932.14	51262	377.5	31730	11819	1025129	27.62	636136	0.90

续表

城市	GDP/亿元	人均GDP/元	常住人口/万人	城镇居民人均可支配收入/元	货物运输量/万吨	货物周转量/万吨公里	第三产业百分比/%	进出口总值/万元	道路网密度/千米/平方千米
咸阳	2390.97	48016	498.66	31662	12014	3062443	27.63	305861	1.55
渭南	1488.62	27743	537.16	27485	18166	3494239	38.87	121270	1.45
延安	1082.91	48300	225.28	30693	4087	221885	36.11	14628	0.48
汉中	1156.49	33597	344.63	25595	3835	611495	39.41	70246	0.74
榆林	2773.05	81764	338.2	29781	24698	6060351	33.39	96837	0.66
安康	842.86	31770	265.6	25962	3657	151636	34.66	20243	0.98
商洛	692.13	29271	237.17	25468	3231	465160	33.32	144223	0.69
杨凌	119.2	58386	20.49	35510	259	41168	40.66	32672	2.95

资料来源：《陕西统计年鉴（2017）》，其中道路网密度通过计算取得。

（三）研究方法及结果

1. 研究方法

道路网密度计算公式为：

$$\rho = \frac{L_i}{A_i} \tag{1}$$

其中，L_i 表示 i 区域公路的总长度；A_i 表示 i 区域的总面积。

Min – Max 标准化（Min – Max normalization）也叫离差标准化，是对原始数据的线性变换，使结果落到 [0，1] 区间，转换函数如下：

$$X_{ij} = \frac{X_{ij} - \mathrm{Min}X_{ij}}{\mathrm{Max}X_{ij} - \mathrm{Min}X_{ij}} \quad (i = 1,2,3,\cdots,m;j = 1,2,3,\cdots,n) \tag{2}$$

设第 i 个指标在第 j 个城市的值为 X_{ij}，经过极值标准化后，X_{ij} 转化为 0～1 的数值。对平均值 u_{ij} 和标准差 σ_i 加权求和：

$$u_i = \frac{1}{M}\sum_{i=1}^{M} u_{ij}, \sigma_i = \sqrt{\frac{1}{M-1}\sum_{i=1}^{M}(u_{ij} - \bar{u}_{ij})^2} \quad (i = 1,2,3,\cdots,n) \tag{3}$$

$$V_i = \frac{\sigma_i}{u_i} \quad (i = 1,2,3,\cdots,n) \tag{4}$$

对 V_i 作归一化处理，确定第 i 项评价指标的权重为：

$$W_i = \frac{V_i}{\sum_{i=1}^{n} V_i} \quad (i = 1,2,3,\cdots,n) \tag{5}$$

加权求和法是整合评价结果常用的一种手段。根据各项指标的相对重要性，分别赋予一个权系数，使重要程度不同的评价指标转变得大致相同，然后累加其评价结果得出总分值，计算公式为：

$$S = \sum_{i=1}^{n} W_i X_i = W_1 X_1 + W_2 X_2 + \cdots + W_n X_n \quad (i = 1,2,3,\cdots,n) \tag{6}$$

其中，W_i 为第 i 个指标的权重；X_i 为第 i 个指标的标准化的值。

2. 研究过程及结果

本文的研究过程为：①原始数据标准化；②运用变异系数法计算各指标的权重；③运用加权法计算各城市的中心度。首先根据公式（1）、公式（2）、公式（3）计算标准差，其结果如表2～表4所示。

表2 陕西11个城市国际陆港物流节点评价指标标准化值

城市	GDP/亿元	人均GDP/元	常住人口/万人	城镇居民人均可支配收入/元	货物运输量/万吨	货物周转量/万吨公里	第三产业百分比/%	进出口总值/万元	道路网密度/(千米/平方千米)
西安	1.000	0.813	1.000	1.000	0.931	0.532	1.000	1.000	0.340
铜川	0.031	0.168	0.074	0.209	0.341	0.140	0.399	0.000	0.223
宝鸡	0.294	0.435	0.414	0.616	0.473	0.163	0.000	0.034	0.170
咸阳	0.369	0.375	0.554	0.610	0.481	0.502	0.000	0.016	0.433
渭南	0.222	0.000	0.554	0.198	0.733	0.574	0.334	0.006	0.393
延安	0.156	0.381	0.599	0.514	0.157	0.030	0.252	0.000	0.000
汉中	0.168	0.108	0.237	0.012	0.146	0.095	0.350	0.003	0.105
榆林	0.431	1.000	0.368	0.424	1.000	1.000	0.171	0.004	0.073
安康	0.117	0.075	0.284	0.049	0.139	0.018	0.209	0.000	0.202
商洛	0.093	0.028	0.251	0.000	0.122	0.070	0.169	0.007	0.085
杨凌	0.000	0.567	0.000	0.988	0.000	0.000	0.387	0.001	1.000

表3 陕西11个城市国际陆港物流节点指标权重

类别	GDP/亿元	人均GDP/元	常住人口/万人	城镇居民人均可支配收入/元	货物运输量/万吨	货物周转量/万吨公里	第三产业百分比/%	进出口总值/万元	道路网密度/千米/平方千米
平均值	1733.875	47141.727	346.602	29737.273	10305.455	1750750.818	37.637	1796638.182	1.159
标准差	1639.533	16967.988	224.944	3515.467	8058.075	1848810.668	8.701	5221580.899	0.653
变异系数	0.946	0.360	0.649	0.118	0.782	1.056	0.231	2.906	0.563
权重	0.1242	0.0473	0.0853	0.0155	0.1027	0.1387	0.0304	0.3818	0.0740

表4 陕西各城市的综合指数及排名

序号	1	2	3	4	5	6	7	8	9	10	11
城市	西安	铜川	宝鸡	咸阳	渭南	延安	汉中	榆林	安康	商洛	杨凌
综合指数	0.865	0.138	0.228	0.296	0.265	0.169	0.107	0.401	0.092	0.071	0.260
排名	1	8	6	3	4	7	9	2	10	11	5

从表4中可以发现,陕西省经济发展极不平衡,西安一枝独秀,且最大值和最小值的差距较大。安康市和商洛市综合指数较低,这两个城市经济发展相对落后,国际物流量较少。

(四)国际陆港物流节点的等级划分及空间分布特征

1. 国际陆港物流节点的划分

从表4中可以看到陕西各城市的国际陆港物流综合指数排名。国际陆港物流综合指数高的可以定位为国际港务区,该类型节点的城市经济水平高、发展快、交通网络发达;指数处于中等水平的可以定位为国际陆港物流中心,该类型节点的城市经济发展较快,与上下级城市联系密切;综合指数相对较低的可以定位为国际陆港配送中心,该类型节点的城市经济发展相对较慢,综合性很弱。根据计算的结果很难将11个城市划分为3个明确的等级,借助于X Y散点图(见图1),根据散点在各区间出现的频率,划分为3个区间,分别是[0.070,0.300),[0.300,0.500),[0.500,0.900]。假设这3个区间分别代表国际港务区、国际陆港物流中心和国际陆港配送中心,则在[0.070,0.300)区间的城市可以确定为国际陆港配送中心,在[0.300,0.500)区间的城市可以确定为国际陆港物流中心,在[0.500,0.900]区间的城市可以确定为国际港务区。

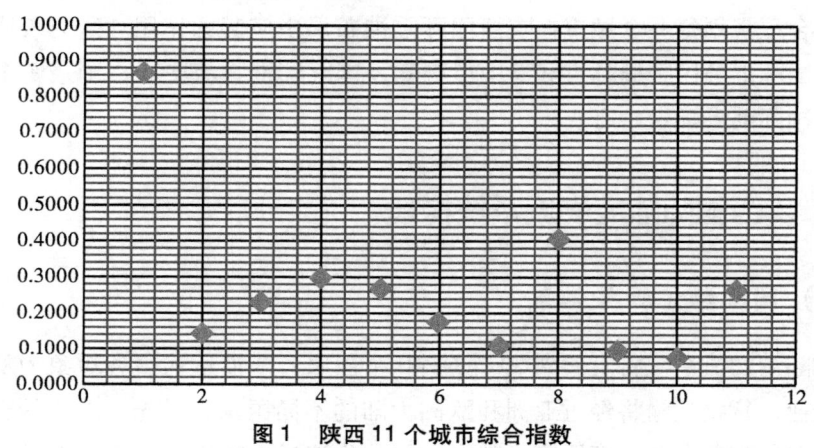

图1　陕西11个城市综合指数

从结果来看,西安市应建设国际港务区,咸阳市和榆林市应建设国际陆港物流中心,剩余8个城市则都建设国际陆港配送中心。

2. 国际陆港物流节点分类原因分析

西安市作为陕西的省会城市,人口规模大、城市中心度高,经济发展速度明显高于其他城市。从地理位置来讲,西安连接其他城市的道路交通网非常发达,公路、铁路占有绝对优势,为物资集散提供了条件,因此可建设综合国际港务区。榆林位于陕西的北部,地势平坦,交通便利,矿产资源丰富,货物运输量和周转量较大,但道路交通网发达程度低于西安市,因此可以作为国际陆港物流中心。咸阳经济发展较快,但离西安比较近,在西安国际港务区辐射范围之内,所以不必建设国际陆港物流中心。剩余的地级市有宝鸡、渭南、铜川、杨凌、汉中、安康、商洛、延安,由于其经济发展水平略低,交通发达程度也相对较低,货物运输量与周转量较小,对物流的需求量达不到作为国际陆港物流中心的要求,作为国际陆港物流配送中心比较合适。

3. 国际陆港物流节点空间分布特征及对策

本文分析计算的数据及结果是建立在理论基础上的,从实际出发进行再研究,不难发现国际陆港物流节点的规划很不均衡,国际港务区和物流中心主要集中在中部和北部地区,配送中心集中在东部、西部、南部,说明陕西的经济发展具有很大的区域差异性。

在实际国际陆港物流节点规划中,为了防止城市发展极端化,同时也因西成高速的开通,可以将汉中市设为国际陆港物流中心,从而形成以西安市为中心、南北3个城市为轴线的点轴发展模式,使陕西的国际陆港物流节点空间布局趋于平衡。

(五)结论

本文以陕西11个城市和地区为研究对象,对所选指标的原始数据进行标准化处理,运用变异系数计算各指标的权重,加权计算各城市的中心度,根据计算结果及实际情况合理规划每一个城市在陕西国际陆港布局中应起的作用。研究表明:西安市应建设国际港务区,榆林市和汉中市应建设国际陆港物流中心,剩余8个城市则都应建设国际陆港配送中心。

六、陕西国际陆港物流系统构建

(一)国际物流服务体系

国际陆港物流系统将发展到30个或40个国家,陆港运输服务对象为从事国际贸易的企业,货物运输将经过亚洲和欧洲大陆的不同国家。首先,港口的土地和物流服务的对象将分布在许多国家;其次,陆港物流运作的内容将不只有基本的运输功能,大多数物流服务还应包括包装、货物装卸、仓储、吊装、加载、文件准备、配送、信息服务、保险、外汇结算等增值服务。从港口服务范围、服务对象和服务内容等方面可以看出,陆港物流系统属于国际物流服务体系,应从国际贸易的角度考虑每一个物流环节。

(二)国际陆港物流网络

国际陆港物流系统是一个非常复杂的物流系统,当然也属于物流网络。从物流网络的定义可以看出，物流网络是物流链之间的一种相关业务合作模式，是对物流资源的有效整合和对物流成本的节约。物流网络是从节点、物流链发展起来的第三阶段。目前国际陆港物流主要处于物流链阶段，即各物流链之间缺乏有效的合作，造成了物流资源的巨大浪费和物流成本的上升。

（三）国际陆港综合物流系统

集装箱多式联运已成为国际陆港物流系统的主要运输方式，也是综合物流系统的重要运输组织技术。铁路集装箱运输方法主要用于陆港之间的陆路口岸运输，但在资源集中的过程中，合作运输的铁路、公路、航空和内河需要相互配合。因此，国际陆港物流属于综合物流系统，管理和控制着各种运输物流过程，可以提高仓储和配送物流的整体效率。

（四）国际陆港物流系统的概念界定

国际陆港物流应具备物流一体化主体、物流渠道、物流节点、物流管理模式和物流运作模式等主要元素。以满足市场需求为目的的国际陆港物流系统是一个外向型的综合物流系统，是由物流集成体、主要元素有机结合的物流通道和物流节点形成的物流管理模式和物流运作模式。其特征体现为多层次、集中流动、流动方向具有放射性。

（五）国际陆港物流一体化的引力模型

1. 物流一体化引力模型的定义

物流一体化主体之间的引力不仅与各自的资源控制能力有关，而且与物流网络的可达性密切相关。陆港之间的整合引力揭示了陆港的竞争、合作、互补、互利等作用力。

基于物流一体化引力的含义，两物流集成体之间的整合引力可以表述为：两物流一体化机构与物流集成体可整合资源质量之间的整合引力成正比，与两物流集成体之间的网络可达性的整合引力成反比，表示为：

$$P = k \frac{r_1 r_2}{t^2} \tag{7}$$

式（7）中，r_1、r_2是物流集成体，t（网络可达性）是物流网络中涉及的物流集成体的可达性；k（重力系数）是反映资源质量的兼容性、协调性和合作能力水平的参数。

2. 适用于国际陆港物流系统的引力模型

国际大陆桥沿线节点城市在国家对外贸易中起着重要作用，是国际贸易货物运输的节点,在其作用下会形成所有港口的外部交易或物流量。两岸陆路口岸各有优势,形成物流一体化主体,逐步形成对外贸易的物流网络。结合外部交易的集成引力模型和物流网络的特点,该模型重点包括以下两个因素:

(1)陆地港口进出口量的综合引力源于一定时间内陆港的进出口量

进出口较多的陆路口岸,有更多的进出口货物资源,因此,对其他陆上港口的货物资源有较强的影响。

(2)距离

集成引力模型的核心内容是网络可达性,即网络中时间和空间位移的可及性。因此,陆上港口之间的整合引力强度集中体现在陆港网络的可达性上。

$P_i(i=1,2,\cdots,m)$,表示一定时间内 i 陆港的进出口总量。$P_j(j=1,2,\cdots,m)$ 表示一定时间内 j 陆港进出口总量,D_{ij} 表示陆港之间的可达性。陆地港口之间对外贸易一体化的引力等于陆港进出口总量的乘积除以距离的平方,记为 F_{ij}:

$$F_{ij} = k\frac{P_iP_j}{D_{ij}^2}(i=1,2,\cdots,n;j=1,2,\cdots,n) \tag{8}$$

其中,k 是调整参数。根据研究对象的差异,剔除进出口量和位移两个因素,保留对陆港对外贸易一体化的影响不同的其他因素,但 k 值是按实际作用因素计算的。

3. 基本数据

(1)陆路口岸进出口量

进出口量是影响对外贸易一体化程度的重要因素,在国际贸易一体化中占有重要地位。2013 年陆路口岸的进出口额如表 5 所示。

表5　陆地港口 2013 年进出口额　　　　　　　单位:百万美元

陆港	进出口总额
苏州	549821.00
合肥	386542.00
西安	18546.00
银川	5056.00

资料来源:国家统计局。

可见,各陆港的进出口额差别很大,特别是苏州地区的进出口总额较大,比中西部地区高很多,主要是与中西部地区相比,苏州有海港和地理优势。

(2)陆港间距

网络可达性是综合引力模型的核心概念,是决定港口对外贸易综合引力大小的关键因素。由于陆路口岸通道主要依靠铁路运输,陆港之间最短的铁路里程应为陆港之间的距离,如表 6 所示。

表6　陆港之间的距离

陆港	苏州	合肥	西安	银川
苏州	0	220	1025	1789
合肥	220	0	860	1365
西安	1025	860	0	696
银川	1789	1365	696	0

4. 综合引力计算

利用方程（8）计算的陆港间对外交易综合引力应如表7所示。

表7　陆港贸易引力指数

	苏州	合肥	西安	银川
苏州	0	51695.56	0.07	0.01
合肥	254856	0	13.65	0.63
西安	46985.25	9462.32	0	4.25
银川	186.36	105.56	8.69	0

根据表8，陆港贸易引力指数值相差很大。这主要是由陆路口岸进出口量的差异所致。但是，在计算过程中，对相关数据进行了修正，从而可以实现更准确的计算。东、中、西部地区进出口总额的差异可反映东、中、西部地区经济水平的差异。

（六）国际陆港物流一体化引力模型分析

根据社会网络分析的综合重力之间的陆路口岸（中国段），西安国际陆港具有较强的"资源控制"能力。因此，它是中国区国际陆港枢纽的最佳选择。重新规划陆港物流发展模式，如图2所示。

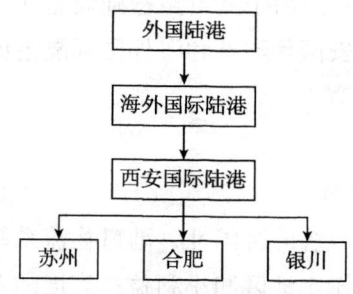

图2　国际陆港物流发展模式

根据图2，土地以中国港口为界，形成对称的发展模式。在中国，西安国际陆港是主体，承担着分销、运输、协调等功能，建立以国际陆港为中心的物流发展模式，真正做到了货源平衡。这种平衡对称的发展格局有利于口岸的快速、稳定发展。西安国际陆港的建立将促进国际陆港物流一体化发展,实现货物的快速运输、配送、配送加工、财务、信息服务等物流功能的联动运作,提升口岸主航道的运营效率。

1. 互动发展模式

以苏州、合肥、西安为核心区域,联动发展其周边区域。中国口岸城市节点城市核心及周边地区形成了一个网络结构。可通过优化核心区域来带动周边区域的优化,如图3所示。

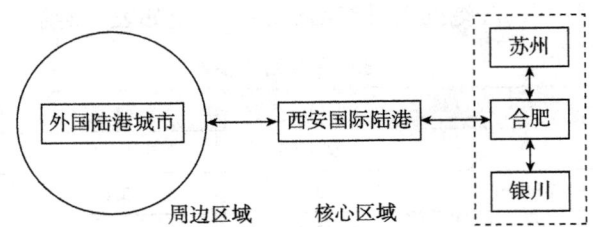

图3 陆港集团和国际陆港互动发展模式

从图3中可以看出,国际陆港物流系统(中国部分)的发展模式主要分为以下三种:

(1)陆港口岸互动发展模式

陆港口岸城市互动发展模式有利于拉动国内外贸易需求。苏州、银川之间的贸易往来将对两地贸易发展产生积极的影响,这是陆港货物来源的第一阶段。

(2)陆港城市和西安国际陆港口岸及陆路口岸沿线城市互动发展模式

核心区域对港口运作形成重要支撑,形成一定规模的港口群,这将有助于西安国际陆港更好地发挥商品的集聚功能。西安国际陆港不仅是一个低成本的陆港,也是陆港的战略高地。

(3)核心区与周边地区互动发展模式

网络周边地区也很重要。银川由于其道路基础设施建设应发展为中国西部大开发的快速通道。同时要实现西安国际陆港和海外国际陆港的衔接功能,就要支持和保障班列稳定开行。

2. 互动发展策略

(1)改善物流一体化的大局

由于共同作业和港口物流系统的跨国性,港口物流系统的发展应该从国际战略和国家利益出发,而不是着眼于小地区和小利益;高度的合作与开放也要求提倡积极吸引出口国家以外的区域加入;应着眼于国际合作战略和全局观,实现国家战略和政策规划的有效实施。

(2)完善产权制度,加快物流体系标准化、规范化建设

国际陆港物流系统是覆盖欧洲和亚洲国家大部分行业和大部分领域的技术密集

型系统工程，构建科学、平衡的港口物流系统是网络稳定运行的基础。应完善产业权利和债务制度，鼓励主要社会组织进行制度创新，优化市场机制。国际陆港物流系统标准化的关键包括硬件标准化和软件标准化两种。硬件标准化是指在陆港物流系统中应用于集装箱、车辆、货运站、线路等基础设施和设备的统一标准。软件标准化是指在陆地港口物流系统中为各部门的职能和职责制定的标准化流程，以及运输过程中信息沟通和处理的详细规定。

（3）区域通关改革

建立国际陆港必然会刺激区域通关需求。陆路口岸通关手续烦琐，不仅延长了交货时间，而且给港口带来了拥挤，造成了进出口困境。因此，"从属领土声明，港口检查和放行"是必要的，如图4所示。

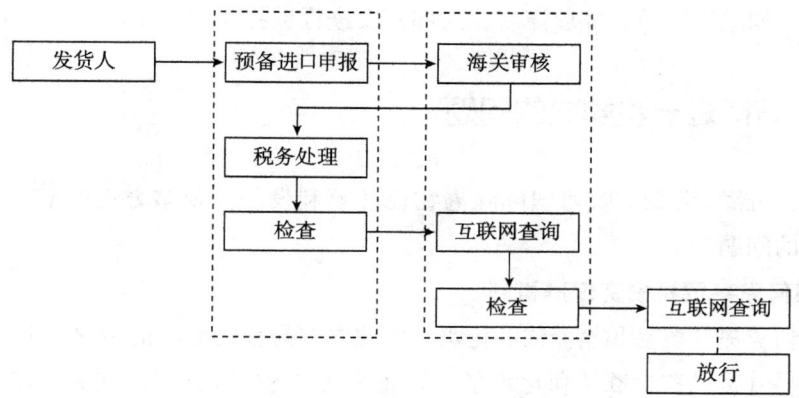

图4　"从属领土声明，港口检查和放行"流程

3. 建立统一的信息平台

此举能够为西安国际陆港与海外国际陆港的联合经营提供信息支持。因此，陆港物流信息平台应是跨国大型信息共享中心，运行模式如图5所示。信息平台与海外国际陆港、海关信息平台、进出口检验检疫以及金融保险平台相连，可实现"区

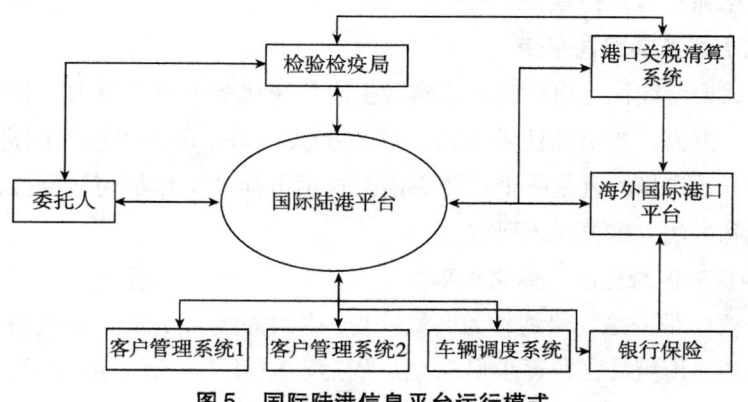

图5　国际陆港信息平台运行模式

域通关"，使内陆中转站/发货人在领土上完成报关手续。

4. 结论

首先，建立基于西安国际陆港的陆港口岸互动发展模式。通过建立西安国际陆港，实现国内外港口发展模式的对称平衡，使其成为国内货物的聚集地和国内陆港的"稳定器"。这样的发展模式使陆港得以实现稳定、可持续的运营，从而降低物流成本、增加利润，使货物到达目的地，实现国际合作。

其次，建立国内陆港与国际陆港互动发展模式。建立以苏州、合肥、西安为核心，银川为边缘地区的互动发展模式，具有重要的现实意义。就核心区而言，互动发展模式应是苏州陆港群、合肥陆港群与西安国际陆港互动。然而，银川陆港口岸虽然被划为边缘区域，但拥有核心区所拥有的一些资源，对陆港口岸的发展也具有重要意义。如果边缘地区发展滞后，西部开发进程也将受到阻碍。

七、有待进一步解决的问题

"一带一路"背景下陕西国际陆港物流的顺利发展需要多方面的配合，有待进一步解决的问题如下：

1. 如何完善贸易投资促进机制

如何切实提升贸易和投资便利化水平？建立贸易投资促进机制的一个重要目的，是要切实提升贸易和投资便利化水平，真正实现"贸易畅通"。首先，需要深入研究如何推动相关国家扩大市场开放。其次，要研究如何共同创造有利于开放发展的环境，比如，如何在"一带一路"沿线推动构建公正、合理、透明的国际经贸投资规则体系。此外，还需深入研究如何才能够在沿线国家加快实施世贸组织《贸易便利化协定》；如何推动国际贸易"单一窗口"建设，加快通关一体化；沿线地区如何降低关税壁垒，减少贸易投资成本，促进海关通关、检验检疫、电子商务、过境运输等规范化和机制化；等等。

2. 如何促进贸易双向平衡

一方面，要继续优化出口商品结构，提高传统优势产品竞争力，壮大装备制造等出口。另一方面，要更加注重从沿线国家扩大进口，举办中国国际进口博览会，进一步主动开放市场，就是一个重要举措。这两方面的工作如何做到位，有没有更有效的措施和方法，需要深入研究。

3. 如何提升区域经济一体化水平

如何将"一带一路"沿线作为区域经济一体化的重点方向，积极同有意愿的国家和地区商建自由贸易区，逐步形成立足周边、辐射"一带一路"、面向全球的高标准自贸区网络，这些问题同样需要深入研究。

参考文献

[1] 沈玉芳,王能洲,马仁锋,等. 长三角区域物流空间布局及演化特征研究[J]. 经济地理,2011,31(4):618-623.

[2] 韩增林,王成金,尤飞. 我国物流业发展与布局的特点及对策探讨[J]. 地理科学进展,2002,21(1):81-89.

[3] 鞠颂东,徐杰. 物流网络理论及其研究意义和方法[J]. 中国流通经济,2007(8):10-13.

[4] 陕西省地方志办公室. 陕西省情[EB/OL]. http://dfz.shaanxi.gov.cn/sxsq/.

[5] 吴昱璟,黎明,孟祥东. 城市物流节点空间布局优化研究——以山西省为例[J]. 西南师范大学学报(自然科学版),2016,41(2):78-84.

[6] 乔海曙,谭明. 金融企业社会责任与财务绩效关系的实证研究[J]. 财经理论与实践,2009,30(162):17-21.

[7] 赵宏,马立彦,贾青. 基于变异系数法的灰色关联分析模型及其应用[J]. 黑龙江水利科技,2007,35(2):26-27.

[8] 陶西平. 教育评价辞典[M]. 北京:北京师范大学出版社,1998.

[9] 刘江永. 海陆和合论:"一带一路"可持续安全的地缘政治学[J]. 国际安全研究,2015(5):3-21.

[10] 苏长和. 从关系到共生——中国大国外交理论的文化和制度阐释[J]. 世界经济与政治,2016(1):5-25.

[11] Markus Hesse, Jean-Paul Rodrigue. The Transport Geography of Logistics and Freight Distribution [J]. Journal of Transport Geography,2004(6):171-184.

[12] De Luagen. Governance in Seaport Cluster[J]. Journal Maritime Economics and Logistics,2004(6):141-156.

[13] Igor Kabashkin. Logistics Centres in the Bltic Sea Region Case study in Latvia [J]. Transport and Telecommunication,2005(5):28-38.

陕西打造"一带一路"国际商贸物流中心的路径选择与政策研究

杨维霞[①]

摘要： 陕西要将"一带一路"倡议落到实际行动中并做出成效，必须从整个丝绸之路国际国内物流畅通的全局出发，打造物流新优势，推进物流业转型升级，将物流业打造成陕西服务业支柱产业，将陕西打造成"一带一路"国际商贸物流中心。本文通过数据采集、实地访谈等方式，对近年来"一带一路"和自贸区战略、"互联网+"技术、物流服务供给侧改革等经济新常态下陕西商贸物流的发展状况进行分析。分析陕西建设"一带一路"国际商贸物流中心的现实基础，找出陕西建设"一带一路"国际商贸物流中心的比较优势及制约因素，提出一系列陕西建设"一带一路"国际商贸物流中心的基本路径与政策建议。为陕西开启新一轮对外开放、在危机中育先机、在变局中开新局提供政策建议。

关键词： 国际商贸物流中心；"一带一路"；发展路径；政策支持

一、引言

随着"一带一路"倡议的深入推进，沿线的18个省作为重要节点，已站在我国对外开放的前沿，纷纷制订并发布相关建设行动计划，其中，凭借地缘优势，构建交通商贸物流中心是沿线省无一例外都要完成的一项重大任务，通过发展商贸物流，在新一轮区域经济竞争中取得长足进步，助力国家提升综合竞争力。但是这些省份的交通商贸物流在向纵深发展的过程中，面临一定的困难和挑战。如在国际层面面临着与沿线国家经贸合作中的政策冲突、法律制度冲突；在国内层面又面临着

[①] 西安外事学院陕西自贸区研究院教授。

沿线各中心城市同质化竞争的压力；在自身层面虽已取得长足发展，但与"一带一路"倡议的定位要求仍有较大的差距。

因此，对于沿线省份来说，要在把握好重要战略机遇的同时，对困难、挑战和差距有充分的认识和估计，积极探索交通商贸物流中心的深入推进策略，发挥其区域物流服务功能和对外辐射能力。陕西作为改革开放的桥头堡，需深入思考如何加快"走出去"步伐，积极参与国际国内竞争与合作，全方位提升开放水平；如何构建陕西"一带一路"国际商贸物流中心，发挥引领、带动、辐射作用，进一步提升内陆和西部的要素集聚能力，完善我国全方位、多层次对外开放体系。

基于此，本文以丝绸之路经济带核心区陕西为例，梳理了在有效整合区位环境、政策战略、能源资源，围绕发展枢纽经济、门户经济和流动经济，着力构建"一带一路"交通商贸物流中心并取得了显著成效的基础上，陕西的发展与"一带一路"倡议要求的差距，并提出进一步深入推进其发展的策略，对于其他沿线省如何区别化地确定其交通商贸物流中心建设的定位、原则、方向及发展策略具有一定的启示作用，并探寻建设丝绸之路经济带商贸物流中心的有效政策及路径，打造中国西部地区经济的"升级版"，推动"一带一路"倡议有效进行。

二、陕西交通商贸物流的发展成效

作为丝绸之路经济带的重要节点，陕西集自贸区、国家级中心城市（西安）、关中平原城市群、跨境电子商务综合试验区等各种有利条件于一身，形成得天独厚的政策高地。2018年，陕西与"一带一路"沿线国家和地区货物贸易进出口总额为389亿元，增速位列全国第三。

（一）全省商贸物流产业GDP贡献率、运行效率持续提高

近年来，陕西从整个丝绸之路国际国内物流畅通的全局出发，打造物流新优势，推进物流业转型升级，将物流业打造成为陕西的支柱产业，在推动产业升级、助力经济发展方面起到了巨大的作用。2018年，全省社会物流总额保持平稳增长，规模持续扩大，首次突破5万亿元大关，达到50718.6亿元，增速也超过全国平均水平，较2014年增长41.66%（见图1）。2018年物流业增加值占服务业增加值的15.0%，占地区生产总值的6.42%，较2014年增加0.02个百分点（见图2）。2018年，全省社会物流总费用为3722.4亿元，在占社会生产总值的比重降至15.2%，较2014年降低0.3个百分点（见图3）。这也意味着全省单位社会生产总值物流成本费用降低，物流行业经济运行效率、服务水平有所提升。由此可见，陕西商贸物流的发展已呈现出"总体平稳、质效提升、转型升级"的较好态势。

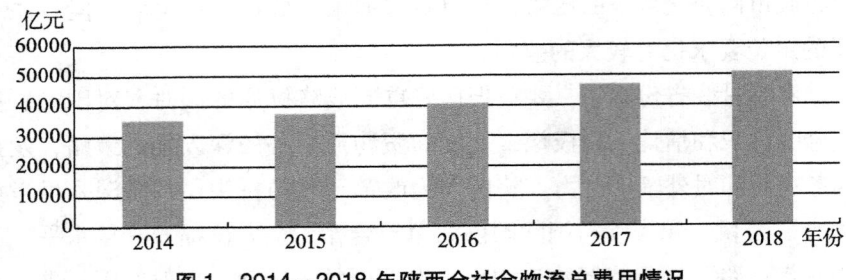

图1　2014—2018年陕西全社会物流总费用情况

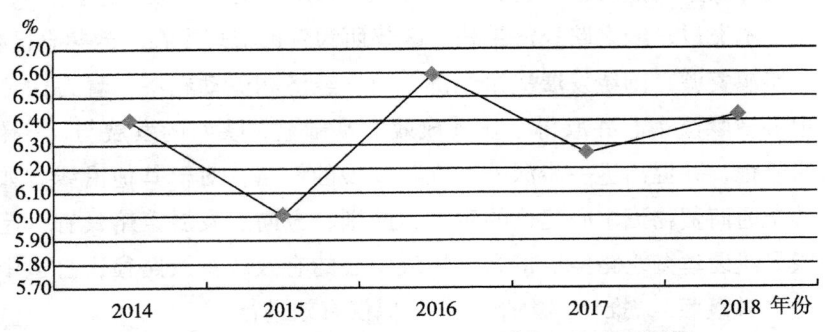

图2　2014—2018年陕西物流业GDP贡献率变化情况

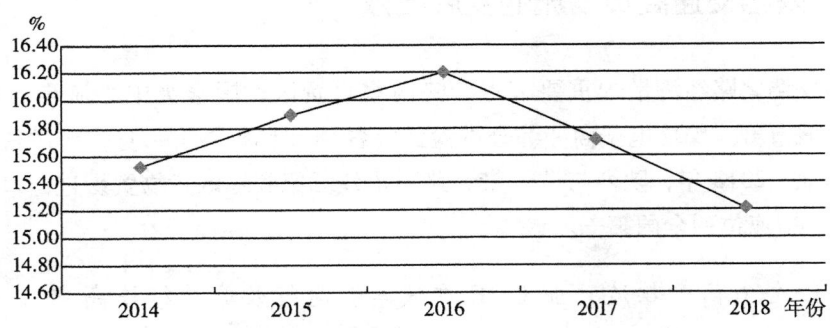

图3　2014—2018年陕西物流总费用占社会生产总值比重变化情况

（二）国际商贸交通物流枢纽地位显著提升

1. 已初步形成环西安交通商贸物流核心圈

陕西通过不断强化西安作为交通商贸物流枢纽和国际化大都市的主体地位，构建了大关中城市群，建立了功能互补、协同发展的环西安交通商贸物流核心圈，实现其从区域中心城市向国家级中心城市的跃升。一方面，自2011年9月以来，西安综合保税区、西安航空基地综合保税区、西安铁路集装箱中心站、西安一类陆路（铁路）对外开放口岸及肉类、粮食、整车进口、冰鲜水产品等进口指定口岸相继获批并正式运营。"西安港"获批国家代码和国际代码并正式启用，基本形成了以航空口岸、铁路口岸和电子口岸为主要支撑点的口岸体系，目前已经与14个沿海沿边港口、口岸达成合作关系。这些是西安作为物流核心圈强大的基础优势。另一方面，西安被国家定位为国际物流枢纽、国家级城市群核心城市和国家级中心城市，这些是西安作为物流核心圈无人能及的政策优势，对陕西系统整合物流资源，加快交通商贸物流中心建设发挥了关键、重要而积极的作用。

至此，陕西形成了以大西安为核心节点，宝鸡、榆林、安康三市为一级节点，铜川、渭南、延安、汉中、商洛、杨凌六市（区）为二级节点，各县（区、市）为三级节点的"1-3-6"型节点城市物流网络，为陕西丝绸之路交通商贸物流中心的建设提供了强大的多点支撑。

2. 现代综合交通运输网络加速形成

2015年以来，陕西利用其承东启西的区位优势，依托公路、铁路、航空等联合运输体系，积极构建陆空立体化的丝绸之路开放通道。到目前为止，"一厅+多局+专业企业"的综合交通运输体系已初步构建。具体来说，首先，打造国际航空枢纽，大力发展临空经济。陕西一方面加密了洲际以及东南亚、日韩地区的直飞航线，另一方面开通了赫尔辛基、罗马、莫斯科、悉尼等多条重要国际航线。至此国际路线已可通达29个国家的53个城市，从中亚地区延伸至欧洲、非洲和南亚地区，欧澳直达，国际航空已经搭建起丝路、五洲相连的国际客货运航线共达64条，货运量增幅达32%。其次，初步形成国道、普通铁路、高速公路、高速铁路四重"米"字形陆路交通网络，陆路枢纽省份地位不断凸显。截至2018年年底，陕西高速公路通车总里程达到5475公里，居全国前列。宝兰高铁、西城高铁的开通，使得"米"字形高铁网建设不断得到推进。另外，2019年，作为中国最大的内陆港，西安陆港依托中欧班列"长安号"，冀西欧、蚌西欧、襄西欧、徐西欧等新的线路的持续增开，其贯通欧亚辐射能力持续增强，运营线路已达到11条，开行首超1000列达到1235列，是2017年的6.37倍，基本实现了中亚及欧洲地区主要货源地全覆盖。

（三）引进和培育了多个物流产业项目

首先，陕西着重建立了与沿线国家官方经贸主管机构的联络机制，为引进产业项目做好了沟通基础。近年来，陕西通过打造一些高端特色品牌展会，为投资洽谈、招商引资搭好了平台，如丝博会、杨凌农高会等，创新并持续举办一些高端论坛，如欧亚经济论坛、中国（陕西）自由贸易试验区发展论坛等，重点推出一些大型招商会，如丝绸之路商务合作（西安）圆桌会、陕粤港澳经济合作活动周、世界西商大会、陕西—长三角经贸合作重点招商会等。其次，依托陕西自由贸易试验区和西安综合保税区的差别化政策支持，以及"西安陆港"的港口功能，吸引了一大批企业，如阿里巴巴、京东、腾讯、亚马逊等一线知名跨境电商企业以及海航等物流行业巨头，中通快递、圆通快递、申通快递等快递企业将自己的西北地区转运中心项目落户陕西，这些企业的大数据、云计算等智慧平台将促进陕西构建交通商贸物流中心再创"新高度"。最后，陕西还加快了本土物流示范企业的培育，一方面，按照专业物流网络模式培育了如西安中储物流有限公司、陕西大件运输有限公司、西安贝斯特物流中心等物流示范企业；另一方面，支持一批实力较强的物流企业通过资源整合与重组建立企业集团。目前陕西已有 A 级物流企业超过 70 家，为其他产业提供了最直接的支持与服务。

（四）国际交通商贸物流中心的功能日渐完善

自陕西自由贸易试验区挂牌成立以来，在对标上海自贸区的基础上，陕西首批形成的 18 项贸易制度创新成果已成功在全省范围内进行了复制推广，特别是"铁路运输方式舱单归并新模式"，由于其能大大节省通关时间、降低通关费用、提高通关效率，更是被国务院在《关于做好自由贸易试验区第四批改革试点经验复制推广工作的通知》中明确要求在全国范围内复制推广。目前经过第三方智库机构评估，仍有其他 32 项制度创新成果拟可以向全国复制推广。这样的创新将会进一步完善陕西航运方面"包机直飞"国际货运模式。另外，在陆运方面，加强了与云南边境口岸，新疆霍尔果斯、阿拉山口边境口岸，内蒙古二连浩特、满洲里以及丝绸之路沿线国家和地区的合作。在海运方面，进一步完善与广西边境口岸、天津港、青岛港、连云港的直通放行机制，初步形成了集保税物流、中转物流、物流信息、物流金融于一身的国际交通商贸物流枢纽和全方位的大通道布局，国际交通商贸物流中心的功能日渐完善。

三、陕西交通商贸物流发展中的困境

总体来看，目前陕西商贸物流的发展已经卓有成效，但仍有一些客观的事实限制了其进一步发展，与建设"一带一路"国际性的交通商贸物流中心的定位和要求还有很大差距。主要表现在以下几个方面。

（一）物流差异率仍居高不下

物流供给是否适应物流需求发展，是区域物流系统能否保持协调的关键，这种协调性是通过物流差异（绝对值）或物流差异率（相对值）来体现的。①实际需求＝物流需求×需求有效系数；②有效供给＝物流供给×供给有效系数；③物流差异＝实际需求－有效供给×供给转化系数；④物流差异率＝（物流实际需求－物流有效供给）÷物流实际需求。这种差异越小，说明两者适应性、协调性越强，彼此阻碍作用越弱。参考 2015—2019 年《中国物流年鉴》中的基础数据，陕西的物流差异及物流差异率具体如表 1 所示，结果如图 4 所示。

表1 陕西 2014—2018 年物流差异及物流差异率计算数据和过程

年份	物流需求/亿元	需求有效系数（无量纲）	物流实际需求/亿元	物流供给/万吨	供给有效系数（无量纲）	物流有效供给/万吨	供给转化系数（亿元/万吨）	物流差异/亿元	物流差异率（无量纲）
2014	5918.71	0.83	4912.53	142371.91	0.91	129558.44	0.031	896.21	0.182
2015	6578.14	0.83	5459.86	132403.33	0.91	120487.03	0.031	1724.76	0.316
2016	7367.57	0.83	6115.08	164125.37	0.91	149354.09	0.031	1485.10	0.243
2017	8236.37	0.83	6836.19	163452.45	0.91	148741.73	0.031	2225.19	0.326
2018	8938.27	0.83	7418.76	173586.50	0.91	157963.72	0.031	2521.88	0.340

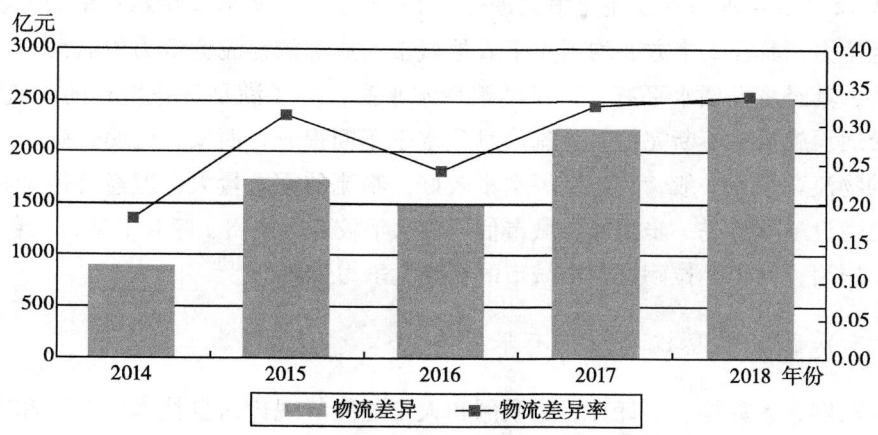

图4 2014—2018 年陕西物流差异及物流差异率情况

由图 4 中可以看出，陕西物流差异仍逐年提升，差异率也呈上升趋势。这说明虽然陕西物流供给和物流需求量都在增长，但物流供给的增长速度并没有赶上或者超过物流需求的增长速度，物流供给依旧不足。由此可见，陕西物流供给侧改革势在必行①。

---

① a. 基础数据来源于 2015—2019 年《中国物流年鉴》，其中物流需求由社会消费品零售总额来表示，物流供给由货运量来表示。b. 需求有效系数和供给有效系数是比较难以得到的参数值，因此它们是通过参考田巧（2016）《基于系统动力学模型的物流园区建设对城市经济发展的影响研究》，采取有效参数估计的方法做合理估计而得到的，分别为 0.83 和 0.91。c. 供给转换系数是用来统一物流需求与物流供给的量纲的，它以 2014—2018 年的数据为基础，首先通过公式：物流实际需求/物流有效供给，计算出各系数，2014—2018 年分别为 0.0313、0.0379、0.0453、0.0409 和 0.0459；其次计算各系数的算术平均值作为供给转换系数。

(二) 与西部地区物流节点城市相比，物流缺乏整体竞争力

表2 2017年西部地区物流节点城市物流发展水平聚类分析

类别	城市
强	重庆
较强	成都
一般	西安、昆明、南宁
弱	兰州、呼和浩特、乌鲁木齐、贵阳、银川、西宁、拉萨

根据宗会明的《西部地区物流节点城市物流竞争力评价》(2017)，从物流信息技术水平、物流发展区域的经济水平、社会消费能力、物流人才水平、物流产业的发展基础5个方面构建城市物流竞争力评价指标体系。运用聚类分析的方法，对西部地区12个省会城市的物流竞争力进行实证研究。结果如表2所示：重庆市物流业最具竞争力，其在5个方面均领先于其他城市；成都的物流竞争力位居第二，处于中上游，其经济发展水平高，居民的消费水平高，为了满足日益增长的物流需求，它的交通设施也在不断完善，物流信息化水平不断提升；西安、昆明、南宁这3个城市的物流竞争力一般，经济发展水平较好，物流的需求量大，但经济体量相对较小，交通设施有待进一步完善，城市信息化水平较低；兰州、呼和浩特、乌鲁木齐、贵阳、银川、西宁、拉萨这7个城市的物流竞争力最弱。

(三) 物流信息技术应用有限

互联网、大数据、云计算、物联网和人工智能等现代信息技术的深入和广泛应用，彻底改变了传统物流的经营理念和运作模式，为现代物流的发展提供了动力。但是由于陕西一贯的"醒得早、起得晚"的缘故，物流产业发展较周围省市速度慢。政府方面，基于智慧物流的公共信息平台建设才刚刚起步，就已经被成都、重庆远远甩在了后面，尤其是重庆智慧物流公共信息平台已经入选全国首批骨干物流信息平台试点企业。企业方面，物流标准化、信息技术、物联网推广等工作进展也很缓慢，目前除一小部分大型企业外，很多中小型商贸物流企业落后的人工、机械处理方式严重影响了运营服务水平和效率，造成了其竞争力比较低，阻碍了陕西商贸物流产业跨越式发展。

(四) 缺少现代大型供应链服务型物流企业支撑带动

近年来，陕西的物流企业不断扩容，但是真正具有一定规模的物流企业还是凤毛麟角。根据中国物流采购联合会2018年发布的A级物流企业名单，陕西目前共有78家A级物流企业，其中5A级物流企业仅有7家，大多物流企业规模偏小，物

流服务功能单一，只停留在从事传统运输和仓储这一基础物流功能服务层面，物流运作的一体化、网络化程度较低，对市场和资源的掌控能力不足。

四、陕西交通商贸物流中心深入推进策略

（一）有效提高物流供应能力

针对目前物流差异率高的问题，陕西应该在适度扩大物流总需求的同时，着力加强其物流供给侧结构性改革，打通优化物流流通渠道，提高物流信息化水平，补齐短板，提高物流供给体系质量和效率，使供给和需求实现较好的匹配。具体来说：一是政府鼓励物流企业重视物流相关技术的研发与创新，鼓励更多物流企业构建智能化物流通道网络，推广前沿智能化无人技术、智能拣选技术等创新技术、解决方案和创新的应用实践。用智能物流和知识物流引导新型物流业的发展。二是企业要坚持教育、培训和引进并重，提升业务和服务水平，以应对未来丝绸之路经济带物流可持续运行的需求。通过技术和人才为企业带来更多的新思想、新管理理念，从而提高物流供应能力和物流运营效率，不断满足日益增长的物流需求。三是加快海关特殊监管区域整合优化，加快复制推广自由贸易试验区及海关特殊监管区域试点成熟的创新制度措施，为国际商贸提供更好的物流环境。

（二）推进国际物流基础网络设施建设

一是要完善现有口岸的服务能力，扩大现有口岸辐射功能，促进现有口岸与产业互动发展。西安咸阳机场的进出口冰鲜水产品、进境食用水生动物、进境水果指定口岸，进口肉类指定口岸，杨凌示范区的进境植物种苗指定口岸，西安铁路的进境粮食、进口肉类指定口岸和整车进口指定口岸，这五大指定口岸已经获批建设，一定要加快建设速度，进一步完善陕西口岸功能，推行大数据在口岸的运行风险分析中的应用，提升口岸物流链智能化水平，优化口岸综合服务环境，满足进口企业各种进境货物的通关需求。二是统筹推进综合保税区建设。综合保税区作为特殊的开放区应统筹安排，一方面积极推进已经获批的西安航空基地综合保税区的建设工作；另一方面加快宝鸡综合保税区和杨凌综合保税区的申请工作，这样会大大地加强陕西物流基础网络设施的布局。三是进一步完善航空口岸和铁路口岸的布局。航空口岸方面，有计划、有步骤地推进延安、汉中机场航空口岸开放工作，真正形成以西安咸阳国际机场航空口岸为中心，陕北、陕南两翼发展的航空口岸布局，进一步强化航空枢纽作用，扩大其国际国内辐射范围。铁路口岸方面，在西安口岸建设的同时，进一步增加除宝鸡、渭南、榆林、延安外陕南等地区的铁路外贸货物装卸点，使铁路口岸布局更加完善。

（三）建设中欧班列集结中心

如前所述，目前西安中欧班列已经开通了 11 条线路，年开行数量超过了 1000 列，为助力陕西经济发展、服务国家"一带一路"建设提供了强有力的运输保障。要让陕西中欧班列的亮点效应更足，应该依托西安国际港站这个国际班列组织基地，建设中欧班列集结中心，进一步推动沿线国家之间的"互联互通"与经贸合作。具体来说，一方面，在稳定开行西安—中亚和欧洲国际货运班列的基础上，更加积极地与更多的国际铁路枢纽城市加强合作，不断丰富班列运行线路，持续提高运行效率和逐渐降低成本，吸引国内和世界各地的货物在这里集结。另一方面，在"一带一路"中欧国际班列联盟的基础上，进一步加强与相关省市合作，配置国际货运班列组织调度服务功能，整合国内班列资源，实现优势互补，共同打造中欧班列集结中心，吸引更多的国际货物在陕西集散、中转，从而实现中欧国际货运班列班次运行增多。

（四）提高智慧商贸物流服务水平

完善云计算、互联网等智慧基础平台建设，加快推动智慧商贸物流服务应用，推动智慧商贸物流中心建设，支撑核心区信息传输大通道和信息枢纽中心建设。

首先，大力推进智慧基础平台建设。依托已启动的"N+1"云工程所形成的云计算及西咸新区沣西新城大数据产业基地平台，聚焦大数据处理与商贸物流服务产业链。支持企业通过建设物联网应用基础设施和服务平台，提供商贸物流领域的互联网应用服务。例如，在供给侧改革背景下，鼓励企业开发产业链整合服务平台，从事无车承运模式的大范围物流整合服务，这样在去中间环节的同时可以为供需两端实现相对应的降本增效。

其次，推动智慧物流服务应用。重点推进云计算、物联网、北斗导航及地理信息技术在物流智能化方面的应用，加快陕西电子口岸建设，搭建物流公共信息平台，推动企业物流信息化，强化数据开放，兼顾信息推送，逐步优化商贸物流服务流程，完善商贸物流服务标准化体系。

五、陕西建设"一带一路"国际商贸物流中心政策分析

本文运用系统动力学原理，构建商贸物流系统模型，研究商贸物流服务能力的影响因素。根据陕西的相关数据，通过仿真分析，明确在这些影响因素一定幅度内、不同作用水平下商贸物流系统的发展趋势，从而探寻提升商贸物流服务水平的方法，以此给丝绸之路沿线地区的商贸物流的发展提供一些可行的途径，最终提升丝路沿

线商贸物流的综合竞争力。

（一）影响商贸物流服务能力的因素分析

1. 商贸物流系统界定与模型假设

（1）系统边界界定

运用系统动力学的一个最重要的前提是明确系统主体及主体与各种影响因素之间的关系，即系统边界界定问题。根据以往的研究文献，一个地区商贸物流服务能力主要体现在当地经济水平、物流供给能力和物流需求三个方面。据此建立了经济水平子系统、物流供给子系统、物流需求子系统，这3个子系统不是相互独立的，其内部因素相互作用和影响，共同组成了商贸物流系统。具体如下：①随着物流供给能力的提高，物流区域的可达性就会增强，物流需求及实载率也随之增加，由此带来的规模效应会使物流产值增加，由此促进当地经济的发展。②随着当地经济的发展、消费水平的提高，物流需求会增加，这样现有的物流供给就无法满足不断增加的物流需求，从而使得物流差异增加，迫使物流供给能力不断提升。③地方经济不断增长，就会不断加大对物流相关软硬件的投资，从而使得物流供给能力持续提升。

（2）界定和假设

考虑到模型的合理性和科学性，明确了主要的影响因素后，对其作出如下界定和假定：

第一，用社会消费品零售总额反映物流需求量，用货运量反映物流供给量。

第二，只考虑物流阻碍这一个因素对城市经济增长的影响，文中用物流差异来表示，不考虑其他因素。

第三，将 GDP 在物流方面的投资分为三部分：第一部分用于引进和研发物流技术，用物流技术投资来体现；第二部分用于培养物流人才，用物流教育投资来体现；第三部分用于建设物流园区、交通基础设施，用物流基础设施投资来体现。

第四，假设物流供给能力的提高主要依靠基础设施建设运用水平、高层次物流人才、物流技术研发及运用情况的提升，而地方经济水平提高在一定时期内会使得物流需求不断增长。

2. 商贸物流系统因果关系分析

进行商贸物流系统因果关系分析是此研究方法的基础。具体来说，就是通过构建系统内部的变量间的传导关系来表达系统动态形成的原因，从而辅助进行决策分析。因果关系如图5所示，它包含经济水平、物流供给和物流需求3个子系统。主要反馈路线有4条，其中3条为正因果反馈环，1条为负因果反馈环。

正因果反馈环1：经济增长→物流基础设施投入→物流供给能力→物流成本→

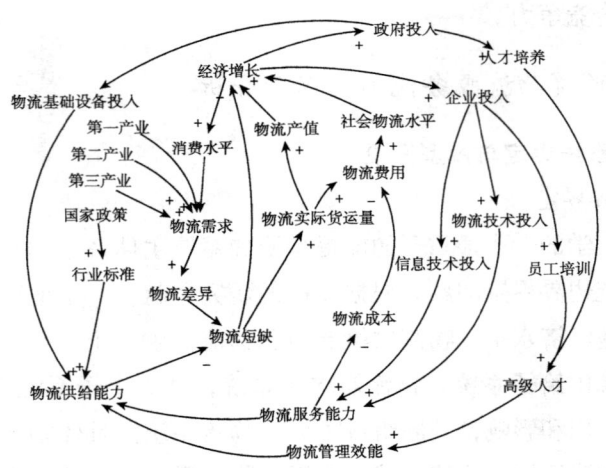

图5 商贸物流系统的因果关系

物流服务水平→物流实际货运量→物流产值→经济增长。此反馈环反映的是当经济增长时，在政府对物流教育、物流基础设施、物流技术及标准等方面增加投入的同时，企业也会对员工培训、物流技术、信息技术等方面增加投入，双管齐下会使得物流供给能力提高，进而会提高区域商贸物流服务水平；区域物流服务水平高就会吸引更多的物流需求，尤其是中转物流需求，从而产生规模效益，使得单位物流成本降低；由此产生的物流服务效益的提高自然会使物流产值增加，最终又会促进经济的进一步增长。

正因果反馈环2：经济增长→物流需求→物流实际货运量→物流产值→经济增长。此反馈环反映的是：一方面，随着地区经济的增长，区域内消费水平提高，再加上第一、第二、第三产业的增长，都会使得区域内物流需求增加；另一方面，物流服务水平的提高，会刺激丝绸之路经济带沿线的区域外的周转物流需求大幅度增加，进而使物流产值持续保持增长态势，最终影响区域经济的发展。

正因果反馈环3：经济增长→物流需求→物流差异→物流供给→物流产值→经济增长。此反馈环反映的是随着物流差异的加剧，物流系统的自适应性会促使物流供给不断增加来满足实际的物流需求，从而迫使系统整体服务水平提高，通过物流产值的增加来促进经济增长。

负因果反馈环1：经济增长→物流需求→物流差异→物流短缺→经济增长。此反馈环反映的是当物流需求增加，但是物流基础设施投入的延迟使得物流供给能力的提升滞后时，会加剧物流差异，导致因物流供给短缺而使商品流通迟滞，从而阻碍经济进一步发展。

（二）丝路沿线商贸物流系统动力学模型

1. 系统流图模型构建

根据图5中的因果关系，结合系统动力学原理及相关文献，通过 Vensim PLE 仿真软件建立了商贸物流系统动力学流图，具体如图6所示。

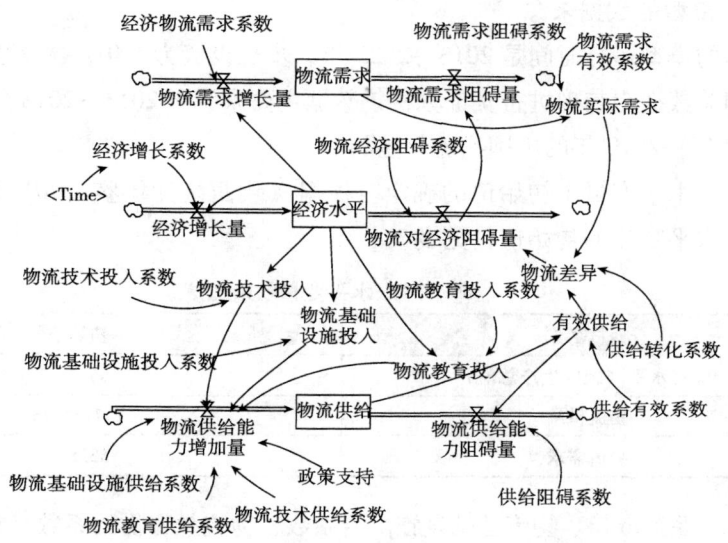

图6 商贸物流系统动力学流图

2. 模型方程及数据采集来源

（1）系统动力学模型方程

从图6中可以看到，构建的丝绸之路经济带商贸物流系统结构包括经济水平、物流需求和物流供给三个模块。模型中的具体变量、参数如下：

物流供给 = INTEG（物流供给能力增加量 - 物流供给能力阻碍量，初始值）

经济水平 = INTEG（经济增长量 - 物流对经济阻碍量，初始值）

物流需求 = INTEG（物流需求增长量 - 物流需求阻碍量，初始值）

物流供给能力增加量 =（物流基础设施投入×物流基础设施供给系数 + 物流教育投入×物流教育供给系数 + 物流技术投入×物流技术供给系数）×（1 + 政策支持）

物流供给能力阻碍量 = 有效供给×供给阻碍系数

经济增长量 = 经济增长系数×经济水平

物流对经济阻碍量 = 物流差异×物流经济阻碍系数

物流需求增长量 = 经济水平×经济物流需求系数

物流需求阻碍量 = 物流对经济阻碍量×物流需求阻碍系数

物流基础设施投入 = 经济水平×物流基础设施投入系数

物流教育投入 = 经济水平 × 物流教育投入系数

物流技术投入 = 经济水平 × 物流技术投入系数

有效供给 = 物流供给 × 供给有效系数

物流实际需求 = 物流需求 × 物流需求有效系数

物流差异 = 物流实际需求 − 有效供给 × 供给转化系数

（2）模型的数据来源

构建的模型运行时间是 2013—2025 年，步长设置为 1 年，本文以陕西商贸物流方面的相关数据为基础进行实证分析，数据主要来源于 2013—2018 年的陕西省统计年鉴和 2014—2019 年的中国物流年鉴等。

第一，水平变量中初始值的确定。根据《陕西统计年鉴（2013）》确定系统模型中 3 个水平变量的初始值，见表 3。

表 3　水平变量初始值

变量名称	初始值
经济水平（地区生产总值）	15655.83
物流供给	157773.36
物流需求	5338.4

第二，系数取值。物流基础设施供给系数、物流教育供给系数、物流技术供给系数、供给阻碍系数、物流经济阻碍系数、物流需求阻碍系数、供给有效系数、物流需求有效系数这几个系数的共同点是比较难以得到参数值，而且系统动力学的反馈行为对此类参数值并不敏感，其模型行为主要取决于模型结构，所以此类参数是通过参考相关文献，采取有效参数估计的方法做合理估计而得到的，具体见表 4。

表 4　参数取值（1）

参数名称	参数取值
物流基础设施供给系数	27
物流教育供给系数	30
物流技术供给系数	62
供给阻碍系数	0.035
物流经济阻碍系数	0.015
物流需求阻碍系数	0.0015
供给有效系数	0.91
物流需求有效系数	0.83
政策支持	0.1

另外，物流基础设施投入系数 = 物流基础设施投入额/陕西地区生产总值，物流教育投入系数 = 物流教育与培训投入额/陕西地区生产总值，物流技术投入系数 = 物

流技术研发投入额/陕西地区生产总值，供给转换系数用以统一物流需求与物流供给的量纲，经济物流需求系数＝物流需求/陕西地区生产总值。这几个参数是基于2013—2018年6年的中国物流年鉴、陕西区域统计年鉴和陕西统计年鉴中基本数据算出参数的算术平均值得出来的，具体值见表5。

表5　参数取值（2）

参数名称	参数取值
物流基础设施投入系数	0.028
物流教育投入系数	0.011
物流技术投入系数	0.0021
供给转换系数	0.024
经济物流需求系数	0.0483

第三，经济增长系数表函数。模型中的经济增长系数是通过表函数表达出来的，此函数的自变量为年份，因变量为经济增长率，两者之间呈非线性的正相关关系。它们之间的关系如下：

＝WITH LOOKUP（TIME）

LOOKUP（［（0,0）－（3000,10）］，（2013,0.082），（2014,0.077），（2015,0.079），（2016,0.076），（2017,0.075））

3. 模型的检验

（1）模型的方程与量纲检测。模型的检验首先要检查模型各方程是否正确，方程中变量的量纲是否一致、是否正确，其含义是否正确无误，方程中的参数的设置是否反映了实际系统中的合理的意义。本系统运用"Units Check"功能，检验了模型中的各方程和量纲，结果显示都没有问题，完全符合系统动力学建模的要求。

（2）模型的稳定性测试。本研究所分析的陕西商贸物流系统应该是一个比较稳定的系统，即当系统中的某一个参数发生小幅度的改变时，系统行为的趋势基本不会发生改变。本文通过改变仿真时间间隔，将其分别设置为1年、6个月、3个月，来分别考察物流需求的运行情况，结果如图7所示，在不同的仿真时间间隔下，物流需求的曲线有着微小的差距，但都保持着一样的变化趋势。在同样的条件下，对经济水平进行检测，结果也是一样的，如图8所示，这说明所建模型是稳定的。

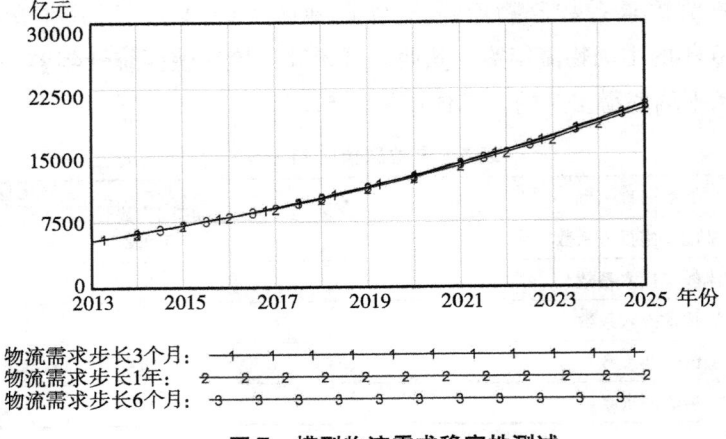

图7 模型物流需求稳定性测试

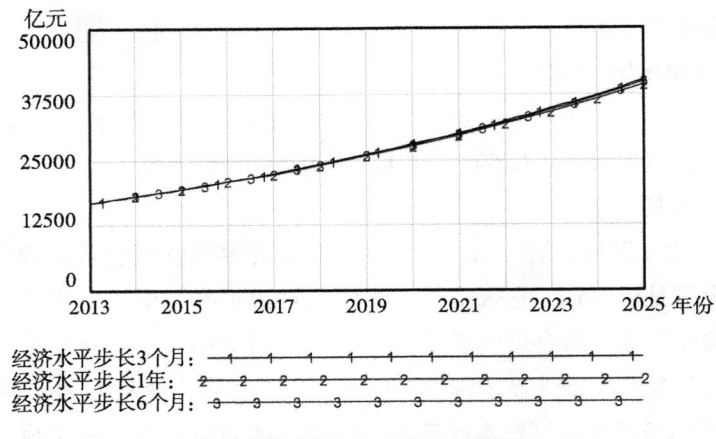

图8 模型经济水平稳定性测试

(3) 模型的适用性测试。为了保证系统动力学模型运行结果的可靠性,将仿真与实际统计数据(2013—2018年)进行对比分析,通过统计模型运行得出仿真值与实际统计值之间的误差,进行有效性分析,即模型的适用性检验,见表6。

表6 2013—2018年模型适用性检验结果

年份	经济水平/亿元			物流供给/万吨			物流需求/亿元		
	实际值	仿真值	误差/%	实际值	仿真值	误差/%	实际值	仿真值	误差/%
2013	16566.83	16566.83	0	157773.36	157773.36	0	5338.40	5338.40	0
2014	17689.94	17910.5	1.24	162371.91	174912	7.72	5918.71	6138.55	3.71
2015	18021.86	19270.5	6.93	169923.54	193302	17.59	6578.14	7003.6	6.47
2016	19165.39	20769	8.37	185582.88	202926	9.34	7367.57	7934.33	7.69

续表

年份	经济水平/亿元			物流供给/万吨			物流需求/亿元		
	实际值	仿真值	误差/%	实际值	仿真值	误差/%	实际值	仿真值	误差/%
2017	21838.40	22318.4	2.19	207179.16	213929	3.25	8239.70	8937.43	8.47
2018	24438.30	25124.6	2.81	213253.44	226854	6.38	9427.63	10032.21	6.41

通过计算机模拟得出的模型三个变量的仿真误差率基本都在9%以内,只有物流供给中有两个误差分别为17.59%、9.34%。基于复杂的经济社会环境,出现节点跳跃为正常现象,因此本模型的误差是可以接受的,说明该模型适合仿真模拟。

(4) 模型的灵敏度测试。本系统的灵敏度检验是将主要参数如物流基础设施投入系数、物流教育投入系数、物流技术投入系数等在合理范围内进行变化,检验主要常量参数如经济水平、物流供给、物流需求的变化是否也在合理范围之内。本文通过改变主要参数在 -5% ~5% 范围内的变化量对模型中的主要常量参数进行重新模拟,发现这几个主要常量参数的变化均没有出现异常波动,均在合理范围之内,所以说本模型的灵敏度是没有问题的。

综上所述,通过对该模型的各种检验,证明采用该模型运行所得结果能比较真实地反映陕西商贸物流系统的实际情况,因此,该模型适合仿真模拟。

(三) 主要变量仿真预测结果

利用 Vensim – PLE 软件对2013—2025 年间陕西经贸物流系统进行仿真,得到在其目前的物流基础设施投资水平、物流技术投资水平和物流教育投资水平下(三系数分别为 0.0280、0.0021 和 0.011) 其主要变量的仿真结果如表7 和图9 所示。

表7 2019—2025 年陕西经济水平与物流供需仿真预测数据

年份	经济水平/亿元	物流供给/万吨	物流需求/亿元	物流差异（亿元/年）
2019	25173.8	280223	11172.4	3153.07
2020	27595	305698	12414.4	3627.47
2021	29610.2	332879	13747.1	4140.03
2022	31768.9	361890	15177.2	4693.4
2023	34081.1	392865	16711.5	5290.4
2024	36557.9	425946	18357.5	5934.08
2025	39210.7	461288	20123.1	6627.68

第一,陕西经济的不断发展为其经贸物流发展提供了物质基础,因此,在丝绸之路经济带背景下陕西经贸物流系统要发展得更加成熟与高效,需要陕西经济持续发展。陕西经济发展水平仿真结果如图9 所示,呈逐年增长的趋势。2013—2014 年,在丝绸之路经济带背景下,陕西经济处于高速增长状态,之后增长速度平缓,

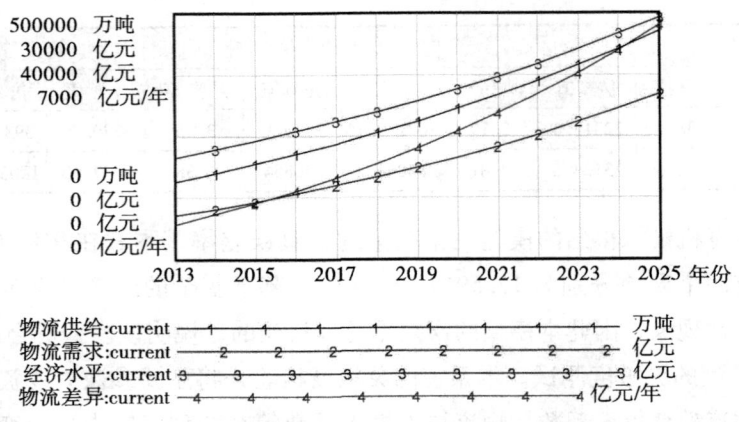

图9 陕西省经济水平及物流供需、物流差异状况仿真趋势

在8%左右,2022年陕西经济总量将突破30000亿元,2025年将突破40000亿元。

第二,陕西丝绸之路经济带商贸物流系统动力学模型构建目标之一就是能够通过仿真来对丝绸之路经济带背景下陕西商贸物流需求和物流供给能力进行预测,根据仿真结果,如图9所示,两者也都在逐年增长。陕西商贸物流需求2025年将超过2万亿吨,在丝绸之路经济带背景下,陕西正处于经济蓬勃发展的时期,随着陕西经济的不断增长,物流设施投入、物流人才培养投入也将加大,物流供给能力就会不断提高,2025年将超过40亿吨。

第三,物流供给是否适应物流需求发展,是区域物流系统能否保持协调的关键,这种协调性是通过物流差异(绝对值)或物流差异率(相对值)来体现的。如图9所示,物流差异在逐年增加,也就是说,虽然物流供给和物流需求量都在增长,但物流供给的增长速度并没有赶上或者超过物流需求的增长速度。

通过上面主要变量的仿真结果可以看出,在现有的物流投资系数下,陕西商贸物流服务能力仍比较低,物流供给依旧不足,因此进一步研究如何提高物流的供给能力是很有必要的。

(四)丝路沿线经贸物流服务能力影响因素仿真模拟

通过在模型中改变相关系数的数值来模拟陕西商贸物流的物流供给、物流需求和物流差异指标,通过它们的变化情况来判断不同影响因素对商贸物流系统的影响程度。

1. 物流基础设施投入系数影响分析

为分析物流基础设施投入比例的高低对商贸物流系统的影响,在保持其他条件不变的情况下,选取该系数五种情况(见表8),商贸物流的物流供给和物流差异的变化情况如图10所示。

表8 物流基础设施投入系数设置表

方案	方案一	方案二	方案三	方案四	方案五
物流基础设施投入系数	0.028	0.008	0.048	0.1	0.07

由图10可以看出：①物流基础设施投入系数与物流供给呈正相关关系，与物流差异呈负相关的关系。②分析数据可知，在方案二下物流供给和物流差异分别会以5.58%和21.54%的平均速度变化，在方案三下以12.13%和9.09%平均速度变化，说明物流供给对基础设施投入比例的增加比对基础设施投入比例减少的敏感度高，而物流差异正好相反。③经过多次模拟，发现临界系数值为0.07（方案五），说明通过增加一定比例的物流基础设施投入但不超过7%，不仅能够有效缩小物流差异而且物流有效供给不会过剩，故通过增加物流教育投入来提升商贸物流服务能力这一路径是可行的。

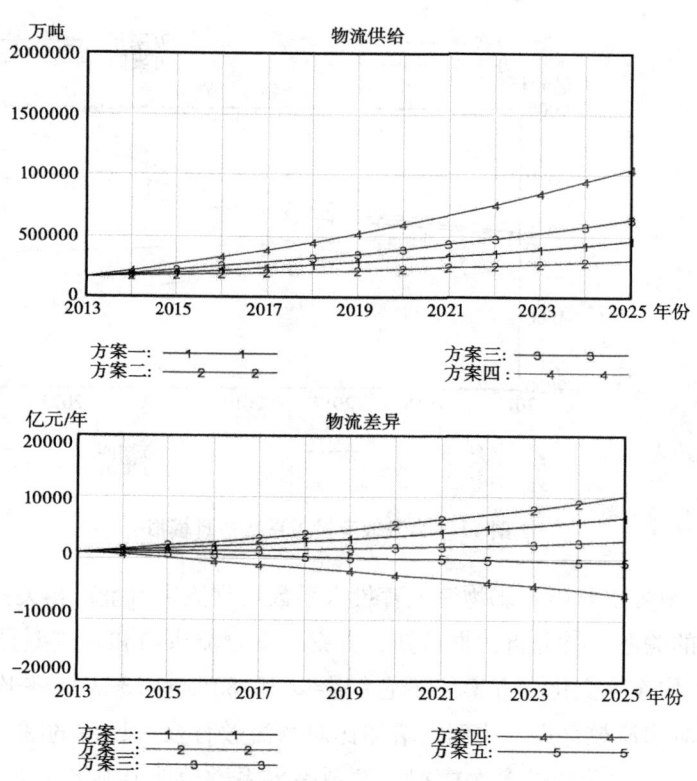

图10 物流基础设施投入系数仿真模拟

2. 物流教育投入系数仿真模拟

物流教育投入系数即每年在物流教育和培训方面的投入占全省GDP的比例。为分析物流教育投入比例对商贸物流系统的影响，在保持其他条件不变的情况下，选取该系数五种情况（见表9），商贸物流的物流供给及物流差异的变化情况如图11所示。

表9 物流教育投入系数设置表

方案	方案一	方案二	方案三	方案四	方案五
物流教育投入系数	0.011	0.001	0.021	0.07	0.048

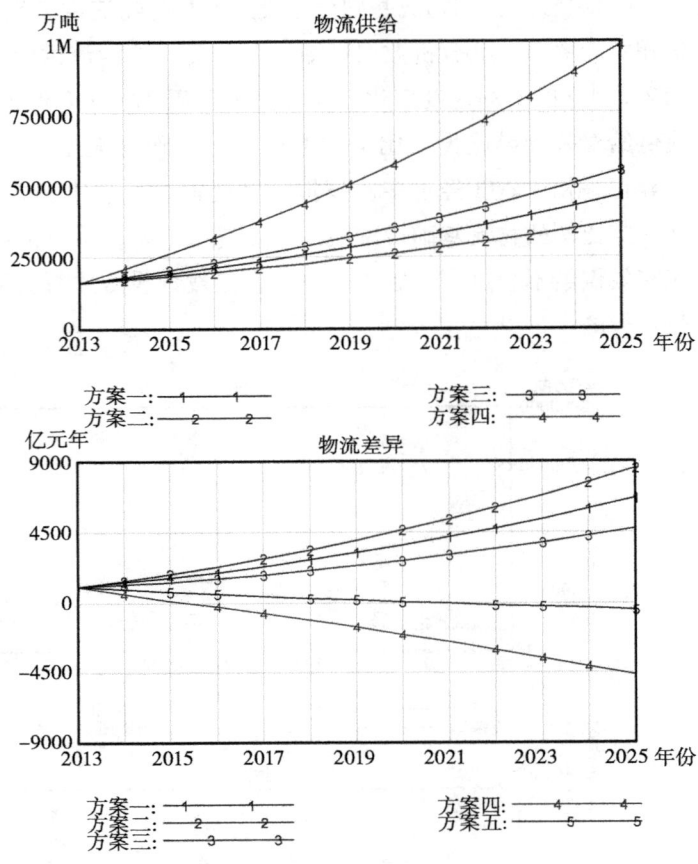

图11 物流教育投入系数仿真模拟

从图11中可以看出：①物流教育投入系数与物流供给呈正相关关系，与物流差异呈负相关的关系。②分析数据可知，方案二下物流供给和物流差异会以7.35%和19.72%的平均速度变化，方案三下它们会以10.83%和13.73%平均速度变化，说明物流供给对物流教育投入比例的增加比对物流教育投入比例的减少敏感度高，物流差异正好相反。③经过多次模拟，发现临界系数值为0.048（方案五），也就是说，通过增加一定比例的物流教育投入但不超过4.8%，不仅能够有效缩小物流差异而且物流有效供给不会过剩，故通过增加物流教育投入来提升商贸物流服务能力这一路径是可行的。但是通过物流教育投入提高物流供应能力的平均贡献率没有投资物流基础设施高。

3. 物流技术投入系数仿真模拟

物流技术投入即每年在物流技术方面的研发投入占全省 GDP 的比例。为分析物流技术投入比例对商贸物流系统的影响，在保持其他条件不变的情况下，选取物流技术投入系数五种情况（见表 10），商贸物流的物流供给及物流差异的变化情况如图 12 所示。

表 10　物流技术投入系数设置

方案	方案一	方案二	方案三	方案四	方案五
物流技术投入系数	0.0021	0.0001	0.0089	0.05	0.0189

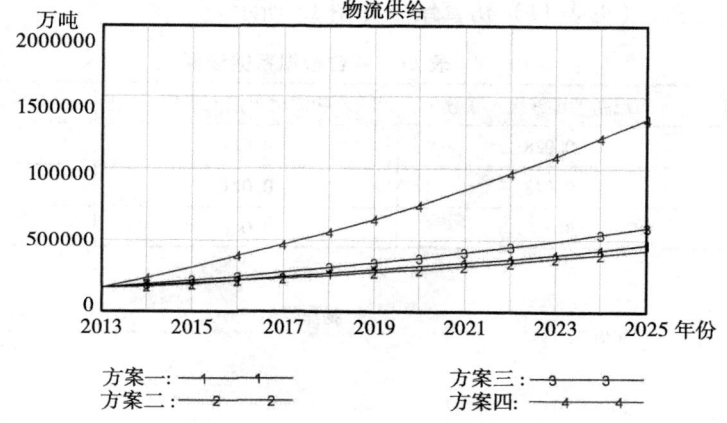

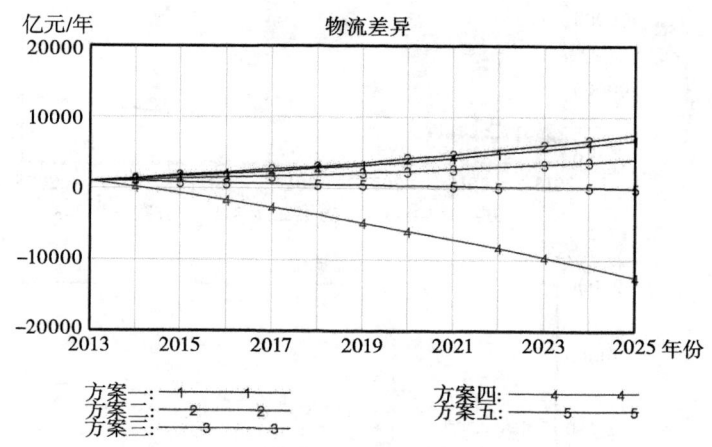

图 12　物流技术投入系数仿真模拟

从图 12 中可以看出：①物流技术投入系数与物流供给呈正相关关系，与物流差异呈负相关的关系。②分析数据可知，在模拟期间，方案二下物流供给和物流差异分别会以 8.5% 和 18.23% 的平均速度变化，方案三下它们分别会以 10.83% 和

12.05%的平均速度变化,说明物流供给对物流技术投入比例的增加比对物流技术投入比例的减少敏感度高,物流差异正好相反。③经过多次模拟,发现临界系数值为0.0189(方案五),也就是说通过增加一定比例的物流技术投入但不超过1.89%,不仅能够有效缩小物流差异而且物流有效供给不会过剩。故通过增加物流技术投入来提升商贸物流服务能力这一路径是可行的。同时也发现物流技术投入对提高物流供给能力的平均贡献率比前两者要高得多,也就是说同样数额的资金投入物流技术研发,效果比前两者明显。

4. 综合仿真模拟

在模拟单一系数变化引起物流差异和差异率变化之后,同时增加三个系数,形成的综合方案(见表11)仿真结果如图13所示。

表11 综合模拟系数设置表

方案	物流基础设施投入系数	物流教育投入系数	物流技术投入系数
方案一	0.028	0.011	0.0021
方案二	0.048	0.021	0.0089
方案三	0.07	0.048	0.0189

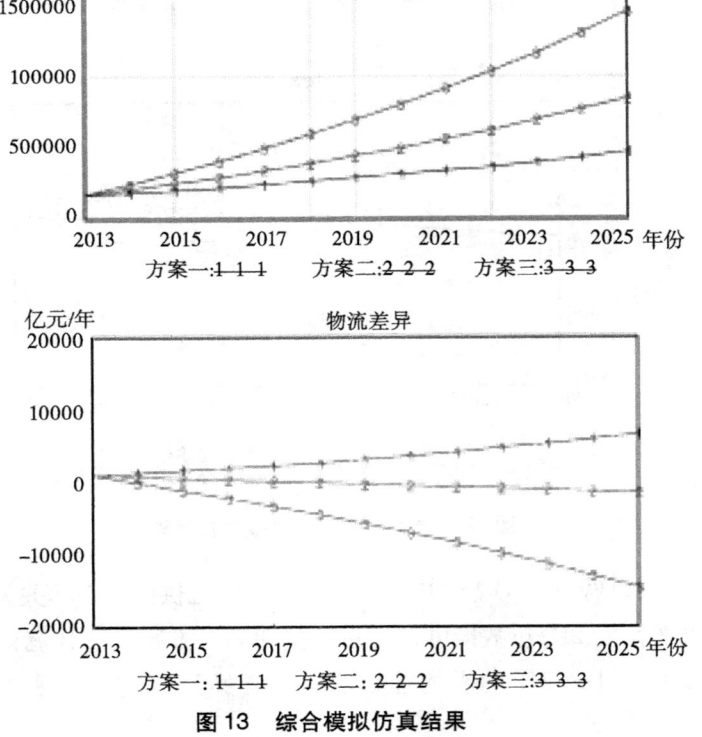

图13 综合模拟仿真结果

将综合方案仿真结果与单一方案进行对比，明显看到综合方案能更有效缩小商贸物流差异，综合单个最佳方案并不是最佳综合方案，通过模拟可看出第二方案在实际系统中的可行性更好。因为在单一方案下由于资源配置不均衡可能导致物流发展出现瓶颈，各物流相关投入都相应增加能使彼此更好地适应，而使得效果更佳。

（五）结论与建议

1. 结论

第一，模型的有效性检验，表明丝路沿线商贸物流系统动力学模型是合理有效的，能够较好地描述系统内各个变量之间的关系。采用该模型运行所得结果能比较真实地反映商贸物流系统的实际情况，由此提出的建议是可行的，具有一定的价值。

第二，通过运用陕西相关数据对主要变量进行模拟，可以看出按照目前的相关投入，其商贸物流的物流供给能力将无法适应快速增长的物流需求，所以当务之急就是要提升丝路沿线商贸物流供给能力，缩短物流差异和差异率。

第三，模拟结果表明：①增加一定比例的物流相关投入系数来提升商贸物流服务能力的路径是可行的。②贡献率的大小排序是物流技术、物流基础设施、物流教育，所以在资金有限的情况下，投入顺序应该按照它们的平均贡献率的大小和参考临界值来决定。③将综合方案仿真结果与单一方案进行对比，明显看到综合方案能更有效缩小商贸物流差异，综合方案在实际系统中的可行性更好。

2. 政策建议

首先，在丝绸之路经济带大背景下，沿线地区要对国家"一带一路"战略及商贸物流产业的相关政策进行系统研究和梳理，在用好用足现有政策的同时，向国家争取一些差别化政策支持并精准落实到相关项目上，为商贸物流发展提供强大的政策基础。

其次，为提高丝路沿线商贸物流服务能力，进而提升其综合竞争力，应该：一是通过加大物流基础设施相关投入，如加快推进指定口岸建设、统筹推进综合保税区建设、进一步完善航空口岸和铁路口岸的布局等，来加快构建高效的区域交通网；二是不断完善云计算、互联网等智慧基础平台建设，加快智慧商贸物流服务应用，推动智慧商贸物流中心建设，支撑核心区信息传输大通道和信息枢纽中心的建设，提高智慧商贸物流服务水平，逐步优化商贸物流服务流程，满足不断增长的物流需求。三是培养和挖掘优秀的物流人才，加强物流人才的培养与引进，进一步提高物流系统的运行效率，从而不断提升商贸物流的现代化水平，提升物流核心竞争力。

参考文献

[1] Myrdal G. Economic theory and underdeveloped regions[M]. London: Duckworth,1957.

[2] Williamson J G. Regional inequalities and the process of national development [J]. Economic Development and Cultural Change,1965.

[3] Friedmann J. Regional development policy: a case study of Venezuela[M]. Cambridge, Mass. and London: MIT Press,1966.

[4] Malmberg A. Industrial geography: agglomeration and local milieu[J]. Progress of Human Geography,1996.

[5] Richardon H W. Regional growth theory[M]. Macmilan,1973.

[6] Matin R,Sunley P. Paul Krugman's geographical economics and its implications for regional development theory: a critical assessment[J]. Economic Geography,1996.

[7] Krugman P. Geography and trade[M]. Leuven: Leuven University,1991.

[8] Krugman P. Development, geography and economic theory[M]. Cambridge: MIT Press,1995.

[9] Malmberg A. Industrial geography: location and learning[J]. Progress of Human Geography,1997.

[10] Stephen Hoadle,Yangjian. China's cross-regional FTA initiatives: towards omprehensive national power[J]. Pacific Affairs,2007,80(2).

[11] Peter L Watson. Export processing zones: has africa missed the boat[R]. Africa Region Working Paperseries No. 17,Africa Region,the World Bank,2001.

[12] Hiroshi Oikawa. TNCs in perplexity over how to meet local suppliers: the case of philippine export processing zone[R]. IDE Discussion Papers of Institute of Developing Economics NO. 167,2006

[13]林麟. 基于海南自由贸易区的商贸物流发展策略探讨[J]. 中国物流与采购,2018(18):72-73.

[14]赵青松. 新疆建设丝绸之路经济带国际商贸物流中心的战略思考[J]. 商业经济研究,2016(10):204-205.

[15]陈宏伟. 徐州建设淮海经济区商贸物流中心的对策建议[J]. 江苏师范大学学报(自然科学版),2018,36(1):5-8,16.

[16]赵彤,张晟义."一带一路"背景下喀什打造国际商贸物流中心的发展探讨

[J].对外经贸实务,2018(7):89-92.

[17]宗会明,冶建辉,蔡冰洁.西部地区物流节点城市物流竞争力评价[J].西南师范大学学报(自然科学版),2017,42(2):64-69.

[18]阿布都伟力·买合普拉.新疆建设丝绸之路经济带商贸物流中心的思考[J].中国流通经济,2017,31(1):23-30.

[19]申韬,赵敏."一带一路"背景下广西区域性国际商贸物流中心建设机遇和挑战分析[J].经济与社会发展,2017,15(3):9-15.

[20]樊超.大数据时代下商贸物流中智慧物流技术的应用分析[J].现代经济信息,2018(21):342-343.

[21]胡以一.基于共生经济和"互联网+"的我国商贸物流业优化升级[J].商业经济研究,2017(18):68-70.

[22]李军."一带一路"战略背景下的中国国际商贸物流研究[J].价格月刊,2017(9):73-77.

[23]田巧.基于系统动力学模型的物流园区建设对城市经济发展的影响研究[D].重庆:重庆交通大学,2016.

[24]陈艳,王路,孙丰岩.基于系统动力学的港口物流需求预测[J].物流工程与管理,2017,39(8):76-79.

[25]李闽榕.区域经济发展视角下的区域性综合物流中心建设研究——以厦门港口中心为例[J].福建论坛(人文社会科学版)2010(3):120-128.

[26]龙绍飞.基于系统动力学的港口物流企业转型升级策略研究[D].广州:华南理工大学,2015.

[27]张水平.中原经济区物流系统建模与仿真研究[J].河南科技学院学报,2017,37(1):60-66.

[28]贺玉德,马祖军.基于CRITIC-DEA的区域物流与区域经济协同发展模型及评价——以四川省为例[J].软科学,2015,29(3):102-106.

[29]高康,王茂春.区域经济与物流协调发展的系统动力学研究[J].统计方决策,2019,35(8):60-63.

[30]杨浩雄,段炜钰,马家骥.基于系统动力学的地区物流业与地区经济互动机理研究[J].统计与决策,2019,35(3):69-73.

[31]郭湖斌,齐源.长三角区域物流与区域经济协同发展及空间协同特征[J].经济问题探索,2018(11):77-85.

西安国际陆港与城市经济联动发展研究

谢聪利[①]

摘要：随着世界经济一体化进程的不断加快，现代港口已逐步发展为全球供应链的重要节点，传统海港已不能满足世界大物流发展的需求，而国际陆港作为一种新兴的港口形式，是当前海港扩大货源的有效途径，使用国际陆港也是内陆地区促进对外贸易发展所需的举措。陆港作为综合运输枢纽，是进出口货物的主要集散地，其通过基础设施的建设促发需求，从而拉动城市经济的发展，同时城市经济的发展也为陆港发展提供了充足的货源，二者相互促进、相互制约。

国际陆港的建设与发展对临港城市的发展具有非同寻常的意义，它是连接内陆地区与沿海港口、沿边口岸的桥梁，对外贸易的窗口和外向型经济发展的引擎，物流系统整合优化的枢纽，产业发展、要素集聚的平台，更是国家和地方政策实施的载体，也是巩固区域中心城市地位的重要抓手。城市依托陆港，成为主动策划、组织和参与国际经贸活动、产业集聚和综合服务的基地与腹地，成为商品流、资金流、技术流、信息流与人才流汇聚的中心。虽然国际陆港在我国还是一个新兴的业态，但在我国向西开放、新一轮西部大开发和丝绸之路经济带建设过程中，具有不可忽视的基础性战略作用。

陕西处于内生性经济区域，在加快转变经济发展方式的新形势下，不能模仿沿海、内地区域经济发展的模式，必须探寻发展战略转型的轨迹，按照区域经济的特点进行战略调整，即以内生经济的联动和外在经济的联合为主体，实现开放型经济发展，进行跨区域的经济技术合作。西安国际陆港的建设可促进亚欧陆地与非洲陆地国际运输网的连接，实现陆海空国际运输无缝衔接，促进内陆国家和内陆地区经济的发展。西安国际陆港的建设与发展对于优化地区产业结构和促进城市经济发展具有非常重要的战略意义。

本文以西安国际陆港为研究对象，通过参阅大量国内外相关研究文献，确定了

[①] 西安外事学院陕西自贸区研究院讲师。

西安国际陆港与西安城市经济联动发展的关键性影响因素,并构建了二者的联动发展有效性评价指标体系,利用数据包络分析(DEA)模型对二者的联动效率进行了定量分析,以确定各类资源的配置合理性,最后给出了建设性的建议。本文对于促进陆港与临港经济协同发展具有一定的现实指导意义。

关键词：国际陆港；城市经济；联动；DEA 分析法

一、引言

世界经济未来的发展方向必然是内陆主导式,而内陆发展的重要途径是承接东部沿海向内陆的产业梯度转移,主要障碍之一就是国际物流的不便利和不畅通。国际陆港是依托信息技术和多式联运理论等相关理论,在内陆地区建立的连接港口进行货物运输的站点。其发展是港口与内陆双向作用的产物,港口通过国际陆港实现其腹地扩张,内陆借助国际陆港实现对外交流,国际陆港在经济发展中起着至关重要的枢纽作用。

国际陆港作为陆化的港口,将海港的部分功能转移至内陆地区,在保证花费较小成本基础上,大大提高了内陆地区的国际物流能力。如今我国国际陆港已由"蓝图"走向建设阶段,据不完全统计,我国已规划、建设的国际陆港有几十个,但重复建设的问题已显现。在对陆港建设机理还比较模糊、国际陆港空间没有被合理地统筹安排的情况下,大规模投资建设存在极高的风险。本文主要从以下几个方面进行了研究：①对国际陆港从概念到本质进行分析,并对国际陆港与城市经济的相互关系进行了解释分析,能够较好地契合现阶段理论需求。随着国际海运业发展和全球经济的一体化进程的加快,港口在全球经济中的地位和作用日趋突出,使用国际陆港成为港口向腹地扩展、争取货源的重要手段。但是作为新生的事物,在建设国际陆港时如何使其与现有设施有效衔接有待进一步分析。②对国际陆港与城市经济之间的关系与联动效果进行较为深入的定性与定量分析,并将国际陆港对城市经济发展有效性结果与其他地区进行对比,在指导西安国际陆港带动城市经济快速发展方面提出建设性建议。③由于影响国际陆港经济发展以及城市经济的要素较多,如何在众多的影响要素中选择一些关键性指标是有效解决二者相互作用及有效性问题的关键。本文利用聚类分析以及层次分析法,对各要素的影响度进行分类,找出具有较强代表性的要素,简化此类问题的复杂程度,为测量国际陆港和城市经济的相互影响的有效性提供简单的工具。

二、国际陆港概述与西安国际陆港概况

(一) 国际陆港概述

1. 国际陆港的定义

国际陆港是建立在内陆地区，依托信息技术和便捷的运输通道，具有集装箱集散、货运代理、第三方物流和口岸监管等综合功能的物流节点，是具有完善的沿海港口功能和方便的外运操作体系的内陆集聚地。之所以称为国际陆港，一是因为货物在陆地装卸、在陆地运输，港口建设在陆地上，运输的是国际货物；二是因为该名称符合国际运输操作的要求，也符合国际港口的起名排序原则：海港、河港、空港、陆港，名称设计规范统一。作为在内陆无水地区建设的具有国际港口功能的陆港，其在不同国家也有不同称谓，目前国际上还没有一个统一、标准的定义。欧洲委员会把"与海港地理上直接相连的内陆场站"称为"干港"。美国习惯上称之为内陆港，强调陆港是一种多式联运设施，能够为国际贸易提供"远离传统陆地边界、海港或空港之外"的"增值服务"。在我国，国际陆港的叫法较多，其他常见的有"无水港""干港"等。如"无水港"就定义为"是为船公司和当地客户服务的内陆海运集装箱中转站，除了没有港口码头装船、卸船的操作外，它的功能与港口基本一样"。

综观这些称谓和定义，它们虽然不同，但都具有和国际陆港基本相同的功能，均包括集装箱存储、货物集散、仓储及分拨、集装箱箱管点、货运代理、内陆口岸、提供第三方物流服务、信息处理与服务等功能。除了没有码头的装船、卸船的操作业务，其他功能和港口的基本相同，是建在内陆地区的物流节点。此外，国际陆港还具有区别于普通物流中心的两大核心功能。

2. 陆港的功能分析

陆港的功能构成主要由陆港所处的地理位置和陆港所处供应链运作需求决定。从国内陆港的发展情况来看，陆港主要具有核心功能、辅助功能和增值功能。

(1) 核心功能：陆港作为沿海港口向内陆地区延伸的门户，具有同沿海港口基本相同的功能，如订舱、通关、仓储、信息管理等，陆港向货主提供一站式集装箱运输服务，简化货物运输手续办理，缩短货物运输时间。作为内陆集装箱多式联运的节点，可以提供多式联运的运输组织、中转、换装、衔接和集装箱的堆存、保管、维修等服务。

(2) 辅助功能：陆港围绕其核心功能开展辅助业务，诸如货运代理、金融、保险和对陆港基础设施和机械、车辆的维修、保养等。

(3) 增值功能：陆港作为供应链在内陆腹地的重要节点和内陆运输网络的重要

枢纽，服务不断升级，服务范围扩大至保税服务和物流增值服务。具有综合保税区和保税仓库的陆港，可以实现入港保税、退税和保税加工等功能。在运输的各个阶段，陆港可以提供包装、加工、分拨配送等物流增值服务，通过这些增值服务促进整个供应链的高效运转，同时也为内陆地区货物进出口创造便利条件，从而提高陆港的竞争力。

(二) 西安国际陆港概况

西安地处我国中心地带，是西部重要的交通中心、信息中心、商贸枢纽、物流中心、金融中心和各种资源要素的集散地，在经济发展中起着"承接东西、交流南北、贯通各方"的重要作用。西安是我国29个国家物流一级节点城市之一，是关中—天水经济区重点打造的现代物流中心，是新亚欧大陆桥中国段上的重要城市，也是陆上丝绸之路的起点。随着西部大开发的持续推进，国家对西部物流产业的扶持政策为西安物流业提供了发展契机。

西安国际港务区（简称西安陆港）正式建立于2008年，是我国批建的第一个内陆港，也是西安市"十一五"规划中的物流龙头项目。西安国际港务区地处西安市东北部的灞渭三角区，西沿灞河，东至西韩公路，北至铁路北环线，南接西安绕城高速，与连霍高速、陕沪高速、京昆高速、包茂高速等高速公路相连。港务区规划建设范围为44.6平方公里，是西安经济发展和城市建设"东拓、北扩、西联"的前沿区域。西安国际陆港是大陆桥铁路线与丝绸之路经济带的连接枢纽，与国际航运航线相比，大陆桥运输系统有运输线路、运输工具，缺少国际港口、配套系统和操作系统。西安国际港务区的建设参照海洋运输和贸易建设无水港体系，沿着新亚欧大陆桥布点，由点连线，打造大陆桥陆港网，构建丝绸之路经济带国际物流基础。西安国际陆港是指围绕西安铁路集装箱中心站、连接西安和沿海港口、开展综合物流服务的区域，它具有与集装箱中心站协同和互补的国际物流、国内物流以及相关物流产业集群的集成和服务功能。西安国际港务区内的西安铁路集装箱中心站是由铁道部规划的18个铁路集装箱中心站之一，西安保税物流中心项目已经通过国家海关总署等四部委验收。园区依托西安铁路集装箱中心站、西安综合保税区和西安公路港三大支撑平台（见表1），通过公、铁、航、海多式联运，承接沿海港口功能内移，最终形成商贸、物流、加工、服务等产业聚集的业态。作为现代枢纽型综合物流基地，西安国际港务区主要提供国际物流、保税物流、区域中转、分拨、当地配送、流通加工和物流信息管理等一站式、集约化、效益化物流运营和管理。

表 1　西安国际陆港主要功能区一览

西安综合保税区	西安铁路集装箱中心站	西安公路港
具有保税物流、保税仓储、保税加工、检验检测、口岸物流等功能，实现沿海港口服务功能内移、就地办单的大通关功能	设有一关一检、堆存区、冷藏箱区、国际箱区、修箱区；具有各项信息管理系统。与海关、港口、银行等相关业务系统无缝衔接	以信息交易为核心，依托公路运输，与国际物流和多种运输方式相衔接的综合交通枢纽；主要功能包括国际物流、信息交互、甩挂运输、运输协调、物流集散、车辆调度、物流科研培训

三、国内外研究现状

国际陆港也称为内陆港、干港、陆港，它以其全新的运营模式和成果的发展实例吸引了大量的国内外学者对其进行研究。

（一）国外国际陆港的研究现状

针对国际陆港概念及发展模式，Jean – Paulr、Theoe. N（2005）提出国际陆港是指在内陆集装箱场站向内陆多式联运中转站发展中，随着业务范围及功能的不断扩展，内陆集装箱站发展为具有贸易、物流、海关结算等功能的内陆货运口岸。Johan Wonxenius 等（2009）则在前人研究的基础上，对国际陆港的概念、运输网络的运营与构建进行研究，并根据陆港的实际发展情况，按照其与海港的相对作用，对国际陆港进行分类，同时分别对不同类别的国际陆港所在地区经济贸易的影响情况、海陆运输模式等进行详细的介绍。在国际陆港功能研究方面，国外学者关注的是微观视角的内容，如在建设和运营国际陆港过程中如何处理政府与企业的参与、合作问题，如何提高港口效率，如何改善港口环境等。Violeta Roso（2007）对比分析了有无陆港的运输系统模型，指出通过建设国际陆港可减少二氧化碳的排放量，缩短港口卡顿、堵塞、等待的时间，提高港口与腹地的通达性，降低道路事故发生率等。Jarzemskis. A 等（2007）通过对问卷进行研究，证实国际陆港在缓解港口土地压力、减少货物在港堆积、提高货物流转效率方面有突出作用。在国际陆港空间组织方面，目前最为深入的研究是国际陆港选址的研究。国际陆港的选址研究与内陆集装箱转运站的选址研究具有一定的理论相似性，国外学者大多以集装箱转运站选址理论为理论基础，同时运用多种决策模型来解决选址问题。

由于国际陆港的建设与发展问题具有较强的实践意义和现实意义，大多数国外学者近年来都将目光投向国际陆港建设理论的实际应用方面，以期通过理论的研究达到科学指导国际陆港建设发展的目的。

(二) 国内国际陆港的研究现状

21世纪初，我国学者也开始了针对国际陆港的研究工作。席平于2000年最早提出了国际陆港的概念，并结合我国内陆地区经济发展的需要、内陆地区经济发展的模式和国际物流产业的发展情况，提出以国际陆港为基础的内陆国际物流理论和建设方法，并提出建设西安国际陆港的建议。2002年在北京建立的朝阳口岸是我国第一个真正意义上的国际陆港，自此，我国开始了对于国际陆港发展模式、选址、合作、建设等方面的广泛研究。

在国际陆港发展运作模式研究方面，吕顺坚等（2007）结合我国国际陆港的发展情况，将我国现有国际陆港发展模式大体分为三种，分别为海港推动、陆港推动和海陆联动，并根据实际情况对每种模式的特点、运营方式等进行总结。张戎、黄科（2008）在论述国际陆港的概念、功能、作用的基础上，提出以铁路集装箱物流中心为依托的内陆国际陆港的建设设想。在国际陆港的实践研究方面，国内学者大多从宏观角度出发，分析我国现有国际陆港的发展情况、存在问题以及建设对策。如樊晓乐（2010）针对包头国际陆港的建立对天津港腹地发展的影响情况，论述了国际陆港带动天津港内陆腹地发展的直接效应和潜在效应。在国际陆港的功能的研究方面，国内学者则偏向宏观视角，如对国际陆港如何促进城市经济合作、如何扩展港口腹地等方面进行研究。徐伟（2006）研究了国际陆港在港口发展中发挥的作用，从供应链角度分析了国际陆港与沿海港口的关系，指出国际陆港具有增加货源、保证供应链的顺畅性、促进港口良性发展的作用。

综上所述，国际陆港是一个舶来的概念，国内外对其的研究存在方向上的一致，也存在侧重点的不同：第一，从研究的重点看，国外学者更偏重于微观视角分析，将国际陆港视为一个经济体来考察它的经济效益；我国学者则侧重于宏观研究，将国际陆港视为城市开发的载体。第二，从研究的内容来看，对于国际陆港发展带来的港口内陆空间的变化，对于国际陆港内在的空间结构演化，虽然部分学者表达了观点，但尚未有系统化文献发表。第三，从研究的实践意义看，相比较于内陆城市国际陆港遍地开花的实践状况，可以指导我国国际陆港建设的理论多集中于国际陆港本身，对实践的指导意义有待加强。

四、内陆港与城市区域经济联动发展关系概述

（一）内陆港与城市经济联动的内涵

所谓联动，是指两个或两个以上相互关联、相互影响的事物交叉在一起，其中一项（或多项）事物发生变化会导致另一项（或多项）事物发生变化，相互关联的

事物之间互相影响、共同发展或者协同运动的过程、方式就构成了联动机制。

对应到内陆港与城市经济之间的联动，两者之间的联动发展则可描述为在一定的区域内，内陆港与城市经济融入彼此系统内，协同发展，参与各项经济活动并追求经济利益最大化。内陆港与城市经济之间协同式的联动发展揭示出了两者之间的紧密关系：两者不相互独立而相互联系，两者双向或多向联动、互惠互利。

（二）国际陆港与城市经济协调发展机理

1. 国际陆港对城市经济的影响

（1）促进内陆港城市外向型经济的发展

通过内陆港可以实现港口业务向内陆延伸，其口岸功能、物流功能、国际集装箱多式联运功能将使内陆城市成为真正的口岸城市，进而提高城市的对外开放水平，促进城市外向型经济的发展。促进临港城市外向型经济的发展，有利于改善外商投资环境，促进内陆城市的国际化；有利于整合分散的物流资源，利用国际陆港的聚合力吸引各类物流企业入驻国际陆港。

（2）减少物资流通环节，打造无缝连接的国际物流通道

国际陆港的建成，打开了制约内陆地区国际贸易发展的瓶颈——国际物流通道，减少了进出口货物的中转环节，加快了通关速度，形成了完备的国际港口运行机制和方便快捷的外运操作体系，为临港城市进行国际贸易提供了方便的口岸与物流的综合服务，使港口所在城市成为"国际港口城市"，实现了陆地国际物流与海洋国际物流的无缝连接。

（3）实现临港城市产业转移，优化了临港城市的产业结构

国际陆港的运行，可以助推内陆地区的产业转移。临港城市的能源、原材料、劳动力价格、土地等生产要素相对于沿海地区具有一定的优势，在运输条件相同的情况下，投资商对比如新疆的投资较沿海地区来说，能以较少的投入获得较高的投资回报率。国际陆港的建设和运营有利于节省通关时间、降低物流成本，增强承接内陆地区产业转移的引力和磁力，吸引沿海地区尽快将部分产业向内陆转移。

国际陆港直接产业与陆港关联产业的发展形成的良好城市基础设施条件产生的空间聚集引力，可以吸引与港口无直接关系的产业在港口城市集聚。临港大工业的发展产生的协作引力，也不断吸引前后相关产业在港口城市集聚。随着产业集聚带来就业和消费的扩大、成熟效应的产生，促进了城市非经济基础部门的发展。在这一过程中，大力发展第三产业、建设商贸中心是发挥集聚效应的重要保证，因为商贸中心应是物流、信息流的集结地，港口城市完全可以提供这种服务。随着不同产业在港口城市的集聚，陆港城市的产业结构不断进行调整，陆港产业体系渐趋完善。

（4）推动了城市经济量的增长，提升了陆港城市社会经济效益

国际陆港因生产和经营活动产生了大量的人员、物资、信息、资金的流动，直接产生了陆港产业（仓储、集疏运等），并导致依存产业（贸易、钢铁、石化、电力、加工工业等）、派生产业（与陆港有关的金融、通信、保险、修理、旅游、服务等）的产生，从而形成集生产、经营、商贸、旅游、信息甚至服务网等功能于一身的特殊区域。内陆港这一聚集效应大大带动了港口城市相关产业的发展，从而带动了港口城市经济量的提升。

对城市产生的社会经济效益主要通过经陆港运输的货物传导，货物在流动过程中涉及人力、物力和设施等方面，由此产生各种社会经济效益，从而给城市带来产值、就业机会、税收和资金的增加。从国际陆港对港口城市发展产生的社会经济效益来看，可以分为四个方面：①内陆港作为国民经济和区域经济的一部分，它自身会产生一定的效益。② 内陆港为工业、贸易和其他部门提供装卸、堆存等相关服务，因此与这些部门存在着前向联系效果，产生相应的社会经济效益。③内陆港自身也在消耗本地和外地的工业、贸易等行业生产的产品和提供的服务，内陆港与其存在后向联系效果，同样产生相应的社会效果。④港口对工业具有诱入、产生和凝聚作用，对人口也具有集聚作用，加速了地区的城市化和工业化进程。

（5）港口区位优势使城市经济的辐射能力和竞争能力得以增强

国际陆港的功能日益多元化，覆盖了与国际陆港中转运输相关的海运代理、金融、保险等部门。内陆港的建设可以促进内陆地区物流业及相关服务业的快速发展，内陆地区拥有了自己的出海通道，能够形成围绕物流、资金流、商流、信息流等形式的多行业、多功能的综合经济体系，以及高新技术产业开发、商业金融等第三产业高度发达的口岸经济区域，有助于集聚国内外生产要素，连接国内外市场，成为进出口原材料和产品输出的重要通道。这一有利区位优势有助于提升内陆港城市的辐射能力和竞争能力。

2. 城市经济对内陆港的影响

（1）陆港城市的经济总量决定了国际陆港的发展规模和潜力

内陆港城市是国际陆港货源的主要生成地，陆港城市内产品的进出口主要是通过内陆港完成的，因此城市的总体经济发展水平、对外贸易状况、产业结构对内陆港的吞吐量具有重要影响，决定了内陆港的规模及发展潜力。

（2）陆港城市基础设施为国际陆港发展提供了便利

内陆港城市对陆港的贡献还体现在提供联运通道方面，港口城市内的多式联运能力、交通枢纽地位属性等将影响内陆港功能的发挥。陆港城市为国际陆港提供技术、服务等各类相关服务，例如，为构建内陆港信息平台提供技术支持，提供金融服务、保险服务等。此外，陆港城市政府的统筹规划可以协调海关、检验检疫、铁

路、银行等部门的合作,实现一站式办公,方便进出口企业在内陆港办理各种业务。政府还可以为内陆港实体公司提供税收、用地、资金等方面的支持。因此,城市提供支持的力度将对内陆港的竞争力提升产生重要影响。

(3)陆港城市的自增长效应有助于陆港范围的拓展

陆港城市的自增长效应是指城市发展到一定水平以后,其自身的规模通过循环和累积,就能促使城市继续发展。陆港城市在进入多元化型经济发展阶段以后,其发展在很大程度上取决于这种自增长效应,但这种效应并不能成为港口城市继续发展的强劲动力,还必须有新的动力才能实现在原有水平上的飞跃。世界海运业中船舶大型化趋势的增强和港口城市成长后港口附近土地的紧张,迫使港口向外迁移,港口城市也随之向外拓展,城市由此进入新的发展轮回。陆港的发展也不例外。

从微观的角度来看,国际陆港与陆港城市之间的关系具体可概括为以下几个方面:区域经济系统中涉及的相关货物商品流通以及仓储等需求需要内陆港来完成;内陆港运行中所依赖的各种基础设施都与经济紧密联系,物流基础设施建设、物流货运周转都会带动物流业产值的增加,继而直接推动城市经济的发展;城市经济中的各个产业都充分地借助陆港平台,使内陆港能够充分、有效地为各个实体企业提供物流服务,两者如齿轮般的"咬合"联动产生了更为高效的协同效应,可以降低经济运行成本,推动经济更好地发展。二者之间的相互作用如图1所示。

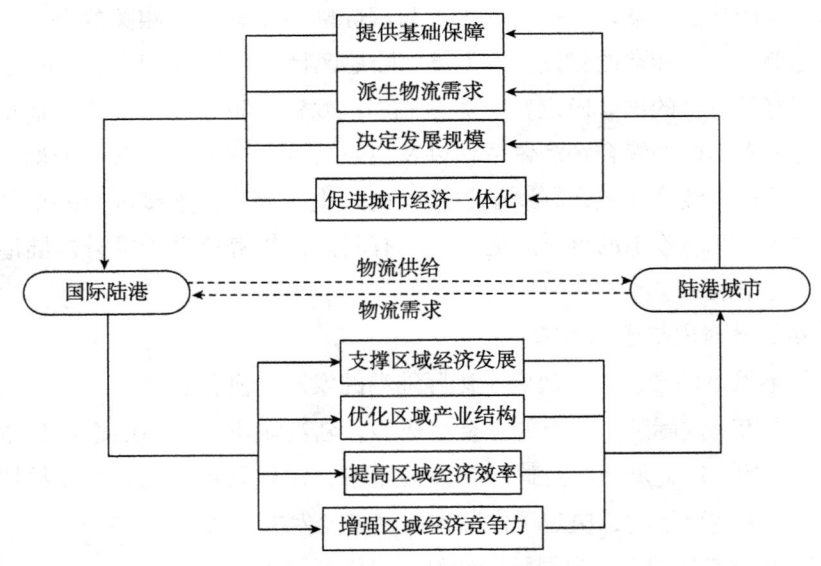

图1 内陆港与城市经济相互作用

由图1可知,区域物流的存在与发展是以区域经济的发展为前提的,区域经济发展派生出区域物流需求,从而决定着区域物流的发展规模,且随着区域经济一体化进程的深化,区域内的经济联系不断加强,区域物流基础设施不断完善,区域物流发展规模不断壮大，供给能力和服务水平不断提高，区域经济发展进一步促进了区域物流的发展；区域物流发展又反过来支撑区域经济的发展，帮助优化区域产业的结构，提高区域经济运行的效率，最终，区域经济反哺区域物流进而增强了区域经济竞争力。二者之间形成良性循环。

五、国际陆港群与城市经济协同发展实证分析

（一）基于数据包络分析（DEA）的区域经济与陆港有效性 CCR 模型

DEA 模型（Date Envelopment Analysis，数据包络分析）是著名运筹学家 Charnes、Cooper 等在相对效率基础上提出的一种新的有效的系统分析方法。设有 n 个决策单元 DMU_j，各决策单元有 m 个输入和 s 个输出，输入变量和输出变量分别为 $X_j = (x_{1j}, x_{2j}, \cdots, x_{ij}, \cdots, x_{mj})$ 和 $Y_j = (y_{1j}, y_{2j}, \cdots, y_{rj}, \cdots, y_{sj})$，其中，$j = 1, 2, \cdots, n$；$i = 1, 2, \cdots, m$；$r = 1, 2, \cdots, s$。由于在一个系统中输入、输出指标重要性不同，故要赋予每个变量恰当的权重后再进行综合评价。设输入变量权重系数为 $V = (v_1, v_2, \cdots, v_m)^T$，输出变量权重系数 $U = (u_1, u_2, \cdots, u_s)^T$，其中，$x_{ij}$，$y_{ij}$，$v_i$，$u_r$ 均非零。则决策单元效率评价指数为：

$$h_j = \frac{u^T Y_j}{v^T X_i} = \frac{\sum_{r=1}^{s} u_r y_{rj}}{\sum_{i=1}^{m} v_i x_{ij}} \tag{1}$$

利用 CCR 模型和 Charnes – Cooper 变换，并根据对偶理论，得出有效性评价模型的对偶问题模型为：

$$\begin{cases} \min \theta = V_D \\ s.t. \sum_{j=1}^{n} \lambda_j x_j + S^- = \theta x_0 \\ \sum_{j=1}^{n} \lambda_j y_j - S^+ = y_0 \\ \lambda_j, S^-, S^+ \geq 0, j = 1, 2, \cdots, n \end{cases} \tag{2}$$

其中，S^-，S^+ 为输入输出变量的松弛变量。对于模型（2）有以下结论：

（1）若 $\theta^* = 1$，且 $S^+ = S^- = 0$，则 DMU_{j0} 为 DEA 有效；若 $\theta^* = 1$，且 $S^+ \neq 0$ 或 $S^- \neq 0$，则 DMU_{j0} 为 DEA 弱有效；若 $\theta^* < 1$，DMU_{j0} 为非 DEA 有效。

（2）若 $\sum_{j=1}^{n} \lambda_j^* = 1$，则 DMU_{j0} 规模收益不变；若 $\sum_{j=1}^{n} \lambda_j^* < 1$，则 DMU_{j0} 规模收益递增；若 $\sum_{j=1}^{n} \lambda_j^* > 1$，则 DMU_{j0} 规模收益递减。

(二) 基于数据包络分析 (DEA) 的内陆港与区域经济发展有效性模型构建

1. 国际陆港与城市经济评价指标的选择

影响区域经济和内陆港发展有效性的评价因素较多,本文在充分考虑涵盖性的基础上最终确定如表2所示的评价指标。

表2 区域经济和内陆港发展有效性评价指标

评价指标	投入指标	产出指标
区域经济有效性	固定资产投资	社会消费品零售总额
	从业人员数量	工业总产值
陆港经济有效性	仓库面积	集装箱处理量
	堆场面积	
	投资额	
区域经济对内陆港发展有效性	固定资产投资	集装箱处理量
	从业人员数量	
内陆港对区域经济发展有效性	集装箱处理量	社会消费品零售总额
		工业总产值

2. 评价单元的确定

根据DEA分析模型中输入、输出指标总数不超过决策单元个数2倍的原则,最终确定选择正在常态化运营的8家陆港企业:西安国际港务区(以下简称西安陆港)、北京朝阳口岸、石家庄国际物流园区(以下简称石家庄陆港)、宁夏回族自治区石嘴山陆港经济区(以下简称宁夏惠农陆港)、内蒙古包头国际陆港物流园区(以下简称内蒙古包头陆港)、浙江省金华市的义乌市陆港电子商务园区有限公司(以下简称浙江义乌陆港)、山东省临沂物流园区(以下简称山东临沂陆港)和郑州国际物流园区(以下简称郑州陆港)。区域经济决策单元为陆港所在地级及以上行政级别城市,分别是西安市、北京市、石家庄市、石嘴山市、包头市、金华市、临沂市和郑州市。

3. 基于DEA的国际陆港与城市经济联动模型

运用数据包络分析模型系统分析方法,确定陆港及其所在区域为决策单元,各决策单元有 m 个输入变量和 s 个输出变量,输入变量和输出变量分别为 $X_{ij} = (x_{1j}, x_{2j}, \cdots, x_{ij}, \cdots, x_{mj})$,和 $Y_{ij} = (y_{1j}, y_{2j}, \cdots, y_{rj}, \cdots, y_{sj})$,其中,$i = 1, 2, \cdots, m$;$j = 1, 2, \cdots, n$;$r = 1, 2, \cdots, s$。$n$ 表示的是决策单元的数量,x_{ij} 表示第 j 个决策单元对第 i 种类型输入的输入变量,y_{rj} 表示第 j 个决策单元对第 r 种类型输出的输出变量。各决策单元的输入变量和输出变量详见表3中的输入指标和输出指标。以内陆港为例,其

输入变量 $X_{ij} = (x_{1j}, x_{2j}, x_{3j})$ 代表的是第 j 个内陆港的仓库面积、堆场面积和投资额；输出变量 $Y_{ij} = y_j$ 为第 j 个内陆港的集装箱处理量。设输入变量权重系数为 $V = (v_1, v_2, \cdots, v_m)^T$，输出变量权重系数 $U = (u_1, u_2, \cdots, u_s)^T$，其中，$x_{ij}, y_{ij}, v_i, u_r$ 均非零，T 表示输入和输出指标权重系数的转置矩阵。决策单元的效率评价指数 h_j 为：

$$h_j = \frac{\sum_{r=1}^{s} u_r y_{rj}}{\sum_{i=1}^{m} v_i x_{ij}} \tag{3}$$

根据对偶理论，确定其对偶模型为

$$\begin{cases} \min\theta \\ \text{s.t.} \sum_{j=1}^{n} \lambda_j x_j + S^- = \theta x_0 \\ \sum_{j=1}^{n} \lambda_j y_j - S^+ = y_0 \\ \lambda_j, S^-, S^+ \geq 0, j = 1, 2, \cdots, n \end{cases} \tag{4}$$

其中，S^-，S^+ 为输入、输出变量的松弛变量，即投入产出冗余量；λ_j 为决策单元 j 的最优解；x_0, y_0 为输入、输出变量的初始值；θ 为效率值。以内陆港有效性公式为例，内陆港输入指标冗余量 S_1^-, S_2^-, S_3^- 分别为仓库面积、堆场面积、投资额的冗余量；内陆港输出指标冗余量 S^+ 为集装箱处理量冗余量。

由 DEA 模型得出：综合效率值为规模效率值与纯技术效率值之乘积。设模型（4）最优解 $\{\lambda_j\}$ 对应的最佳综合效率值为 θ^*，当 $\theta^* = 1$，且 $S^+ = S^- = 0$，表明决策单元达到了最佳的投入产出比，投入和产出都没有冗余，即决策单元（内陆港或区域经济）为 DEA 有效；若 $\theta^* = 1$，且 $S^+ \neq 0$ 或 $S^- \neq 0$，决策单元为 DEA 弱有效；若 $\theta^* < 1$，决策单元为 DEA 非有效。

（三）国际陆港与城市经济部分数据汇总

各陆港 2015 年部分统计数据汇总见表 3，数据来源于西安国际陆港集团官网（http://www.itl.gov.cn/）、北京市人民政府口岸办公室（http://www.bjk-ab.gov.cn/）、石家庄政府网（http://www.sjz.gov.cn/）、宁夏新华网（http://www.nx.xinhuanet.com/）、内蒙古自治商务区（http://www.nmgswt.gov.cn/）、义乌国际陆港集团（http://www.ywlandport.com/）、临沂市商务局（http://www.linyichina.gov.cn/）、郑州国际陆港官网（http://www.zzguojilugang.com/）。各城市区域经济部分统计数据汇总见表 4，数据分别来自各城市 2015 年经济统计年鉴以及各城市 2015 年政府工作报告。

表3 陆港部分统计数据汇总

陆港名称	输入指标			输出指标
	进出口仓库面积/平方米	堆场面积/平方米	投资额/亿元	集装箱处理量/TEU
西安陆港	165000	1572000	6.80	110000
北京朝阳口岸	17088	32000	3.40	150000
石家庄陆港	19900	39820	2.68	80000
宁夏惠农陆港	15922	80000	1.17	46300
内蒙古包头陆港	6658	30000	3.00	50000
浙江义乌陆港	349000	123395	16.00	47736
山东临沂陆港	49000	13000	12.00	49700
郑州陆港	18840	60000	3.00	200000

注：TEU（Twentyfoot Equivalent Unit）为标准集装箱，系集装箱运量统计单位，以长20英尺的标准箱作为标准。

表4 区域经济部分统计数据汇总

城市名称	输入指标		输出指标	
	固定资产投资/亿元	从业人员/万人	社会消费品零售总额/亿元	工业总产值/亿元
西安市	5165.98	535.00	3405.38	1417.61
北京市	7990.90	1002.80	10338.00	17408.20
石家庄市	5689.90	275.60	2680.90	2117.30
石嘴山市	498.95	19.00	96.06	25.50
包头市	2582.91	79.90	1276.60	3142.20
金华市	1836.16	373.60	1783.10	4927.50
临沂市	3219.20	235.00	2235.00	1687.10
郑州市	6288.00	559.60	3294.70	3625.50

（四）基于DEA的区域经济与内陆港关系有效性评价结果分析

采用截面数据，计算出内陆港与区域经济效率值以及区域经济与内陆港联动关系的有效值，如表5和表6所示。

1. 内陆港与其区域经济效率值分析

从表5中可以看出，内陆港发展有效的地区有北京朝阳口岸和郑州陆港；区域经济有效的地区有北京、包头和金华，其他地区的区域经济与内陆港发展双无效。

表5 内陆港与区域经济发展有效性

陆港名称	内陆港效率		城市名称	区域经济效率	
	综合效率 θ_n	有效性		综合效率 θ_q	有效性
西安陆港	0.243	无效↑	西安市	0.595	无效↑
北京朝阳口岸	1.000	有效-	北京市	1.000	有效-
石家庄陆港	0.536	无效↑	石家庄市	0.734	无效↓
宁夏惠农陆港	0.594	无效↑	石嘴山市	0.351	无效↑
内蒙古包头陆港	0.707	无效↑	包头市	1.000	有效-
浙江义乌陆港	0.083	无效↑	金华市	1.000	有效-
山东临沂陆港	0.816	无效↑	临沂市	0.817	无效↑
郑州陆港	1.000	有效-	郑州市	0.532	无效↑

注：θ_n 为内陆港综合效率值，θ_q 为区域经济综合效率值；符号↑、↓和-分别为效率值增加、减少、保持不变。

（1）内陆港效率值分析

由表5可知，8个内陆港的综合效率差异明显，北京朝阳口岸、郑州陆港的综合效率值 $\theta_n=1$，说明这两个内陆港的投入得到了最大化的产出，其效率评价结果是DEA有效；其他6个内陆港发展非DEA有效，说明西安陆港、石家庄陆港、宁夏惠农陆港、内蒙古包头陆港、浙江义乌陆港、山东临沂陆港的发展均滞后于区域经济发展，其中临沂、包头、石嘴山、石家庄的陆港综合效率值 $0.5<\theta_n<1$，说明这4个城市的内陆港已经进入良好的发展阶段；浙江义乌陆港、西安陆港的综合效率值分别为0.083和0.243，说明这2个地区陆港投入与其产出不匹配，即投入大、产出小，陆港的功能未得到有效发挥。

（2）区域经济效率值分析

由表5可以看出，北京、包头和金华的区域经济综合效率值 $\theta_q=1$，表明这三个地区城市经济发展DEA有效，即这三个城市区域经济的投入获得了最大化的产出，因而经济发展态势最好。其他5个城市的综合效率值 θ_q 均小于1，说明这5个城市的区域经济投入与产出并未达到最优，其中西安市、石家庄市、临沂市、郑州市这4个城市综合效率值 $0.5<\theta_q<1$，反映出这4个地区区域经济发展势头较好，处于增长阶段，而石嘴山市区域经济综合效率值 Q_q 仅为0.351，说明其区域经济产出严重不足。

2. 内陆港与区域经济联动关系有效性分析

通过DEA分析可以得出内陆港带动区域经济发展的有效值以及区域经济促进内陆港有效发展的效率值，输入、输出指标见表3、表4，分析结果如表6所示。

表6 内陆港—区域经济发展效率值

决策单元 （城市/内陆港）	内陆港—区域经济			区域经济—内陆港		
	综合效率值	纯技术效率值	规模效率值	综合效率值	纯技术效率值	规模效率值
西安市/西安陆港	0.817	0.817	1.000	0.229	0.561	0.409
北京市/北京朝阳口岸	1.000	1.000	1.000	0.202	0.551	0.367
石家庄市/石家庄陆港	1.000	1.000	1.000	0.152	0.499	0.304
石嘴山市/宁夏惠农陆港	0.152	1.000	0.152	1.000	1.000	1.000
包头市/内蒙古包头陆港	0.726	0.976	0.744	0.257	0.401	0.641
金华市/浙江义乌陆港	1.000	1.000	1.000	0.280	0.301	0.930
临沂市/山东临沂陆港	1.000	1.000	1.000	0.166	0.195	0.854
郑州市/郑州陆港	0.517	0.520	0.995	0.343	0.854	0.343

（1）内陆港对区域经济效率值分析

由表6可知，在陆港推动区域经济发展方面，DEA有效的地区有北京、石家庄、金华和临沂，说明这4个地区技术效率和规模效率都达到最优，陆港经济与其区域经济皆有效。西安、包头和郑州的综合效率值次之，说明这些城市陆港在推动区域经济发展方面的投入和产出不成比例，出现陆港投资过度等情况，但由于这3个地区的综合效率值为0.5~1，说明这些城市陆港对区域经济的推进作用处于增长阶段。宁夏惠农陆港的规模效率值过低，说明其对区域经济发展的有效性最差。

（2）区域经济对内陆港效率值分析

由表6可知，区域经济对内陆港的促进方面，表现较好的是石嘴山，纯技术效率和规模效率达到双有效，说明石嘴山的区域经济发展对宁夏惠农内陆港的发展起到了很好的促进作用。而其他地区的综合效率值偏低，说明区域经济与陆港没有实现双向有效协调发展。

综上分析，对于非有效决策单元西安陆港而言，内陆港在促进区域经济发展方面的规模效应已经得到充分发挥，与之相应的区域社会消费品总额以及工业总产值未达到最优，说明西安陆港虽有一定的规模，但其组织管理、工艺技术等水平低下，陆港信息化建设、制度创新等方面发展滞后，西安存在城市经济规模小、产业结构及分布不合理等问题，导致内陆港的运营效率低下。可以在区域经济发展水平不变的情况下，通过提高内陆港的运作水平、提高集装箱作业效率等来实现内陆港与区域经济的协调发展。区域经济对内陆港发展有效性方面，由于纯技术效率值与规模效率值偏低，说明内陆港的综合服务功能尚未凸显，区域经济对内陆港的促进作用尚未完全体现。因此，可在内陆港服务能力一定的情况下，减少区域经济相关投入来实现二者协调发展。

六、西安国际陆港与城市经济联动发展策略

西安国际陆港建设应以"人、财、物"的配套开发为措施,形成物流园区、城市、国内和国际物流互动发展的现代物流网络体系。

(一) 以制度创新为引领,降低制度交易成本

以供给侧结构性改革为主线,以制度创新为引领,实施综合解决方案,全面创新发展模式,推动口岸、港口、物流功能整合。重点构建混合功能,关键是降低制度性交易成本,实现陆港统筹互动双赢。打造具有金融、保险、海关、检疫、贸易、物流等混合功能的公共服务平台。首先,建设陆港有利于扩大沿海港口的经济腹地,保证沿海港口物流供应链顺畅;同时,可进一步提升沿海港口城市的集聚和辐射功能,推动区域经济发展。其次,对于陆港城市来说,可以拉动当地经济,实现城市间的共同发展。陆港项目将对当地城市产生长远的经济和社会影响:一方面,有利于贸易量和经济水平的提高,使陆港城市具有沿海国际性港口的优势,实现区域优势发展的突破性飞跃,为开放型经济发展构筑更广阔的平台;另一方面,有利于陆港城市物流业及相关服务业的快速发展,为综合性物流中心的迅速崛起奠定坚实基础。因此,陆港内的一站式"无缝对接"服务给港口、货主、铁路、内陆城市等各方带来利好。

(二) 加大物流资源的整合,提升国际陆港的集聚度

发挥产业集聚效应,促进临港产业规模化发展。产业集聚已经被证明能够降低交易费用,降低产业集聚内部企业的生产及交易成本,提升企业的竞争力。而在国外临港产业的发展经验中能够看出,采用项目依托、产业链发展、产业园内建设的模式,不仅有利于临港经济发展的规划布局,而且能够最大限度地整合资源,提升临港区域中企业的关联程度,此外,还能够提升临港产业对于所在区域经济发展的带动作用。

通过国际陆港的建设,积极整合分散的物流资源,通过物流资源的集中,发挥陆港的协同作用和效应;利用国际陆港的聚合力,吸引各类物流企业入驻国际陆港,为社会提供各种物流服务;吸引工商企业在国际陆港设立配送中心、采购中心、物流中心等分支机构,为企业自身及客户提供相关服务。通过国际陆港这个平台吸引和集聚各类物流资源,促使区域的物流资源得到有效整合,为客户提供一体化的物流服务。通过物流资源的整合和集聚,形成较大规模的物流产业集聚,提高区域物流业的发展水平,从而降低物流服务交易成本,提高物流服务交易效率。

(三) 优化空间布局、强化产业集聚和市场竞争力

走区域一体化、区域协同发展道路，优化空间布局，提升公共空间基础设施建设水平，提高市场化率，强化产业集聚和市场竞争力。走京津冀区域协同、次区域一体化发展之路，通过空间布局优化、新一轮城镇化组织，从根本上推动国际陆港战略的演进和创新。而区域空间集聚是陆港战略的最终目的，也只有通过空间集聚，陆港才能壮大发展。因此，新一轮陆港空间组织必须超越行政区划、超越局部思维，向外部空间跨越，向次区域、区域、"一带一路"空间组织整合发展。其核心路径是在全球范围内配置要素和资源，战略目标是打造西部开放出海大通道和战略节点。

依托商贸物流、电子商务、新金融、临港、文体五大主导产业招大引强，安博、传化、苏宁、申通、圆通、中民投、关天国际、当当网、连连看等一大批龙头企业入区，发挥龙头企业的聚集和带动作用，逐步使陕西的产业结构由轻型化逐步向重型化和高度化发展，以科学和发展的眼光做好港区临港工业的发展布局规划，加快跨境电商等港口经济新兴产业的发展，培育和壮大新兴产业集群，形成新的经济增长点。同时，鼓励和扶持港口物流中介机构发展，吸引各大船货公司到此设立代理服务机构，为临港工业和港口经济发展营造优良的外部环境。

(四) 产业组织向优势产业、战略性新兴产业、外向型产业转型

促进腹地产业结构调整，加快产业转移，重点建设大数据、体育旅游、文化教育、新兴材料、高端服务业。当前，内陆地区在吸引投资方面具有地价低、人力资源成本低等诸多优势，但由于地处内陆，货物在进出口环节中需办理的手续多、时间长，物流成本高。国际陆港使内陆城市有了便捷的国际物流通道，减少了进出口货物的中转环节，加快了通关速度，为当地的国际贸易提供了方便的口岸与物流综合服务，提高了内陆城市的对外开放水平。

(五) 加大港口信息化建设力度，推动西安国际陆港口岸信息平台建设

应该加大对港口信息化建设的扶持和奖励力度，引导陆港企业加快信息化建设进程，激发大型企业的投资热情，发挥这些龙头企业在信息化建设方面的拉动和带动作用，形成信息化建设的良好氛围。同时，加快大型港航企业合作，着力推行"地主港"经营模式，改革港口管理机制，鼓励并扶持港口物流中介机构和代理服务组织信息接入和联网，实现港区内的信息资源共享，以信息化和标准化建设加快货物通关速度，为港口物流和地区经济发展起到润滑和加速作用。

物流信息平台是将信息技术、网络技术、数据通信技术等先进技术应用于物流信息系统中，按照既定规则提取信息，对公用物流数据进行共享、处理、融合与挖

掘。这样不仅能够达到整合物流信息资源的目的，而且还能够为使用者提供其所需的信息服务，提升物流效率，降低物流成本，推动物流业的发展。

国际陆港信息平台是一个大型综合信息交换枢纽，其运作模式如图2所示。该信息平台首先应连接沿海港口、海关、进出口检验检疫、海事、税务等部门的信息系统，使其具有"一站式通关"功能，使内陆进出口企业在内地一次性即可办好通关手续，真正将沿海港口的功能延伸到内陆地区。同时，该平台还应连接银行、保险等金融部门，实现电子支付，在收（发）货人和承运人之间建立一个良好的工作和交流平台。为了保证多式联运的顺畅进行，该信息平台还应具有集装箱管理系统和管理功能，其主要作用是调配空箱的运输，降低运输成本。有了国际陆港，从海港发来的重货到达陆港后，空箱可直接送回到还箱点而不用送回到沿海港口。国际陆港信息平台应建立集中的数据库，其工作人员能根据自身权限有效地利用这些信息，以更好地管理客户信息，完成多种职能，并实施科学的经营战略和营销策略，满足不同层次、不同种类客户的需要。除此之外，国际陆港信息平台还应建立与其他业务参与主体、其他信息平台的连接，充分整合信息资源，实现信息共享。

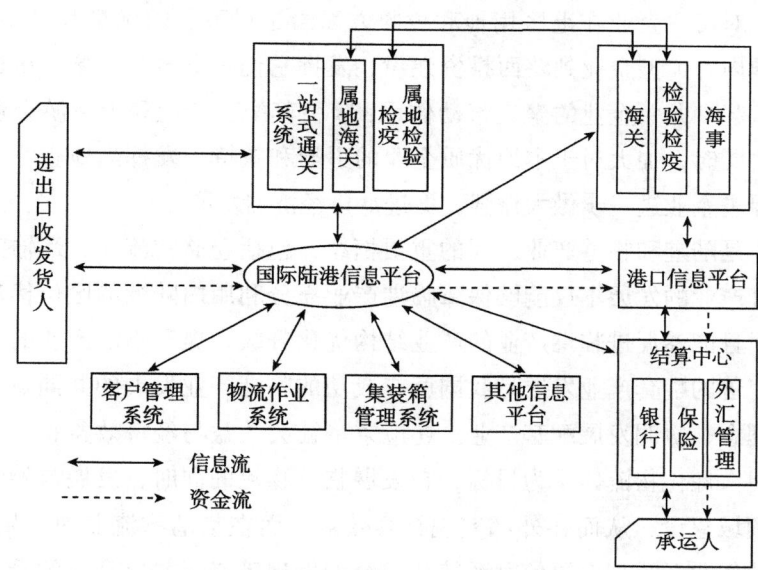

图2　国际陆港信息平台运作模式

西安国际陆港多式联运有限公司是西安国际陆港投资发展集团有限公司的三级子公司。公司主要负责中欧班列"长安号"的组织和运营工作，负责国际货运航空包机及固定航线的开辟、海铁联运的组织代理等业务，运营肉类口岸、粮食口岸及整车进口等口岸，开展拼箱、箱源管理。陆港多式联运公司围绕国家"一带一路"及"大物流、大通关"等部署，加快落实陆港集团和保税公司关于国际贸易和国际物流通道建设的任务要求，依托西安国际港务区的优势资源，打造以铁路、航空为主的多式联运公共服务平台。"开放大通道+港口口岸+贸易"已经成为西安中欧班列的特征与标志,成为陕西建设"一带一路"和西安国际开放大通道的重要抓手,西安中欧班列运营效益及产业聚集效应日益明显。

西安国际陆港应以现代信息技术为手段,为大型的生产企业、贸易企业的商品销售提供货运交易信息。如加强国际集装箱多式联运功能:利用公路、铁路、海运、空运等不同运输方式,对集装箱货物进行全程的、跨国界的运输组织和安排,将货物及时运送到目的地;加强国际货运代理功能,开展从拆装箱、报关、报检、订船(机厂订舱)、配载、国际货物保险到海运、空运咨询等服务;充分发挥集运输、加工、分拨、仓储、信息于一身的优势;为客户提供国际物流的规划、管理、重组等服务,以及第三方物流服务。

(六) 加大对港口经济发展的扶持力度,促进临港产业结构的升级优化

应该因势利导,加快出台相关的扶持和奖励政策,鼓励在法律、法规和政策允许的范围内,对落户企业在港区用地和税收方面给予尽可能的优惠和必要的扶持。进一步吸引国内外大型企业到陕西投资建设,发挥它们在资金、市场、渠道和管理方面的优势,起到龙头企业的聚集带动作用,吸引其配套产业和上下游企业到陕西投资和发展。同时,加大对于本地优质企业的引导和扶持,发挥当地企业的地缘和人缘优势,促进企业进一步做大做强,促进港口经济的发展。

配套产业是陆港和临港产业之间的重要枢纽,包括仓储物流业、运输业等相关服务业。配套产业的发展不仅能够保障临港产业充分利用内陆港的区位优势,实现共赢发展,而且能够促进临港产业的产业结构优化升级,提升临港产业的核心竞争力。综合、完善的配套产业发展是我国所有成功的临港产业发展的共同点,应坚持可持续发展理念,协调发展配套产业。还应秉持社会效益与经济效益相结合的发展原则,以构建人性化物流体系为目标,在发展临港物流的同时,发展与物流业相关的基础设施领域建设,从而在外部实现社会效益。而在临港物流业内部发展方面,应采用底层的作业系统与上层信息系统相结合的发展策略,并以高效的管理模式和具有前瞻性的发展规划相辅助,以最大限度地降低物流成本,最大化物流业的利润。

(七) 注重高新技术的发展,促进高新技术在临港产业发展中的应用

在临港产业的发展中,高新技术的开发和应用对于促进临港产业的发展具有重要作用。就高新技术的来源而言,可以分为内部开发和外部引进两种。在内部开发方面,应通过建立产、学、研的联动机制,对发展中的关键问题和难点进行攻关,同时,通过政府补贴、企业资助等多种形式培养和引进高素质的专业技术人才,提

高内部开发的效率。在外部引进方面，在引进发达国家相关前沿应用技术的同时，应注重对所引进技术的升级和利用，实现利用效率最大化。将内部开发与外部引进相结合，推动高新技术在临港产业中的广泛应用，以综合提升临港产业的核心竞争力，带动临港区域的可持续发展。

西安国际陆港应采用信息高度互联、沟通的仓库以及设立海关办事处，降低内部管理成本和交易成本，提升临港产业的综合竞争力。采用人工智能配送系统、港口信息系统以及数据库 EDI 技术等新型技术，大幅提高物流园区的自动化程度，有效降低运输费用和时间，从而提升物流园区的服务水平，为临港产业的快速、可持续发展提供强有力的保障。

（八）加强国际陆港物流人才交流与培养

陕西作为一个教育大省和教育强省，在国际陆港的人才培养方面，尚未设立专门的院系，没有相应的培训机构、咨询机构等，缺少良性、持久的发展、培养规划设计，缺少实用型人才。内陆港的发展急需既懂国际贸易、外语、国际运输管理，又会实际操作的人才。只有人才配套，才有利于现代物流发展理念和管理水平的提升。

因此，首先，西安国际陆港应尽快建立、创新国际陆港人才资源体制，实施优惠的特殊政策，实现人才向本区域的集聚；以培养高素质的应用型人才为主，与国际陆港发展比较好的地区进行人才交流，形成国际陆港人才的互引机制。其次，大力发展职业教育，促进相关院校师生的相互考察、学习和发展，建立针对学生的交流、互换和资格互认制度；聘请职业经理和高层次人才进行合作、交流，采用授课、实习、研修、联合培养等多种人才培养形式，满足本地产业和经济发展的需要。

（九）建设西部区域的商贸基地，提高经济和物流总量

积极探索传统与现代相结合的商业模式，建立大型的专业批发市场和电子交易中心，为国际、国内贸易商提供服务平台。例如，陕西综合贸易保税区以发展进口资源加工、机械组装、商贸物流、农产品深加工、建材、高新技术等产业为主，提供商品展示、贸易洽谈、信息发布以及贸易金融等服务，成为我国西部进出口商品的加工基地、集散地、物流通道、国际商贸中心、绿色食品和有机食品出口的生产基地。

七、结语

国际陆港的建设与发展意义非同寻常。一方面，它是连接内陆地区与沿海港口、沿边口岸的桥梁，是对外贸易的窗口，是临港城市外向型经济发展的引擎，是物流系统整合、优化的枢纽，是产业发展、要素集聚的平台，更是国家和地方政策实施

的载体,也是巩固区域中心城市地位的重要抓手。临港城市应以国际陆港为依托,主动策划、组织和参与国际经贸活动,成为产业聚集和综合服务的基地与腹地以及商品流、资金流、技术流、信息流与人才汇聚的中心。国际陆港与临港城市应该相互促进、共同发展,这就需要陆港企业能够在政策创新、平台信息化建设、陆港人才交流与培养、区域布局优化及临港产业结构升级等方面加大扶持力度,进一步发挥国际陆港的集聚效应,更好地服务临港城市经济,促进区域经济的快速发展。

参考文献

[1] Jean–Paulr、Theoe. N. Port regionalization: towards a new phase in port development[J]. The flagship journal of international shipping and port research, 2005, 32(3): 297-313.

[2] Johan Wonxenius、Violeta Roso、Kenth Lumsden. The Dry Ports concept: connecting container seaports with the hinterland[J]. Journal of Transport Geography, 2009(17): 338-345.

[3] Violeta Roso. Evaluation of the Dry port concept from an environmental perspective: A note[J]. Transportation Research Part D, 2007(12): 523-527.

[4] Jarzemskis. A. and Vasiliauskas, A. V, "Research on Dry Ports Concept as Intermodal Node", Transport[J]. 2007, 22: (3): 207-213.

[5] 吕顺坚. 我国无水港的发展及缺陷[J]. 中国港口, 2007, 9(1): 21-26.

[6] 张戎, 黄科. 依托铁路集装箱物流中心建设内陆港的探讨. 铁道运输与经济[J]. 2008, 30(3): 69-71.

[7] 樊晓乐. 以无水港为载体带动天津港腹地发展效应分析———以包头无水港为例. 现代商贸工业[J]. 2010, 23(5): 108-110.

[8] 徐伟, 陆梦无. 无水港在港121发展中的作用[J]. 水运管理, 2006(9): 8-9.

[9] 彭尚力. 国际陆港: 区域竞争新高地[J]. 决策, 2014.7, 30(2).

[10] 马红萍. 国际陆港理论与应用研究——一个文献综述[J]. 市场周刊, 2013(9): 9.

[11] 席平, 国际陆港基础概念与运作[J]. 中国储运, 2007(1).

[12] Luxembourg: Office for Official Publications of the European Communities. White paper: EuroPean Transport Policy for 2010: Time to Decide.

[13] Sara Jean Leitner, Robert Harrison. The identification and classification of inland Ports[R]. Austin, TX: Centre for Transportation Research, University of Texas at

Austin, February 25, 2015.

[14] 叶龙. 构建内陆无水港[J]. 中国水运,2005(4):54-55.

[15] 王刚. 内陆无水港建设与发展模式探索[J]. 港口经济,2009(3):27-30.

[16] 王立娟. 依托铁路物流中心发展内陆无水港[J]. 水运管理,2009(11):23-25.

[17] 贾果玲. 西安国际陆港与空港物流协同运作研究[J]. 合作经济与科技,2017(4):9-11

[18] 王巧英:建设国际陆港对新疆区域经济发展影响的思考[J]. 物流技术,2014(9):51-54.

[19] 刘艳英. 区域物流业促进区域经济发展的逻辑增长模型实证研究[J]. 物流技术,2015(2):58-61.

[20] 吕靖,常征. 基于DEA的天津内陆港群与区域经济关系的研究[J]. 交通运输系统工程与信息,2013(4):10-14.

[21] 揭仕军,区域物流与区域经济的联动发展关系及建议[J]. 商业经济研究,2018(4):87-89.

[22] 梁雯,陈广强. 皖江城市带区域经济与区域物流耦合协调度研究[J]. 华东经济管理,2018(4):78-86.

[23] 魏权龄. 评价相对有效性的数据包络分析模型——DEA和网络DEA[M]. 北京:中国人民大学出版社,2012.

[24] 李想. 数据包络分析:让数据自己说话[M]. 北京:科学出版社,2016.

[25] 范志忠. 腹地次区域合作国际陆港制度研究[J]. 中国市场,2017(12):21-28.

[26] 郭可. 国际临港产业发展经验及其对我国西部内陆港发展的企业[J]. 人文杂志,2012(6):64-67.

[27] 朱长征. 国际陆港发展现状及对区域经济的影响研究[J]. 价值工程,2011(22):1-2.

[28] 颜双波. 港口物流与区域经济发展关系实证研究[J]. 科技和产业,2014(12):97-100.

新冠肺炎疫情环境下陕西国际物流风险评估及应对策略研究

王慧珍[①]

摘要：2020年新冠肺炎疫情的突然来袭凸显了我国国际物流运营能力的不足，给中国供应链敲响了警钟。由于疫情是突发的且来势汹汹，无论是中国还是欧美各国，对医疗物资的需求都非常急迫，整体物流运作处于特殊时期的应急状态。承担这些物流运输的方式主要是航空物流和铁路物流，而陕西西安作为国际陆港物流枢纽，承担着国际物流的运输任务，如何控制新冠疫情给陕西国际物流带来的风险成为迫切需要解决的问题。因此，本文首先对陕西国际物流风险进行了评估，针对评估结果进行原因分析，最后提出陕西国际物流风险控制策略。

关键词：新冠肺炎疫情；国际物流风险；因子分析；模糊综合评价；风险控制策略

一、引言

2020年伊始，新冠肺炎疫情的暴发和蔓延使全球经济和贸易受到了影响，给全球经济和贸易带来前所未有的挑战。在新冠肺炎疫情全球大流行的背景下，我国制造业展示出强大的能力，但同时我国国际物流运营能力不足的短板也显露出来。陕西西安作为国际物流枢纽城市，必然面临着比较大的国际物流风险。因此，对陕西国际物流风险进行评估进而制定切实有效的国际物流风险控制策略就显得特别重要。

陕西国际物流业务的操作主要集中在西安铁路集装箱中心站、西安咸阳国际机

---

① 西安外事学院陕西自贸区研究院教授、副院长。

场等物流枢纽及其周边。这些地区人流量较大，是防控疫情的重点区域，疫情暴发初期，很多岗位由于人员缺少或是业务不饱和，年后全面复工、开展业务受到影响。当时国际航班（线）停运，受地缘因素的影响，陕西国际物流的货物运输主要通过铁路和航空完成。其中，铁路运输主要通过向东的铁海联运、向西的中欧班列实现，铁海联运是陕西主要的国际物流运输通道。疫情暴发以来，陕西国际物流的两大运输通道都受到较大影响，而中国与很多国家之间的航空运输受到影响。其中，陕西年初与主要的国际物流目的地美国、欧盟、东盟及日韩、俄罗斯之间的航线几乎全部关停。疫情也让上下游产业链受到影响。陕西上下游产业链主要是外贸生产型企业、机场、港口、铁路货运站及其他服务协作机构，国际航线、海运港口航线停运直接限制了行业的发展。货物的海外清关、货物检验检疫变得更严格，清关的程序、手续和时间必然会增加，这些势必给陕西国际物流带来比较大的风险。对新冠肺炎疫情给陕西国际物流带来的风险进行评估，并针对评估结果进行风险控制策略的制定，将是本文的研究重点。

二、国际物流风险

国际物流风险主要包括国际物流环境风险、国际物流时效风险、国际物流信息风险、国际物流损耗风险和国际物流成本风险。国际物流环境风险是指外部环境的不确定性对国际物流产生的风险，包括不可抗力、经济环境、政策环境及行业环境四方面。国际物流时效风险在于国际物流贸易中不确定因素较境内贸易明显增多，导致跨境物流周期长、效率低，在订单处理、运输、配送及清关过程中均出现延迟现象。国际物流信息风险体现在实时追踪及信息安全两方面。一方面，物流信息在传递过程中可能出现错误或难以实现实时追踪的情况，跨境商品出现货物破损或货物丢失，以致商品无法按时、安全地到达境外消费者手中。另一方面，国际物流依托网络技术而发展，而网络自身存在一定的安全隐患，甚至可能遭受恶意攻击，出现信息和数据的泄露、交易延迟等现象。物流损耗风险在国内外业界都是普遍存在且难以解决的问题，而国际物流贸易中的物流损耗情况更为严重。物流成本风险主要体现为库存成本和运输成本增多。库存成本主要包括库存持有成本、订购成本、缺货成本及在途库存成本，国际物流贸易的特点使存储环节增多、出入库操作增多、存储及在途时间增加，最终导致库存成本的多方面增加。运输成本在总物流成本中的比重较大，对总体物流服务质量有重要的影响，跨境物流增加了运输距离及中间环节，使装卸、搬运次数增多，多种运输方式或不同标准的运输工具间的换装成本增大，最终导致跨境物流运输成本及整体成本大幅增加。

三、新冠肺炎疫情环境下国际物流风险评估模型的构建

（一）陕西国际物流风险评估指标选择的原则

为了应对国际物流风险评估，有必要建立一套可以全面评估信用风险、物流风险、通关风险和经济环境风险等的指标体系，同时，还要具有合理性，并且能够兼顾各指标之间的内在联系。因此，在国际物流风险评价体系建设过程中，要将科学性、合法性、全面性、针对性、可操作性以及定性与定量相结合。

（二）新冠肺炎疫情环境下陕西国际物流风险评估指标的选取

经过查阅资料和实际分析，本文对国际物流风险主要从五个维度进行评估，即环境风险、物流时效风险、物流信息风险、物流损耗风险和物流成本风险。评估环境风险选择宏观经济波动程度风险、政策变动程度风险、外贸行业市场波动程度风险三个指标；评估物流时效风险选择订单处理效率风险、物流作业效率风险两个指标；评估物流信息风险选择物流信息传递效率风险、实时信息提供能力风险、物流信息安全性风险三个指标；评估物流损耗风险选择货物丢失及破损量风险、客户退换货风险两个指标；评估物流成本风险选择物流作业成本风险和物流管理成本风险两个指标。具体如表1所示。

表1　新冠肺炎疫情环境下陕西国际物流风险评估指标

国际物流风险	环境风险	宏观经济波动程度风险
		政策变动程度风险
		外贸行业市场波动程度风险
	物流时效风险	订单处理效率风险
		物流作业效率风险
	物流信息风险	物流信息传递效率风险
		实时信息提供能力风险
		物流信息安全性风险
	物流损耗风险	货物丢失及破损量风险
		客户退换货量风险
	物流成本风险	物流作业成本风险
		物流管理成本风险

（三）新冠肺炎疫情环境下陕西国际物流风险评估指标体系假设的实证分析与检验

上述的指标体系只是通过定性分析给出理论假设，然而一级指标和二级指标之

间是否有隶属关系、一级指标之间是否具有比较高的相关性、指标体系是否可信以及在实际应用中是否具有可操作性等问题都需要通过实证研究中的定量分析进行验证。为此，本文就新冠肺炎疫情环境下陕西国际物流风险评估指标体系进行了问卷设计，并根据问卷调研结果，运用因子分析对其进行检验。

1. 调研问卷设计

（1）设计目的

设计本问卷的目的就是以此为工具，将理论指标体系运用到新冠肺炎疫情环境下陕西国际物流风险评估中进行检验，从而了解新冠肺炎疫情环境下国际物流风险现状，并根据专家的判断确定该指标体系是否能够反映国际物流风险实际情况或存在的问题，以及是否具有可操作性，从而在实践基础上进行改进。

（2）设计原则

要实现以上调研目的、提高调研效率，问卷设计的内容及形式至关重要，因此，本文的问卷设计应遵循以下四项指导原则。

第一，简洁性原则：所谓简洁，就是问卷的设计在语言上要尽量简练、问卷格式要美观等，只有这样才不致引起被调研者的厌烦，使其能够配合，顺利完成问卷的填写。

第二明确性原则：所谓明确性是指问题设置的规范性。这一原则具体是指：命题是否准确；提问是否清晰明确、便于回答；被访问者是否能够对问题做出明确的回答；等等。这就要求问卷的语句要通顺、易懂，尽量不使用长句、专业术语的缩写等，对凡可能产生疑问的指标或名词尽量注释清楚，以免造成填写困难，导致问卷无效。

第三，整体性原则：整体性就是要求问卷要尽量涵盖所要了解的主要问题或情况，避免为了问卷内容设计的简洁而使问卷内容不全，不同类型的问题还要进行模块化，以使问卷逻辑清晰，因为整个问卷是一个不可分割的系统。本文所设计的调研问卷应将指标体系中的指标全部列入，不可为了简便而省略。

第四，统一性原则：统一性是指为保证调研结果易于分析和比较，对于不同的企业或不同部门调研问卷应采取统一的格式，即尽量反映企业共性的问题或属性。同时，统一性原则要求通过问卷的回答能够清楚地说明、反映所要调研的问题。

2. 新冠肺炎疫情环境下陕西国际物流风险因素识别及指标体系的确定

（1）指标体系确定

本文利用问卷对国际物流领域专家进行调研，将按上述要求设计的问卷让专家进行打分，收回有效问卷 65 份。运用因子分析对调研数据进行分析与处理。

a. 因子分析方法的检验。

运用因子分析方法的一个需严格遵守的前提就是各变量之间必须有相关性，若各变量之间没有共同信息，就没有共同因子可以提取。首先，本文共收集 65 份有效问卷，而实际变量为 12 个，很好地满足了因子分析所要求的 5 倍以上的理想样本量。其次，利用 SPSS 软件对样本数据进行 KMO 统计量和 Barlett's 球形检验，结果如表 2 所示。

表 2 KMO 和 Bartlett's 检验

KMO 和 Bartlett's 检验		
取样足够度的 Kaiser – Meyer – Olkin 度量		0.759
Bartlett's 球形检验	近似卡方	338.191
	df	66
	Sig.	0.000

该分析结果用于判断原始数据能否进行因子分析。表 2 中第一行为检验变量间偏相关性的 KMO 统计量，比较的是各变量间的简单相关和偏相关的大小，取值为 0~1，大于 0.7 表明效果较好，低于 0.5 表明不易做因子分析。本文分析 KMO 数值为 0.759，大于 0.7，因此，做因子分析效果较好。第二行为 Bartlett's 球形检验的结果值，检验相关阵是否为单位阵，即各变量是否相互独立。表中 Bartlett's 检验结果显示近似卡方值为 338.191，自由度 66，检验的显著性概率为 0（该数据小于 0.05 时，拒绝统计量相关矩阵为单位矩阵的假设，即认为适合做因子分析），因此因子分析在此时适用。

b. 求解初始因子。

确定能够解释指标变量之间相关关系的因子个数是使用因子分析方法进行分析的首要步骤。本文采用主成分分析法进行分析，因子个数的确定采用特征值准则。为了便于对所提取的因子进行解释，因子分析过程中采用方差最大化法对其进行正交旋转。运用 SPSS 软件对所选取的样本进行因子分析，得到因子特征值及其贡献率，如表 3 所示。

表 3 总方差解释表

解释的总方差									
成分	初始特征值			提取平方和载入			旋转平方和载入		
	合计	方差的百分比/%	累计百分比/%	合计	方差的百分比/%	累计百分比/%	合计	方差的百分比/%	累计百分比/%
1	4.847	40.391	40.391	4.847	40.391	40.391	2.174	18.113	18.113
2	1.657	13.810	54.201	1.657	13.810	54.201	1.977	16.474	34.588
3	1.202	10.016	64.218	1.202	10.016	64.218	1.916	15.966	50.554
4	0.965	8.041	72.259	0.965	8.041	72.259	1.657	13.812	64.367
5	0.700	5.833	78.092	0.700	5.833	78.092	1.647	13.725	78.092
6	0.615	5.125	83.217						
7	0.552	4.600	87.817						

续表

成分	初始特征值			提取平方和载入			旋转平方和载入		
	合计	方差的百分比/%	累计百分比/%	合计	方差的百分比/%	累计百分比/%	合计	方差的百分比/%	累计百分比/%
8	0.460	3.835	91.652						
9	0.338	2.819	94.471						
10	0.307	2.559	97.031						
11	0.203	1.694	98.725						
12	0.153	1.275	100.000						

提取方法：主成分分析

在因子分析中，贡献率反映了每个因子包含原始数据的信息量，本文选择特征值较大的主成分作为初始因子。见表3，前五个因子的特征值分别为：4.847、1.657、1.202、0.965、0.700。

五个因子占方差百分数的累计值为78.092%，即这五个因子包含了原始变量的70%以上的信息量，能够满足因子分析用变量子集来解释整个问题的要求。为叙述方便，本文将前五个主因子依次称为F_1、F_2、F_3、F_4、F_5。通过主成分分析法提取，并经方差极大化旋转六次得到五个主因子的正交因子解如表4所示。从该表中可以看出：主因子F_3在环境风险方面变量1、变量2、变量3上的因子载荷系数最大，说明主因子F_3集中反映了疫情环境下国际物流环境风险，这与疫情环境下陕西国际物流风险评估指标体系中的分类相吻合，因此把主因子F_3称为环境风险因子；主因子F_4在变量4、变量5上的因子载荷系数最大，说明主因子F_4集中反映了疫情环境下国际物流时效性风险，把主因子F_4称为国际物流时效性风险因子，这也与疫情环境下陕西国际物流风险评估指标体系中的分类相吻合；主因子F_1在变量6、变量7、变量8上的因子载荷系数最大，说明主因子F_1集中反映了疫情环境下国际物流信息风险的大小，这也与新冠肺炎疫情环境下国际物流风险指标体系中的分类相吻合；主因子F_5在变量9、变量10上的因子载荷系数最大，说明主因子F_5集中反映了疫情环境下国际物流货损货差风险的大小，这也与新冠肺炎疫情环境下国际物流风险指标体系中的分类相吻合；主因子F_2在变量11、变量12上的因子载荷系数最大，说明主因子F_2集中反映了疫情环境下国际物流成本风险的大小，这也与新冠肺炎疫情环境下国际物流风险指标体系中的分类相吻合。

表 4　正交旋转因子载荷矩阵

旋转成分矩阵[a]					
变量	成分				
	1	2	3	4	5
1. 新冠肺炎疫情导致宏观经济波动较大	0.329	-0.174	0.646	0.254	-0.169
2. 新冠肺炎疫情导致政策变动频繁	-0.049	0.185	0.729	0.321	0.249
3. 新冠肺炎疫情导致外贸行业市场波动程度较大	0.109	0.129	0.865	-0.002	-0.001
4. 新冠肺炎疫情导致订单处理效率降低	0.188	0.090	0.277	0.868	0.138
5. 新冠肺炎疫情导致物流作业效率降低	0.532	0.374	0.228	0.588	0.007
6. 新冠肺炎疫情导致信息传递效率降低	0.766	0.285	0.042	0.491	0.032
7. 新冠肺炎疫情导致物流实时信息提供能力降低	0.589	0.146	0.037	0.208	0.379
8. 新冠肺炎疫情导致物流信息安全性降低	0.763	0.109	0.234	0.058	0.327
9. 新冠肺炎疫情导致货物丢失或破损严重	0.290	0.416	0.035	0.259	0.645
10. 新冠肺炎疫情导致客户退货严重	0.121	-0.008	0.019	0.038	0.914
11. 新冠肺炎疫情导致物流作业成本增加	0.084	0.867	-0.002	0.188	0.184
12. 新冠肺炎疫情导致物流管理成本增加	0.334	0.841	0.174	0.008	-0.019

提取方法：主成分分析。
旋转法为具有 Kaiser 标准化的正交旋转法

a. 旋转在 6 次迭代后收敛

由表 5 可知，所选的五个因子是高度不相关的，说明新冠肺炎疫情环境下陕西国际物流风险评估的五个因子具有独立性。

表 5　成分得分协方差矩阵

成分	1	2	3	4	5
1	1.000	0.000	0.000	0.000	0.000
2	0.000	1.000	0.000	0.000	0.000
3	0.000	0.000	1.000	0.000	0.000
4	0.000	0.000	0.000	1.000	0.000
5	0.000	0.000	0.000	0.000	1.000

提取方法：主成分分析。
旋转法为具有 Kaiser 标准化的正交旋转法

（2）归一法确定各层指标权重

a. 五个主因子的权重确定。

因子的贡献率是指因子对整体的贡献程度，是其包含原始数据信息量的比率，因此，用贡献率来说明因子在整体目标中的权重，是十分合理的。令 F_i 的权重为 A_i，其贡献率为 a_i（$i=1,2,3,4,5$），对 5 个主因子的贡献率按公式（1）作归一化处理：

$$F_i = a_i / (a_1 + a_2 + a_3 + a_4 + a_5) \tag{1}$$

这 5 个因子的贡献率分别为 10.016%，8.041%，40.391%，5.833%，13.810%，经归一化处理后，5 个因子在总目标上的权重分别为：0.1282，0.1029，0.5169，0.0753，0.1767。所提取因子、因子的意义以及其在国际物流风险评估中的权重见表 6。

表 6 提取的主因子及其意义

主因子	意义	在国际物流风险的权重 A_i
F_3	环境风险	0.1282
F_4	物流准时风险	0.1029
F_1	物流信息风险	0.5169
F_5	物流损耗风险	0.0753
F_2	物流成本风险	0.1767

b. 二级指标权重的确定。

在因子分析过程中，利用主成分分析提取，并运用方差最大化正交旋转六次得到五个主因子的正交因子，如表 7 所示。从该表中可以看出：主因子 F_3 在环境风险方面的变量 1、变量 2、变量 3 上的因子载荷系数最大，说明主因子 F_3 集中反映了疫情环境下国际物流环境风险，这与疫情环境下陕西国际物流风险评估指标体系中的分类相吻合，因此把主因子 F_3 称为环境风险因子；主因子 F_4 在变量 4、变量 5 上的因子载荷系数最大，说明主因子 F_4 集中反映了疫情环境下国际物流准时性风险，应把主因子 F_4 称为国际物流准时性风险因子，这也与疫情环境下陕西国际物流风险评估指标体系中的分类相吻合；主因子 F_1 在变量 6、变量 7、变量 8 上的因子载荷系数接近和最大，说明主因子 F_1 集中反映了疫情环境下国际物流信息风险的大小，这也与新冠肺炎疫情环境下国际物流风险指标体系中的分类相吻合；主因子 F_5 在变量 9、变量 10 上的因子载荷系数最大，说明主因子 F_5 集中反映了疫情环境下国际物流货损货差风险的大小，这也与新冠疫情环境下国际物流风险指标体系中的分类相吻合；主因子 F_2 在变量 11、变量 12 上的因子载荷系数最大，说明主因子 F_2 集中反映了疫情环境下国际物流成本风险的大小，这也与新冠肺炎疫情环境下国际物流风险指标体系中的分类相吻合。

表7 主因子系数得分矩阵

成分得分系数矩阵					
变量	成分				
	1	2	3	4	5
1. 新冠肺炎疫情导致宏观经济波动较大	0.192	-0.217	0.327	0.016	-0.167
2. 新冠肺炎疫情导致政策变动频繁	-0.318	0.072	0.420	0.108	0.172
3. 新冠肺炎疫情导致外贸行业市场波动程度较大	-0.021	0.051	0.575	-0.301	0.019
4. 新冠肺炎疫情导致订单处理效率降低	-0.235	-0.087	-0.070	0.777	-0.053
5. 新冠肺炎疫情导致物流作业效率降低	0.124	0.074	-0.070	0.345	-0.197
6. 新冠肺炎疫情导致信息传递效率降低	0.502	-0.006	-0.108	-0.104	-0.157
7. 新冠肺炎疫情导致物流实时信息提供能力降低	0.222	-0.126	-0.152	0.236	0.108
8. 新冠肺炎疫情导致物流信息安全性降低	0.532	-0.147	0.084	-0.351	0.122
9. 新冠肺炎疫情导致货物丢失或破损严重	-0.054	0.129	-0.047	0.025	0.368
10. 新冠肺炎疫情导致客户退货严重	-0.057	-0.134	0.042	-0.150	0.679
11. 新冠肺炎疫情导致物流作业成本增加	-0.232	0.549	-0.065	0.061	0.009
12. 新冠肺炎疫情导致物流管理成本增加	0.071	0.508	0.069	-0.247	-0.147

提取方法：主成分分析。
旋转法为具有 Kaiser 标准化的正交旋转法

对二级指标权重进行计算，得到本文中新冠肺炎疫情环境下陕西国际物流风险评估指标的组合权重，见表8。

表8 新冠肺炎疫情环境下陕西国际物流风险评估指标的组合权重

国际物流风险	环境风险（0.1282）	宏观经济波动程度（0.2474）
		政策变动程度（0.3177）
		外贸行业市场波动程度（0.4349）
	物流准时风险（0.1029）	订单处理效率（0.6925）
		物流作业效率（0.3075）
	物流信息风险（0.5169）	物流信息传递效率（0.3997）
		实时信息提供能力（0.1768）
		物流信息安全性（0.4235）
	物流损耗风险（0.0753）	货物丢失量及破损量（0.3515）
		客户退换货量（0.6485）
	物流成本风险（0.1767）	物流作业成本（0.5194）
		物流管理成本（0.4806）

四、新冠肺炎疫情环境下陕西国际物流风险评价模型

（一）确定因素递阶层次模型

新冠肺炎疫情环境下国际物流风险评价是一种多级模糊综合评价，因素集共分为 2 个层次，递阶层次模型如下：

第一层次（目标层）：$U = \{u_1, u_2, u_3, u_4, u_5\}$ = {物流环境风险，物流准时性风险，物流信息风险，物流损耗风险，物流成本风险}

第二层次（最底层分指标）：

$u_1 = \{u_{11}, u_{12}, u_{13}\}$ = {宏观经济波动程度，政策变动程度，外贸行业市场波动程度}

$u_2 = \{u_{21}, u_{22}\}$ = {订单处理效率，物流作业效率}

$u_3 = \{u_{31}, u_{32}, u_{33}\}$ = {物流信息传递效率，实时信息提供能力，物流信息安全性}

$u_4 = \{u_{41}, u_{42}\}$ = {货物丢失量及破损量，客户退换货量}

$u_5 = \{u_{51}, u_{52}\}$ = {物流作业成本，物流管理成本}

（二）建立评价集

一般情况下，评价集中评语等级数 m 取 [3, 9] 中的整数。如果 m 过大，语言难以描述且不易判断等级归属；如果 m 太小，又不符合模糊综合评价的质量要求。m 取奇数的情况较多，因为这样可以有一个中间等级，便于判断评价对象的等级归属。具体等级可以依据评价内容用适当的语言描述。新冠肺炎疫情环境下国际物流风险评价的评价集如下：

$V = \{v_1, v_2, v_3, v_4, v_5\}$ = {优，良好，中等，一般，较差}

优：表示国际物流风险很小；

良好：表示国际物流风险较小；

中等：表示国际物流风险中等；

一般：表示国际物流风险较大；

较差：表示国际物流风险很大。

（三）模糊综合评价

通过因子分析法得到各因素集的权重向量，根据底层指标的单因素模糊关系矩阵，可以进行一级模糊综合评价。设因素集 $u_1 = \{u_{11}, u_{12}, u_{13}\}$，由因子分析计算得到的权重集为 $A_1 = (a_{11}, a_{12}, a_{13})$，模糊关系矩阵为：$[r_{131}, r_{132}, r_{133}, r_{134}, r_{135}]$，

则第二层次因素集 u_2 的模糊综合评价如下：

$$[r_{131}, r_{132}, r_{133}, r_{134}, r_{135}]$$

一级模糊综合评价集 $B_1 = (b_{11}, b_{12}, b_{13}, b_{14}, b_{15})$ 即是第二层次因素集 $U = \{u_1, u_2, u_3, u_4, u_5\}$ 中指标（因素）u_2 在评价集 $V = \{v_1, v_2, v_3, v_4, v_5\}$ 上的模糊子集。按照同样的方法对其他第二层次因素集进行模糊综合评价，得到所有的一级模糊综合评价集。一级模糊综合评价完成后，进行新冠肺炎疫情环境下国际物流风险的总评价。因素集 $U = \{u_1, u_2, u_3, u_4, u_5\}$，设对应的权重集为 $A = (a_1, a_2, a_3, a_4, a_5)$，各因素对应的一级模糊评价集为 $B_i = (b_{i1}, b_{i2}, b_{i3}, b_{i4}, b_{i5})$，$i = 1, 2, 3, 4, 5$，显然各因素集模糊关系矩阵为 $B = A \cdot R = (a_1, a_2, a_3, a_4, a_5) \cdot \begin{pmatrix} B_1 \\ B_2 \\ B_3 \\ B_4 \\ B_5 \end{pmatrix} = (b_1, b_2, b_3, b_4, b_5)$。

二级模糊综合评价集 $B = (b_1, b_2, b_3, b_4, b_5)$ 即新冠肺炎疫情环境下国际物流风险评价结果在评价集 $V = \{v_1, v_2, v_3, v_4, v_5\}$ 上的模糊子集。

模糊综合评价的结果代表的是被评价对象对评价集各元素的隶属度，它构成一个模糊向量，而不是一个点值，因而它能提供的信息比其他方法更丰富。若对多个事物进行比较并排序，就需要进一步处理模糊综合评价结果向量。参照《国有资本金绩效评价规则》，将各评语所对应的评价等级分行向量矩阵定为 $C = (c_1, c_2, c_3, c_4, c_5) = (40, 55, 70, 85, 100)$。

综合指标的计算采用如下公式：

$$W = B \times C^T$$

其中，W 是新冠肺炎疫情环境下陕西国际物流风险评价值，B 为最终综合评价向量，C 为评价等级分行向量矩阵，C^T 为转置矩阵。

最后得出被评价对象的等级，该等级可以用来评价新冠肺炎疫情环境下国际物流风险大小。例如，采用上面的模糊综合评价方法计算得出的被评价对象的等级隶属于评价集 $V = \{v_1, v_2, v_3, v_4, v_5\} = \{$很小，较小，中等，较大，很大$\}$ 中的优等级，那么据此可以判定新冠肺炎疫情环境下国际物流风险较小，如果新冠肺炎疫情环境下国际物流风险评价得出的被评价对象的等级隶属于评价集中的较大等级，则需根据相应方面的风险制定应对策略。

五、新冠肺炎疫情环境下陕西国际物流风险评价

新冠肺炎疫情自从 2020 年 1 月份暴发以来，国际物流发生了比较大的变化。起

初，国外的订单不能及时发货，2020年3月以后，当我国疫情得到控制时，国外疫情又开始严重，中国生产的商品又因为各国封锁发不出去，给陕西国际物流带来比较大的风险。所以本文选择3月和7月相应指标对陕西的国际物流风险作出评价，根据评价的结果制定合适的风险控制策略。

（一）统计有效问卷，确定模糊判断矩阵

国际物流风险名目繁多，比较难以测量，本文选取陕西外贸企业中高层人员及相关科研人员共15位，针对陕西国际物流3月和7月面临的风险情况进行打分调查。经调查分析，在收回的15份调查问卷中有3份不合格，获得有效问卷12份。对这12份问卷进行分析。

（二）环境风险因素的模糊隶属度的确定

1. 宏观经济波动程度指标打分

企业及科研12位相关人员对该指标打分情况是：

3月：3人打很大（即v_5），8人打较大（即v_4），1人打中等（即v_3），0人打较小（即v_2），0人打很小（即v_1）。则模糊隶属度分别为：隶属v_5的是$3/12 = 0.2500$，隶属v_4的是$8/12 = 0.6667$，隶属v_3的是$1/12 = 0.0833$，隶属v_2的是$0/12 = 0$，隶属v_1的是$0/12 = 0$。

由此得出，$r_{11} = (0, 0, 0.0833, 0.6667, 0.2500)$。

7月：1人打很大（即v_5），6人打较大（即v_4），4人打中等（即v_3），1人打较小（即v_2），0人打很小（即v_1）。则模糊隶属度分别为：隶属v_5的是$1/12 = 0.0833$，隶属v_4的是$6/12 = 0.5000$，隶属v_3的是$4/12 = 0.3333$，隶属v_2的是$0/12 = 0$，隶属v_1的是$0/12 = 0$。

由此得出，$r_{11} = (0, 8.833, 0.3334, 0.5000, 0.0833)$。

2. 政策变动程度指标打分

企业及科研12位相关人员对该指标打分情况是：

3月：5人打很大（即v_5），4人打较大（即v_4），2人打中等（即v_3），1人打较小（即v_2），0人打很小（即v_1）。则模糊隶属度分别为：隶属v_5的是$5/12 = 0.4167$，隶属v_4的是$4/12 = 0.3333$，隶属v_3的是$2/12 = 0.1667$，隶属v_2的是$1/12 = 0.0833$，隶属v_1的是$0/12 = 0$。

由此得出，$r_{12} = (0, 0.0833, 0.1667, 0.3333, 0.4167)$。

7月：1人打很大（即v_5），5人打较大（即v_4），4人打中等（即v_3），2人打较小（即v_2），0人打很小（即v_1）。则模糊隶属度分别为：隶属v_5的是$1/12 = 0.0833$，隶属v_4的是$5/12 = 0.4167$，隶属v_3的是$4/12 = 0.3333$，隶属v_2的是$2/12 = 0.1667$，

隶属 v_1 的是 $0/12=0$。

由此得出，$r_{12}=$ （0，0.1667，0.3333，0.4167，0.0833）。

3. 外贸行业市场波动程度指标打分

企业及科研 12 位相关人员对该指标打分情况是：

3月：6人打很大（即 v_5），5人打较大（即 v_4），1人打中等（即 v_3），0人打较小（即 v_2），0人打很小（即 v_1）。则模糊隶属度分别为：隶属 v_5 的是 $6/12=0.5000$，隶属 v_4 的是 $5/12=0.4167$，隶属 v_3 的是 $1/12=0.0833$，隶属 v_2 的是 $0/12=0$，隶属 v_1 的是 $0/12=0$。

由此得出，$r_{13}=$ （0，0，0.0833，0.4167，0.5000）

7月：5人打很大（即 v_5），5人打较大（即 v_4），1人打中等（即 v_3），1人打较小（即 v_2），0人打很小（即 v_1）。则模糊隶属度分别为：隶属 v_5 的是 $5/12=0.4167$，隶属 v_4 的是 $5/12=0.4167$，隶属 v_3 的是 $2/12=0.1667$，隶属 v_2 的是 $1/12=0.0833$，隶属 v_1 的是 $0/12=0$。

由此得出，$r_{13}=$ （0，0.0833，0.0833，0.4167，0.4167）

（三）物流时效风险因素的模糊隶属度的确定

1. 物流订单处理效率指标打分

企业及科研 12 位相关人员对该指标打分情况是：

3月：1人打很大（即 v_5），3人打较大（即 v_4），6人打中等（即 v_3），2人打较小（即 v_2），0人打很小（即 v_1）。则模糊隶属度分别为：隶属 v_5 的是 $1/12=0.0833$，隶属 v_4 的是 $3/12=0.2500$，隶属 v_3 的是 $6/12=0.5000$，隶属 v_2 的是 $2/12=0.1667$，隶属 v_1 的是 $0/12=0$。

由此得出，$r_{21}=$ （0，0.1667，0.5000，0.2500，0.0833）。

7月：1人打很大（即 v_5），5人打较大（即 v_4），4人打中等（即 v_3），2人打较小（即 v_2），0人打很小（即 v_1）。则模糊隶属度分别为：隶属 v_5 的是 $1/12=0.0833$，隶属 v_4 的是 $5/12=0.4167$，隶属 v_3 的是 $4/12=0.3333$，隶属 v_2 的是 $2/12=0.1667$，隶属 v_1 的是 $0/12=0$。

由此得出，$r_{21}=$ （0，0.1667，0.3333，0.4167，0.0833）。

2. 物流作业效率指标打分

企业及科研 12 位相关人员对该指标打分情况是：

3月：6人打很大（即 v_5），3人打较大（即 v_4），3人打中等（即 v_3），0人打较小（即 v_2），0人打很小（即 v_1）。则模糊隶属度分别为：隶属 v_5 的是 $6/12=0.5000$，隶属 v_4 的是 $3/12=0.2500$，隶属 v_3 的是 $3/12=0.2500$，隶属 v_2 的是 $0/12=0$，隶属 v_1 的是 $0/12=0$。

由此得出，r_{22} = (0, 0, 0.2500, 0.2500, 0.5000)。

7月：1人打很大（即v_5），4人打较大（即v_4），4人打中等（即v_3），2人打较小（即v_2），1人打很小（即v_1）。则模糊隶属度分别为：隶属v_5的是1/12 = 0.0833，隶属v_4的是2/12 = 0.1667，隶属v_3的是4/12 = 0.3333，隶属v_2的是4/12 = 0.3333，隶属v_1的是1/12 = 0.0833。

由此得出，r_{22} = (0.0833, 0.1667, 0.3334, 0.3333, 0.0833)。

（四）物流信息风险因素的模糊隶属度的确定

1. 物流信息传递效率指标打分

企业及科研12位相关人员对该指标打分情况是：

3月：6人打很大（即v_5），3人打较大（即v_4），3人打中等（即v_3），0人打较小（即v_2），0人打很小（即v_1）。则模糊隶属度分别为：隶属v_5的是6/12 = 0.5000，隶属v_4的是3/12 = 0.2500，隶属v_3的是3/12 = 0.2500，隶属v_2的是0/12 = 0，隶属v_1的是0/12 = 0。

由此得出，r_{31} = (0, 0, 0.2500, 0.2500, 0.5000)。

7月：4人打很大（即v_5），5人打较大（即v_4），3人打中等（即v_3），0人打较小（即v_2），0人打很小（即v_1）。则模糊隶属度分别为：隶属v_5的是4/12 = 0.3333，隶属v_4的是5/12 = 0.4167，隶属v_3的是3/12 = 0.2500，隶属v_2的是0/12 = 0，隶属v_1的是0/12 = 0。

由此得出，r_{31} = (0, 0, 0.2500, 0.4167, 0.3333)。

2. 物流实时信息提供能力指标打分

企业及科研12位相关人员对该指标打分情况是：

3月：7人打很大（即v_5），4人打较大（即v_4），1人打中等（即v_3），0人打较小（即v_2），0人打很小（即v_1）。则模糊隶属度分别为：隶属v_5的是7/12 = 0.5833，隶属v_4的是4/12 = 03333，隶属v_3的是1/12 = 0.0833，隶属v_2的是0/12 = 0，隶属v_1的是0/12 = 0。

由此得出，r_{32} = (0, 0, 0.0833, 0.3333, 0.5833)。

7月：5人打很大（即v_5），4人打较大（即v_4），3人打中等（即v_3），0人打较小（即v_2），0人打很小（即v_1）。则模糊隶属度分别为：隶属v_5的是5/12 = 0.4167，隶属v_4的是4/12 = 0.3333，隶属v_3的是3/12 = 0.2500，隶属v_2的是0/12 = 0，隶属v_1的是0/12 = 0。

由此得出，r_{32} = (0, 0, 0.2500, 0.3333, 0.4167)。

3. 物流信息安全性指标打分

企业及科研12位相关人员对该指标打分情况是：

3月：1人打很大（即v_5），3人打较大（即v_4），6人打中等（即v_3），2人打较小（即v_2），0人打很小（即v_1）。模糊隶属度分别为：隶属v_5的是1/12＝0.0833，隶属v_4的是3/12＝0.2500，隶属v_3的是6/12＝0.5000，隶属v_2的是2/12＝0.1667，隶属v_1的是0/12＝0。

由此得出，r_{33}＝（0，0.1667，0.5000，0.2500，0.0833）。

7月：1人打很大（即v_5），5人打较大（即v_4），4人打中等（即v_3），2人打较小（即v_2），0人打很小（即v_1）。则模糊隶属度分别为：隶属v_5的是1/12＝0.0833，隶属v_4的是5/12＝0.4167，隶属v_3的是4/12＝0.3333，隶属v_2的是2/12＝0.1667，隶属v_1的是0/12＝0。

由此得出，r_{33}＝（0，0.1667，0.3333，0.4167，0.0833）。

（五）物流损耗风险因素的模糊隶属度的确定

1. 货物丢失及破损量指标打分

企业及科研12位相关人员对该指标打分情况是：

3月：2人打很大（即v_5），4人打较大（即v_4），5人打中等（即v_3），1人打较小（即v_2），0人打很小（即v_1）。模糊隶属度分别为：隶属v_5的是2/12＝0.1667，隶属v_4的是4/12＝0.3333，隶属v_3的是5/12＝0.4167，隶属v_2的是1/12＝0.0833，隶属v_1的是0/12＝0。

由此得出，r_{41}＝（0，0.0833，0.4167，0.3333，0.1667）。

7月：1人打很大（即v_5），3人打较大（即v_4），4人打中等（即v_3），2人打较小（即v_2），2人打很小（即v_1）。模糊隶属度分别为：隶属v_5的是1/12＝0.0833，隶属v_4的是3/12＝0.2500，隶属v_3的是4/12＝0.3333，隶属v_2的是2/12＝0.1667，隶属v_1的是2/12＝0.1667。

由此得出，r_{41}＝（0.1667，0.1667，0.3333，0.2500，0.0833）。

2. 客户退换货量指标打分

企业及科研12位相关人员对该指标打分情况是：

3月：2人打很大（即v_5），5人打较大（即v_4），3人打中等（即v_3），2人打较小（即v_2），0人打很小（即v_1）。模糊隶属度分别为：隶属v_5的是2/12＝0.1667，隶属v_4的是5/12＝0.4167，隶属v_3是3/12＝0.2500，隶属v_2的是2/12＝0.1667，隶属v_1的是0/12＝0。

由此得出，r_{42}＝（0，0.1667，0.2500，0.4166，0.1667）。

7月：1人打很大（即v_5），4人打较大（即v_4），3人打中等（即v_3），2人打较小（即v_2），2人打很小（即v_1）。模糊隶属度分别为：隶属v_5的是1/12＝0.0833，隶属v_4的是4/12＝0.3333，隶属v_3的是3/12＝0.2500，隶属v_2的是2/12＝0.1667，

隶属 v_1 的是 $2/12=0.1667$。

由此得出，$r_{42}=(0.1667, 0.1667, 0.2500, 0.3333, 0.0833)$。

（六）物流成本风险因素的模糊隶属度的确定

1. 物流作业成本指标打分

企业及科研 12 位相关人员对该指标打分情况是：

3 月：5 人打很大（即 v_5），5 人打较大（即 v_4），2 人打中等（即 v_3），0 人打较小（即 v_2），0 人打很小（即 v_1）。模糊隶属度分别为：隶属 v_5 的是 $5/12=0.4167$，隶属 v_4 的是 $4/12=0.3333$，隶属 v_3 的是 $2/12=0.1667$，隶属 v_2 的是 $1/12=0.0833$，隶属 v_1 的是 $0/12=0$。

由此得出，$r_{51}=(0, 0.0033, 0.1666, 0.4167, 0.4167)$。

7 月：4 人打很大（即 v_5），5 人打较大（即 v_4），3 人打中等（即 v_3），0 人打较小（即 v_2），0 人打很小（即 v_1）。模糊隶属度分别为：隶属 v_5 的是 $4/12=0.3333$，隶属 v_4 的是 $5/12=0.4166$，隶属 v_3 的是 $3/12=0.3333$，隶属 v_2 的是 $0/12=0$，隶属 v_1 的是 $0/12=0$。

由此得出，$r_{51}=(0, 0, 0.2500, 0.4167, 0.3333)$。

2. 物流管理成本指标打分

企业及科研 12 位相关人员对该指标打分情况是：

3 月：5 人打很大（即 v_5），5 人打较大（即 v_4），2 人打中等（即 v_3），0 人打较小（即 v_2），0 人打很小（即 v_1）。模糊隶属度分别为：隶属 v_5 的是 $5/12=0.4167$，隶属 v_4 的是 $5/12=0.4167$，隶属 v_3 的是 $2/12=0.1667$，隶属 v_2 的是 $2/12=0.0833$，隶属 v_1 的是 $0/12=0$。

由此得出，$r_{52}=(0, 0, 0.1667, 0.4167, 0.4167)$。

7 月：3 人打很大（即 v_5），5 人打较大（即 v_4），2 人打中等（即 v_3），2 人打较小（即 v_2），0 人打很小（即 v_1）。模糊隶属度分别为：隶属 v_5 的是 $5/12=0.4167$，隶属 v_4 的是 $4/12=0.3333$，隶属 v_3 的是 $2/12=0.1667$，隶属 v_2 的是 $2/12=0.1667$，隶属 v_1 的是 $0/12=0$。

由此得出，$r_{52}=(0, 0.1667, 0.1667, 0.4166, 0.2500)$。

（七）新冠肺炎疫情环境下陕西国际物流风险评价结果

1. 新冠肺炎疫情环境下陕西国际物流风险 3 月评价值的计算

$$B_1 = A_1 \cdot R_1 = (0.2474, 0.3177, 0.4349) \begin{pmatrix} 0 & 0 & 0.0833 & 0.6667 & 0.2500 \\ 0 & 0.0833 & 0.1667 & 0.3333 & 0.4167 \\ 0 & 0 & 0.0833 & 0.4167 & 0.5000 \end{pmatrix}$$

$$= (0, 0.0265, 0.1098, 0.4521, 0.4117)$$

$$B_2 = A_2 \cdot R_2 = (0.6925, 0.3075)\begin{pmatrix} 0 & 0.1667 & 0.5000 & 0.2500 & 0.0833 \\ 0 & 0 & 0.2500 & 0.2500 & 0.5000 \end{pmatrix}$$

$$= (0, 0.1154, 0.4231, 0.2500, 0.2114)$$

$$B_3 = A_3 \cdot R_3 = (0.3997, 0.1768, 0.4235)\begin{pmatrix} 0 & 0 & 0.2500 & 0.2500 & 0.5000 \\ 0 & 0 & 0.0833 & 0.3333 & 0.5834 \\ 0 & 0.1667 & 0.5000 & 0.2500 & 0.0833 \end{pmatrix}$$

$$= (0, 0.0706, 0.3264, 0.2047, 0.3383)$$

$$B_4 = A_4 \cdot R_4 = (0.3515, 0.6485)\begin{pmatrix} 0 & 0.0833 & 0.4167 & 0.3333 & 0.1667 \\ 0 & 0.1667 & 0.2500 & 0.4166 & 0.1667 \end{pmatrix}$$

$$= (0, 0.1374, 0.3086, 0.3873, 0.1667)$$

$$B_5 = A_5 \cdot R_5 = (0.5194, 0.4806)\begin{pmatrix} 0 & 0 & 0.1666 & 0.4167 & 0.4167 \\ 0 & 0 & 0.1666 & 0.4167 & 0.4167 \end{pmatrix}$$

$$= (0, 0, 0.1666, 0.4167, 0.4167)$$

$$B = A \cdot R = (0.1282, 0.1029, 0.5169, 0.0753, 0.1767)$$

$$\begin{pmatrix} 0 & 0.0265 & 0.1098 & 0.4521 & 0.4117 \\ 0 & 0.1154 & 0.4231 & 0.2500 & 0.2114 \\ 0 & 0.0706 & 0.3264 & 0.2647 & 0.3383 \\ 0 & 0.1374 & 0.3086 & 0.3873 & 0.1667 \\ 0 & 0 & 0.1666 & 0.4167 & 0.4167 \end{pmatrix}$$

$$= (0, 0.0621, 0.2790, 0.3233, 0.3356)$$

$$W = B \cdot C = (0, 0.0621, 0.2790, 0.3233, 0.3356)\begin{pmatrix} 40 \\ 55 \\ 70 \\ 85 \\ 100 \end{pmatrix} = 83.986$$

2020年3月陕西国际物流风险评价得83.986分，处于比较高的水平，说明新冠肺炎疫情给陕西国际物流带来了比较大的风险。

2. 新冠肺炎疫情环境下陕西国际物流风险7月评价值的计算

$$B_1 = A_1 \cdot R_1 = (0.2474, 0.3177, 0.4349)\begin{pmatrix} 0 & 0.0833 & 0.3334 & 0.5000 & 0.0833 \\ 0 & 0.1667 & 0.3333 & 0.4167 & 0.0833 \\ 0 & 0.0833 & 0.0833 & 0.4167 & 0.4167 \end{pmatrix}$$

$$= (0, 0.1098, 0.2246, 0.4373, 0.2283)$$

$$B_2 = A_2 \cdot R_2 = (0.6925, 0.3075)\begin{pmatrix} 0 & 0.1667 & 0.3333 & 0.4167 & 0.0833 \\ 0.0833 & 0.1667 & 0.3334 & 0.3333 & 0.0833 \end{pmatrix}$$

$$= (0.0256, 0.1667, 0.3333, 0.3911, 0.0833)$$

$$B_3 = A_3 \cdot R_3 = (0.3997, 0.1768, 0.4235) \begin{pmatrix} 0 & 0 & 0.2500 & 0.4167 & 0.3333 \\ 0 & 0 & 0.2500 & 0.3333 & 0.4167 \\ 0 & 0.1667 & 0.3333 & 0.4167 & 0.0833 \end{pmatrix}$$

$$= (0, 0.0706, 0.2853, 0.4020, 0.2422)$$

$$B_4 = A_4 \cdot R_4 = (0.3515, 0.6485) \begin{pmatrix} 0.1667 & 0.1667 & 0.3333 & 0.2500 & 0.0833 \\ 0.1667 & 0.1667 & 0.2500 & 0.3333 & 0.0833 \end{pmatrix}$$

$$= (0.1667, 0.1667, 0.2793, 0.3040, 0.0833)$$

$$B_5 = A_5 \cdot R_5 = (0.5194, 0.4806) \begin{pmatrix} 0 & 0 & 0.2500 & 0.4167 & 0.3333 \\ 0 & 0.1667 & 0.1667 & 0.4166 & 0.2500 \end{pmatrix}$$

$$= (0, 0.0801, 0.2100, 0.4167, 0.2933)$$

$$B = A \cdot R = (0.1282, 0.1029, 0.5169, 0.0753, 0.1767)$$

$$\begin{pmatrix} 0 & 0.1098 & 0.2246 & 0.4373 & 0.2283 \\ 0.0256 & 0.1667 & 0.3333 & 0.3911 & 0.0833 \\ 0 & 0.0706 & 0.2853 & 0.4020 & 0.2422 \\ 0.1667 & 0.1667 & 0.2793 & 0.3040 & 0.0833 \\ 0 & 0.0801 & 0.2100 & 0.4167 & 0.2933 \end{pmatrix}$$

$$= (0.0039, 0.0941, 0.2687, 0.4006, 0.2211)$$

$$W = B \cdot C = (0.0039, 0.0941, 0.2687, 0.4006, 0.2211) \begin{pmatrix} 40 \\ 55 \\ 70 \\ 85 \\ 100 \end{pmatrix} = 80.3015$$

2020年7月陕西国际物流风险评价值为80.3015，比较3月降了一点，但还处于一个比较高的水平，所以针对陕西国际物流风险制定应对策略成为非常紧迫的事情。

六、新冠肺炎疫情环境下陕西国际物流风险控制策略

（一）陕西国际物流环境风险控制策略

本文评价陕西国际物流环境风险指标有宏观经济的波动程度风险、政策变动风险以及外贸行业的波动风险，环境风险在五种风险中排第三位。通过对陕西国际物流风险的评估，发现外贸行业市场波动程度给陕西国际物流带来的风险最大，所以陕西应通过一些政策助力外贸企业市场尽快恢复。

首先,政府应加大金融服务支持和税收减免力度。受疫情的影响,国际物流企业的业务开展受到影响,春节后各企业的经营收入几乎为零,且同时还承担着人员工资、房租等固定支出的给付。建议针对有资金需求的国际物流企业,可以通过由物流行业协会、物流园区、创业孵化园(器)或其他社会组织授信担保,结合国际物流企业近两年的营业收入情况给予 500 万~2000 万元低息或贴息贷款支持,及时解决中小物流企业融资难(银行需要固定资产抵押)和融资成本高的问题。对已经获得银行融资贷款但受疫情影响遇到经营困难的国际物流企业,政府应协调银行机构允许企业缓还贷款本金和减免利息。税收减免方面,应当结合各种税目的征收办法实施缓征或减免的措施。比如为了鼓励国际物流企业不裁人,可以在社保资金、残疾人就业保证金、城建税缴纳等方面给予减免。对于企业的增值税、所得税也应实施较大幅度的减免,否则只是靠缓征对企业的扶持力度不大。

其次,全面推动国际物流和外向型企业复工复产。陕西也在重点建设项目、民生服务保障等领域有序推进了复工复产。对大多数国际物流行业的中小企业来说,全面复工复产有利于增强企业信心、降低损失,使企业尽早投入正常的业务运营,有时比政府提供的财税缓减支持更加有效。

最后,加大国家物流枢纽支持力度,打通服务链和产业链。陕西省共有 3 个城市被列入国家物流枢纽建设名单,分别是西安(陆港型、空港型、生产和商贸服务型)、宝鸡(生产服务型)和延安(陆港型)。国家物流枢纽是国家层面的布局,承担着使国家物流融入全球供应链服务体系的重要使命。它不仅是区域物流枢纽的核心节点,也是融入全球物流服务网络的重要平台。新冠肺炎疫情环境下,国家级物流枢纽发挥了重要的物资转运配送和高效投递作用。同时通过政策引导和产业扶持,在各个枢纽周边聚集国际物流服务要素形成服务链;在西安高新区、经开区和宝鸡制造业基地配套布局便捷的国际物流服务体系,实现国际物流服务链与产业链的有机衔接。

(二)陕西国际物流时效风险控制策略

国际物流时效性风险主要体现在订单的处理效率和物流的作业效率方面,这些风险因素取决于企业的行业实力及内部组织管控能力。一般来讲,运营管理业绩良好的企业在市场竞争中占有优势,公司现金流、客户资源和市场拓展能力较强,在疫情抗击中容易挺过去,并能不断地提高企业订单的处理效率和物流作业效率;反之,一些业务能力不高、现金流不充足的国际物流企业应对能力较低,有可能挺不过去,更谈不上提高订单处理效率和物流的作业效率了。

陕西应充分利用中欧班列提高国际物流时效。疫情环境下国际物流干线资源中,空运、海运报价上涨,运力却降低;而联通中国、中亚和欧洲的中欧班列在疫情期间没有停班，正好满足了中亚和欧洲方向的货运需求。从海关处了解到，目前国际班列的通关速度和模式与以往有所不同，政策持续宽松，且通关速度快。国际班列与空运比起来，运力大、时间慢，但价格低；比较海运，时间短，但运费略高，以西安国际班列为例，到达德国汉堡全程15天，比海运运输时间少了一半。中欧班列的运输时效还表现在国际班列从订舱、租箱、提箱到目的站清关提货等方面，均已形成了完整的服务体系。比如国际班列的一单到底，收发货人凭一个提货码就能完成货物的交接与目的港的清关提货，效率不比海运、空运差。

（三）陕西国际物流信息风险控制策略

国际物流信息风险主要体现为物流信息传递效率、实时信息提供能力以及信息安全方面。国际物流信息服务涉及部门较多，靠一家企业很难整合，所以必须有政府的支持才能完成信息基础设施的建设。

建议在政府的支持下建立统一、公开、透明，可供联运各方以及相关客户随时查询货物运输状态的信息平台。大部分国际物流货运的运营主体都有供客户查询的信息系统，但目前基本处于各自为政的状态，缺乏统一的信息平台。随着产业布局加速优化、区域合作日益紧密、新兴技术广泛应用，以及联运产品的加快推广，多式联运信息平台更具备了搭建的必要性与可行性。在争取实现货运信息系统统一的基础上，逐步搭建统一的货物空陆、空海和空铁多式联运信息平台。多式联运信息平台的建设将有助于推动多式联运承运人的培育、联运承运人舱位的预订以及各种交通方式的高效衔接。

鼓励物流创新。随着区块链技术发展，智能合约、数字化支付、海量碎片化的交易成为外贸的新常态，新科技对物流运作的加持作用越来越大。针对这一趋势，政府要推动国际物流体系建设向无纸化、数字化发展，建立航空公司、邮政快递、货站等互通共享的物流信息平台，提高清关、货代、仓储等物流服务水平。推动数字化平台建设，为国际供应链链条上的各方提供在线管理工具，通过全面提升内部沟通效率、供应链整体协同效率提升物流信息的传递效率、实时信息提供能力并降低信息安全风险。

（四）陕西国际物流货损货差风险控制策略

从评估结果数据看，因为疫情而导致的国际物流风险中货损货差风险相对较小，本文货损货差风险用货物破损以及丢失量和客户退货量来衡量。疫情期间物流时效性相对低，物流成本也有所增加，所以破损以及丢失和退货量并没有因为疫情而增加。

危机中寻商机。国际物流企业应提高企业创新能力，升级企业发展模式，避免意外的货物损耗。此次疫情中，尽管国家宏观政策层面不断地出台相关利好措施，给予企业扶持，但具体到一个行业企业，要在危机中寻商机、稳增长仍面临巨大挑战。与此同时，与时俱进的技术创新、业务创新、商业模式创新成了企业应对疫情和互联网时代挑战的必由之路。在陕西国际物流领域，新的信息技术、无人技术、无接触技术、机器人技术和线上市场拓展、电子商务等技术将成为国际物流行业企业发展的新选择。新技术让国际物流更便捷、更透明，可以尽可能地减少货损货差。

（五）陕西国际物流成本风险控制策略

本文中国际物流成本风险主要通过物流作业成本和物流管理成本两个指标来反映。中小物流企业没有达到规模经济是其物流成本高的原因之一，特别是此次疫情中受冲击和影响最大的也是国际物流行业中的中小企业，但陕西全省尚没有在全国形成有影响力的国际物流企业。2019年年底组建的陕西省物流集团几乎没有国际物流业务，核心企业陕西商储物流公司业务经营模式传统，完全市场化下的抗风险能力不强。另外，多个综合保税区（如高新综保区、港务区综保区等）均委托外地国际物流企业运营管理。全省最大的陕煤化工集团、延长石油集团、陕汽集团等龙头企业有大量的物流业务（其中不乏国际物流业务）外包给了外地物流企业。因此，陕西需要组建有实力的国际物流企业，提升行业发展水平，降低国际物流成本。

整合物流业务，降低国际物流成本。疫情期间，邮政快递企业通过境外中转、增加包机、开辟航线等方式来积极应对，增开了到俄罗斯、比利时的航线；顺丰航空公司已增开了到欧洲、印度和美国的航线，继续整合自有全货机以及包机模式，以开通更多国际航线，保障国际供应链的畅通。物流公司进行业务整合可以降低物流作业成本和管理成本。陕西地处西北内陆地区，经济总量和外向经济占比整体偏低。各种外向型资源要素较为分散，以西安为例，综合保税区有4个之多（还在积极申报中），另外还有出口加工区和B区，在自贸区两大核心功能区平台上各自发挥作用，没有形成发展合力。此外，作为陕西两大国际物流枢纽（也是国家一类口岸）的西安咸阳国际机场和西安国际港务区周边并没有形成对应的枢纽偏好型产业布局，而出口导向型产业基地周边并没有便捷的国际物流组织，无形中增加了国际物流成本。因此应当进一步整合全省外向型资源，围绕物流枢纽和服务要素布局产业或在产业聚集区布局构建国际物流服务体系。

参考文献

[1]孙秀英.跨境电商背景下物流风险网络管理研究[D].大连:大连理工大学,2018.

[2]康珍.基于遗传神经网络的跨境电商物流风险评价研究[D].西安:长安大学,2018.

[3]郭志刚.社会统计分析方法——SPSS软件应用[M].北京:中国人民大学出版社,1999.

[4]张文彤.世界优秀统计工具SPSS 11统计分析教程(高级篇)[M]北京:北京希望电子出版社,2002.

[5]胡永宏,贺思辉.综合评价方法[M].北京:科学出版社,2000.

[6]胡振华,袁静.企业绩效评价因子分析模型及应用[J].中国管理科学,2002,10(1):68-70.

[7]杨维忠,张甜,王国平.SPSS统计分析与行业应用案例详解[M].北京:清华大学出版社,2019.

西安打造国际商贸物流枢纽城市路径与政策研究

罗 宁[①]

摘要：西安作为"一带一路"建设核心区，正在乘着"丝绸之路起点城市""陕西自由贸易试验区""万亿级优势产业""国家中心城市""国际性综合交通枢纽""商贸服务型国家物流枢纽"等一系列发展机遇深度融入共建"一带一路"大格局中。西安拥有突出的区位优势、物流优势，但在打造国际商贸物流枢纽城市的过程中，仍存在不少制约因素，如国际物流服务能力较弱、产业基础尚薄弱等。本文利用走访调研和文献分析法，在深度剖析这些制约因素的基础上，指出打造西安国际商贸物流枢纽城市应持长远眼光、稳健推进，并创新性地提出"强产业—促商贸—畅物流—助融合"的打造路径，同时给出若干具体措施和政策建议，例如，培育优势产业，掌握"拳头产品"；加大对外合作，发展总部经济；巩固陆港枢纽地位；强化航空枢纽地位；发展多式联运，助推双循环；申办"国际防务展"；等等。希望为打造西安国际商贸物流枢纽城市提供有益参考。

关键词：商贸物流；陆港枢纽；中欧班列；多式联运

一、引言

西安是"一带一路"建设核心区，近年来，随着一系列战略政策的颁布实施，迎来了飞速发展的黄金时期。加之西安地理区位优势突出、经济提速发展、物流业发展迅猛、商贸流通较活跃，具备打造为国际商贸物流枢纽城市的基础条件，但目

[①] 西安外事学院陕西自贸区研究院讲师。

前理论界相关研究尚不充分。本文通过实地调查法、文献分析法，深入了解和分析西安打造国际商贸物流枢纽城市的制约因素，并结合实际提出若干具体措施和政策建议。

二、西安打造国际商贸物流枢纽城市的背景与意义

（一）西安打造国际商贸物流枢纽城市的背景

2013年9月，国家提出共建"一带一路"倡议，陕西西安作为丝绸之路起点城市，迎来了发展成为欧亚地区经济走廊和国际化大都市的重要机遇。

2016年8月，国务院正式批复陕西成为国内第三批自贸区之一；2017年4月1日，中国（陕西）自由贸易试验区在西安高新区揭牌。自贸区的健康运行要求陕西发挥良好的区位、产业、科教、资源能源和历史文化优势，创新与"一带一路"沿线国家的互联互通、产能合作与现代农业合作新机制，探索科技、教育、文化、旅游、健康医疗等领域人文交流新模式，加快建设成为国际商贸物流中心、科技教育中心、产能合作中心、文化旅游中心和区域金融中心。

2017年年初，西安市第十三次党代会提出打造高新技术产业、先进制造业和商贸物流业"三个万亿级优势产业"，构建现代产业体系。

2017年2月28日，西安正式被国家定位为国际性综合交通枢纽，将成为全国十二个最高等级的国际性综合交通枢纽之一。

2018年12月24日，国家发改委和交通部联合发布了《国家物流枢纽布局和建设规划》，将国家级物流枢纽划分为陆港型、港口型、空港型、生产服务型、商贸服务型、陆上边境口岸型六种类型。在全国选择127个具有一定基础条件的城市作为国家物流枢纽承载城市，布局建设212个国家级物流枢纽。陕西省西安市、延安市、宝鸡市被确定为国家物流枢纽承载城市，西安建设"陆港型、空港型、商贸服务型、生产服务型"国家物流枢纽，延安建设"陆港型"国家物流枢纽，宝鸡建设"生产服务型"国家物流枢纽。

2019年12月，国家发展改革委、交通运输部联合印发《关于做好2019年国家物流枢纽建设工作的通知》，共有23个物流枢纽入选2019年国家物流枢纽建设名单，其中东部地区10个、中部地区5个、西部地区7个（乌兰察布—二连浩特、南宁、重庆、成都、西安、兰州、乌鲁木齐）、东北地区1个。国家着力推动形成国家物流枢纽网络框架和基础支撑，促进区域均衡、协调发展和全国统一的市场建设，为经济高质量发展奠定坚实基础。

2020年4月，习近平总书记来陕考察时也明确指出，要深度融入共建"一带一路"大格局，加快形成面向中亚、南亚、西亚国家的通道、商贸物流枢纽、重要产

业和人文交流基地,构筑内陆地区效率高、成本低、服务优的国际贸易通道。

综上所述,本文符合国家、陕西及西安战略规划,且是在陕西自贸区获批、国家中心城市获批、西安入选国家物流枢纽的良好机遇和背景下展开的。

(二)西安打造国际商贸物流枢纽城市的意义

基于西安独特的区位优势、经济和战略地位,以及西安与周边腹地城市的密切经济联系,打造西安国际商贸物流枢纽城市,会增强西安的带动辐射功能,促进西安及周边地区的商贸活动,推动区域经济发展,同时也有助于增强陕西自贸区发展活力,为丝路经济的发展与繁荣添砖加瓦。

打造西安国际商贸物流枢纽城市是西安成为国际化大都市的重要步骤,会促使西安未来具备健全、规范的商贸市场和高质量的国际物流服务能力。这有助于使商贸物流业成为引领市域经济发展的优势产业,提升西安的商贸活跃度,也有助于完善和升级西安的国际物流体系,巩固西安的丝路纽带地位,再现古长安盛世的辉煌。因此,西安打造成国际商贸物流枢纽城市具有重要战略意义。

(三)西安打造国际商贸物流枢纽城市的辐射范围

西安经济辐射范围可达西北五省,国际运输线路可联通全球,但为方便研究,本文只选取西安辐射力度较强的大关中城市群作为西安国际商贸物流枢纽城市的辐射范围(见图1)。

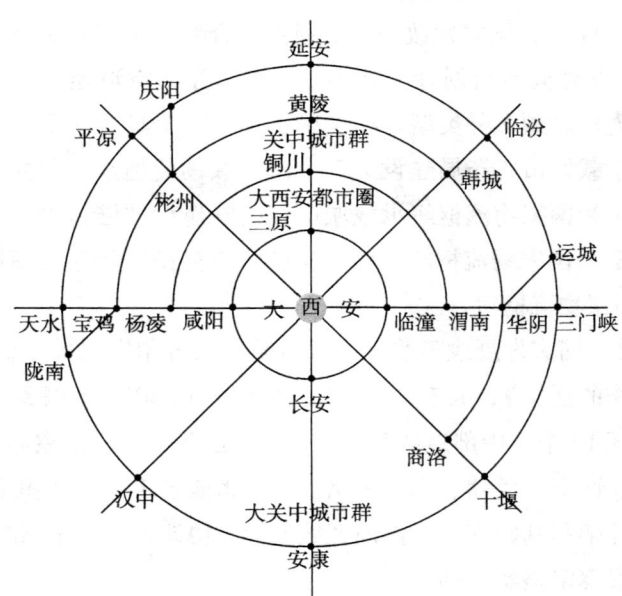

图1 以西安为中心的大关中城市群

西安国际商贸物流枢纽城市以西安（大西安）为经济中心，辐射大关中城市群，包括关中、陕北、陕南及甘南、晋南、豫东、鄂西北等地的城市。这些城市在实际空间位置分布上不均匀，且它们与西安的经济关联紧密度随着距离的增加逐渐衰减，也就是说，西安国际商贸物流枢纽城市的辐射力按距离西安由近及远递减。

通过查阅各城市2019年国民经济和社会发展统计公报，得到表1。

表1 2019年西安及各腹地城市的经济发展主要指标

城市	GDP/亿元	进出口总额/亿元	社会消费品零售总额/亿元	三次产业结构比重
西安	9321.19	3243.06	4938.2	3.0∶34.0∶63.0
咸阳	2195.33	89.3	741.35	13.8∶46.1∶40.1
铜川	354.72	3.9	166.56	7.6∶36.8∶55.6
渭南	1828.47	14.08	778.87	17.8∶37.1∶45.1
宝鸡	2223.81	83.98	944.38	8.0∶57.3∶34.7
延安	1663.89	24.19	340.33	9.0∶60.1∶30.9
汉中	1547.59	10.12	512.25	14.7∶42.8∶42.5
安康	1182.06	8.82	368.74	11.6∶46.9∶41.5
商洛	837.21	17.9	230.67	12.4∶45.0∶42.6
庆阳	742.94	1.58	182.21	11.5∶50.1∶38.4
平凉	456.58	4.79	224.13	20∶27.1∶52.9
天水	632.67	38.25	270.11	18.2∶25.2∶56.6
陇南	445.09	1.9	123.5	17.73∶23.98∶58.29
临汾	1452.6	15.1	736.9	7.1∶43.3∶49.6
运城	1562.9	73.6	857.0	15.9∶34.6∶49.5
三门峡	1443.82	157.74	591.50	9.4∶48.8∶41.8
十堰	2012.7	61.9	1029.6	8.5∶43.9∶47.6
合计	29903.57	3850.21	13036.3	

从表1中数据可以看出，西安2019年GDP为9321.19亿元，在大关中城市群GDP总量29903.57中占比31.2%，排名第一；西安2019年进出口总额为3243.06亿元，在大关中城市群进出口总额3850.21中占比84.2%；西安2019年社会消费品零售总额为4938.2亿元，在大关中城市群中遥遥领先。在各城市三次产业结构比重排行中，西安的第三产业总额约为5874.62亿元，第三产业比重为63%，说明较之其他城市，西安的现代服务业相对完善和发达。另外，2019年，西安的生产总值为9321.19亿元，比上一年增加7%，与此同时西安市服务业增加值为5874.62亿元，增长6.8%，说明西安服务业正在突破性发展。

西安在西北地区独一无二的区位条件和上述这些数据充分说明西安具备辐射大

关中城市群、引领大西北的初始优势,具有集聚周边资源的能力和条件,可将西安看作新经济地理理论"核心—外围"模型中的核心。当圈内城市进行国内和国际商贸活动时,西安可发挥区位和物流优势,将货物经西安运进和送出。另外可以看出,大关中城市群2019年的GDP总量(29903.57亿元)、进出口总额(3850.21亿元)以及社会消费品零售总额(13036.3亿元)为打造西安国际商贸物流枢纽提供了坚实的经济基础和良好的市场。

国际商贸物流枢纽城市打造要求集成服务功能发达齐全,包括物流功能、综合交易功能、会展功能、信息功能、金融服务功能、旅游餐饮功能等。具体服务功能见表2。

表2 国际商贸物流枢纽城市主要服务功能表

国际商贸物流枢纽城市主要服务功能	信息功能	建设网络信息平台,实施信息资源共享
	交易功能	形成国际化商品集散地、全球采购供应中心
	国际物流功能	国际运输网络、陆港物流、空港物流、保税物流等
	商业服务功能	工商、税法、海关、商检等配套服务
	展示功能	国际、国内商品集中展示,强化宣传
	金融服务功能	以融资、保险等促进商贸物流活动
	生活服务功能	餐饮、住宿、交通、休闲、娱乐等综合服务

笔者认为,西安国际商贸物流枢纽城市并非只对国际商品提供商贸物流服务,西安具备为本地和辐射地的进出口商品提供商贸物流服务的能力,但实际运行中,更多的仍是为国内商品区域间的买卖提供商贸物流服务,即"外贸+内贸"。本文的目的就是寻求打造西安为国际商贸物流枢纽城市的路径,使之为大关中城市群甚至西北地区的内贸和外贸物流提供优质的服务。

因此,本文认为,西安国际商贸物流枢纽城市是一个以西安为核心、辐射关天地区、引领大西北、联通全球的国际商贸物流枢纽城市。

三、西安打造国际商贸物流枢纽城市的有利条件

(一)多重机遇与政策叠加

2013年西安丝路起点地位确立;2016年陕西自贸区获批,2017年西安国际性综合交通枢纽正式定位;2017年年初西安提出打造商贸物流业为万亿级优势产业;2018年国家布局西安为陆港型、空港型、商贸物流型、生产服务型国家物流枢纽;2019年西安入选国家物流枢纽建设名单;2020年总书记来陕考察指出要加快形成商贸物流枢纽。当前,西安处于多重机遇和政策叠加的"黄金发展期"。

近年来,中央、省、市政府出台了多项政策文件支持西安商贸物流业的发展,

其中的主要政策文件梳理如表3所示。

表3　西安商贸物流业发展相关文件

序号	政策文件	出台部门	日期
1	中共中央 国务院关于新时代推进西部大开发形成新格局的指导意见	中共中央	2020年5月
2	国务院关于同意在雄安新区等46个城市和地区设立跨境电子商务综合试验区的批复	国务院	2020年5月
3	国家物流枢纽布局和建设规划	发改委、交通部	2018年12月
4	中国（陕西）自由贸易试验区管理办法	陕西省政府	2017年12月
5	陕西省人民政府办公厅关于印发"一带一路"建设2020年行动计划的通知	陕西省政府	2020年4月
6	陕西省2020年政府工作报告	陕西省政府	2020年1月
7	陕西省关中平原城市群发展规划实施方案	陕西省政府	2018年12月
8	关于大力发展"三个经济"若干政策的通知	陕西省政府	2019年1月
9	陕西省人民政府关于支持中国（陕西）自由贸易试验区深化改革创新若干措施的意见	陕西省政府	2018年10月
10	陕西省物流业发展中长期规划（2015—2020年）	陕西省政府	2015年8月
11	陕西省商务厅关于开展重点商贸物流企业（园区）申报认定工作的通知	陕西省商务厅	2020年6月
12	大西安现代物流业发展规划（2018—2021年）	西安市政府	2018年8月
13	全面推进枢纽经济门户经济流动经济发展工作方案（2020—2022年）	西安市政府	2020年1月
14	西安建设丝绸之路经济带（新起点）战略规划	西安市发改委	2015年3月

（二）地理区位优势突出

首先，西安地处中国陆地版图中心，是西北地区通往西南、中原、华东和华北的门户和交通枢纽，与西北五省其他城市相比，具有优越的区位优势。在全国区域经济布局中，西安具有承东启西、东联西进的地理优势，因此可以利用便利的铁路和航空运输大力发展物流。西安同时也处于西部大开发的第一阶梯、"一带一路"建设的核心区，占据重要战略位置。

其次，西安资源丰富。一方面，拥有丰富的自然资源（土地资源、生物资源、矿产资源等）可以推动西安各工业部门的发展；另一方面，利用人文、旅游资源可以发展旅游业，带动地方经济。

最后，西安地域较广，人口众多（截至2019年年末人口已达1020.35万人），是打造国际商贸物流枢纽的重要条件。

（三）经济提速发展

西安经济发展稳定向好，工业生产提速、投资增长加快、服务业产值快速增长、进出口总值增加、金融市场稳定……这些现象折射出的是西安实体经济做强优化、支柱产业集群逐步壮大、制造业转型升级步伐加快，打造丝路科创中心、国际消费中心城市成为城市发展新方向；是迎接"十四运"，国家综合交通枢纽、国家中心城市建设进一步加快，城市竞争力和承载力大幅提升；是西安经济高质量发展、提速，城市活力、潜力十足！

（四）物流业发展迅猛

1. 物流产业规模不断扩大

据西安市统计局数据显示，2019年，西安市交通运输总周转量达到625.59亿吨公里，同比增长2.8%，比前三季度提高0.3个百分点，比上年回落4.6个百分点。其中，铁路周转量为206.15亿吨公里，占总周转量的33.0%，增速1.0%；公路周转量为402.24亿吨公里，占总周转量的64.3%，同比增长3.5%；民航周转量为17.20亿吨公里，占总周转量的2.7%，同比增长7.2%。如图2所示。

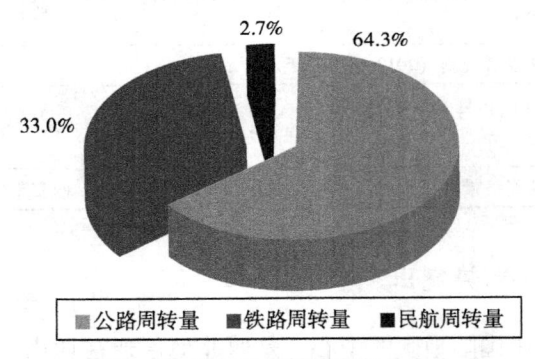

图2 2019年总周转量各部分占比

2. 基础设施支撑保障增强

西安现代物流基础设施不断完善，铁路、公路、航空、通关口岸无论从规模还是功能上都实现了跨越式发展，奠定了发展商贸物流的重要基础。到2019年，陕西高速铁路、高速公路运营总里程分别达到856公里和5600公里。

西安咸阳国际机场已进入全国十大枢纽机场之列，2019年全货运航线总数达到27条（其中，国际航线有13条，通达全球8个国家），实现货邮量38.1万吨，同比增长21.2%，增速连续17个月占据全国十大枢纽机场的第1名，货运量全国排第11位。西安咸阳国际机场国内航点通达性、支线航点覆盖率均位居全国第一，已形成连接国内160余个航点、270余条航线的中枢轮辐式航线网络。更多跨境电商类货物选择利用该机场区位航线优势，通过使用每周 120 余架次的全货机，以及日均近千架次的客机腹舱载货，在骨干城市中高频穿梭，与支线航点广泛连接，实现"陆空联运""空空联运"的高效集散。

西安具备干线运输、区域分拨等物流功能，以及多式联运转运设施设备和系统集成、互联兼容的公共信息平台等，可根据需要提供通关、保税等国际物流相关服务。

3. 国际线路联通全球

西安国际物流大通道主要分三类：第一类是国际陆路货运通道，比如新亚欧大陆桥铁路线路通道；第二类是国际铁海联运通道，比如西安陆港—上海港—悉尼港；第三类是国际货物空运通道，比如以西安空港为起点或中转点的空运通道。

三种类型通道具体包括五大通道和空运航线，东向通道、南向通道承接陆海联运；中蒙俄通道、亚欧通道、达大湾区的通道属于陆地通道，所有通道均双向进出。五大通道和空运航线具体包括：东向太平洋出国际海大通道、西向欧洲和西亚的国际陆路大通道、南向印度洋出国际海大通道、北向蒙古和俄罗斯的国际陆路大通道、南下粤港澳大湾区经济大通道，以及西安咸阳国际机场的空运航线（目前有航线 75 条，联通全球 36 个国家）。

4. 物流集约程度提高

截至 2019 年，西安除了拥有国际港务区和西安空港保税物流园区这两大国际商贸物流枢纽重要承载区外，还坐拥其他 26 个不同规模的各类物流园区。具体见表 4。

表 4　西安物流园区名称与地址

序号	名称	地址
1	西安国际港务区	西安市灞桥区新筑街道
2	西安空港保税物流园区	西安咸阳国际机场旁
3	北站智能物流园区	西安市北三环
4	华狄物流园	西安市未央区阳光大道北口向东 500 米
5	明喆物流园	周吴村 6 号
6	锦毓达物流市场	西安市未央区石化大道 23 号
7	陕西商储灞桥物流园	邵平店村五组
8	畅远物流园	西安市未央区石化大道 69 号
9	陕西商储六村堡物流园南区	西安市未央区丰产路 73 号
10	金驹国际物流	邓六路相家巷仿古街 056 号
11	东盈物流园	高陵区沙家出村路与 210 国道交叉口东北 50 米
12	鼎盛华南物流园	西安市灞桥区洪庆高架桥东北 100 米
13	宝路通物流西安站物流园区	陕西禹辰物流北区东排 1—5 号

续表

序号	名称	地址
14	陕西商储西咸沣西物流园	西安市鄠邑区大宠路
15	西安汽车零部件产业园	西安市鄠邑区沣五东路
16	京东物流园	耿镇喜客来购物广场
17	永志物流园二期	吕小寨立交与龙朔路交叉口西100米
18	西安物流园	西安市未央区朱宏路新北城中心
19	陕西东大现代物流市场	东城大道与万家村路交叉口北50米
20	长安引镇现代物流园区	西安市长安区汇通路和雁引路交会处
21	西北金属物流工业园	西安市灞桥区210国道与G5京昆高速交叉口西北角
22	西安新北城农副产品物流园	西安市未央区朱宏路北城快捷酒店东南100米
23	西北出版物流基地	港务区港务大道9号
24	三桥商品车物流基地	未央区后围寨立交桥与西安高架快速干道交叉口
25	黄马甲生鲜物流基地	西安市未央区渭河正阳大桥附近
26	西安普天物流园	西安市灞桥区210国道东150米
27	西安涌东物流园	西安市高陵区高韩路附近
28	文昌养殖物流园	西安市未央区邓六路

5. 陆空口岸设置合理

目前,陕西拥有一类航空口岸1个,一类铁路口岸(临时)1个,二类公路口岸1个。西安咸阳国际机场已建成并运营进口冰鲜水产品、进境食用水生动物、进口药品、进境水果、进口肉类5个指定口岸。西安国际港务区已建成并运营进境粮食指定口岸、进口肉类指定口岸和整车进口口岸。陕西指定口岸的类型和数量均居内陆省前列,进境指定口岸的经济效益和带动效应逐步显现。

6. 物流企业规模不断增长

作为物流市场运营主体,西安市物流企业规模不断增大,实力也在提升。到2019年,全陕西省有国家A级物流企业107家,其中5A级的有8家、4A级的有31家、3A级的有60家、2A级的有5家、1A级的有3家,在西北处于领先地位。西安各类物流企业众多,大部分企业兼具传统物流服务与高端物流服务,且有27%的企业业务范围跨国境,从事国际物流服务。

7. 物流产业链条完整

物流产业上游主要是为物流业发展提供基础设施和设备的行业,包括道路基础设施建设行业、物流地产业以及物流设备制造业,其中物流地产是企业建设现代化物流设施的载体,目前以物流园区为核心;中游包括提供运输、仓储以及物流管理服务的物流企业;下游主要为对仓储、运输等服务有需求的行业或个人。

综上分析可以得出,西安拥有众多专业化及综合性的物流园区,有多家专业物流企业,有繁荣的商贸活动刺激物流需求等,说明西安物流业正在良性增长且产业链条完整。

(五) 商贸发展较活跃

西安商贸企业云集,既有当地企业,也有位居世界五百强之列的大型零售企业;既有(跨境)电商企业,亦有"电商+实体"企业。总体而言,数量众多,品类齐全。

其中,综合性、专业性的商贸批发市场已超过600个,综合性批发市场有20个,包括服装类、食品类、海鲜类、水果类、皮革皮具、金属物资、汽车类、建材类、机电类、电子类等,门类齐全。具体有:康复路交易广场、西北轻工业批发市场、西北农副产品中心批发市场、西安西部建材城、西部国际车城、西部家具城、赛格电子市场、西安粮油批发交易市场、西北五金机电工具建材批发商城、丰庆路食品批发商城、海鲜冷冻副食批发市场、西安茶叶批发市场、古玩市场、亚立德文体批发市场、永鑫北关电动车批发市场等。

2019年度《中国零售20城》报告中,西安列零售商指数第11位,为西北地区唯一上榜的城市。西安从2018年新一线城排行的第8位提升到2019年新一线城市排行的第5位,越来越多国内外知名开发商、品牌商强势入驻西安。目前,西安的大型零售企业除了沃尔玛、华润万家等超市外,还有曲江大悦城、西安大都荟、西安SKP、中大国际、王府井、西安SKP、赛格国际购物中心等。表5为2015—2019年西安市主要商贸数据。

同时,电子商务和跨境电商是西安商贸发展的重要引擎,西安有很多"电商+实体"企业,包括能源类企业、制造企业、餐饮类、服装类、电器类等,如:优衣库、苏宁易购、洋货码头等,也有很多热门电商平台,包括亚马逊、速卖通、京东、天猫、拼多多等。

表5 2015—2019年西安市主要商贸数据 单位:亿元

年份	进出口总值	社会消费品零售总额
2015	1761.92	3405.38
2016	1828.46	3730.70
2017	2545.41	4329.51
2018	3303.87	4658.72
2019	3243.06	4938.20

(六) 信息科技资源雄厚

西安是七大国家级互联网骨干直联点和全国六大通信枢纽之一,在大数据、5G、物联网、人工智能、云计算等前沿技术方面具有明显优势。因此,陕西要发挥优势,超前规划,建设成为全国重要的商贸物流枢纽示范高地,打造成为"一带一路"综合性的国际物流枢纽,推动陕西枢纽经济快速发展。

四、西安打造国际商贸物流枢纽城市的制约因素分析

(一)国际物流服务能力较弱

通过前往港务区和机场实地调研与访谈发现,目前西安的国际物流服务能力较弱,具体表现为以下几点。

1. 港务区枢纽功能未充分发挥

西安最大的国际物流节点(西安国际港务区)开创了"港口内移、就地办单、海铁联运、无缝对接"内陆港模式,现基本形成了临港产业、电子商务、新金融、现代商贸物流、文体健康等五大主导产业体系。目前,港务区未将枢纽功能充分发挥出来,辐射带动作用尚较弱,具体表现为以下几点:

(1)综保区发展缓慢

综合保税区的健康发展能极大地加速国际贸易和国际仓储物流的发展,且对周边地区发展和国民经济水平的提高具有十分重要的战略意义。目前,西安综合保税区发展缓慢,招商引资能力不足,缺少龙头企业进驻,未能凝聚各入区中小企业实力,尚未实现产业规模化发展;加之综合保税区产业定位尚不明晰,没有高效利用港务区本土品牌,导致资源浪费。综合保税区对港务区的推动力量还较微薄。

(2)缺少临港产业区

西安陆港是国际物流与国际贸易的大平台,目前只有商贸区,而没有临港工业产业区。华南城的运营使其迅速成为现代综合商贸物流园,但其从功能上讲仅仅相当于西安西北轻工业批发市场的升级版。西北轻工业批发市场地处市区二环,依托西安东站进行商贸物流,交通便利,经312国道辐射区内经济,拥有国内和国际两个市场。而华南城距离市区较远,与市商贸、工业、外向型服务不配套,只能依靠铁路线面向国际市场,目前也未能发展以现代商贸物流业为特色的产业。西安应利用陆港大进大出的超大国际物流承载能力,在港务区周边地区形成临港产业区和临港工业企业集群,以大产出和大运量为陆港提供充足的货源,再利用优质的临港服务聚集经济腹地的货源,形成"依港设区、以区养港、区港联动、建港兴市"的良性发展模式。只有商贸区,没有工业产业区是不合理的,港务区各产业无法孤立存在,物流、商贸、制造业、生活性服务业等都有密切联系,故最初空间布局时就应该充分考虑各产业之间的内在联系,规划出可以实现各产业之间有效联系的园区空间布局。

(3) 城际物流配送体系不完善

西安国际港务区是国家级电子商务示范基地、省级电子商务示范园区以及西安市开展跨境贸易电子商务服务试点单位。随着"洋货码头"运营、新丝路电商产业园开园、中西部大宗商品电子商务平台落户，港务区有望成为"丝路经济带"上电商产业聚集新高地。但目前西安国际港务区跨境电子商务的客户群主要是周边城际客户，而这部分市场还未被完全开发。港务区内交通发达，与多条国家高速公路主干道连接，但在西北区域，在关中—天水这一经济区内，西安国际港务区并未连接各个市、县的公路，相应的物流设施缺失。另外，渭南、宝鸡、天水等区域城际配送不成体系，配套设施缺失。区域间公路主干道的分离和配套设施的缺失使得城际配送物流体系发展不完善。

(4) 行政管理体制需转变

西安国际港务区未来发展方向是打造中国内陆自由贸易港，而自由贸易港理应是适应高度自由化的市场运行机制的。首先，在管理理念上要有明显转变，目前的行政管理体制不适应自由贸易港运营管理的要求。主要问题在于行政机关服务理念不够深入人心，仍残留官本位思想，影响良好营商环境的营造。此外，自由贸易港市场管理体制对政府管理水平有着较高要求，港口运营管理部门必须高度自由、自主和灵活。显然，当前管理体制下，港口运营管理部门极有可能与周边政府部门及口岸部门产生权、责方面的冲突。

2. 航空枢纽待强化

近年来，国家级新区、国家级西安临空经济示范区、陕西自由贸易试验区核心区、西安跨境电商综试区创新示范先行区、"第五航权"以及陕西西咸综合保税区等相关利好接踵而来，西咸新区空港新城已形成"临空+自贸+口岸+跨境+航权"完整格局。西安临空经济示范区目前已聚集138家企业，涵盖飞机维修、航材制造、电子信息、生物医药、物流运输、（跨境）电商等产业领域，初步形成了临空全产业链。基于这些基础，西安咸阳国际机场物流枢纽地位日益彰显，但与其他一流航空枢纽对比仍有很多不足。

(1) 货运能力偏弱、比重过低

目前，西安咸阳国际机场的国际运输滞后于国内运输，洲际航线运输滞后于周边国际航线，货运滞后于客运。

对比国内一流航空枢纽，西安咸阳国际机场在旅客货邮吞吐量、飞机起降架次、基地航空公司、国际航线、中转基础设施及货运装载率等方面仍存在较大差距，机场保障、服务临空经济方面明显滞后，特别突出的短板就是货运能力相对偏弱。在2019年我国主要临空经济示范区机场货邮吞吐量排名中，西安排名偏后，如图3所示。

西安咸阳国际机场的货物空运量在西安货运总量中比重过低，2019年西安交通

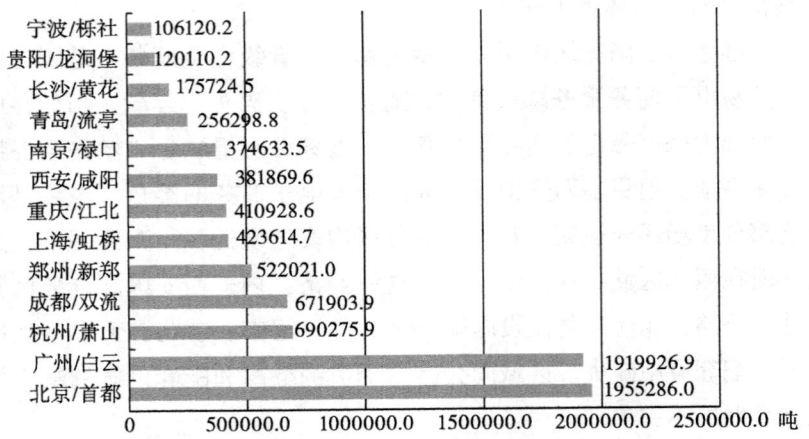

图3 2019年我国主要临空经济示范区机场货邮吞吐量

运输总周转量中,公路、铁路与民航的货运量占比分别为64.3%、33%和2.7%。究其原因,一方面在于腹地开放层次低,物流货物价值低,无法承担昂贵的航空物流运费;另一方面也有航空物流业自身的问题,航空物流方面业务大多数集中于简单的仓储、中转、分拨环节,企业多为劳动密集型企业,而冷链物流、跨国物流等价值链高端环节发展不足。

(2)客流巨大,但对临空商贸发展带动不足

西安咸阳国际机场近年机场客流吞吐量数据见表6,2019年在全国排名第7,但如此巨量的客流并未带动临空商贸服务业的快速发展。对于这样巨大的旅客吞吐量优势有待深挖、利用。

表6 西安咸阳国际机场2011—2019年客货吞吐量数据

年份	起降架次/架次	增长率/%	旅客吞吐量/人次	增长率/%	货邮吞吐量/吨	增长率/%
2011	185127	13.6	21163110	17.5	172569.2	9.2
2012	203321	11.0	23420905	10.7	174794.0	1.3
2013	225115	10.7	26044934	11.2	178870.0	2.3
2014	245971	8.8	29260755	12.3	186412.6	4.2
2015	267102	8.6	32970215	12.7	211591.46	13.5
2016	291027	9.0	36994506	12.2	233778.98	10.5
2017	318959	9.6	41857229	13.1	59872.545	11.2
2018	330477	3.6	44653311	6.7	312637.1	20.3
2019	345748	4.6	47220547	5.7	381869.6	22.11

(3)临空经济政策支持力度弱

临空经济具有资本密集和技术准入门槛高的特性,发展初期亟须相关政策支持。

目前，国内12家临空经济示范区均出台了不同层级的扶持政策。其中，郑州航空港临空产业发展的扶持政策不仅数量多、级别高，而且具有自上而下、从宏观战略到具体细节等特点；重庆则特别重视对临空产业人才的吸引和培养，一定程度上反映出临空产业对人力资本要求极高的特点；广州则更为重视对临空产业项目招商引资方面的扶持。相较而言，西安临空经济示范区缺乏自上而下的系统扶持政策，多依赖于本级示范区，政策支持范围和力度相对较小，亟须加强。

3. 中欧班列"长安号"开行的问题

2019年，中欧班列"长安号"共开行2133列，运送货物总重达180.2万吨，货运量等核心指标排行均位居全国前列，中欧班列高质量发展综合评价蝉联全国第1。西安已经实现全流程无纸化作业，通关效率尚可（从报关到放行24小时内完成）。但在本次调研中，发现以下问题较突出。

（1）本地货源比重太低

长安号只有三成货源来自本地，主要是沃尔沃汽车、电气设备、隆基硅（本地项目货），其余七成货源主要来自沿海城市，江浙沪一带居多，主要产品为光电产品、机械配件、服饰、防疫物资等。造成这个局面的深层次原因是西安以及周边地区缺乏具有国际竞争力的产品。

（2）靠补贴低价揽货

长安号目前政府补贴力度较大，运价较低，班列上半年开行次数全国第一。2020年上半年（1—6月）西安中欧班列共开行1667列，上年同期仅为846列，同比增长近100%；运送货物总量为130.1万吨，是上年同期的1.9倍。但是利用政府的补贴低价揽货会加剧地区间恶性竞争，并非长久之计。

（3）站场装卸能力有限

由于货运业务在各时间段数量并不均衡，导致在货量多时产生装车贝位紧张、正面吊不够用的现象，进而造成班列延期发运。按照以往的经验，9月、10月、11月和12月货量较多，尤其10月1日以前和圣诞节前货量最多，其他月份的时候贝位和正面吊是足够的。但因为受疫情影响，空运、海运停航，4月、5月、6月的铁路货量非常多，贝位紧张和正面吊不够用问题较突出，导致班列延期发运。

造成这个问题的外因是疫情使铁路订单增多，内因是场站原始规划考虑不足、加之目前西安的班列补贴力度大，运价在市场上或是最低的，吸引了很多货源。

（4）口岸拥堵，通而不畅

中欧班列中欧出境口岸有4个，其中，西线口岸是阿拉山口、霍尔果斯；中线口岸是二连浩特；东线口岸是满洲里。欧盟的入境口岸是马路舍维奇。中国的火车轨道是标轨，中亚和俄罗斯的是宽轨，欧盟的是标轨，火车轨距不同导致班列在出境和入境时需要把集装箱吊起换装以变换轨道。目前在口岸换装的速度非常慢，有一部分原因是作业能力跟不上,也有一部分原因是"宽轨国家"由于考虑运营成本,在阿拉山口口岸处的车板储备不足,导致无法换装。尤其是在二连浩特和满洲里,火车在口岸都要等好多天。而今年特殊的疫情使部分海运和空运订单转移至铁路,加重了拥堵。从 6 月下旬开始,阿拉山口、霍尔果斯口岸也出现严重的积压、拥堵,远远超过口岸的换装能力,大量班列积压在口岸无法准时出境。

4. 公路货运量大,但效率低

西安地处内陆,在物流运输方面,公路运输方式一直是主力。2019 年西安市交通运输总周转量中,公路周转量占 64.3%。

在疫情期间,海运停运、空运停运,而中国—中亚—欧洲跨境公路运输通道依然开放,跨境公路运输持续为国际供应链运转提供安全的运力保障。这充分彰显了公路货运灵活性强、适用面广的特点,而且做到了"非接触"。但我们的公路货运效率不高,相比于英国、法国等,平均有效的车日行程只有发达国家的 1/3~1/2,主要原因在于经营运输的企业普遍规模偏小,多是个体单车、小型货车企业进行跨省经营和管理,且运输的组织效率也明显偏低,缺少抗风险能力。

本文认为,西安"米"字形公路网分布合理且辐射八方,高速公路里程近 6000 公里,公路基础设施条件好;随着商贸物流枢纽的整体建设,未来,货运流量会大量增长,货量充足有保证。另外,西安具有特殊的区位条件以及科教实力,有极大的资源发展公路货运。

5. 多式联运发展不足

(1) 缺乏多式联运优质经营主体

多式联运经营人最重要的能力是运输资源的整合能力与提供全程一站式服务的能力。因多式联运是合作的产物,合作的目的在于降低企业交易成本,提高总体服务效率。缺乏多式联运优质经营主体的深层次原因是运输的市场化程度不高,管理不够规范,尤其是铁路运输市场,基本被国家垄断,没有市场竞争力,铁路运输服务质量比较差,运输能力有待提高。尽管公路运输市场是开放式市场,但公路经营规模并不大,存在较严重的环保问题和安全问题。另外,不同企业与部门之间、不同运输方式之间的配合协调力度小,无法充分发挥出综合交通能力。

(2) 多式联运不等于分段运输

多式联运在实际运作中往往变成了分段运输,整个物流过程中并未实现深度渗透、融合。要相互连接起来,唯有融合,连通不同运输方式以及打通每一段服务,可运用现代化供应链的延伸思维与管理方法全程化、一体化的发展。这些都在于"融合",在于"联"。

6. 高铁物流运输难成规模

近年来,西安、广州、南宁、柳州等城市以及京东、顺丰等知名企业先后试点高铁物流，通过高速铁路完成货物的运输。

本文认为，目前"高铁物流"发展限制较多，难成规模。具体原因如下：

第一，违背"初心"。高铁从设计、建设到运营，一直以"运送旅客"为"初心"，它代表的是一种中高端的出行方式。修建高铁等客运专线重要目的之一就是实现客货分离，把大量客运转移到专线上后，使原来的普速铁路的运能可以得到更大的释放，更好地提升货运的效率。高铁场站的设计缺乏货运功能，如未考虑大量货车的进出、停放以及装卸货等问题。

第二，高铁站装卸及存放货物的专业物流装备十分缺乏。

第三，高铁的票务、客流等运营管理机制不适应货运。

第四，高铁中途站点到站时，停站时间只有几分钟，难以满足装卸货物的时间需求。

第五，价格高昂，例如省际当日达的收费为130元。另外，选择高铁运送的货物对于重量、长度、宽度、垂直高度均有严格限制。

第六，若在同一列车上同时承载客运和货运，对于人、货安全，卫生防疫等管理是不利的。

因此，"高铁物流"目前只可作为公路货运和铁路货运之外的一种辅助和补充，当客流不饱合时发挥临时代运货功能，或用于突发事件的应急。高铁物流适宜运载的货物包括有紧急寄递需求的商务信函、标书合同、个人紧急物品、生鲜礼品、贵重物品等。

本文认为，若要将高铁物流发展壮大，需从列车内部构造、场站建设、装备配备等方面给予全套更换。对于如此高昂的运价和上述诸多的限制，常规的城市区域间商贸物流并不适用高铁方式，除非是两地之间有很强的产业互补性，来往货物批量大且价值高，运输需求强烈并能够匹配高价运输。

（二）商贸网点布局不合理，发育水平不一

1. 实体批发市场整体布局方面有待整合

西安的批发市场发展很快，已经形成一定规模，其辐射力也日益加强，但与其他发达城市相比，在市场规模、设施、功能、辐射力和知名度上都相差较大。另外，西安商贸业地区布局结构不合理，城多乡小，城细乡粗。西安关中地区的网点多，陕南、陕北边远地区的少；商业网点布局不够合理；大型零售网点过于集中在市中心地带；大中型批发市场基本都是在传统的农贸市场、集贸市场的基础上发展起来的，大多不成熟、不规范；商业街建设中照抄照搬现象严重，没有结合本街的自然、历史、区位特色而建。商业业态空间构成不合理，城市的多、乡村的少。另外，虽有百货商店、超级市场、购物中心、便利店、专卖店、仓储式大卖场等多业态并举

的业态结构,但内部构成不合理,重复建设与短缺并存,"有市无场"和"有场无市"并存。现在有些批发市场处在市中心区域,由于受到用地限制和高地租制约,市场规模无法再扩大,难有更大发展空间。各市场选址时各自为政,导致新开发商对城市地段内外交通和交通量估计不足,使新市场的建成给城市环境带来了许多负面影响。

总体而言,西安市批发市场的建设水平较低,存在着档次不高、功能单一、质量检测体系落后、信息发布不及时的现象。不少批发市场虽然规模较大,但层次较低,硬件设施有待改善,配套设施明显不足,还有重复建设的问题,典型的如建材、服装市场等。

2. 跨境电商痛点突出

跨境电子商务是基于网络发展起来的,网络空间相对于物理空间来说是一个新空间,是一个由网址和密码组成的虚拟的世界。在这个世界中,跨境电商平台企业面临着包括流量广告费成本猛增、资金链紧张、库存大、海外市场消费需求持续波动等经营风险,而对于中小微卖家来说,也面临着平台不断提升门槛、平台政策千变万化、VAT税收、灰色收入减少、知识产权风波等压力。

当前,跨境电商面临的主要问题有三个。

(1) 前期顾客体验较差

前期顾客体验较差具体表现在前期购买渠道受限、缺乏专业导购服务、看不到实物等方面,如对服装无法感知面料手感,对香水无法感知其气味特点,对食品无法获得品尝体验,等等。

(2) 后端供应链效率低

例如,周转调配效率低,通关流程打通难,流程复杂难处理,订单处理时效慢,线上线下未良好融合。

(3) 相关法律不完善

跨境电商活动涉及诸多国家,经过诸多海关,开展业务时会遇到关税、商检、国际物流等问题。由于各国国情、政治环境、法律体系不同,这些问题和风险的处理通常无章可循,得不到及时、有效的解决和规避,进而影响跨境电商业务的正常开展。

(三) 产业基础相对薄弱,产业结构呈亚健康状态

2019年,西安第一、第二与第三产业结构比例为3.0:34.0:63.0。作为西北内陆城市,不沿海、不沿边,在自身与周边城市工农业发展尚欠发达的情况下,第三产业占比过高,产业结构被诊断为亚健康,需政府干预调整。关于产业结构合理化的标准,各国、各地有不同的认定,学术界也有各角度的探讨。本研究认为产业结构首先要与当地的需求结构相适应,其次要与当地生产要素相匹配,最后产业内部要达到协调、配套。

商贸物流的服务业属性决定了它是服务于第一和第二产业的,其存在的价值是为工农业产品的内贸、外贸活动提供服务,只有工农业蓬勃发展,产生了商品的交流交易需求,商贸物流才会活跃和繁荣,才能实现可持续发展。2019年,西安开通了第五航权航线,即"首尔—西安—河内"航线。这背后有三星产业链的强势支撑,若没有强势的企业和产业,第五航权意义甚微。

如果西安及腹地不能生产出具有国际竞争力的工农业产品,不能参与到全球采购、全球制造的供应链和网络中,那么西安现代服务业的功能会被大大削弱。本研究认为,西安国际商贸物流业背后最深层次、最有力的支撑是西安及周边地区的优势农业和高端制造业,应大力支持其发展。商贸物流业与三次产业的关系如图4所示。

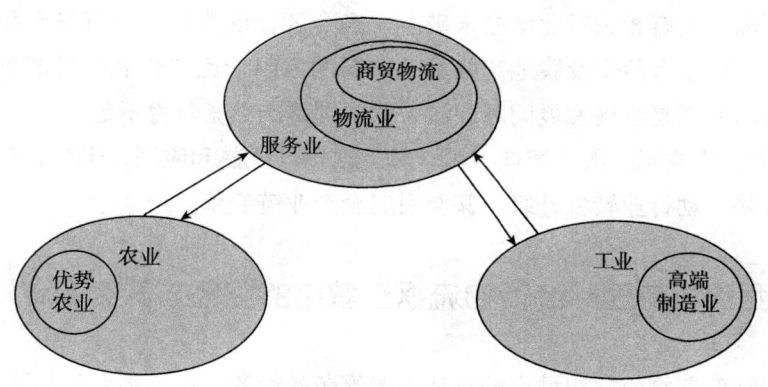

图4 商贸物流与三次产业关系

这里的优势农业是指西安的粮食种植、蔬菜种植、瓜果种植、油料种植和棉花种植等不仅能够满足当地和区域内的农业需求,而且具有品质或价格优势,具备出口创汇能力的农业类型和产品,如西安的苹果、猕猴桃、西瓜、葡萄等。

从行业的角度讲,高端制造业是指制造业中新出现的具有高技术含量、高附加值、强竞争力的行业;从所处产业链的环节上讲,高端制造业处于某个产业链的高端环节。高端制造业是与低端制造业相对应的说法,是工业化发展的高级阶段的呈现,是具有高技术含量和高附加值的产业。低端制造业是工业化初期的产物,而高端制造业则是工业化后期和后工业化的产物。高端制造业具有高技术、高附加值、低污染、低排放的特点,依靠的是高新技术和高端装备的竞争优势。高端制造业产品包括电子产品、汽车、飞机、舰船、航天设备的零部件、核心部件等。

西安产业发展目前存在以下两个突出问题:

1. 农业现代化程度低

虽然西安盛产一些小有名气的农产品,但农业现代化程度低,缺乏具有国际知名度的农产品品牌和商标。

2. 高端制造业发展不足

现代化经济体系的核心是实体经济，而实体经济的重中之重是工业经济。西安工业体系相对齐备，但战略性的高技术、高端制造业发展不足。综观西安经济发展，最大的短板是工业经济。西安今后要继续深度融入"一带一路"建设，打造国际商贸物流枢纽城市，提高西安工业经济的外向度，生产更多具有国际竞争力的工业产品，靠硬实力进入全球供应链。

（四）相关行业融合度较低

研究中发现会展业对商贸物流业的促进作用较弱，物流金融业务与物流保险业务操作中问题重重。这是有多方面原因的，既有会展业、金融业、保险业本身的行业专业性原因，也有相关行业壁垒未破解、融合度低的原因，还有复合型人才缺乏的原因，另外，也有西安及腹地产业基础薄弱的原因，比如会展业对商贸的促进作用不够，表面原因是会展发展问题，深层原因则是产品竞争力不足。

随着5G、物联网、人工智能、云计算等技术的成熟和应用，未来，各行业融合空间增大或将推动行业转型升级，甚至引起全产业链变革。

五、西安打造国际商贸物流枢纽城市的路径与政策建议

西安国际商贸物流枢纽城市的打造需要繁荣的商贸活动、高效的物流集散优势、强大的对外物流连通能力，但其深层次的支撑来自西安与周边城市的产业，如果自身产业发展弱，通道效应过于凸显，那么打造西安国际商贸物流枢纽城市将沦为形式，且对地方经济贡献作用有限。

故本文提出西安打造国际商贸物流枢纽城市的具体思路："强产业—促商贸—畅物流—助融合"，必须走多业并举、稳步发展之路，西安国际商贸物流枢纽城市方可有灵魂、有活力！

（一）强产业

1. 重视产业，不可模仿上海发展

本研究认为，西安未来发展必须夯实产业基础。西安的发展模式决不能生硬地模仿上海、香港等地，因为上海发展的核心引擎是上海港，上海港商贸活动繁荣是由于其直接经济腹地是广阔的长三角地区，拥有强大的产业支撑，主要腹地城市包括上海、南京、镇江、常州、无锡、苏州、南通、扬州、泰州、盐城、淮安、杭州、宁波、嘉兴、湖州、绍兴、舟山17个城市，土地面积为10余万平方公里，人口近

1亿，GDP约占全国的1/5。这样广阔的腹地和强大的产业支撑是西安不具备的。

2. 培育优势产业，掌握"拳头产品"

（1）发展现代化农业，打造知名农产品品牌

农业现代化是指由发展传统农业转变为发展现代农业，把农业发展建立在现代科学的基础上，用现代科学技术和现代工业来装备农业，用现代经济科学来管理农业，创造一个高产、优质、低耗的农业生产体系和一个能合理利用资源、保护环境的具有较高转化效率的农业生态系统。这是一个牵涉面很广、综合性很强的技术改造和经济发展的历史过程。这既是一个历史性概念，也是一个世界性概念。农业现代化的目标是建立发达的农业、建设富庶的农村和创造良好的环境。

西安市具有国际竞争力的农产品品种较多，如苹果、猕猴桃、石榴、葡萄等，具有发展现代化农业的潜力。对于西安来说，发展现代化农业必须要依托农业的科技创新来驱动，包括农业组织方式、管理方式、投融资方式和生产方式等协同创新，让农业逐渐从传统经营走向现代经营。要让龙头企业、种养大户、家庭农场等成为新型农业组织的先锋。同时，要积极培养创新型农业企业家和职业农民队伍，打牢农业现代化的根基。随着现代农业的发展、高科技的助力，西安应该打造自己的知名农产品品牌或者商标，比如户县的葡萄、周至的猕猴桃、临潼的大石榴等都应该成为西安农产品的标识。另外还要注意拓宽国内外市场，引进社会资本，完善农业基础设施，加强国际、国内的农业合作，发展科技农业、智慧农业，让西安的现代农业成为一个高效益并具有国际竞争力的行业。

（2）扶持苹果产业，打造陕西苹果CBD

陕西苹果产业发展潜力巨大，因为渭北黄土高原地区是中国苹果产区中唯一符合7项气象指标的苹果种植生态适宜最佳区域。苹果基地多达30个，不论规模、数量还是产量、品牌，都稳居全国第一。苹果也是陕西对外出口的龙头农产品，产量约占中国总产量的1/4，世界总产量的1/7。目前，陕西苹果出口全球85个国家，苹果和苹果浓缩汁的出口量连续多年保持增长态势。因此，发展和壮大苹果产业对于提振陕西经济有重要意义。

本研究建议综合考量陕西铜川、渭南和延安三地的苹果种植情况和物流条件，择优选址并联合当地政府共同打造陕西"苹果CBD"，并以5G网络为技术支撑，凭借CBD的聚集效应，使国际会展职能、国际商贸职能、国际物流职能等形成合力，共同推进苹果产业链智慧化变革。

（3）发展高技术制造业，提高产品竞争力

高技术产业能够促进和带动工农业发展，使产品更新换代、不断升级、提高经济效益。高技术制造业包括电子元件、计算机、多媒体设备、航空航天设备、软件、新材料、生物医药等行业。高技术产业一般聚集在技术、知识、人才、高校和科研

院所密集的地区，西安具有技术、高校、人才、科研院所集聚的优势，可为发展高技术制造业提供人才和技术保障。

从2019年以来，物流业巨头纷纷加速抢占西安物流市场，京东、海航、传化、圆通、中通等的一批重大现代物流项目相继落地。物流业增加值达728亿元、增长14.7%，西安物流产业得到了突破性发展。与此同时，由物联网、物流信息化、智慧物流、电子商务与电商物流、物流金融等组成的现代物流产业链也在逐步发展壮大。西安物流市场形成在全球范围内通信、光伏、软件与服务外包等领域具有较强竞争力的产业集群，成为具有中国内陆自主创新特色的世界一流科技园区，成为中西部地区最大的总部基地、科技创新中心和高新技术产业化基地，成为全省全市范围内产业优化升级、辐射扩散、梯度转移和创新型服务业发展的平台，以鲜明的国际化特征支撑、引领和示范带动西安国际化大都市的建设。在产业形态上，重点研发、发展处于价值链高端、技术含量高、具有高附加值的先进制造业、创新型服务业和发展总部经济；在产业类别上，重点发展电子信息、先进制造、生物医药和现代服务业，尤其要培育通信、光伏与LED、新型电子元器件、汽车、电力设备、能源技术、软件与服务外包、创新型服务业等具有较强竞争力的新兴产业集群。

总之，要通过发展西安的现代化农业和高技术制造业，加强地区间、产业间的联系，提升西安向大关中及周边地区的经济辐射力度，并提高西安品牌的全球竞争力。

面对突如其来的疫情，我们的反思是，本地区在参与外部供应链及产业分工时，必须对风险有足够的预判和合理预案，应后备一个"能自产、能自储、能自运"的应急体系。

（二）促商贸

1. 加大对外开放合作力度，加快招商引资、发展总部经济

建议政府、贸促会积极搭建中亚、中欧及地区间的经贸合作平台，定期举办不同类别、不同范围内的贸易洽谈会，以加大境外企业在陕西投资力度和陕西企业"走出去"力度，在基础设施建设、商品贸易、文化旅游等方面开展广泛深入的合作。我国西北地区与中亚国家的产业有很强的互补性，具备开展区域经贸合作的良好基础；另外，还要加强中国和中亚各国在制度层面的合作，降低关税壁垒。

招商方面，第一，紧抓本地优势企业发展，从拉长产业链视角招商，支持本地企业壮大。第二，要通过招商来补短，重点在基础产业、高端制造业及大项目、大企业上下功夫，长线布局招商引资。

着力吸引一批龙头企业总部落户西安，这样有利于优秀人才、制造技术、管理经验等要素高密度聚集，也是承接产业转移、带动商贸发展、供应税收的有效举措。

建议未来聚力引进国内大企业、集团的区域性总部或者国内大企业、集团的职能型总部入驻西安，在企业的用房、用地、交通配套等方面给予适当倾斜。

2. 整合现有园区和专业批发市场

现代商贸物流园区和专业批发市场是商贸服务型国家物流枢纽城市发展的主要支撑，必须严格审批、规范管理。

建议政府整合西安现有的物流园区、批发市场等资源，使其规模分层、分区布局、类别互补、整体协调，并畅通园区、市场与车站、公路的物流衔接。政府要提高园区和市场的审批门槛，规范建设标准，并加强监管，避免重复建设。在基础设施建设方面给予补贴，加强质量检测体系的构建（如食品、海鲜类市场），敦促和监管信息的发布等，可将质量检测、信息发布等纳入对商户的考核，引导西安的园区和市场专业化、规范化发展，以增强商贸业综合实力和区域影响力，提高知名度。

3. 共建海外仓，突破跨境电商物流瓶颈

国务院总理李克强在政府报告中强调"扩大跨境电子商务试点，支持企业建设一批出口产品'海外仓'"。鼓励商贸模式创新，促进外贸综合服务业发展，推进实施"海外仓"新基建项目上升至国家层面。

西安国际港务区可以尝试使用海外仓模式，配合"陆空联运"，不但可以解决铁路运输国际物流周期长的问题，还可以展现跨境电商速度快、效率高的优势，提升消费者购物体验。

建议由大型平台企业、商贸企业、物流企业联合共建共享海外仓，政府给予配套支持。

4. 构建跨境电商法律法规体系

目前，我国尚未形成针对跨境电商的法律法规体系，仅有十余部"碎片化"的法规，如网络安全法、电子签名法等。

建议政府部门关注，授权司法行业整合和完善跨境电商相关法规，如关于跨境电商税收、支付、监管、知识产权保护等的相关法律，并完善、修订其内容和条款，使其能够适应当前跨境电商活动的法律需求。

（三）畅物流

1. 巩固建设陆港枢纽

西安国际商贸物流枢纽城市的确立是以西安陆港的发展为先导和重心的，因此西安国际港务区物流大平台发挥功能至关重要。

（1）在铁路新筑站规划散杂货货场

港务区目前设置有集装箱中心站，与陇海铁路相连，但针对散杂货、大宗货的铁路运输渠道分散、运输效率较低，缺乏统一的解决方案。

本研究建议在铁路新筑站规划设计散杂货货场，规划足够的货场空间、少量的库房，配备专业的装卸装备。同时预留一定空间，留给后期将衍生出的小园区。散杂货货场专供散杂货的收、发、临时存放、中转、联运。

(2) 深挖和整合资源

港务区未来应大力发展进出口贸易、商品展销、物流配送及跨境电子商务等业务，提升内陆港地区的开发、开放程度。要在研发、检测和售后服务上进行拓展，大力发展精工制造，推进协同创新，努力打造物流配送、贸易销售、维修服务、加工制造、交易结算和研发设计等中心。港务区要深挖港口优势资源，在金融、生活配套等业务板块持续发力，联动国际物流金融、国际会展的全链条打造港口经济产业板块，打造自有品牌，推进保税区综合发展。

(3) 增加临港工业区，完善产业配套

西安陆港应在周边增加临港工业产业区和临港工业企业集群数量，其大产出和大运量可为陆港提供充足的货源，形成"依港设区、以区养港、区港联动"的良性发展模式。增加临港工业区的方法，一是在区内规划增加临港产业，加强区内的产业产值；二是沟通联系西安其他开发区的工业区，将临港工业区功能外包转移，与其他周边开发区形成有机联系、优势互补，协同发展。另外，要在此基础上大力促进临港产业规模化发展。国外的临港产业发展实践已经证明产业聚集能够降低费用，减少产业集群内部企业的生产及交易成本，提升竞争力。

(4) 改善城际配送体系

针对城际物流配送体系不完善的问题，首先，建议政府考虑建设西安国际港务区与西部各市、县的公路物流配送体系，实现部分县区跨境电子商务进出口零的突破；其次，完善信息系统，围绕基础设施配套、产业配套开展环境配套的完善工作，实现无线网络对主要区域的覆盖，建立跨区域资源共享平台，实现数据的快速交换和传递，提升跨区域物流运作效率；最后，把握科技发展的新动向，与时俱进，紧密结合电商网站规模不断扩大、客户群体不断扩大的背景，尽快掌握智能化的数据挖掘技能。

(5) 建立高效、专业的行政管理体系

对于西安内陆港未来建设成为自由贸易港，没有类似经验可借鉴，因此更应一改行政行为弊端，开创一套自身适用的管理体系。政府理念要由政府主导型向企业主导型转变，建设服务型政府，给港区更大的自主权以符合高度自由和开放的国际惯例。

结合本市特点，西安可先试用"积极不干预"和"适当干预"相结合的政策。在经贸发展方面，大胆放手、给予高度自由，由市场进行调节。另外，建设初期一定会产生问题，为防止出现不可把控的局面、维护金融秩序稳定，在财政和货币政策方面，政府需要严格把控，通过财政和货币手段来调节和引导市场，营造法治化、国际化、便利化的营商环境，全方位打造政策洼地和服务高地。

（6）在港务区规划长途客运汽车站

本文建议港务区规划长途客运汽车站，交由市交通部门运营管理。一方面向港务区聚集人流、货流，另一方面为旅客和小商户的集散及行李拖运提供便利。通过长途客运站，将周边地区的小商户、批发商及旅客向港务区附近引流，以增加人气，进而带动商贸发展（如华南城贸易）。有人气才有活力，有人气才有财气。待客运发展步入正轨后，周边可再建设或招商建设几家大型批发市场。本研究建议港务区货流、人流并重。两条腿走路，方能稳健。

2. 促进中欧班列高质量运行

对于中欧班列地区间同质化竞争问题，建议中国铁路总公司牵头，从宏观层面对中欧班列进行规划，做顶层设计，开发和打造几条重点线路，把相关管理做成熟，防止各地方之间恶性竞争，也能降低事故率，提升服务质量，提高客户黏性。

对于峰值期贝位和正面吊不够用的问题，正面吊可以通过购置解决，但贝位不足是集装箱中心站的原始设计考虑不足所致，无法满足如今和未来的装车需求。建议港务区组建专业小组重新进行市场调研，基于当前和未来需求增加贝位、改建堆场。

对于换轨时口岸拥堵问题，可同时从技术层面和管理层面"双管齐下"去解决。

技术层面有两个方法：

第一，效仿内蒙古的"双轨制"运输，即双轨距铁路并存，其中内侧的铁轨是中国使用的标准轨，外侧则是中亚国家以及俄罗斯、蒙古等周边国家所使用的宽轨距铁轨。

第二，采用调整轮对内距的方式，即两侧车轮的中间不是用一根车轴连接，而是车轮分别在转向架轮轴轴承座上转动。这样做就可以根据情况来调整两轮之间的内侧距离，以此来适应不同的轨距。

管理层面的方法是通过加强国家之间的合作和信息的互通，使我国和"宽轨国家"及时掌握信息，如进出口集装箱的数量和到岸时间，以便"宽轨国家"在口岸处存放足够的车板，供国际集装箱顺利换装。

3. 强化建设航空枢纽

（1）利用好第五航权，试点第七航权

2018 年 11 月，西安成为西北首个获得并使用第五航权的城市。第五航权的使用，必然伴随货物中转量的提高。这将成为西安咸阳机场晋身国际航空枢纽的有利跳板。第五航权有助于西安将"国际运输走廊"和"国际航空枢纽"做实做强。2019 年 5 月，西安开通了首条第五航权货运航线"首尔—西安—河内"，2020 年 6

月开通了洲际第五航权货运航线"首尔—西安—洛杉矶"。第五航权的获批将打通国家间的空中物流运输通道,有力促进中韩、中越、中美的商贸往来,提升西安咸阳国际机场国际货物中转比例,为西安加快建设陆空内外联动、东西双向互济的航空枢纽奠定坚实基础。

《西安临空经济示范区发展规划(2019—2035年)》中设定的发展目标是:西安咸阳国际机场到2025年,年旅客吞吐量突破8000万人次,货邮吞吐量突破80万吨;到2035年,旅客吞吐量突破1亿人次,货邮吞吐量突破80万吨。

建议空港新城西部机场集团航空物流公司未来利用第五航权与国内外航空公司开展业务谈判与深入合作,积极争取开通"莫斯科—西安—阿拉木图""伊斯坦布尔—西安—中亚国家"等第五航权货运航线,抢抓临空经济发展新机遇,打造西安国际航空物流枢纽。

建议借鉴海南自贸港的开放举措,建立使用第七航权、中途分程权试点,引入国外航空运输企业,增开加密国际航线,把西安咸阳国际机场打造成为东盟—中亚国际航空运输走廊核心支点,向西开放、向东集散航空中转基地,"一带一路"国际航空物流枢纽。

(2)提高机场的集货能力

建议西部机场集团整合省内安康富强机场、榆林榆阳机场、延安二十里堡机场、汉中城固机场等的航空时刻和航线资源,共建信息大平台;建议增加陕西省国际(地区)航线发展专项资金,支持长安航空等航空公司增强客货运运力、加密航线,提高支线机场、客运站、火车站、高铁站、航空公司、货代向西安咸阳国际机场集货的积极性和能力;建议在机场使用费减免、用地保障、融资担保、通关检验、高端人才引进等方面予以一定的政策倾斜。

另外,目前没有市区到机场的货运专线,机场与市区的交通不匹配,进机场仅有两条高速,缺乏直达机场的市政道路,给未来交通环节留下隐患。建议市政府、西咸新区和示范区能够统一规划货运专线,满足国际商贸物流枢纽远期巨大的吞吐需求。

(3)以技术手段提高物流效率

运用互联网技术、自动分拣技术等科技手段和设备对航空货物进港、出港、库存、分拣、包装、配送、查验、报关及其信息进行有效的计划、执行、控制,使运行更高效、安全、顺畅,降低货物处理的时间成本。建议政府资助5G新基建,在机场及其周边完善基站建设,助推航空物流业、制造业和商贸业尽早实现智慧化作业。

(4)设立专项资金,降低流通成本

建议借鉴国内外典型地区的发展经验,并结合西安实际与未来发展需求,设立货运补贴专项资金,尽快明确细则,确立和制定规范的补贴条件和标准。消除不合理收费,降低服务成本。通过识别航空货物在货主方、货运代理、承运商、收货人处各流通环节,找出可降低成本的空间,从而解决机场货运成本高居不下的问题。

4. 大力发展公路货运

(1) 发展智慧甩挂,为货运提速增效

英、法、美等国通过甩挂运输完成的货运量占道路运输总量的七成以上。在我国,受制于企业的规模、货源流量、甩挂车辆购置成本、管理理念、信息技术手段与运输组织水平,甩挂运输的发展一直较缓慢。西安拥有独特的区位优势、良好的公路基础设施条件、繁荣的市场以及多样化的货源结构,应该加快甩挂运输发展速度,提高公路货运效率,适应未来商贸物流枢纽的巨大货流量状况。同时,甩挂运输也是西安推动多式联运发展的重要基础。

建议政府面向未来需求,提早布局甩挂运输,探索智慧甩挂。具体可以在以下方面发力:在货流密集的通道沿线与周边节点城市之间搭建政府、行业协会及企业的合作平台,进行串式"甩挂接力"合作;培育一批龙头甩挂运输企业,发挥带头和示范作用,凝聚行业共识;利用车辆购置税专项资金和政府配套资金等甩挂运输的优惠政策,补贴甩挂运输作业场站建设或改造;在道路法规和管理方面给予配套支持;鼓励企业开展以运输路径优化、动态导航、视频监管、信息资源共享、动力调配指挥等为主要内容的信息技术应用;鼓励本地企业(如陕汽)进行甩挂运输相关研发,例如车身制造材料可考虑选用航空铝材等轻型材料;关于挂车规格标准的制定、司机分段运输计费规则等,需尽快出台相关政策。

另外,本研究建议,可以考虑在高速公路上选取适宜的服务区设置为甩挂运输的甩挂点,有效利用服务区宽敞的空间,同时方便司机休息,做到"人停货不停",提高货运效率。除了国内长途公路货运,在国际道路运输中甩挂运输也是适用的,可以在口岸设立甩挂运输作业场站,到站先进行人—货分离,重新匹配后立即出发,减少货物停滞等待时间。

(2) 鼓励运输企业、海关、口岸加入全球 TIR 网

TIR 公约即《国际公路运输公约》,TIR 系统是国际跨境货物运输领域的全球性海关便利通关系统,目前全球共有 80 多个缔约国加入了 TIR 公约,大多数位于"丝绸之路经济带"沿线重要地区。取得 TIR 资质的车辆从起运国海关到目的地国海关的过程中,可凭 TIR 标识通关,过境国海关不再对货物实施查验,企业也不需要缴纳过境担保金。这为进出口贸易提供了重大的发展机遇。TIR 公约启动以来,促进了我国与"一带一路"沿线国家海关的监管互认、执法互助和信息共享,口岸通关效率也有了新提升,最多可减少 6 天的通关时间。自 2016 年 7 月我国加入联合国 TIR 公约,目前已有 10 个 TIR 运输试点口岸,即新疆霍尔果斯和伊尔克什坦公路口

岸、内地二连浩特公路口岸、满洲里公路口岸、绥芬河口岸、大连港口岸、吉木乃口岸、巴克图口岸、阿拉山口口岸、都拉塔口岸。

全球超过 10000 万家运输和物流企业使用 TIR 运输，方便货物快速、可靠地通过各国边境口岸。联合国授权 IRU 在全球管理 TIR 系统，中国海关总署授权中国道路运输协会为中国 TIR 证发证和担保机构，全权负责受理中国运输企业的申请及准入工作。若持有 TIR 证，经批准的车辆可在各 TIR 实施国之间便捷通关。

建议政府培育本土公路运输力量，鼓励和协助西安的大型运输企业加入 TIR，协助企业向中国道路运输协会申请 TIR，方便国际货物通关，提高国际货运效率。可考虑在税收方面给予优惠，在装备购置方面给予补贴等。另外，也要协助海关、口岸尽快申请 TIR 认证，加入全球通关一体化网络。国际公路运输对于信息化水平要求较高，应尽快在搭建综合商贸物流大平台的同时，建立公路货运子系统，完善货物的信息、线路交通、车辆的路途监控、司机的管理等模块。

对于西安，开放 TIR 运输将进一步畅通对外贸易通道，助力西安打造辐射周边、带动区域产业升级的枢纽型口岸。

（3）在高速公路服务区建设驿站型公路港

驿站型公路港是以地区性综合交通物流枢纽和国家高速公路沿线城市为重点，具有货物集散、中转换装、往返接驳等功能的大型物流集散中心。

本文认为，高速公路服务区是一个相对封闭的空间，有利于相关信息的收集和传播；其丰富的闲置土地资源是建设公路港的一大利好条件。如果选择距离城市较近的服务区建港，将缩短配货时间，提升物流效率，降低物流成本。在服务区建设集约化的公路港能有效促进当地绿色发展，改善环境质量。

建议在西安高速公路选取适宜的服务区建设驿站型公路港，可以聚集互联网物流企业、信息交流平台、城市配送公司、仓储企业、多式联运中心、综合服务企业等对外提供零担运输服务；整合配送资源，优化配送服务；提供集约、智能、高效的仓储服务；对接航空、海洋、江河、铁路的运输资源，丰富公路港平台货源；为货车和司机提供作业、运营、业务拓展、日常生活服务。建议政府部门在土地指标、公路港建设方面给予支持。

5. 发展多式联运，助推双循环

2020 年，两会提出了中国经济的新发展格局：把满足国内需求作为发展的出发点和落脚点，加快构建完整的内需体系，逐步形成以国内大循环为主体、国内国际双循环相互促进的新发展格局。促进国内大循环，需要物流体系进一步完善升级，多式联运就是重要的升级手段。

西安及其腹地与国内、国际的生产生活联系密切，需要将大宗原材料自开采地运往生产地，把制成品自生产地运往消费地。这些商贸物流活动的主要承担者是公路运输和铁路运输。于西安而言,公—铁联运、公—空联运是构建综合交通运输体系的重要环节,能使不同运输方式具有最佳组合优势,最大限度地提高运输效率、降低运输成本,提供"门到门"一站式全程多式联运服务。西安发展多式联运,可考虑从以下方面着手:

(1) 打通联运全程

多式联运的核心在于"联",建议在西安的公—铁、公—空联运实践中,采用货物"一人到底、一单到底、一箱到底、一签到底、一检到底"的物流模式,客户只需填一次单(如公—空联运单),途中便无须再联系或接洽承运商,实现全程便捷化物流服务。

建议会同周边省市尽快制定公、铁、空运输的统一联运提单,打通联运全程。

(2) 配备专业联运设施设备

集装箱运输是提高多式联运效率的最重要手段。目前大部分多式联运集装箱衔接转运设施均不完善,存在与其他方式的联运设备不配套现象。

建议西安国际港务区针对集装箱中心站的贝位、正面吊等相关设施设备问题,重新进行运输需求分析,优化场站布局,并引进专业联运装备,提升多式联运效率。

(3) 完善相关法律法规

尽管公路运输、航空运输等都有各自的法律法规,但不同运输方式的运行规则不统一,相互之间协调较差。

多式联运的运输距离长、涉及运输方式多样、货主与承运人等多方责任难以界定,需要国家和地方层面共同采集典型联运纠纷案例,研讨和健全多式联运法律法规,形成统一的标准。

联运模式的多样化催生不同的运输险种。建议保险公司与运输企业保持接触,发现新的保险需求,推出适宜的新险种,并完善认定、索赔与理赔细则。

(4) 培养多式联运优质经营主体

拥有一批规模化的多式联运优质经营主体是成功开展多式联运的关键。政府应鼓励运营货代业务、陆港业务的大型企业不断扩大其物流服务与经营范围,将多式联运全程物流服务提供给客户。政策层面,应大力支持多式联运企业进行兼并重组,培养出更多国际市场竞争水平高、服务优的大型现代化多式联运企业。

(5) 构建多式联运信息服务平台

建议西安陆港、空港、火车站等重要枢纽共建多式联运信息服务平台,应用5G、云计算、大数据、物联网等技术,对车辆、集装箱进行定位追踪,在网络上实时更新信息,方便客户查询,实现集装箱多式联运物流信息开放和信息共享,解决多式联运信息衔接不畅、信息交换不协调的问题,同时提高联运信息服务水平和竞争力。

（6）完善多式联运标准体系

建议完善多式联运标准体系，对接公路、铁路、航空等运输方式在不同方面的标准，包括危险货物的界定、装载限重、运输装备、车辆技术标准等。另外，也要尽快编制和推广多式联运标准合同范本。

6. 挖掘存量资源，创立城市末端配送模式

目前，商贸物流末端配送存在"送"与"取"时间差，有等待时间浪费的现象，可从模式创新方面去突破解决。

（1）推广社区智能货柜

参照现有自助快递柜的形式，政府补贴扶持每个小区（甚至每个单元）设立固定的集普通快递、生鲜果蔬和海鲜肉食三类储存功能区于一身的末端配送货柜。快递员无须等待货主取件，市民只需电子凭证取件，同时也实现了无接触配送。这样可以大大提高末端配送效率，避免无效等待。

（2）鼓励社区便利店和商超"结亲"

鼓励社区便利店与周边大型商超及其他批发市场合作结盟，利用大数据和电子商务服务平台建立社区智慧便利店。市民可在社区便利店通过与大型商超连通的购物平台购物，每个便利店均为末端提货点。这样一方面可分散大型商超的人流，延伸大型商超的服务链；另一方面可为市民提供购物便利，节省在超市的排队等待和路途往返时间。

7. 培育、支持重点单位

任何一个行业的发展，归根结底都要靠行业的企业群。结合实际总结，现阶段有三类企业单位需要政府的关注和支持。

（1）商贸物流产业链链长单位

2020年6月，江西省出台了《江西省产业链链长制工作制度》，西安可以学习、借鉴江西省南昌市的政策举措，实施商贸物流产业链链长制，以推动物流高质量发展。

本文认为，链长单位不同于供应链链主企业，它应是一种横向联合（类似行业协会）的组织，由若干家产业成员抱团组成。建议在西安的商贸物流企业中遴选一些大型的、具代表性的、行业话语权高的企业进行组建，担任西安市商贸物流产业链链长，代表行业利益。链长单位负责开展产业链发展情况调研，掌握产业链重点企业、重点项目、重点平台、关键共性技术、制约瓶颈等情况；组织专题会议，研究制定支持产业链发展专项政策。产业链链长需要前瞻的眼光，能够预测行业未来的风险，并在风险发生时能够替行业发声，与政府谈判，维护产业链利益。建议西安实施商贸物流产业链链长制，政府要对链长单位给予足够重视，关注链长提出的行业共性问题，听取链长的意见。

（2）供应链链主企业、行业龙头企业

供应链链主企业是在长期的市场竞争驱动下逐渐形成的，往往具有很高的品牌价值和商业口碑，例如沃尔玛、京东等。链主企业为了扩大竞争规模、满足市场需求，会在纵深方向（供应链上）不断寻找更好的源头和下游企业，从而提升整条供应链的产品制造实力和服务水准。

行业龙头企业具有一定的实力，在企业内部管理、市场拓展和客户资源方面已有较好的基础，抗风险能力强，自身综合实力硬。如前文所述，发展公路甩挂运输需要有充足货源且双向对流平衡，同时也需要有大企业的引领。西安大型的、综合实力强的公路运输企业非常稀缺，整体呈现"散、小、弱"症状，应加大力度整合、发掘和培育。

这两类企业引领能力很强，政府应重点扶持，使之成为西安国际商贸物流行业的"领头羊"，带领行业做强做大。

（3）有潜力的小微企业

这类企业发展模式有特色且掌握着某一领域的核心资源，虽然现阶段规模和体量不大，但是由于其模式有生命力、企业掌握着核心资源，如果扶持得当，会很快成长为行业的典型知名企业。

（四）助融合

1. 增加和升级会展与交易平台

（1）申办"国际防务展"

建议依托西安航空、航天、军工方面良好的产业基础，申办"国际防务展"，确立西安国际防务展销中心地位，对外宣传、销售西安的军工产品，扩大国际影响力。我们应大胆迈开脚，推出先试先行的举措，提供试错容错的环境，摸索适宜的创新发展之路。

（2）升级世博园

培育多支点的西安国际商贸物流交易平台，对现有交易平台进行升级和创新，比如：可考虑在西安世博园内法国园、意大利园、英国园等园开设外国商品展销平台，将公园升级为西安绿色游购娱中心。

（3）办好特色展会

西安应办好欧亚经济论坛、丝博会、农高会等展会，利用好物流中心、保税区、出口加工区、高新综合保税区等平台，增强对国际高端资源要素的吸附整合能力，促进人流、物流、信息流、资金流既畅通又能汇聚融合，为西安发展提供强大助力。

（4）打造"高速智慧CBD"

本文建议，可利用西安高速公路服务区的交通区位优势、宽阔的土地优势、5G

相关技术优势等，在服务区打造"高速智慧 CBD"，发展智慧商贸、智慧会展和智慧物流，以此展销西安的工农业产品，利用服务区的车流、人流吸引力举办"西安永不落幕的展销会"，对外宣传西安的特色产品与文化。

2. 依托"丝路数谷"搭建综合信息平台

西安正以大数据产业为核心，全力推动打造"丝路数谷"。商贸物流信息通道的建设以大数据产业为支撑。西安以沣西新城大数据产业园为核心，提供特色数据存储、数据处理、挖掘分析等深度数据服务和信息服务，形成物流数据服务产业链。

国际商贸物流综合性信息平台应是一个多方位、跨领域的信息平台，应包括企业信息、交易信息、商品与货源信息、道路交通信息、车辆信息、仓储与配送信息、物流园区信息、第三方物流服务信息、金融服务信息、保险服务信息、会展活动信息等系统。这些信息系统应根据其内在联系建立内部信息子系统接口，共同支撑国际商贸物流活动，并为国际商贸活动提供查询和操作便利。这一平台的搭建对于相关行业融合发展至关重要，比如银行便可通过信息平台了解物流行业现状，结合产业链升级，更有针对性地推出金融产品，提供金融服务。

对于该平台的搭建，建议由沣西新城大数据产业园龙头企业、有物流实力的高校牵头，由政府给予专项资金补贴。平台远期可发展成为政府统计、监管、行业资讯、资源融合的重要平台，发挥积极作用。

3. 加快 5G 等新基建，打造智慧园区

基础设施是经济社会发展的重要支撑，以 5G、物联网、人工智能、工业互联网等信息技术为驱动、兼具科技和基建双重属性的新型基础设施对改造、提升传统产业，培育、壮大新兴产业，促进商贸、物流、金融、会展、旅游等多产业融合具有重要意义。

建议政府重点补贴基础性、平台型基础设施建设，给予其研发支持及应用奖励。如投资 5G 通信网络的基站建设，对人工智能方面的产品技术研发和商业化应用给予资金支持，扶持企业购置智能物流装备，大力支持新基建企业上市，鼓励企业参与外国项目投标并按中标合同额给予奖励。建议大型物流园区、商贸园、市场等主体能够拥抱新技术，建立专班联络电信等通信运营商，积极推进智慧园区建设。

4. 在港务区建立陕西酒业批发中心

西安可以依托港务区独特的资源，在区内重点发展大型批发贸易中心、地区性采购中心和特色高端零售业，与城市中心区商贸活动形成错位发展格局。比如：招引一批国际国内著名品牌企业的销售总部，一批跨国公司和大型企业的采购中心和配送中心，一批国内外资本雄厚、有影响力的批发商、代理商和经销商等入区经营发展。

具体而言，本研究建议将陕西酒业的销售端企业集体整合并植于港务区内，如陕西城固、陕西杜康、陕西西凤、陕西蓝马、陕西丹凤等厂。目前，西安粮酒批发市场共 26 个，空间分散，流通渠道各异。将各酒厂的销售部引入港务区，形成陕西酒业批发中心，在空间上与西安港进口红酒交易基地毗邻，这样聚集对于商户和买家均是有益的。商户可以共建共享仓库，在物流运输上联合配送；而买家可前往港务区直接面对厂家购买，不需面对市区其他糖酒市场的中间商，因此更有价位优势和品质保障，无论是商家、买家的商贸活动或是个人买家的红白喜事批量用酒，均可前往购买。这也是塑造一张陕西对外的商品名片的较好方式。

六、结论

本文首先阐明西安打造国际商贸物流枢纽城市的六大优势；其次剖析了当前的制约因素，如国际物流服务能力较弱、商贸网点布局不合理、产业基础相对薄弱、相关行业融合度低等；最后指出西安打造国际商贸物流枢纽城市应走"强产业—促商贸—畅物流—助融合"的发展路径，并给出若干具体措施及相关政策建议，如重视产业、培育"拳头产品"、发展高技术制造业、加大对外开放、整合现有园区和专业批发市场、巩固建设陆港枢纽、促进中欧班列高质量运行、强化航空枢纽、大力发展公路货运、以多式联运助推双循环、增加和升级会展与交易平台、搭建综合信息平台、加快 5G 等新基建、打造智慧园区等。文中对于"畅物流"的分析详尽细致，对"强产业""促商贸"和"助融合"的探讨相对粗浅和不足，希望今后能够继续探索此研究方向，提出更全面、更完善的路径和方案。

参考文献

[1]中共中央,国务院. 中共中央 国务院关于新时代推进西部大开发形成新格局的指导意见[Z]. 2020.

[2]国家发展改革委,交通部. 国家物流枢纽布局和建设规划[Z]. 2018.

[3]陕西省政府. 陕西省自贸区管理办法[Z]. 2017.

[4]西安市发改委. 西安建设丝绸之路经济带（新起点）战略规划[Z]. 2015.

[5]陕西省政府. 陕西省政府印发陕西省物流业发展中长期规划（2015—2020年）[Z]. 2015.

[6]陕西省政府. 陕西省关于印发"一带一路"建设 2020 年行动计划的通知[Z]. 2020.

[7]陕西省政府. 陕西省 2020 年政府工作报告[R]. 2020.

[8]陕西省政府. 陕西省关于印发省关中平原城市群发展规划实施方案的通知

[Z].2018.

[9]陕西省政府.陕西省关于支持中国(陕西)自由贸易试验区深化改革创新若干措施的意见[Z].2018.

[10]陕西省政府.陕西省关于印发大力发展"三个经济"若干政策的通知[Z].2019.

[11]国务院.国务院关于同意在雄安新区等46个城市和地区设立跨境电子商务综合试验区的批复[Z].2020.

[12]许金金.兰州国际陆港多式联运发展对策浅析[J].科技经济导刊,2020(8):207-208.

[13]戴川.西安商贸物流中心建设中存在的问题和建议[J].商场现代化,2017(5):53.

[14]姜瑞,郭萍."一带一路"下西安建设自由贸易陆港之探究[J].特区经济,2019(5):69-72.

[15]吕晓燕,王娟娟.西安国际港务区跨境电商发展对策研究[J].农村经济与科技,2017(24):128-130.

[16]成喜玲,唐繁.西安国际港务区产业布局现状、问题及对策分析[J].2017(3):49-50.

[17]殷培伟,许军.第五航权对航空物流业的影响机制分析——以陕西省为例[D].西安:陕西师范大学,2019.

[18]张宁.西安临空经济示范区发展思路探析[J].郑州航空工业管理学院学报,2019(6):1-8.

[19]陕西省决策咨询委员会课题组.加快临空经济区建设助推"三个经济"发展[J].西部大开发,2020(2):102-107.

[20]张慧文.西安临空经济高质量发展策略研究[J].农村经济与科技,2020(6):148-149.

[21]符瑜.海南省商贸物流业发展策略探讨[J].物流工程与管理,2020(3):17-19.

[22]张燕.全国最大的批发市场再升级 临沂打造立体式国家级商贸物流枢纽[J].中国经济周刊,2016(3):74-75.

[23]程勇.商贸物流中心推动新疆物流业快速发展[J].大陆桥视野,2016(6):66-67.

[24]张丽娟.西北小城镇建设陆港型物流枢纽载体城市规划研究——以酒泉市肃州区为例[J].工程建设与设计,2020(8):101-104.

[25]喜崇彬.临沂商贸服务型国家物流枢纽规划与建设[J].物流技术与应用,

2020:115-117.

[26]范学谦.新常态背景下武汉打造现代商贸物流中心策略分析[J].企业导报,2015(19):5-6.

[27]胡克.物流中心国际商贸区创新管理模式[J].中国物流与采购,2015,5(5):60-62.

[28]怀劲梅.武汉市建设中部商贸物流中心的战略思考[J].科技广场,2015,1(1):217-221.

[29]原方方.试论我国多式联运的发展现状及应对对策[J].科技视界,2020(8):140-141.

"飞地经济"模式下陕西跨区域产业园区协作发展研究

张旭起　董华[①]

摘要：进入新时期以来，我国社会主要矛盾已成为人民日益增长的美好生活需要和不平衡不充分发展之间的矛盾。无疑，区域经济协调发展是有效解决当前我国社会主要矛盾的助推器。"飞地经济"是一种通过打破原有行政区划限制，实现跨空间的产业发展和利益共享，促使"飞入"和"飞出"两地资源互补和经济社会可持续发展。近年来，"飞地经济"成为一种新的区域经济发展模式，在国务院的号召下，各地方政府积极响应、努力实践，取得了良好的成效。本文通过对"飞地经济"的内涵、特征、模式、理论源流和发展现状的系统梳理——加之国内部分地区以产业园区为载体，在"飞地经济"的模式下，解决了发展中存在的资源有限、空间不足等问题，结合陕西发展"飞地经济"的优势条件分析总结了该模式下以发展产业园区为抓手的跨区域协作发展的经验，旨在为陕西区域经济的可持续发展提供建议和对策，助力陕西追赶超越，实现高质量发展。

关键词："飞地经济"；产业园区；协作发展

一、引言

发展"飞地经济"是指两个互相独立、经济存在落差的行政地区打破原有行政区划限制，把甲地招入的资金和项目放到行政上隶属乙地的工业园区，扩大两地合作广度，增加两地合作深度，从而实现互利共赢。"飞地经济"是一种通过跨空间

[①] 西安外事学院自贸区研究院董华讲师，张旭起副教授。

的行政管理和经济开发，实现两地资源互补、经济协调发展的区域经济合作模式，如图1所示。它的良好运行可为中西部发展和东部的产业转移提供一个新的平台，从而有力推动区域经济协调发展。

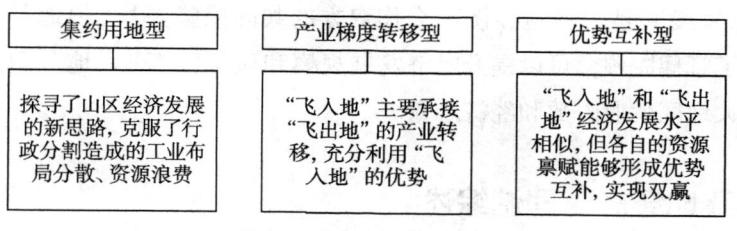

图1 "飞地经济"成因

推动"飞地经济"发展是解决发达地区土地紧张、推动产业承接和转移、带动区域经济发展的良好路径，如图2所示。2017年6月，国家发展改革委、国土资源部、环境保护部等八部门联合印发了《关于支持"飞地经济"发展的指导意见》，提出创新"飞地经济"合作机制，发挥不同地区的比较优势，优化资源配置，强化资源集约、节约利用，促进要素自由、有序地流动，为推进区域协同发展作出新贡献。之后，国内许多城市也出台了促进"飞地经济"发展的具体措施和政策，近年各地省内、跨省共建"飞地经济"园区，在内地成为新的经济增长点。

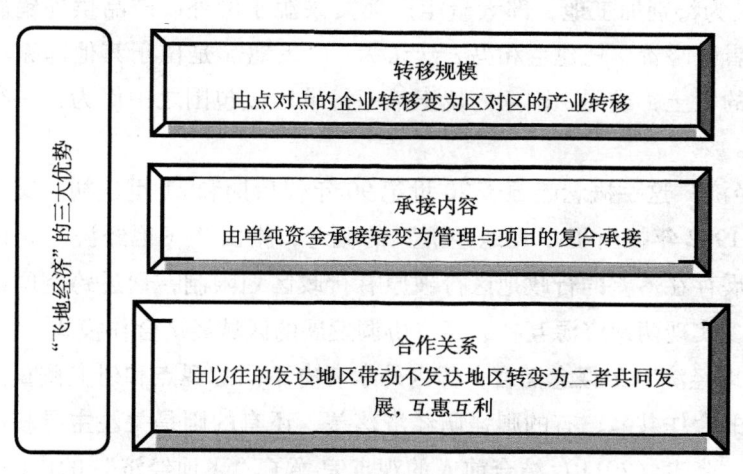

图2 "飞地经济"的三大优势

早在20世纪，"飞地经济"就已经出现在陕西省。江苏常州于20世纪八九十年代先后与三峡库区、陕西安康建立了战略伙伴关系，探索发展"飞地经济"。目前来看，陕西的"飞地经济"建设多处于初期阶段，除西安、安康、铜川外，其他多为邻市邻区邻县之间的省内合作，主要突破的是行政区域的限制，合作形式主要为共建园区，仍然在自行摸索阶段。陕西自贸区的设立为"飞地经济"发展提供了动力和契机，为拉动陕西经济发展提供了更大的助力。

探索发展"飞地经济",是基于区域经济的分工和合作,优化区域资源配置、优化生产力空间布局、形成合理产业分工体系的有效途径,是推进陕西省产业结构调整、加快经济发展方式转变的内在要求。"飞地经济"发展的动力是共同受益,"求合作、谋发展"是"飞地经济"合作双方的共同愿望。"飞出地"扩大了地理空间,突破了管理瓶颈,可以提升经济发展规模和质量;"飞入地"引进多元化投资,可以扩大地区就业人数和经济总量。

二、"飞地经济"理论综述

"飞地经济"作为一种新的区域经济合作发展模式,近年来得到了广泛实践。30多年以来,国内外学者从不同的视角对其进行了探索和研究,"飞地经济"内涵和理论依据大致有了相对成熟的体系。

(一)"飞地经济"的概念与特征

"飞地"早年曾被作为国外矿产资源和部分农产品的初加工和生产基地,其资本、技术和市场依赖于外资,而土地、劳动力则依靠当地。孙占军在1992年,将"飞地"定义为特别加工地,即大量生产要素来源于国外、产品供外销的部门或区域。国内学者张晓青、任建兰和冯云廷认为:"飞地"是位于其他国家境内而与本国不相毗邻的领土,或同一国家内位于某一行政区域包围之中而为另一行政区域所管辖的土地。

"飞地经济"这一概念起源于20世纪90年代后期和21世纪初。美国城市经济学家最早在1992年提出了"飞地经济"的概念,指出"飞地经济"是两个相互独立、经济发展存在落差的行政地区打破原有行政区划限制,通过跨空间的行政管理和经济开发,实现两地资源互补、经济协调发展的区域经济合作模式。

就"飞地经济"的概念而言,国内外学者有不同的观点和研究侧重点,有的侧重于跨区域的合作共赢,有的则强调经济落差,还有的则是关注主导权的归属。李骏阳、任浩、张冉(2011)结合前人的观点完善了"飞地经济"的内涵界定:"飞地经济"是指两个在行政上不存在隶属关系且存在经济落差的区域主体,打破现有的行政区划限制,通过共同建设、共享收益来实现资源互补和协调发展的一种区域经济合作发展模式。刘小平(2006)认为,"飞地经济"是在区域经济发展的进程中逐渐产生的,当某个行政区开始推进工业化并招商引资时,通过打破空间和行政上的限制,将另一个行政区划的资金与技术引入该行政区,在该行政区进行发展,并根据情况,合理配置两个区的利益所得,最终实现共同发展、合作共赢的经济发展模式。安增军(2008)对"飞地经济"提出了比较规范准确的界定,即"飞地经济"是指两个互相独立且经济有一定落差的行政地区打破原有行政区划限制，通过跨空间的行政管理和经济开发，实现两地资源互补、经济协调发展的一种区域经济合作模式。

由此可见，国内学者对于"飞地经济"这一概念的认识随着时间和研究的推进，基本上统一下来。目前被普遍接受的定义是由张冉（2011）等提出的："飞地经济"实际上是指两个相互独立的、经济发展存在落差的行政地区打破原有行政区划限制，通过跨空间的行政管理和经济开发，实现两地资源互为补充、经济协调发展的区域经济合作模式。

截至目前，虽然我国学术界对于"飞地经济"的特征没有统一的论述，但通过专家和学者们的研究，不难看出"飞地经济"具有以下几个方面的特征：

首先是由于"飞入地"和"飞出地"并不属于同一行政区划，隶属于不同行政区，故而空间上相互分离。由于区位的局限性，"飞出地"因为区位资源的限制导致无法在原地进行扩张，只能寻找合适的区域进行合作。

其次是环境差异性。由于"飞入地"和"飞出地"属两种不同的行政区划，所以其经济、历史人文方面发展必然会有所差异，两地在合作中必然会出现经济环境与社会人文环境的差异。

再次是优势互补性。优势互补是发展"飞地经济"的重中之重。"飞地经济"诞生的根本原因就是"飞入地"与"飞出地"之间资源分布不同，通过两地合作实现资源的互补，打破传统资源限制，共同发展。

其次是产业关联性。对于"飞出地"来说，作为经济相对发达的地区，很多产业经过多年的发展，积攒了丰富的工作经验和良好的客户资源，当向"飞入地"进行扩张时，不会大幅变动其原有的产业优势，而是会根据"飞入地"的市场环境改变企业战略，选择相对合适且关联性较强的区域进行扩张，从而更好地发挥其技术、经验、资金等优势。而对于"飞入地"来说，应致力于打造产业承接环境，从而加强两地的产业关联性。

最后是合作共赢性。当"飞入地"和"飞出地"两地在经济环境和社会人文上都存在较大差距时，唯有以共赢作为最终目的才能促成合作。发展"飞地经济"的核心是合作，各自发挥各自的优势，实现两地 GDP 和税收的一同增长，最终实现区域经济之间的协调发展。

（二）"飞地经济"的理论依据

21 世纪以来，随着"飞地经济"理论和实践的不断发展，国内外大量的学者分别从经济学和政府治理的角度对其展开研究，追溯其理论源流。

（1）区域比较优势理论。该理论是"飞地经济"合作的选择基础。1776 年，亚当·斯密在《国富论》中提出绝对优势学说，开创了比较优势理论的源头。在"飞地经济"发展中，"飞入地"和"飞出地"各自拥有属于自己的比较优势，这种优势可以是资金、技术、土地、政策等。通过发挥各自的优势实现优势互补，满足各自的发展需求。

（2）梯度转移理论作为"飞地经济"产业结构调整的主导思路，认为区域经济的发展是受到产业结构状况影响的，而产业结构状况受制于地区经济部门发展，尤其是主导产业在工业生命周期中所在的阶段。在"飞地经济"发展过程中，当飞出地发展到一定阶段就会出现生产要素价格的上涨和生产成本的提高，这就需要进行产业转移和延伸，从而形成一种阶梯式的扩散，带动区域经济的发展。

（3）共生理论是"飞地经济"产业合作的内在动机。"飞地经济"模式原理与共生理论相符，强调不同区域之间的优势资源流动，从而实现合作共生、协作共赢。

（4）增长极理论是"飞地经济"发展最直观的表现。经济发展水平较高的"飞出地"就相当于一个增长极，带动了地理位置上邻近的"飞入地"经济的增长；当"飞入地"发展到一定程度时，"飞入地"相对周围区域就相当于一个新的增长极，其通过产业关联效应和辐射带动作用也可以促进和带动邻近地区的经济发展。

（5）现代产权理论是"飞地经济"利益分配的依据。"飞入地"保留土地等要素的所有权，全部或部分让渡出土地等要素的使用权，"飞出地"为了换取土地等要素全部或部分的使用权就要提供一定的资金、项目、技术和管理经验，双方通过在税收、利润等经济收益和政治收益两方面的共享和分配，促进资源的开发与利用、实现各自利益的最大化。

（三）我国发展"飞地经济"的政策依据

2017年5月12日，为贯彻落实国家"十三五"规划纲要等有关要求，国家发展改革委、国土资源部、环境保护部、商务部、海关总署、工商总局、质检总局、统计局联合发布《国家发展改革委等部门关于支持"飞地经济"发展的指导意见》（发改地区〔2017〕922号），首次以规范性文件的方式明确指出：有关省（区、市）打破行政区划界限，创新跨区域合作模式，探索政府引导、企业参与、优势互补、园区共建、利益共享的"飞地经济"合作，创新"飞地经济"合作机制，发挥"飞地经济"在对口支援、帮扶、协作中的积极作用。随后各省市积极响应，出台了一些支持"飞地经济"发展的配套措施。

2019年2月18日，中共中央、国务院印发的《粤港澳大湾区发展规划纲要》中空间布局部分第三节辐射带动泛珠三角区域发展的内容提出：完善大湾区至泛珠三角区域其他省区的交通网络，深化区域合作，有序发展"飞地经济"，促进泛珠三角区域要素流动和产业转移，形成梯度发展、分工合理、优势互补的产业协作体系。

2020年5月17日,中共中央、国务院发布的《关于新时代推进西部大开发形成新格局的指导意见》第十三条提出:拓展区际互动合作。支持跨区域共建产业园区,鼓励探索"飞地经济"等模式。加强西北地区与西南地区合作互动,促进成渝、关中平原城市群协同发展,打造引领西部地区开放开发的核心引擎。

三、陕西"飞地经济"发展实践

随着区域经济联动越来越密切,"飞地经济"也重新开始被重视。陕西省发布的《2019年推进关中平原城市群建设行动计划》中明确提出要"大力发展'飞地经济'",同时要求西安市国家级开发区、杨凌示范区至少共建或托管2个以上园区。

2013年起安康就开始探索"飞地经济"发展模式。截至2016年9月,安康5个县的"飞地经济"园区累计完成基础设施投资9.93亿元,签约项目49项;2018年10月,铜川市人民政府出台了《关于支持"飞地经济"发展的若干意见》,支持"飞地园区"建设。

各地市方面,就发展"飞地经济",延安已经与杨凌展开合作;安康则借助发展"飞地经济"整合自身区域内力量,迅速推动市区的发展;而铜川是资源枯竭型城市,近年来"飞地经济"更成为其区域经济发展中的亮点(见表1)。

表1 陕西"飞地经济"模式的省内和省际实践

省内	飞入	西安	铜川	安康高新区	凉水泉村（宝鸡太白县）
	飞出	渭南	西安	安康多个县	水蒿川村（宝鸡太白县）
省际	飞入	陕西省	宝山（云南省）	富平高新区	西安高新区
	飞出	江苏省	西安（陕西省）	丹阳经开区	深圳前海

(一)陕西省内跨区域产业园区的"飞地经济"模式

1. 省内县县合作的"飞地经济"模式

(1)太白县大力推广"飞地经济"

凉水泉村有充裕的产业扶贫资金,村里不缺钱,有想法和经验,却因地域狭窄,人均耕地极少,而同县水蒿川村有合适的土地和气候,两者资源互补,两个村子集中资源实现联合发展,比一个村发展更有优势。两个村一拍即合,借着发展"飞地经济"的东风,凉水泉村将发展产业的86万元注入水蒿川村,双方共同发展平菇产业,两村贫困群众一起参与分红。"飞地经济"让太白县集体经济的发展实现

"一加一大于二"的效应。凉水泉村和水蒿川村的携手发展在太白县并非个例。

(2) 安塞县的飞地农业模式

"飞地经济"项目是安塞区探索发展村集体经济的新尝试。针对村集体经济发展基础弱、带动能力差、资源要素缺乏等问题，选择交通便捷、土地资源丰富、自然条件好的中心村，将闲置土地集中流转、整合投入财政专项扶贫资金，以促进村集体经济的发展。2019年，安塞区投资4313万元，先后扶持了17个"飞地经济"集体项目，建设大棚268座、弓棚73座，通过租赁、合作经营、自主经营等方式，带动43个村集体经济组织年均稳定增收5万元以上。

2. 筑巢引凤的"飞地模式"

(1) 西安—蓝田航空基地

陕西重要的通用航空枢纽机场，西安蓝田通用机场项目正式通过陕西省发展和改革委员会核准批复再次打造产业飞地。依托西安蓝田通用机场，航空基地以"飞地"模式与蓝田县全面开展西安蓝田航空产业园的合作共建工作，以机场建设为基础，辐射带动机场周边14.9平方公里范围内的地区，着力构建面向丝绸之路经济带、推动国际化通航产业在陕投资发展的对外交流平台，打造陕西"三个经济"和西安国际化大都市建设的新兴板块。

(2) 宝鸡飞地园区

宝鸡渭滨区2020年招商引资项目集中签约暨"总部经济"、"飞地经济"产业园开园仪式成功举行标志着全市首家"总部经济""飞地经济"产业园开园。宝鸡在"总部经济"效应带动下，有针对性地建设园区，招商引资，实现空间合作发展"飞地经济"。

(3) "汉中飞地"加快建设

2017年年底西成高铁开通，将汉中到西安的时间缩短到1个小时左右，纳入西安一小时经济圈，同时也将汉中到成都的时间缩短到2个多小时。处在关中经济圈和成渝经济圈中间的汉中受两大经济圈的覆盖和带动的效果更加明显。2019年汉中提出加快融入西安、成都、重庆三大都市圈，形成汉中和西安"一小时半经济生活圈"，汉中和成都、重庆"三小时半经济生活圈"。

为了利用好西安大龙头、大枢纽、大平台、大市场的辐射带动作用，主动对接关中特别是西安资源要素，汉中积极引进大企业大集团在汉中设立总部或分支机构，支持建立跨区域产业园区，推进区域规划协作、设施联通、产业合作，实现共建互促，加强技术合作，开展"双招双引"，承接产业转移，拓展汉中"飞地经济"发展空间。

同时在西安市政府网站实现"双城联动"，两市政府网站集约化，方便两城之间的跨城信息搜索、信息获取和业务办理，实现两市信息资源的有效共享。

3. 逆向飞入的"飞地孵化器模式"

（1）西安—渭南的"飞地孵化器模式"

2018年渭南市在西安市设立飞地孵化器，有目标、有组织地引导西安科技资源，服务渭南市主导产业高质量发展，主动融入西安大都市圈，实现了"西安研发、渭南制造"的设想。梳理凝练渭南主导产业链上重大技术需求，甄选技术团队入驻孵化，主动统筹西安科技资源，攻克传统主导产业转型升级的关键技术瓶颈。同时，深入西安高等院校和科研院所，挖掘科技成果及其研发团队，组织进入飞地孵化器孵化转化，对接落地，完成科技成果产业化，带动形成新的产业链。

"飞地孵化器园区"地址选择在科技要素聚集、创新因子活跃的西安市西高新瞪羚谷区域，经与瞪羚谷雷信科技园协商，由该园区负责孵化器大楼建设和园区管理。建设渭南（西安）创新创业孵化器的目的是把西安乃至全国、全球富集的创新要素与渭南的优势产业和特色项目结合，不断拓展发展空间、优化产业承载环境，加速渭南科技产业化，为经济转型发展和追赶、超越提供新引擎，打造城市"会客厅"。对接高校院所，形成"项目研发阶段接触—项目成果转化—集中新型、批量孵化"的科技成果全链条、全过程的转化机制，推动生产基地落户渭南，培育更多的高新技术企业和科技型中小企业。

目前已有10家科技型企业、团队和市域内12家高新技术企业首批入驻，孵化各类企业42家，涵盖智能制造、新材料、电子信息、现代农业等多个行业领域。其中有32家企业来自西安、北京、上海、深圳、安徽等地，高新技术企业8家，4家企业在渭南投资建厂，计划投资将超过30亿元。每年可引进上亿元科技项目5项以上，引进转化科技成果20多项，每年在渭落户科技型企业数量达30家以上，每年吸引、培育高层次科技创新专业人才20名以上。

（2）铜川"飞地孵化器"

铜川（西安）飞地孵化器坐落于西安大唐西市附近，聚焦数字经济、航空航天等科技领域的团队和初创企业。截至目前，铜川三个飞地园区发展顺利。其中，铜川西工大飞地园区入驻科创企业（项目）有17个，有发明专利4项，实用新型专利8项，软件著作权2项；王益区（杭州）飞地园区共注册各类企业数量为928家，实现销售收入达10.8亿元，纳税2660万元；耀州区（上海）飞地园区入驻市场主体数量为5776户，实现交易额（产值）5.63亿元。

（3）安康逆向"飞地园区"

按照国家和陕西省主体功能区规划定位，安康市10个县区中有9个被列入限制开发的重点生态功能区范围，被限制进行大规模、高强度工业化城镇化开发。

2013年起，安康探索"飞地经济"发展模式。打破行政区划限制，在土地资源集中、允许开发、具备良好开发基础的汉滨区恒口示范区和安康高新区多个"飞入地"征用土地建设"飞地经济"园区。将工业开发项目和招商项目落户于"飞入地",通过规划、建设、管理和利益分配等机制,实现二者合作共赢。

截至目前,安康5个县的"飞地经济"园区累计完成基础设施投资9.93亿元,签约项目49项。陕南陕北多县可开发空间小,交通不便,位置偏僻,没有企业愿意去,生态功能区也有发展经济的强烈愿望。安康这种"逆向飞地",山区在地级市建"飞地"产业园的创新模式,是"县上建基地、飞地搞加工、区域拓市场",实现了保护生态与发展经济的良性循环。

(二)跨省合作的产业园区"飞地经济"模式

1. 苏陕扶贫协作共建"区中园"模式

截至2020年6月底,苏陕扶贫协作共建"区中园"10家,园区共引进项目43个,总投资99.79亿元。其中江苏丹阳经济开发区与富平高新区签订《富平县与丹阳市合作共建富平高新技术产业开发区框架协议》,以"区中园"模式在富平高新区内规划建设苏陕合作项目——"富丹产业园"。园区以高新技术产业开发区为核心,规划富平食品产业园、老庙黄芩种植基地等形成"一核多点"的产业布局,重点发展汽车零部件、航天航空、现代物流等产业。目前,富丹产业园共落地企业4家,完成投资3.838亿元;其中,江苏等外省企业投资1.49亿元。

南通—西乡跨区域合作的飞地园区项目在汉中市原有的西乡县循环经济工业园区规划建设了"通汉协作产业园",该项目占地160亩,总投资5亿元,目前已有11家企业落户区中园或在周边孵化,总投资达9.95亿元。其中,捷得服饰、索克斯服饰、碧洲服饰、柏康医疗、西豪新型建材、京奥碳纤维等7个项目已建成投产,浙商服创、服装产业配套中心、服装培训基地、仁浩医疗4个项目正在加快建设。截至目前,投产项目已解决700余人就业问题,累计吸纳贫困户123人,取得了良好的经济效益、社会效益和扶贫效益。

2. "丝路(西安)前海园"

2020年5月20日,深圳前海金融控股有限公司与西安市高新区签署协议,引入前海金融机构,导入前海金融创新政策,共同打造"丝路(西安)前海园"。园区位于西安丝路国际金融中心核心区未来之瞳,已于2020年2月在西安高新区开工建设。丝路(西安)前海园项目园区占地106亩,总建筑面积为34.6万平方米,总投资约25亿元,将打造总部金融区、创新金融区(含基金小镇)、金融科技区、高层金融人才居住区等。对高新区乃至西安来说,借助这一平台,可直接对接国内最前沿的金融力量,分享粤港澳大湾区发展带来的红利。作为"前海模式"在内地复制推广的第一站,园区依托前海改革开放再出发的核心动力,借势前海已具备的现代服务业产业体系特别是金融创新领域的发展势头,同时结合西安高新区在高新技术方面的产业优势，在巩固、发展传统金融业和推进跨境金融业发展的基础上，重点发展金融＋科技的业态，使丝路（西安）前海园成为西部金融创新策源地，成为对接粤港澳大湾区、服务西部大开发、辐射丝绸之路经济带的核心节点。

3. 西安—保山"飞地园区"

从 2015 年云南保山龙陵县在保山工贸园区划出一片区域作为龙陵的"飞地"使西安隆基顺利落地保山工贸园区龙陵"园中园"，到 2016 年 9 月总投资 45 亿元的西安隆基年产 5 吉瓦单晶硅棒项目落地云南保山。西安隆基的落地，在云南起到了引领、示范作用，为保山加快区域经济结构调整和优化产业布局的探索提供了思路。就在这一年，针对工业经济小、弱、散的市情，保山开创县（市、区）与保山工贸园区共建"园中园"模式，按照"一个园区一个主导产业"的要求，在保山工贸园区内建设 5 个产业园，为打造、聚集、发展优质平台不断探索"园中园"发展新思路、新方向。

4. 陕西省—江苏省政府主导的飞地合作

2017 年 12 月 5 日，江苏省国土资源厅和陕西省国土资源厅在西安签订《支持发展"飞地经济"的协议》（以下简称《协议》），双方在人才培养、节约集约用地及拓展矿业市场等方面展开合作。根据《协议》，江苏厅将向陕西开放低效用地再开发方面的政策业务资料，介绍低效用地再开发典型案例及经验；介绍园区建设国土资源管理政策规定和经验做法，支持和配合两省有关部门开展园区共建，探索跨地域"飞地经济"建设模式；争取国家政策，开展两省之间耕地占补平衡、指标流转交易活动，盘活指标支援，助力深度贫困县（区）脱贫攻坚。

四、"飞地经济"模式对陕西区域经济发展的意义

（一）陕西"飞出"发展是解决发达地区土地紧张，推动产业承接和转移很好的路径——西安保山飞地园区

以发展"飞地经济"的方式跨区域合作共建产业园，吸纳企业总部和研究部门入驻的同时，为周边地市带去新项目并落地，就可以形成一个三赢的局面。尤为重要的是，"飞地经济"可为地市带去更为先进的管理服务理念，在保障企业获得高质量落地服务的同时，更可增强园区招商引资的吸引力。"飞地经济"模式对落后区域的经济带动效应尤为显著。"飞出地"优势资源的一方借此将可获得税收等方面的分成收益。

（二）陕西"飞入"发展是为了带动落后地区产业聚集——苏陕项目丝路前海园建设

苏陕跨区域共建飞地园区为陕西基本解决区域性经济落后问题，为陕西地区的脱贫做出了贡献。三年来，江苏累计对陕建设实际投资99.79亿元；共建园区10个，引进项目3460个，带动59.65万贫困人口增收；苏陕两省的跨区域合作共建使陕西全省贫困人口由2011年年底的592万人减少到2019年年底的18.34万人，贫困发生率由21.40%下降到0.75%。

西安高新区飞入项目丝路前海园发展将复制"前海模式"，以"立足桥头、携手前海、融通丝路"的思路，引入各类持牌金融机构区域总部、创新金融机构、金融科技研究中心及金融科技公司，不少于130家私募股权投资机构，且基金管理规模不少于600亿元，引入不少于10家供应链金融持牌机构入驻。打造金融产业改革开放创新高地和环境优美的金融产业园区，打造西安国际化大都市金融开放新高地。

（三）整合土地资源，破解生态保护和发展"两难"问题

江苏、广东这些地方的"飞地经济"都是采用以经济流向主导的发展模式由发达地区向欠发达地区"飞"，发展要素互补性强，比较容易形成高效的合作、协作关系。而安康的"飞地经济"基于贯彻生态文明理念，落实主体功能区规划，在对生态空间有效监管与统筹的前提下，由欠发达地区经济发展水平相对滞后的山区向县市产业聚集，这种以生态流向引领并兼顾经济流向的发展模式破解了生态保护和经济发展"两难"问题，也是一种创新之举。

五、陕西实践"飞地经济"跨区域产业园区协作发展的优势条件

陕西在自然区划上因秦岭—淮河一线而横跨北方与南方，位于西北内陆腹地，横跨黄河和长江两大流域中部，是连接中国东部、中部地区和西北、西南的重要枢纽。陕西不仅是中华文明的重要发祥地之一，也是中国重要科教高地之一，在践行"飞地经济"跨区域产业园协作发展中有着诸多优势。

（一）地理位置优势

陕西位于中国内陆腹地，横跨黄河和长江两大水系，北山和秦岭把陕西分为三大自然区域：陕北、关中和陕南。北部是陕北高原，中部是关中平原，南部是秦巴山区。陕北包括延安、榆林地区，靠近山西、内蒙古、宁夏、甘肃等省份，地形以黄土高原为主；气候相对干旱，降雨量较少。虽然产业比较单一，但近年来该地旅

游业迅速发展,尤其是红色旅游逐渐成为支柱性产业。关中包括渭南、西安、宝鸡、咸阳、铜川、杨凌五市一区,"八百里秦川"位于该区,它是陕西重要的农业基地、科技产业园区聚集地和创新科技高地。陕南从西往东依次是汉中、安康、商洛三地区,该区北靠秦岭,南倚大巴山,汉江自西向东穿流而过,水能资源储量丰富。此外,陕南热、林、草资源及土特产品、矿藏等自然资源较为丰富,秦巴山区是珍贵的中药材宝库。

就交通方面而言,陕西是中国大西北的门户,是连接中国东部、中部地区和西北、西南的交通枢纽,随着西安—包头、西安—安康、西安—南京铁路干线的相继建成,将进一步发挥陕西承东启西、联贯南北的经济地理位置作用。东起我国连云港,西至荷兰鹿特丹,跨亚欧的国际经济大通道"新亚欧大陆桥"横贯陕西中部。

在资源方面,陕西地质成矿条件优越,矿产资源丰富。陕北蕴藏优质盐、煤、石油、天然气等矿产;关中有煤、钼、金、非金属建材、地热等矿产;陕南产出有色金属、贵金属、黑色金属及各类非金属矿产。陕西横跨黄河、长江两大水系,水资源总量可观。在能源方面,陕北是国家级能源化工基地,陕北能源化工基地已形成年产 7000 万吨煤、48 亿立方米天然气、700 多万吨原油的生产能力。

(二)产业优势

陕西地区的石油、天然气和煤炭等自然资源储量位居国内前列,航空产业、医疗、生物制药、电子信息产业和电子器械等高科技产业,高等教育人力资源非常丰富的科教产业,机床和工具制造、电工电器、重型冶金、工程建造、石化煤机械制造、汽车及配件、轻纺机械和农林牧机械制造等装备制造业,以及丰富的旅游资源,都是陕西地区比较突出的产业和资源。因此,陕西的支柱性产业主要集中在现代化农业、现代化中药产业、新材料、新能源汽车、航天领域产业、信息技术产业、军民融合创新产业、文化旅游产业、电子信息产业、高端能源化工业等。

关中高新技术产业带和现代制造业基地发展势头强劲,在经济发展中发挥着技术创新、产业创新、科技转化等带动作用。陕北能源化工基地煤、油、天然气产量可观。陕南现代中药产业基地形成了食品、化妆品、保健品及化工等工业原料企业 30 余家,产品达百余种;7 个水电开发项目开工建设;生态旅游资源开发产业和畜、茶、蚕、果等绿色产业正在兴起。

(三)人才优势

陕西是重要科教高地之一,高校云集。全省共有高校 96 所;其中,本科院校 56 所(包含全国重点大学 11 所,省属重点建设高校 12 所,省属普通本科高校 36 所),专科院校 40 所。

截至 2018 年,陕西省新增两院院士 14 人,陕西共有两院院士 62 人。至 2015 年年末,全省专业技术人才总量突破 173 万人,享受国务院政府特贴专家数量为 1832 人,入选国家万人计划的有 34 人,百千万工程国家级人选 122 人;获批设立国家博士后科研工作(流动)站 246 个(工作站 98 个,流动站 148 个)、省博士后创新基地 37 个,设站总数列全国第 7 位,在站博士后人数超过 1100 人,共有 173 人入选国家千人计划,362 位高层次人才进入省"百人计划"(见表2)。

表2 西安高校及人才状况统计表

项目	数量
普通高校	52 所
211 工程院校	6 所
国家优势学科	21 个
工程研究中心	17 个
各类专业技术人员	173 万人
两院院士	62 人
博士生导师	1203 人
国家和省级重点实验室	92 个
博士学位授予点	276 个
博士后流动站	148 个
享受国务院政府特贴专家	1832 人
国家千人计划	173 人

资料来源:李琳.安康高新区"飞地经济"园区管理模式优化研究[D]:西安:西北大学,2018.

六、陕西区域发展"飞地经济"模式的建议和对策

"飞地经济"发展的前提条件是"飞出地"和"飞入地"优势互补,相互具有"飞出""飞入"的需求,地理、人文环境相近,成本具有落差,且具有"飞入""飞出"的动力和支持。一般遵循的路径是盘点当地优势和不足,梳理迫切需求;考查对比"飞入地"或者"飞出地";确定管理模式,达成合作共建和利益共享机制,发展"飞地经济"。

"飞出地"和"飞入地"的合作双方必须存在强大的合作动力,两地政府部门必须在思想上高度重视,在成立管理机构、实施干部调配、挂职等时,注重干部双向交流和培养;选择飞地时,注重量化分析和可行性论证,两地在生产要素上要存在一定的互补性,政治、经济利益上具有共享性,这是"飞地经济"长期健康发展的基本保障。两地发展水平要有较大落差,使合作关系大于竞争关系,如图3所示。

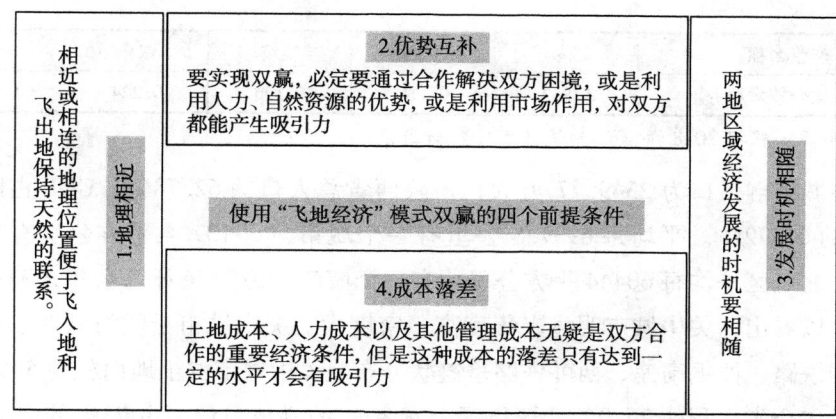

图3 发展"飞地经济"的条件

（一）飞地需求分析

1. 陕西关中城市作为"飞出地"的需求分析

选择"飞出地"，可从当地是否具有资金优势、项目优势、产业优势、技术优势方面分析，确定是否存在成本过高、限制发展、土地制约、项目难以落地、远离市场、交通不便、人力、能源供给匮乏、缺少人气等亟须破解的瓶颈问题，从而梳理、判断当地是否具有"飞出"、共建的需求。

关中主要城市群的发展极不平衡，各城市资源禀赋差异导致主导产业独具特色，符合产业承接的条件，适合发展"飞地经济"（见表3）。

表3 关中城市的产业区位熵

产业名称	西安	铜川	宝鸡	咸阳	渭南
农林牧副渔	0.509	0.580	1.372	1.292	1.990
采掘业	0.037	7.236	0.444	0.313	3.246
制造业	1.065	0.784	1.208	1.013	0.635
电力、煤气、水生产和供应业	0.696	0.713	0.815	1.295	1.927
建筑业	0.985	0.883	0.840	1.564	0.610
地质勘查、水利管理业	0.908	0.518	0.740	1.184	1.523
交通、仓储、邮电业	1.234	0.760	1.458	0.467	0.498
批发、零售、贸易业	1.116	0.547	1.037	0.895	0.869
金融、保险业	1.126	0.701	0.903	1.697	1.152
房地产业	1.415	0.578	0.641	0.529	0.742
社会服务业	1.460	0.481	0.681	0.587	0.552
卫生、体育、福利业	0.943	0.621	1.019	1.197	1.071
教育、文化、广播、影视业	0.897	0.589	0.890	1.228	1.328

续表

产业名称	西安	铜川	宝鸡	咸阳	渭南
科研、综合技术服务业	1.882	0.118	0.196	0.224	0.206

资料来源：根据2018年《陕西统计年鉴》计算。

关中城市群人口为2349.77万人，占陕西省总人口的62.78%；GDP占陕西省总GDP的61.72%。平均每6937.5公里有一个城市，每137.4平方公里有一建制镇。而西北地区平均每60444平方公里才有一个城市，每2176平方公里才有一个建制镇。可以看出，关中城市明显聚集度高、密度大。关中城市沿陇海铁路、西宝高速、咸铜铁路、西铜高速、西韩铁路呈链状分布。关中城市群土地面积为5.55万平方公里，占全省面积的26.9%，聚集了全省80%的科技力量，占73%的GDP以及98%的进出口总值，单位面积的经济产出极高，每平方公里的GDP产出是全省平均值的3~4倍。中心城市为陕西省的经济、政治、文化、教育的聚集地，自然条件较为优越，科教、文化较为繁荣，具有众多高等学校科研院所，经济发展辐射西北地区，适合作为"飞出地"实施产业西北地区的转移（见表4、表5）。

表4 关中城市群规模结构（2018年陕西省统计年鉴数据）

城市	辖区、县、市/个	人口/万人	就业人数/万人	GDP/亿元	人均GDP/元	土地面积/平方公里
西安	13	858.81	530.71	4884.13	56988	10108
咸阳	13	494.2	263.50	1860.39	37695	10025
宝鸡	12	374.46	205.9	1545.91	41327	18172
渭南	11	533.17	340.06	1349.01	25327	13046
铜川	4	84.28	44.26	32.98	38248	3882
杨凌	1	20.24	4.43	84.71	41896	94

表5 关中各城市工业产值和人口的分配百分比

城市	工业总产值分配比例/%	人口的分配比例/%
西安	45.3	32.7
铜川	3.3	3.8
宝鸡	18.6	16.6
咸阳	17.9	22.1
渭南	14.0	24.2
杨凌	0.9	0.6

资料来源：2018年《陕西统计年鉴》。

例如，陕西省杨凌区是中国第一个农业高新技术产业示范区，全国唯一的农业示范区和农科城，人均GDP为关中城市第2，具有"飞出地"条件。1934年西北农林学校在杨凌成立，是全国农、林、水学科最为齐备的高等农业院校，具有10所农林研究所，中国克隆羊之父、中国昆虫研究之父、中国首席葡萄酒研究家都诞生于此。科技部、商务部、农业农村部、国家林业和草原局、国家知识产权局、中国科学院和陕西省人民政府共同主办的一年一届的中国杨凌农高会是目前国内规模最大、影响力最强、最受涉农企业和农业人士欢迎的展会。在中国最权威的品牌价值评价中，"杨凌农高会"品牌价值达615.99亿元，稳居中国农业区域品牌首位。借助以上优势，肩负农业技术示范和技术辐射、品牌推广和复制的使命，杨凌以"核心示范—周边带动—广泛辐射"的推广格局，已在甘肃、新疆、内蒙古、西藏、宁夏等地建立了318个飞地农业科技示范推广基地，在陕北陕南地区打造了多个"飞地"产业园。"宜农则农、宜果则果、宜林则林、宜牧则牧"，"飞地园区"建设因地制宜，深化农业领域合作，发展现代特色农业，大力培育农业新产业新业态，在农业全产业链上植入新要素、开发新产品、提供新服务、催生新模式，加快科研攻关，促进成果转化应用，提升现代农业发展水平，加快建立人才培养、互动机制，为实现农业高质量发展提供智力支持，进而促进农村一、二、三产业融合发展，成为飞地农业发展的新范例。

西安市曲江新区的核心区域面积为40.97平方公里，曲江新区西边是大学区，南边是西安国家民用航天产业基地，北边是西影路住宅密集区，东边是西安交大产业园，发展空间相对有限，地理条件方面已无法承载曲江的进一步发展。近年来，曲江先后发展了法门寺文化景区、楼观台道文化展示区、临潼国家旅游休闲度假区等文化产业，建设渭南韩城、延安、榆林等文化产业基地，"飞出"的运营区域总面积已超过150平方公里，成为陕西发展"飞地经济"的典范。

2. 渭南、汉中、铜川作为"飞入地"的需求分析

"飞入地"的选择，可从经济落差、地理区位、交通便利化、政策支持、建设园区的土地、政策优惠、产业或者行业聚集、管理能力、人力资源、能源供给、配套服务、产业延伸等方面分析，确定是否具有引进、共建的需求。

陕西地处西北，相比沿海开放城市相对落后，具有引进投资、项目，实施产业聚集、产业延伸，助农脱困的需求。就陕西的行政区域的经济指标分析，具有成为"飞入地"的需求的区域（见表6）。

表6 陕西三区域辖区GDP

辖区名称	所属区域	常住人口/万人	GDP总量/亿元	人均GDP/元	飞地条件
雁塔区	关中（西安）	125.49	157.98	140089	飞出
碑林	关中（西安）	65.18	965.26	148091	飞出
未央	关中（西安）	70.17	964.83	137499	飞出
长安	关中（西安）	100.97	909.11	90038	
莲湖	关中（西安）	73.67	820.73	11406	

续表

辖区名称	所属区域	常住人口/万人	GDP总量/亿元	人均GDP/元	飞地条件
榆阳区	陕北（榆林）	66.20	777.28	117414	飞出
新城区	关中（西安）	62.06	650.64	104808	
渭滨区	关中（渭南）	45.61	546.30	119776	飞出
灞桥区	关中（西安）	64.06	480.78	75052	
临渭区	关中（渭南）	90.01	419.64	46621	
秦都区	关中（咸阳）	35.30	382.82	108448	
渭城区	关中（咸阳）	21.60	378.72	175333	飞出
高陵区	关中（西安）	35.70	378.45	106008	
金台区	关中（宝鸡）	40.13	370.65	92362	
汉滨区	关中（宝鸡）	88.04	331.60	37665	飞入
宝塔区	陕北（延安）	49.18	328.95	66887	
汉台区	关中（宝鸡）	54.08	322.54	59641	
阎良区	关中（西安）	29.47	250.10	84866	
临潼区	关中（西安）	68.99	237.52	34428	飞入
鄠邑区	关中（西安）	54.93	217.26	39552	飞入
南郑	陕南（汉中）	47.77	241.60	44924	
陈仓	关中（宝鸡）	60.50	212.82	35177	飞入
横山	陕北（榆林）	31.25	189.44	30194	飞入
商州	陕南（商洛）	54.08	163.29	72897	飞入
杨凌	关中（西安）	20.64	150.46	60287	
安塞	陕北（延安）	17.79	107.25	40827	飞入
耀州	关中（铜川）	23.75	97.07	40827	飞入
王益区	关中（铜川）	19.54	94.34	48280	飞入
华州区	关中（铜川）	32.08	75.61	23052	飞入
印台区	关中（铜川）	20.95	61.58	28916	飞入
西咸新区	关中（西安）	98.78	381.94	38666	飞入

2017年以来，苏陕两省紧密对接，以产业合作为重点，以项目带动，合作共建飞地园区，助力脱贫攻坚。陕西省出台了《关于支持合作省（直辖市）社会力量在陕投资兴业参与产业扶贫的若干意见》，在土地、税收、金融等7个方面提出了22条支持意见，支持北京、天津、江苏、湖北4省（直辖市）各方面力量来陕投资。前期，江苏省135家企业已在陕西省西乡、富平、子洲等11个贫困县投资建设飞地园区，落地重点项目232个，总投资49.72亿元，共建帮助贫困群众增收的产业项目，带动3.94万人口脱贫。

（二）可行的陕西"飞地经济"模式

1. 园区共建模式

该模式是指"飞入地"与"飞出地"双方签订合作协议，约定在一定区域共同开发建设园区（规划在经济开发区或工业园区内共建产业园，属于园中园模式）。陕西省目前绝大部分的"飞地经济"发展均采用园区共建模式，也有比较成熟的经验。如前述介绍的苏陕共建的飞地园区，国内武汉大都、贵州长顺、成甘工业园等均属于共建园区。从合作区域范围看，合作共建有三种模式类型：市、县内部跨县共建产业园，如太白县、安塞县的模式；省内跨市州共建产业园，如铜川、渭南的飞地孵化园模式；跨省合作共建产业园（帮扶型共建产业园），如苏陕模式。从合作主体看，有政府主导型（安康5大产业园），有公司主导型（但多数帮扶城市采取的实质方式是政府主导）。从这些园区发展的动力和关键环节看，发展机制方面主要涉及要素优化配置机制、共建共管共享机制、管理运行机制等，其实质意义是促进区域双方或多方更有效地合作。

2. 品牌共享模式

该模式主要是"飞出地"借助"飞入地"开发区的品牌、产业聚集的影响力、区位优势，在"飞入地"原有的园区基础上设置区域、加挂牌子，在"飞入地"利用品牌、城市影响力、产业聚集、人才聚集优势开展招商引资、技术引进、项目引进、人才培养等活动，不单独建园区。如渭南、铜川的飞地孵化园。两地通过与西安高新产业园签订协议，园区挂牌，建立信息共享及工作协调机制，建立产业支持机制、园区共建机制、高层次人才及干部交流机制等，在规划编制、科技创新等方面对"飞入地"进行帮扶并引导"飞入地"充分发挥品牌效应和辐射带动作用，实现项目互动、产业互联、信息互通，帮助"飞入地"引进企业和项目落地。

3. 逆向飞地模式

国内外比较成功的发展"飞地经济"案例，一般是发达城市和地区具有资金、项目、管理优势，缺乏土地资源和原材料供给，作为"飞出地"，在经济欠发达地区投资项目，与"飞入地"共建园区，解决发展所面临的空间不足、成本高等问题。企业既能最大化获取"飞出地"的自然资源，又能享受"飞入地"完善的工业配套设施，是一种具有智慧的发展模式。经济欠发达地区作为"飞入地"，提供土地、劳动力资源，吸纳项目落户，提供就业岗位，解决项目不足、资金不足、技术经验不足的问题，共建共赢。如西安—保山飞地园区。而由经济欠发达地区"飞出"，在经济发达地区建设园区一般认为属于"逆向飞地"，如安康大多数县受环境、政策制约，资金不足、项目匮乏等，开发受限，难以发展工业，因此由贫困县作为"飞出地"，在市区建设飞地园区。这种"逆向飞地"发展一般由政府主导，统一规划建设，是一种适应当地基本情况的创新举措。

4. 筑巢引凤模式

总部经济区域是利用优势资源吸引企业总部集群布局，形成总部集聚效应，从而使企业价值链与资源实现最优空间耦合，由此实现不同区域分工协作、资源优化配置的一种经济形态。宝鸡市工业基础雄厚，汽车及零部件、机床工具、有色金属冶炼加工等总部经济发展优势明显，企业秉承做大做强、释放"总部经济"宗旨，与发达地区围绕深化产业合作。筑巢引凤，利用"总部经济"招大引强，借势发展，建设"飞地"园区，同时招商引资，通过发展"飞地经济"进行产业扩张，优化配置。2020年年初渭滨区"飞地经济"产业园建成开园。同时招商引资项目陆续签约，通过招商引资锁定总部经济企业，引进了吉利汽车等一大批具有总部经济优势的龙头企业；在项目建设上，调动一切资源支持互联网产业园建设。

太白—眉县"飞地经济"产业园位于眉县霸王河经开区，2020年7月投入建设，产业定位为集工业制造、农副产品深加工、中成药加工和商贸物流于一身。随着飞地园区的落户发展，招商引资工作将同步进行，"飞地经济"园区将做大做强区域经济板块，助力两县经济更好发展。

（三）"飞地经济"模式下的跨区域管理难点分析

1. "飞地经济"的管理瓶颈

（1）行政管理协调困难较多。

"飞地经济"发展的最大困难是共建方政府之间的横向协调，即市县政府之间、县与县之间、县与园区管委会之间层级过多，多头管理使行政管理协调困难，主要集中在税收分成、管理机构设立、土地审批和征地拆迁以及污染物排放等方面。

（2）管理动力不足。

对"飞地经济"模式运作的管理经验欠缺，"飞入地"本身要素价格普遍快速上涨，原有的经营成本优势弱化，尤其是交通运输、产业配套和生态治理的成本不断提升，地方政府推动"飞地经济"发展的动力不足，管理不到位。

（3）风险分担机制缺乏。

受现行行政管理机构以及管理条例、管理方法等制约，加上两地风土、文化、认知存在差异，"飞出地"与"飞入地"在"飞地经济"共治模式下的分工往往不够清晰，利益分配与风险分担机制不对称，导致跨区域共建园区不能可持续发展。

2. 陕西"飞地经济"管理措施建议

陕西发展"飞地经济"的跨区域合作可借鉴国内成功的飞地园区管理经验，采用共建管理机构、多方参与、外包等多种举措。

（1）多种形式参与合作

加强在政策支持、产业发展、功能布局等方面的政策对接，允许双方以资金、技术成果、品牌、管理等多种形式参与合作，合理分担飞地项目建设和运营成本；加强区域政府和企业之间互动合作，推动建立省际发展"飞地经济"统筹协调机制、重大飞地项目促进服务机制等。

（2）多元化共建管理模式

通过委托管理、投资合作、特许经营、政府购买服务等多种方式共建产业园区，改善"飞入地"产业发展环境；创新园区管理模式和运行机制，"飞出地"与"飞入地"按比例出资成立园区投资管理公司，分担基础投入、征地拆迁、项目报批等方面费用；也可采取合作双方共同设立投融资公司、政府和社会资本合作（PPP）等模式，吸引社会资本参与园区开发和运营管理，提高园区专业化运行水平，鼓励将园区部分或全部事务委托给第三方运营管理，探索园区管理与日常运营相分离。

（3）管理分工明确

"飞入地"和"飞出地"共建管理机构，及时研究解决园区建设、项目引进和运营管理中的问题。合理分工，执行决策，形成长效机制。推动合作的主体是地方政府，合作对两地的产值、税收、就业、环保等是否有益是合作时需要考虑的重要问题。这需要在统计上进行明确分割，使奖惩分明。

（4）营造公平机制

在"飞地经济"发展过程中，最大限度减少行政壁垒导致的区域分割，减少地方利益保护带来的恶性竞争、低效发展和环境恶化，客观地协调各成员的经济政策，合理制定利益分享机制与利益补偿机制，使地区利益分配达到一种公平的状态。公平的软环境能促进飞地合作长远发展。

七、总结

我国"飞地经济"发展 20 年，总结经验教训，其中核心问题多为共同开发时协同机制难以理顺，管理问题制约发展。"飞入地"的积极主动往往能带来更好的效果。陕西"飞地经济"作用真正显现依赖于对顶层设计的重视，同时需要政府、产业的助推产生足够的跨区域协同发展动力，并且"飞地经济"中的合作模式开发、创新及利益分享机制的制定也考验双方政治智慧和管理技巧，是破解飞地合作可持续发展难题的策略。如今《2019 年推进关中平原城市群建设行动计划》已给"飞出""飞入"方足够的动力；协同机制方面，国内外也有丰富的经验可以借鉴。这将为陕西三大区域的"飞地经济"发展带来契机，促使"飞地经济"发展成为陕西区域经济发展的新引擎。

参考文献

[1] Xiuxuan Liu, Xilong. Research on Unban Cooperation Countermeasures along the Belt and Road Initiative based on two-way Enclave Model[J]. International Journal Education and Economics,2020,3(1).

[2] 孙占军. 关于在西部内陆区域建立"飞地"的构想[J]. 开发研究,1992(3).

[3] 张冉,郝斌,任浩. "飞地经济"模式与中东合作的路径选择[J]. 甘肃社会科学,2011(2):187-190,204.

[4] 刘小平. 青海省发展"飞地经济"模式研究[J]. 青海师范大学学报(哲学社会科学版),2006(6):20-22.

[5] 安增军,林昌辉. 可持续"飞地经济"的基本共赢条件与战略思路——基于地方政府视角[J]. 华东经济管理,2008(12):42-46.

[6] 李琳. 安康高新区"飞地经济"园区管理模式优化研究[D]. 西安:西北大学,2018.

[7] 徐婷. "飞地经济"区的管理体制创新[D]. 武汉:武汉大学,2019.

[8] 王宗美. 赤峰市"飞地经济"发展模式选择与对策探析[J]. 北方经济,2019(5):60-62.

[9] 柴雪晴,曹邦英. "飞地经济":文献综述与研究展望[J]. 商业经济,2020(1):145-147.

[10] 杜宇. "飞地经济"模式及其互利共赢机制研究[J]. 理论观察,2019(7):78-80.

[11] 崔文静. "飞地经济"研究综述[J]. 学术论坛,2019(18):229-231.

[12] 马海霞,朱文挥. 贵州经济园区发展探讨[J]. 智库时代,2019(30):63-64.

[13] 侯庆海. 基于产业融合的"飞地经济"发展策略探讨[J]. 对外经贸,2020(3):34-36.

[14] 杜宇,侯庆海. 齐齐哈尔市发展"飞地经济"实施路径探析[J]. 齐齐哈尔大学学报,2020(2):75-78.

[15] 高幸,雷晓寅. 我国"飞地经济"研究现状综述[J]. 北方经贸,2019(3):13-18.

[16] 易宾. "飞地经济"模式推动武汉经济高质量发展研究[J]. 中外企业家,2020(7):96-97.

[17] 易宾,徐强. 武汉大都市区"飞地经济"发展制约与对策研究[J]. 管理纵横,2019(6): 31-33.

[18] 易宾,姚丽霞. 武汉大都市区"飞地经济"理论实践与模式选择探析[J]. 中国市场,2019(5):26-27.

[19] 殷振瑶,任醒. 沈阳"飞地经济"发展对策建议[J]. 辽宁经济,2020(1): 74-75.

增强会展经济效应,推动西部城市协同发展

朱 彦[①]

摘要: 提高供给体系质量是我国建设现代化经济体系的主攻方向,加快发展现代服务业是增强我国经济质量优势的必然选择。会展产业是一种具有服务特性和商品交易特性的新型产业经济形态,符合现代化服务业经济发展的客观规律和要求。随着我国经济发展步入新的阶段,会展产业在加速商流、物流、客流、资金流和信息流集聚等方面对经济增长发挥了越来越突出的推动作用。本文从回顾效应、旁侧效应和前向效应三维层面分析会展产业经济效应的作用机理,提出了以提高经济效应为导向的会展产业发展路径:以回顾效应推动旁侧效应共同调整产业结构,以旁侧效应撬动前向效应,促进产业结构升级,以前向效应反向拉动回顾效应,形成相互关联、良性循环的发展路径,进而在此基础上为制定相关经济政策提出建议,明晰会展产业发展的思路,加大会展产业投入力度,强化会展产业资本聚集,推进会展产业多样化集聚发展,打造会展产业地区发展特色,发挥政府对会展产业的引导作用,最终实现会展产业健康可持续发展,促进西部城市经济协同发展、提升。

关键词: 经济效应;结构升级;城市经济;协同发展

一、引言

随着我国进入新时代,会展业从内容、形式等方面都发生了巨大的变化。会展业由原来的单一交易媒介职能转变为兼具多职能于一身。它是连接生产端与消费端

[①] 西安外事学院陕西自贸区研究院教授。

的通道，是展示自身的平台，是不同经济主体相互交流的纽带。会展活动更是在国际事务、国民经济和社会生活中起越来越重要的作用。随着我国移动互联网技术的不断发展，新的业态、新的产品不断涌现，商流、物流、信息流的效率不断提高，全国的大市场逐渐形成，人们的生产、生活方式正在发生着根本性的改变。商品与信息的跨区域流动要求更顺捷的交流方式产生，以及具备更先进的营销理念和更快的交易速度，这极大地促进了会展业从单一贸易性会展向交流性与展示性现代会展转变。会展业不再是经济发展的结果，逐渐转变为推动经济增长的动力。未来，会展业将会对经济产生更加积极主动的影响，成为推动生产发展、引导社会消费的重要的途径。因此研究会展业发展的经济效应对于促进城市经济健康发展、充分发挥会展经济促进城市间经济协同发展的功能具有重要意义。

二、会展产业发展基础

中国会展经济研究会统计委员会规定的关于城市展览业发展综合指数的构成因素包括展览数量、展览面积、展览场馆数量、可出租面积、管理服务机构数量、UFI 成员及认证展会数量、展览面积全国 TOP 100 数量、行业展会 TOP 3 数量等 17 个指标。据此对 2018 年度全国各展览城市各项数据进行综合评分得出 2018 年中国城市展览业发展综合指数评价排序见表 1，西安市以 50.8 分排名第 18 位。2019 年中国城市展览业发展综合指数评价排序见表 2。

表1 2018年中国城市展览业发展综合指数评价排序

排名	城市	展览数量/场	展览总面积/万平方米	境内办展主体/个	境外展览数量/场	境外办展主体/个	展馆数量/座	展馆面积/万平方米	政府主管机构/个	IAEE组织成员/个	IAEE个人成员/位	UFI成员/个	UFI认证项目/个	行业TOP 3项目/个	单展面积TOP 100/个	本科院校/所	专科院校/所	公众公司/家	综合指数分值
1	上海	623	1,760	346	12	4	9	98	6	11	49	26	20	77	37	14	4	—	478.48
2	北京	268	583	323	57	19	9	33	6	10	75	32	15	63	8	11	10	—	306.7
3	广州	216	948	159	9	3	5	49	3	1	3	11	8	47	16	14	1	—	232.7
4	深圳	111	348	31	—	—	2	61	2	4	48	13	11	33	3	—	2	—	128.3
5	青岛	265	370	85	—	—	4	45	4	1	6	4	4	8	1	3	—	—	96.51
6	成都	92	324	15	—	—	3	33	6	—	—	4	5	19	5	7	2	—	84.4
7	武汉	162	301	81	—	—	4	22	6	—	—	2	1	9	4	8	—	—	81.59
8	重庆	125	372	84	—	—	3	31	3	1	9	2	1	9	3	6	2	—	81.11
9	郑州	228	281	113	—	—	5	33	6	—	—	3	1	7	—	7	—	—	80.5
10	杭州	61	147	57	40	3	7	31	11	2	7	5	18	3	3	5	2	—	76.57
11	长沙	218	269	82	1	1	4	9	5	—	—	2	2	6	1	4	1	—	72.8
12	昆明	152	277	37	—	—	5	72	3	—	—	—	—	4	3	3	—	—	65.1
13	南京	164	265	79	—	—	4	16	2	—	—	3	2	6	—	3	—	—	65.1
14	济南	123	244	63	—	—	4	21	2	—	—	5	7	5	—	5	—	—	64.9
15	合肥	200	206	54	—	—	2	13	3	—	—	—	1	8	—	6	—	—	58.5
16	长春	138	251	67	—	—	5	23	3	—	—	1	—	2	—	2	—	—	53.3
17	厦门	84	173	58	—	1	2	40	4	2	7	2	2	9	3	3	—	—	52.2
18	西安	148	163	25	1	—	4	37	4	—	—	—	—	5	—	5	—	—	50.8
19	天津	63	139	32	—	—	4	50	3	—	—	3	3	5	1	10	2	—	45.6
20	贵阳	121	144	55	—	—	2	8	5	—	—	2	1	3	—	5	—	—	41.35

续表

综合指数分值	城市	展览数量/场	展览总面积/万平方米	境内办展主体/个	境外办展数量/场	境外办展主体/个	展馆数量/座	展馆面积/万平方米	政府主管机构/个	IAEE组织成员/个	IAEE个人成员/位	UFI成员/个	UFI认证项目/个	行业TOP3项目/个	单展面积TOP100/个	项目/个	本科院校/所	专科院校/所	公众公司/家
21	苏州	101	159	26	—	—	6	22	2	1	7	2	—	5	—	4	—	—	41.1
22	太原	106	106	68	—	—	4	18	3	—	—	—	—	4	—	5	1	—	37.77
23	临沂	104	203	42	—	—	7	18	3	—	—	—	—	1	1	—	—	—	37.7
24	大连	125	137	42	—	—	3	7	3	—	—	1	—	7	2	1	1	—	36.2
25	东莞	30	129	14	—	—	2	6	1	—	—	—	—	5	2	—	—	—	30.24
26	中山	68	106	17	—	—	5	12	3	—	—	2	2	2	1	1	—	—	29.43
27	宁波	35	132	25	1	1	1	6	1	—	—	—	—	1	—	1	—	—	28.85
28	潍坊	50	145	21	—	—	5	19	3	—	—	—	—	2	1	1	—	—	28.28
29	哈尔滨	35	137	21	—	—	1	7	2	—	—	2	—	2	—	6	—	—	27.5
30	义乌	64	104	17	—	—	1	13	2	—	—	—	3	2	—	—	—	—	27.1

资料来源：中国会展经济研究会《2018中国展览数据统计报告》。

表2 2019年中国城市展览业发展综合指数评价排序

排名	城市	展览数量/场	展览总面积/万平方米	院内办展主体/个	境外展览数量/场	境外办展主体/个	展览数量/座	展览总面积/万平方米	政府主管机构/个	IAEE组织成员/个	IAEE个人成员/位	UFI成员/个	UFI认证项目/个	行业TOP3项目/个	单层面积TOP100项目/个	本科院校/所	专科院校/所	公众公司/家	综合指数分值
1	上海	502	1708.5	352	4	3	6	98	7	12	70	27	22	79	39	8	14	3	470.25
21	宁波	99	163.3	25	—	9	1	6	4	—	—	2	3	4	1	1	1	—	40.33
22	西安	49	117.9	25	1	1	3	37	3	2	7	—	—	6	—	2	5	—	35.89
23	大连	136	128.6	42	—	—	3	7	3	—	—	—	—	1	1	1	1	1	36.46

2019年西安市在全国9个国家中心城市中,展览数量、展览面积分别排第7和第8位,处于较后位置(见表3)。

表3 2019年国家中心城市展览数量和展览面积比较

城市	北京	上海	广州	重庆	天津	成都	武汉	郑州	西安
展览个数/个	292	545	260	84	58	85	70	148	81
展览面积/平方米	1001.8	2611.08	1501.6	334.5	268.4	394.5	243.4	424.2	247.6

资料来源:中国贸易促进会《中国2019展览经济发展报告》。

(一)会展产业发挥经济效应的基础

从数字来看,会展产业在服务业中扮演着重要角色,对经济的贡献功不可没。在我国经济发展进入新时代背景下,随着会展产业迅猛崛起,近年来,会展产业直接经济产值达4000亿元左右,带动经济效应高达1.5万亿元。但这一数字在整个国际会展产业规模中可谓九牛一毛,会展产业的投入产出社会效益比为1:9,从会展产业发展趋势来看,其在我国存在着巨大的发展潜力与机遇。如果会展产业在西部城市范围内推行与繁荣发展,那么会展产业不仅能够对其他相关产业发展起到带动效应,而且能为全社会解决大量的经济问题。随着会展产业如火如荼地发展,会展资源将步入全面整合阶段,并渗透到各个行业中,覆盖范围将进一步扩大,这将为我国会展产业发展带来新的挑战。

从会展具体环节来看,组展、场馆经营、施工搭建、展览物流和配套服务等构成了会展产业链。在新业态下,会展产业的发展在会展产业链每个环节都面临机遇与挑战。在组展环节,会展的主题向新兴产业、节能环保、产业集聚、产业与产业结构升级等方面倾斜;在出境展方面,会展的主题向"一带一路"沿线国家和新兴市场倾斜,助推我国制造业、优势产能"走出去";在组织实施方面,嵌入"互联网+"技术,包括会展宣传、观众组织、市场运营等。在新形势下,场馆经营出现新的特点,防恐防爆成新课题。场馆经营者首先要提供良好的场所和服务;其次打造智能场馆,践行环保理念;最后打造忠实的客户圈,培育名牌会展。展览物流目前亟待规范化和专业化。

快速的经济发展推动整个会展行业经济的发展。国际经验表明,一国会展产业的实力和发展与该国经济综合实力和经济总量相适应,因此,我国经济的快速发展必将带动会展产业的健康、可持续发展。助推会展产业的发展,必然促使经济资源在全球范围流动与重新组合、配置。我国拥有劳动力优势,世界制造业向我国倾斜,制造业的发展需要整个产业链协同发展,同时需要具有健全的企业生态环境,而金融、会展、保险、服务等是企业具有健全的生态环境的关键要素,我国将进一步驱动配套服务领域发展,这将是会展业面临的绝佳机遇。

(二)会展产业产生经济效应作用新优势

当前,会展产业功能明显增强,会展业能够带来会展场馆租赁费、展位费、搭建费等收益,还能够拉动参展企业和交易双方贸易互动,促使交易双方达成贸易,毋庸置疑对参展企业业绩增长具有明显的推动作用。会展业本身不仅能够带来产值,还可以利用其产业关联效应对其他产业如交通、餐饮、住宿、旅游、通信、广告、印刷、装饰、物流等发展起带动效应。同时,推行境外展组织活动不仅促进了企业的对外贸易,更能够助推中国制造"走出去",暗合了"一带一路"倡议。另外,我国会展业发展已渗透到了机械、电子、汽车、建筑等诸多领域,对这些行业的发展起到显著的带动作用。

会展行业分类越来越细。当前,会展业按照业务模式可划分为自办展和代理展。其中,自办展又可划分为境内自办展和境外自办展;代理展可划分为境内代理展和境外代理展。在经济全球化背景下,境外展是国际商业贸易的重要桥梁,境外办展与国际贸易和我国经济发展密切相关,在境外办展可以促进国际商业活动交流,带动企业对外贸易活动,对我国经济增长具有明显的拉动作用。此外,会展行业的区域性特征明显,2016年我国举办的展览的面积排名在前十的省市包括广东、上海、北京、山东、四川、江苏、浙江、福建、河南和陕西,共占我国境内办展总数的69.73%,办展面积占我国办展总面积的73.88%。行业技术融合在不断加深,技术水平也在不断提高。随着会展产业的蓬勃发展,会展业不断嵌入互联网、移动互联技术和多媒体技术,促使会展业发生了翻天覆地的变化。会展业技术不断革新,尤其是会展行业的"互联网+"给予行业新的发展机会。随着基建网络建设的不断完善与境外客户的日益积累,会展业嵌入互联网、大数据、移动互联技术和多媒体技术等新技术的程度不断加深,不同行业的资源将得到优化、整合。

三、会展经济效应拉动经济增长与城市经济协同发展机理

会展产业是一个具有较强的辐射能力并与多产业交互交融的新兴产业。其辐射性在于会展能在短时间内将不同区域内大量商户或人员集中在一个特定的空间内,其带来的社会效应也可以根据会展的内容及规模辐射不同地区。美国经济学家罗斯托1963年在其著作《从起飞进入持续增长的经济学》中提出了主导产业及其扩散理论。他认为,无论在任何时期,甚至在一个已经成熟并继续成长的经济体系中,经济增长之所以能够保持,是主导部门迅速扩大的结果,而且这种扩大又产生了具有重要意义的对其他产业部门与社会的作用,即产生了主导产业的扩散效应,具体包括回顾效应、前向效应和旁侧效应。回顾效应指主导部门的经济增长对供应投入

品的部门产生的影响；前向效应指主导产业能够诱发新的经济活动或派生新的产业部门，甚至为下一个重要的主导产业建立起新的平台；旁侧效应指主导产业的兴起对区域的产业结构、经济结构、社会发展等领域产生的影响，这些变化将广泛和持久地促进城市和地区经济的发展。

会展产业由于内在的竞争与动态特征，其自成长要素在交易成本降低、竞争环境与政府推动力的作用下，以回顾效应、旁侧效应、前向三大效应为支撑，极大地强化了会展产业对于经济总体的积极作用。会展产业不仅通过自身成长直接促进经济总体增长，在二者相互拉动的作用下，其辐射在经济总体这一"蛋糕体"上的面积远远超过自身投射面积，实现了间接促进经济总体增长的效果。其理论逻辑框架如图1所示。

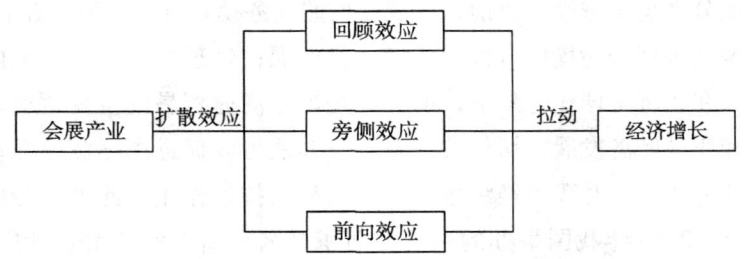

图1 会展产业经济效应的理论逻辑框架

首先，会展产业自身的成长是发挥经济效应的初始动力来源。从动态性角度来看，会展本身作为一种独立的产业形态，有其自身的发展规律，特别是产业周期发展规律。处于不同发展阶段的会展产业有着不同的发展特征，这是会展产业内在动态性的来源。按照经济增长理论的分析，现代会展行业集合了劳动、土地、资本、企业家才能等生产要素，其本身已经形成了一个不断发展的复杂系统。特别是会展产业对于土地和资本这两类生产要素的依赖，突出体现为会展产业对于大型场馆建设和资本运营这两方面有较高要求。因此，会展产业具有不同于一般产业的复杂特性。从"政府锦标赛"的角度来看，政府锦标赛是我国会展产业发展的现实土壤。根据周黎安等的研究，"政府锦标赛"是我国官员的晋升激励机制，可以解释我国的许多经济发展现象。会展行业因为是属于城市发展的窗口行业，国有资本较多地介入了场馆建设等环节。

其次，会展产业经济效应的发挥体现在会展产业具有降低交易成本和促进增长极形成的作用两方面。从降低交易成本的角度分析，会展存在的意义很大程度在于实物型产品仍然需要通过顾客进行现场体验。正是通过实地亲身体验，降低生产者和消费者之间的信息不对称，以会议和展览的形式，在相对集中的时间和空间内促使生产者获得消费者的反馈，加深消费者对产品技术发展的认识，最终实现降低交易成本的目标。从增长极形成的角度分析，会展行业的一个核心作用就是促进信息交换，会展产业促进其他产业信息传播的特性推动产业集聚和要素集聚，有利于促进其他产业增长极的形成。

会展业几乎可以与任何产业相互融合，展示了其极大的包容性。因此，会展特征表现为会展产业构成要素的广泛性、会展活动的多样性、会展形式的灵活性、影响因素的复杂性等。面对会展产业的这些特征，必须针对会展业的演变规律，对会展产业动力系统及时做出调整，以适应变化。会展产业发展动力系统的特性要求针对会展产业发展的研究必须以系统内各个要素为出发点，重点揭示系统内各个变量的相互作用对会展产业发展的影响。通过"自下而上"的研究方法揭示会展产业发展规律。

在会展产业发展动力系统中，任何一个动力因子的变化都会引发相关因子变化，逐一传递后导致系统整体变化，同时受到反馈机制的约束和影响。系统的反馈分为正反馈与负反馈，当某一因子发生变化引起各个环节的连锁反应时，称加强这种连锁反应趋势的反馈为正反馈；反之，某种要素的变化引起减弱连锁反应的变化，使该系统趋于稳定，这种反馈被称为负反馈。会展产业发展动力系统中，任意两个系统因子之间都存在复杂的因果关系，一个因素的变化可能是多个因素共同作用的结果；同时，一个因素的变化也可能造成系统内多个因素变化。因素间的因果关系形成网络，为系统演化提供动力来源。

（一）促进会展产业发展合力形成

会展产业发展的动力系统是一个庞杂的系统，其所包含的各种影响因子分散在系统中的各个角落。会展产业发展动力系统的研究可以将这些因子通过它们之间的因果关系相互连接形成影响路径，进而将这些分散的影响因子连接成一个网络，并按影响程度对这些影响路径加以排位，最终通过系统影响因子的路径形成促进会展产业发展的合力，推动会展产业发展。

（二）保证会展产业发展动力具有持续性

我国会展产业发展路径问题的研究处于不断探索阶段，因此在会展产业发展过程中要特别注意保证会展产业在不同的发展时期都能有较好的发展动能。首先是注重会展产业的长期效益。会展产业有时不像生产性产业，其创造的价值在一些情况下是隐性的或是有一定的时滞。而市场经济通常更注重即时价值，这就有可能由于过度追逐短期价值而忽略会展产业的发展。因此会展产业的可持续发展第一是要摒弃短视，挖掘会展产业的长期价值。第二是在发展会展产业的同时考虑城市的容纳能力。会展产业的快速发展可能会使城市流动人口暴增，造成交通拥堵、空气质量恶化等城市问题，城市的无限制扩张也可能使人类掠夺大量的自然资源，造成生态环境的破坏、资源的浪费，最后导致城市会展业竞争力下降。因此，如何在城市容纳与会展产业发展之间权衡也是会展产业可持续发展所要考虑的问题之一。第三是要注重会展动力的持续供给。会展产业的持续发展需要不断地开发新动能，保证会展产业发展动力的持续供给，不能吃老本。要不断地通过新产业、新文化的注入，不断发掘会展经济新的增长点。

（三）促进会展产业发展动力系统的结构优化

会展经济的发展过程中，需要将城市资源分配在各种影响因素上，通过建立会展产业发展动力系统，可以区分不同子系统对会展产业影响的程度，进而使城市资源在各子系统的分配中更加科学化与合理化。

基于此构建会展产业促进经济发展的系统动力模型，通过调控单个变量或同时调整多个变量，观察仿真变量对动力系统的整体影响，探索会展业促进城市经济协同发展路径。

会展产业促进经济发展系统由资源子系统、产业子系统、科技子系统构成，三个子系统分别体现了会展产业的回顾效应、旁侧效应和创新效应。资源子系统与会展产业投入、劳动生产率、就业人数、劳动投入等因素相关；产业子系统主要受部门生产总值、区域生产总值、消费额、出口额、人均受教育年限、人均FDI、非国有资本比重、政府财政支出等因素影响；科技子系统主要受专利申请数量、研发资金投入、所有制结构、资本密集度、企业规模、利润率等因素影响。考虑其创新效应以及三个子系统之间的交互作用。

会展产业系统的确定：①系统动力主体包含会展企业、政府、行业协会、关联产业部门和消费者；②资源要素由企业资金、政府财政资金、劳动投入、就业人员等构成；③创新成果包含技术专利以及新产品收入；④系统动力源包含会展个数、会展场馆面积、国内生产总值；⑤系统环境受到区域产业增加值、各部门产业增加值、行业协会的作用以及政府主导作用的影响。基于以上内容进行价值创造路径的研究分析。

会展产业系统可以分为资源系统、产业系统和科技子系统，每个子系统由多种经济效应的不同要素联系组成。同时，三个动力子系统之间也在不断地相互作用，共同促进会展经济系统的演化，会展产业在这种复杂的系统动力关系中不断发展。会展产业发展动力系统的表达式可以写为：

$$D\{S_1, S_2, S_3, \cdots, S_m, E_{mi}, C_{mi}, F_{mi}, R_{ei}, O, R_{st}, T, L\}, m \geq 2 \quad (1)$$

其中，S代表子系统，S_m代表第m个子系统，E_{mi}、C_{mi}、F_{mi}分别代表第m个子系统的第i个构成因子、功能以及结构，R_{ei}是整个系统中不同子系统、不同影响因子间相互作用关系的集合，O为整个会展产业发展动力系统的目标集合，R_{st}代表会展产业发展动力系统运行环境中不利于会展产业发展的因素。会展产业的经济效应是所有子系统共同作用的结果，需要协调子系统之间的相互关系，使会展产业发展最大化。

会展产业系统动力因果关系如图 2 所示。从图中可以看出，资源子系统的核心是会展由自身场馆和聚集作用促进资源的融合，带动更多资金、基础设施建设、信息交流，引导促进会展规模效应带动经济增长；同时，提供更多就业岗位，减轻社会的经济负担，疏通经济脉络。产业子系统中多元化和专业化主要由部门生产总值和区域生产总值之间的关系配比决定，尤其是会展产业关联产业的增长引起的产业升级对国内经济总值的促进作用。然而通过前文实证研究结论可知，专业化产生的经济效应对产业结构升级具有负向影响，需要考虑其负面作用，科技子系统的创新成果来源于由会展平台引发的企业技术合作和新产品贸易的直接促进，由会展带动科技创新，间接促进产业向更高效、高端的产业迈进。同时，科技创新能够带来的经济效益又能够增加会展资源要素的投入，进而使会展产业系统向经济发展更高级阶段演化。

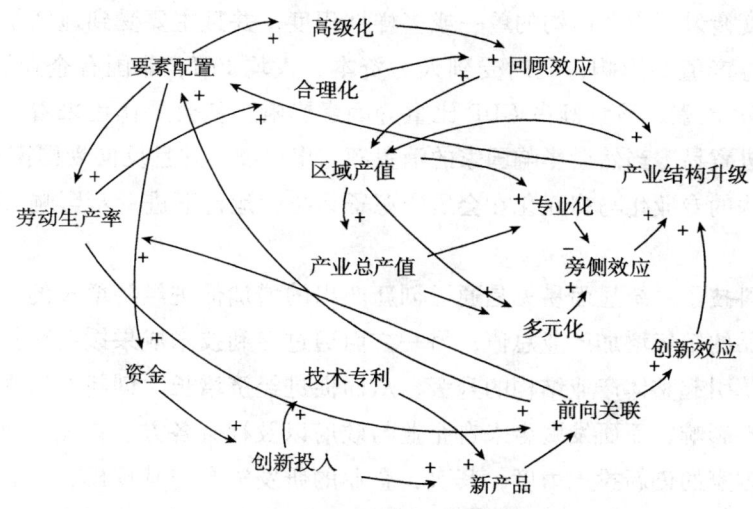

图 2　会展经济效应因果关系

由会展产业发展的总体路径可知，资源子系统、产业子系统和科技子系统分别从微观、中观和宏观层面描述了会展产业的发展路径。会展经过回路，由系统动力不断增加促进增长，并推动产业结构的升级。其中的回路包括：

回路 1：要素配置—高级化—回顾效应—产业结构升级；

回路 2：劳动生产率—合理化—回顾效应—产业结构升级—要素配置；

回路 3：区域产值—专业化—旁侧效应—产业结构升级；

回路 4：区域产值—产业总产值—多元化—旁侧效应—产业结构升级；

回路 5：要素配置—资金—创新投入—技术专利—新产品—前向关联—创新效应—产业结构升级；

回路6：要素配置—劳动生产率—前向关联—创新效应—产业结构升级。

通过上述会展产业系统的划分以及因果关系分析，本文主要针对资源、产业和科技子系统如何通过调整产业结构促进经济增长这一过程进行研究。

首先，会展资源子系统。一方面，会展个数与展馆面积的增加意味着会展行业的基础资源在不断扩张，随之剧增的会展人才需求与相应的其他岗位需求被拉动。通过资源要素的优化配置，提高关联生产部门的资源利用率，而各产业部门在会展行业的刺激下，产业结构表现出的合理化对我国经济增长产生影响。另一方面，劳动生产率的提高使产业产值占总产出的比例提高，会展行业在资源协调优化的基础上促进了劳动生产率的提高。高级化表现在会展资源的变化对各部门产业增加值与就业人数的比例影响上，因此，产业结构的高级化通过社会就业人数等其他劳动投入要素与合理化联系起来，体现了会展产业系统的复杂联动性。

其次，产业子系统整体通过产业结构的专业化与多元化变动影响经济增长。二者从不同角度衡量了产业结构的单一或多样性程度，并且主要受到地区单个产业部门的产值与总产值的影响，同时受到人力资本、人均FDI、非国有企业资本占比、出口额占GDP比重、消费额占GDP比重等因素影响。从会展作用来看，其活动本质上能够促进贸易，当然会影响国家的消费额与出口额，并且反向受国家GDP的影响。产业结构的专业化与多元化在会展资源子系统的运行下进一步影响GDP。二者密不可分。

最后，科技子系统显而易见是通过创新产出的增加促进经济增长的。一方面直接通过新产品的销售增加产业总值；另一方面通过专利技术成果撬动科技杠杆，由产业技术变革引起整体产业结构的升级，从而促进经济增长。创新产出受到研发资金投入的直接影响，而研发资金来自企业与政府以及社会各方。首先，政府的财政支出决定了国家的创新投入力度；其次，企业的研发资金与其规模、所有制结构性质、资本密集度有关；最后，社会对于创新投入的支持受到融资约束、新产品的利润率估计以及整体社会创新关注度影响。其中，资本密集度受到非国有资本占GDP比重影响，而会展对于创新的影响体现在对新产品收入的提升上，从而促进经济增长。

由此可见，会展产业的三个子系统相互关联，同时，系统各影响因子形成促进会展产业发展的合力，推动城市经济协同发展。

基于各子系统的相关变量，现构建了会展产业发展的系统动力学模型流图（见图3）。该模型有7个水平变量（Level），分别为会展个数、会展场馆面积、劳动生产率、产业生产总值、研发资金、专利申请数量和国内生产总值，以及对应速率变量（Rate）；辅助变量（Auxiliary），有21个，包括就业人数、消费额、出口额、地区生产总值、人均受教育程度、GDP增长值等；变函数（Lookup）也是重要的一部分，共有4个，包括会展个数增加系数、场馆面积增加系数、劳动生产率变动系数、国内生产总值增加指数。其余均为及常量（Constant）。

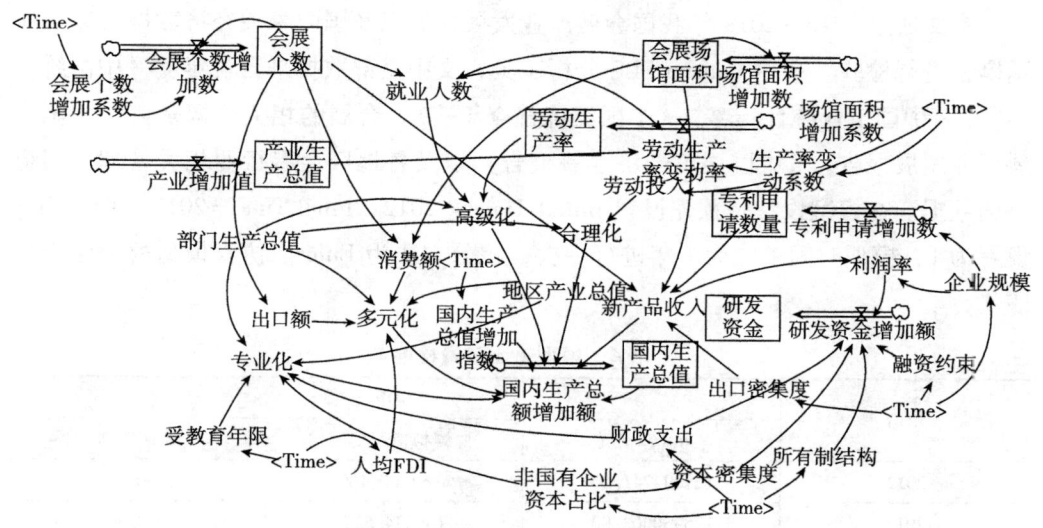

图3 会展产业系统动力学模型流图

通过系统动力学对产业发展内部因子进行挖掘，并对不同因子间传导路径进行分析，对未来产业发展状况进行仿真预测。会展产业系统可用如下微分方程表示：

$$Ex(t+1) = Ax(t) + Bu(t) \text{ 或 } Ex'(t) = Ax(t) + Bu(t) \tag{2}$$

其中，t为时间，x为整个系统中的因子与时间形成的矩阵，x'是系统中因子的差分，即$x(t+1) - x(t)$，也就是因子的变化量，u为误差矩阵，E、A、B为常系数矩阵。通常将模型进行变换，使E成为单位矩阵，使模型转化为：

$$x(t+1) = Ax(t) + Bu(t) \tag{3}$$

通过模型（3）对系统的变化率情况进行估计，发现对会展产业而言，其具有他组织与自组织的双重性质。在会展产业发展的过程中，各种会展的举办也要以其他产业或行业为主体。会展实际上是一个展示和信息传递的平台，它以会展与产业的互动为核心，使会展与产业及其他相关影响因素形成了一个内生系统，在不同情况下通过内部因子之间的关联使自我环境发展。对产业发展动力系统的控制需要简单调节与复杂调节相结合。简单调节多用在系统变化的起点上，一般有两种方式，第一种是通过按外生的一定比例扩大某一影响因子的值来观察系统的变化，第二种是根据某一变量随时间变化的规律，通过延长时间使变量按规律变化，进而观察随着时间的推移整个系统的变化情况，来判断系统的传导路径。例如在研究第二产业对会展业发展影响的过程中，我们并不去直接对第二产业的产值进行控制，而是采取控制资金投入、劳动力等因素的办法使对整个模型的控制更加精确。以GDP达到一定的数值为目标，通过调节资本投入等其他控制变量使会展产业达到这一目标，从而观察此时资本投入需要达到什么样的水平。在会展产业发展动力系统模型的基础上，将影响因子相互关系以函数关系表示就可以实现对整个模型的预测。

本文通过2012—2019年我国会展产业发展数据以及国内相关经济数据对以上流图模型进行检验。采用Vensim PLE分析工具，文中全部数据来自各年度《中国统计年鉴》《中国工业统计年鉴》《中国经济普查年鉴》。会展的相关数据来自《中国会展行业发展报告》《中国展览经济发展报告》以及各地区会展行业相关管理部门提供的数据。在模型设计中预先设置 Initial Time = 2012，Final Time = 2019，Time Step 设置为1，模拟时间单位为1年进行一次，积分方法为Euler。仿真模型检验结果见表4。

表4 模型输出变量检验

年份	GDP		
	实际值/亿元	模拟值/亿元	误差率/%
2012	128794741.00	-64300.100	-1.2
2013	125950003.00	108034.535	-0.69
2014	163647630.00	-296110.944	-1.72
2015	203845208.90	1507582.452	2.11
2016	237653174.00	1099797.660	1.04
2017	290288371.00	135797.152	-0.77
2018	328451936.20	1212207.268	0.88
2019	381114794.30	-253986.352	-1.37

由表4可知，我国GDP的实际值与模拟值之间的最大误差率仅为2.11%，显示拟合度较高。模型的整体构建设计和参数设置合理，具备进一步研究的基础。以场馆面积为例，场馆面积增加系数 = WITH LOOKUP（Time，（[（0，0）-（3000，10）]，（2012，0.08982），（2013，0.10907），（2014，0.12691），（2015，0.04142），（2016，0.14703），（2017，0.011971），（2018，0.11082），（2019，0.10639）））。同样，会展个数增加系数、劳动生产率变动系数、国内生产总值增加指数使用WITH LOOKUP函数进行函数关系设置。

会展产业与经济总体通过互动平台的催化，二者拉动关系逐渐增强。从产业生命周期理论的角度来分析，会展产业主要存在三种状态：没有具备独立产业形态的会展产业，具备独立产业形态的会展产业，引领或支持经济发展的会展产业。其中，没有具备独立产业形态的会展产业和具备独立产业形态的会展产业阶段是会展自身成长已经经历的阶段。从我国会展产业的现状来看，我国的会展产业已经发展出独立的产业形态，处于第二阶段，正向引领或支持经济发展的会展经济演化阶段过渡。其互动平台水平逐渐提升，国际级会展数量增多和技术型会展数量增多主要表现在两个方面：一方面，随着更多的国内会展向国际级会展转变，促进了竞争从国内走向国际，让国内意识到自身产品和服务的不足，促进优质国内产品和服务走向世界。另一方面，会展的举办为新兴技术提供了一个展示的舞台，促进了新兴技术的发展。例如，以我国互联网公司、手机制造商、电脑制造商等为代表的高新技术产业类会展极大程度地促进了粉丝经济的形成。这是一种过去从未有过的经济形态，充分展现了会展经济与经济整体共同演进的特征。综合而言，随着经济分工的加深，产品和服务的形式日益国际化和复杂化，这一趋势促进了会展产业和经济总体的互动。由此，会展经济效应的发挥需要更大、更强的动力来源，促进会展经济发展向更高阶段演进。

会展产业通过经济效应的支撑与经济总体产生互动，依靠自身的辐射作用，主导相关经济部门，其对经济总体的拉动远远超过会展基础产业发展。会展产业的自身发展和与经济总体之间的互动关系主要来源于会展的回顾效应、旁侧效应和前向效应，最终实现会展在经济总体中的经济效应最大化这一目标。

会展为经济总体提供了必要的生产要素和产业发展条件。在投资和消费支持下，会展与经济总体的融合通过资本的流通产生经济效应。在规模经济、低运输费用和大力进行产业投入的情况下将会形成行业中心区，大大地降低交易成本。一方面，会展发展速度适应当地消费品市场的需求状况，有效需求量越高，则越容易吸引各种会展进入；另一方面，资本投入也强调对其他产业的带动效应，在会展服务机构方面的设立是多样化的，不单单有饮食、住宿、休息等基础设施，还囊括了旅游观光、购物商场、娱乐休闲等配套服务，增加了周边产业以及区域的消费，为产业聚集和结构升级提供条件。

会展的旁侧效应作为拉动过程的一部分，经过产业的聚集，逐渐发生产业结构升级，不仅实现了关联产业部门的经济增长，同时促进了区域经济增长以及人口素质、就业率、国民经济等整体的改善和提高。它是会展拉动经济总体的关键环节。不同产业类型的经济活动还会倾向于集中到不同的地方，这种集聚的空间差异在某种程度上与专业化存在关系。并且在区域中一旦形成产业集聚，产业集聚就倾向于继续集聚下去。通过人为制定自上而下的产业政策，能促进产业集聚向合理、科学的方向发展。产业聚集促进了资源的高效利用，使配置机制充分优化，有利于建立资源节约型和环境友好型社会，协调好与环境的关系；在客观上能够增强区域发展的可持续性；最终促进产业结构升级，改变人才单向流动的格局；加快和提高欠发达地区人才培养、引进和对口交流的速度和效率；扩大提高合作区域人力资源开发的层次、规模和效益；缩小城市发达区域和欠发达区域的经济差距，加速经济均衡发展。

在技术创新推动作用下，会展拉动的结果是促进了产业周边消费，这是会展经济效应的重要效果，实现了创新投入的效用最大化。会展科技的引入推动产业迈向中高端层次，实现创新，成为宏观经济发展的必然趋势。预计未来几年，产业升级将对商业传播、贸易与推广模式、信息沟通效率等提出新需求，专业性展会作为行业信息、人流、物流、资金流的重要集散地，必须发挥更重要的平台作用，帮助企业实现资金、技术、产品、信息、人才等生产要素的优化配置，会展服务也将迎来业务规模和服务范围的双重升级（见图4）。

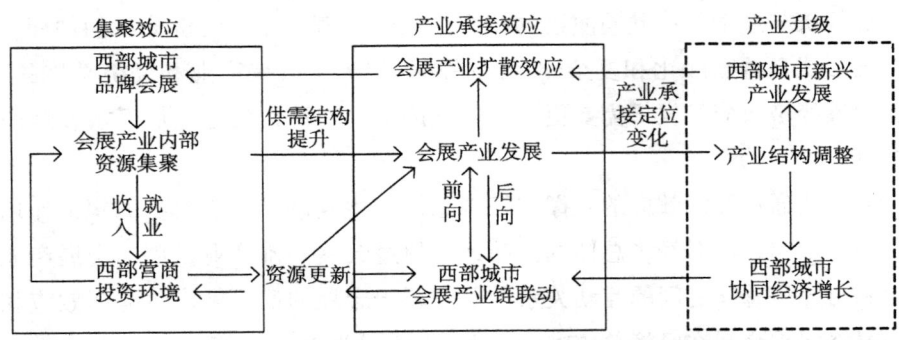

图4 会展产业经济效应促进西部城市经济增长机理

综上所述，会展产业增强经济效应促进经济增长发展的最优路径为：会展投资→科技创新→多元化→合理化→高级化。增强会展经济效应，促进西部城市经济增长的总体发展，具体表现为基于资源要素流动、提高场馆使用效率和劳动生产率，以及实现地区专业化、产业多样化、科技创新，从微观、中观、宏观三个层面建立会展产业未来发展的路径，加速产业结构升级，发挥最大经济效应，从而促进西部城市经济协同发展。

四、增强会展经济效应，促进西部城市经济协同发展政策选择

（一）扩大会展产业投入力度

近年来，会展产业总体上呈现稳中有进的发展态势，会展投入力度不断加大。但随着经济形势的变化及会展产业发展进入新的阶段，原本发展模式的弊端日益显露。未来一段时期，会展产业发展应围绕提升会展投入硬环境和软环境质量、扩大会展产业回顾效应对经济的拉动作用、深化改革着手进行。一方面加强交通、场馆、资金等硬环境建设，破除制约会展产业发展的瓶颈；另一方面进一步完善会展产业发展所需的制度、人才、管理等软环境，畅通会展产业发展的微观路径。

1. 加强会展硬环境建设

一是加强交通基础设施建设。加快铁、路、空交通基础设施建设，提高会展区域交通便捷性，增强区域之间的联通能力，以充分发挥会展产业旁侧效应的产业集聚功能。

二是提升展馆质量。会展场馆是会展产业发展的重要载体，因此，展馆建设应依据市场调研，结合会展产业的发展趋势，因地制宜地合理规划会展场馆布局，以避免华而不实、铺张浪费。同时，借鉴国外先进技术，提升会展场馆建设的行业标准，增强场馆的现代感、设计感和科技感，以提升会展竞争力。

三是完善会展产业配套服务功能。优良的配套设施是会展场馆生态环境建设的重要补充，对提升会展发展质量具有举足轻重的作用。因此，配套设施建设应根据会展需求的提升而快速跟进，适当增建游客服务中心、停车场、食宿、购物等基础设施，以充分挖掘会展前向效应对消费需求的拉动潜力，满足参展商、会展人员等消费者的消费需求。

2. 完善会展软环境建设

相对于硬环境而言，软环境是会展产业发展过程中一种潜在的生产力，是会展产业持续、快速、健康发展的重要保障。依据会展产业的发展特征及发展趋势，未来会展产业的不断升级应更加注重软环境建设。

一是加强会展资金投入。资金扶持对于提升会展举办层次、规模，优化会展产业发展的社会大环境，发挥会展产业的旁侧效应，加快产业集聚进而促进区域产业结构升级具有重要作用。因此，为迎合新时期会展产业发展的新形势和新要求，提高各行各业和各类主体的参展积极性及办展主体的办展积极性，政府有必要设置会展专项资金补助，逐步增加会展产业专项资金。一方面，通过提高补助金额使资金补助惠及更多对象，以提高参展、办展的积极性；另一方面，通过会展专项资金补助鼓励更多企业特别是中小型会展企业外出参展，尤其是参加全国性、国际性的大型会展活动，以扩大销售，壮大会展企业实力。

二是深化会展人才培养。会展产业与旅游、规划、经济、娱乐等多种产业联系密切，具备很强的综合性，不同产业岗位对专业化人才的要求不尽相同，因此，会展人才的培养也应有所区别。一方面，实行专业化、科学化和规范化的跨专业、跨学科的会展人才培养模式。作为人才培养的主力军，会展部门应与当地高等院校合作进行联合培养，通过开设会展专业课程，创新会展人才培养模式，注重会展知识学习与实践锻炼的交叉设置，重点加强会展管理领域、会展规划咨询领域、会展国际化市场领域及会展科学研究领域的专业人才培养。另一方面，实行"引进来"与"走出去"相结合的策略。通过引进综合性、专业化的国内外专家、教授充实会展教师队伍，进行会展建造、设计、运输等专业理论的全方位教学，有效提高学生及会展人员的专业素养。同时，鼓励和组织相关人员出国学习交流，吸收世界先进的会展知识理念和会展经验。

三是优化会展发展环境。首先，建议成立领导实施小组，实行会展组长制，通过组长与各相关单位成员之间的管理与被管理、领导与被领导，协同促进会展产业发展；其次，建议各地方成立会展办，协同各地市商务局、发改委、经贸处等部门共同制定促进会展产业进一步发展的管理办法，就会展产业的发展趋势、发展目标、运行机制等作出长远规划，并对会展举办的日期、地点和类型等具体事项统筹安排；再次，建议定期抽调专门人员对各地市会展部门工作人员进行例行检查，杜绝吃、卡、拿、要等不利于会展发展的刁难行为，以进一步优化会展发展环境；最后，建议尽早完善会展行业法律体系，加强对会展市场行为的规范和监管，重点查处会展企业的不正当竞争、侵权等违法行为，从而保证会展产业发展能够有法可依，确保会展产业在公平、公正的法制环境中得到健康、有序发展。

四是完善会展服务保障机制。一方面，结合会展实际发展情况建立科学化、体系化的较高水平、层次和资质的会展评估机制，制定完善的展会分类级别和会展行业标准，依据科学的评估方法对会展从业人员和会展企业进行资格评定，以完善会展行业服务机制。另一方面，建立覆盖省级的会展产业统计制度，加快构建全面、系统、规范的会展统计指标体系，依托会展网络信息平台，加强会展信息统计及发布、会展数据梳理及上传工作。此外，针对参展企业、参展人员等开通会展绿色通道，各相关部门形成合力，为会展产业提供一站式高效服务，以保障会展活动的顺利开展。

（二）强化会展产业资本聚集

当前，会展产业发展面临的最大问题之一是产业综合竞争力较弱，产业资本集聚程度较低。未来，会展产业应紧紧围绕增加会展资本、促进规模集聚下功夫，借助"互联网+"加快各类资本向会展产业集聚，鼓励会展企业通过集团化、上市经营走产业资本化道路，迅速扩大会展经济规模，增强会展的经济效应。

1. 以"互联网+"推动会展资本集聚

当前，我国互联网产业已处于世界领先水平，尤其是在移动互联网领域，我国更是一枝独秀，这使得互联网产业与其他产业融合发展已是大势所趋。会展产业也应借助这一契机，加强与互联网产业的融合，凭借互联网产业的领先优势壮大会展产业，通过互联网企业对会展企业的并购重组，促进会展产业与互联网产业、传媒、广告等产业的融合，进而通过多产业融合增强会展产业的辐射能力。未来，加快畅通互联网产业资本与会展产业融合发展路径，需从两个方面发力。

一是借助互联网产业资本多样化丰富会展主体。提升会展产业资本多样化水平，增强会展产业发展动力，是未来会展经济发展的必经之路。当前，我国互联网产业资本以民营资本为主，具有较高的发展活力与经营效率，加快互联网产业资本介入会展产业，与现有会展产业中的国有资本、民营资本相结合，有利于提高会展产业的开放程度，促进民营资本和外资深度投入会展产业，特别是对于沉淀于场馆建设中的国有资本具有较强的带动作用。从实践经验来看，我国互联网产业资本已经参与了石油等产业的混合所有制改革，这些经验为互联网产业介入会展产业提供了可靠的依据；未来，会展产业与互联网产业高度融合发展具有较高的可行性。

二是借助互联网技术与传媒促进会展经济发展。一方面，以大数据、物联网、云计算为代表的新一轮网络信息技术蓬勃发展，并与社会各个领域紧密联系，成为加快产业转型升级、推动产业资源整合的重要支撑点。会展产业应抓住这一重要的战略机遇期，开展"互联网+会展"行动，全面推进大数据、云计算等高新技术在会展产业中的应用。另一方面，促进会展产业与互联网传媒的融合发展。当前，我国互联网企业在新媒体领域已取得了长足的发展，将会展产业与互联网传媒相结合不仅是会展产业发展壮大的有力支撑措施，也是会展产业发展的必然趋势。同时，线上会展与线下会展相结合的模式也具有比较大的发展空间。例如，基于互联网经济的线上线下会展融合。2016年9月阿里巴巴B2B事业群与亚洲博闻在第十四届上海国际广告展上合作推出O2O2O商贸平台，充分证明线上结合线下践行会展模式具有较大的发展空间。

2. 推动会展资本化运营

从长远规划看，会展行业要实现资本化运营，需从三个方面着手。

一是加快国有企业从会展盈利部门退出机制。深化国有企业改革，实行政企分开，鼓励会展企业按照市场竞争机制公平竞争、自主经营、自负盈亏。深化国有企业改革，加快建立国有企业从会展盈利部门退出机制，倡导政企分开。国有企业作为国有资产管理者，应尽量减少对会展企业正常经营的干预，增强其提供决策建议和经营指导的作用。这方面可以参考香港贸发局的发展经验。作为展会中心实际拥有者的香港贸发局在会展产业发展过程中并不直接参与展会中心的经营运作，而是通过外包，由专门的管理公司进行市场化经营，贸发局只凭借所有权，按照管理公司使用的展馆面积收取一定比例的投资回报费。

二是推进会展企业走集团化发展道路。企业集团化与资本运营二者之间是相辅相成、相得益彰的，资本运营是企业实现集团化经营的有效途径，而企业集团化则是资本运营的最终目标。会展企业应加强资本运营，通过联合、兼并和收购等手段积极组建形成规模效应的会展集团，进而形成一个或多个具有国际竞争力的会展品牌，提升国家会展经济实力。同时，会展集团的形成也必然会打破原有的利益格局，突破区域行政界限及所有制界限，促进会展资本的重组和整合，真正实现会展资本集聚。

三是鼓励会展企业上市经营。会展企业通过上市可迅速拓宽融资渠道，促使各类资本与会展资本深度融合，加快会展产业资本集聚。未来，国家金融机构及会展相关部门应积极出台利好政策，扶持综合实力强劲的会展企业挂牌上市，以加快会展产业资本化运营的步伐；同时，有条件的会展企业也应不断加强自身建设，从经营管理、人才储备、资金运作等方面着手准备，争取早日上市。

（三）推进会展产业多样化及专业化集聚发展

为了更好地促进会展产业旁侧效应的发挥，加深会展产业旁侧效应的多元化，发挥会展产业促进产业集聚的和促进经济结构升级的作用，应从以下几点着手。

1. 推进会展产业多样化集聚

一是以展会品牌和龙头企业带动多样化服务。鼓励会展向外扩张，扩大品牌展会影响力，以大园区聚集产业要素，营造具有吸引力的会展环境。以大项目带动产业升级，打造具有影响力的会展品牌。完善现有会展场馆周边配套设施，加快形成大型展会所需的产业聚集区。发挥主导产业的比较优势，结合产业链上下游产品的供应和销售，挖掘循环经济和生态环保等符合国际经济社会发展趋势的会展题材，确保每个支柱产业重点培育一个品牌展会。

以大集团运作产业资源，培育具有竞争力的会展主体，构建具有辐射力的会展产业链。对会展场馆资源和品牌展会统筹运作，促进会展资源充分有效利用，可以通过并购模式整合现有会展资源，打造一批会展的龙头企业。重点围绕会展项目延伸发展相关配套服务业，加强产业之间的紧密联系，围绕会展产业形成多样化、各种形式的优质服务。

二是以会展产业为依托促进多样化产业集聚。发挥会展资源的整体效能，以增强相关产业与会展产业的联合发展，促使规模经济加快形成。例如为促进会展产业与文化旅游产业的集聚发展，可在会展举办期间推出特色旅游项目，通过展会全面展示当地的经济、文化和旅游资源，以提高文化旅游资源的知名度和影响力。与此同时，会展产业凭借自身的回顾效应和前向效应又可以带动文化旅游产业投资、消费增加，从而加快产业集聚。

会展产业与交通、餐饮、娱乐、住宿等配套产业息息相关，这些产业为会展的举办提供了便利化的服务，促进了会展经济的发展。反过来，会展经济的壮大又会带动这些多元化的产业进一步做大做强。未来，政府应积极为会展产业与多元化配套产业联动发展创造有利的条件，通过会展产业发展、带动周边娱乐、消费、旅游等产业的发展，实现连点成线、连线成面，形成以会展产业为中心的互联互通的产业网格局，全方位推动城市建设水平稳步提升。

2. 推进会展产业专业化集聚

现阶段，会展产业的经济效应作用还未得到充分发挥，促进区域经济发展的推力还不足。未来，会展产业应加强区域会展差异化和专业化建设，打造具有代表性的产业化会展品牌。一方面，加强会展的专业化和细分化，形成专业化的高水平特色会展；另一方面，依托区域优势产业形成会展品牌，借助会展产业合理布局和主推新一轮产业集聚。

（1）提高会展服务的专业化和细分化水平。随着会展产业竞争的加剧，促进会展产业专业化与细分化水平的提高已成为会展产业发展的重要方向。会展产业专业化与细分化水平的提高有利于会展产业旁侧效应的发挥。未来应加快促进会展产业与区域优势产业的融合，加速区域内其他产业增长极地位的形成。不同区域的优势产业具有不同的特征，其在会展服务方面也有着不同的需求。会展企业应通过提高自身的服务水平，不断提升会展服务的细分化和专业化程度，加强与本地优势产业的链接，促进区域内优势产业的集聚以及优势产业新增长极的形成。

（2）依托主导产业，打造一产业一品牌。面对会展产业国际化、专业化的发展趋势，各省、市区域要立足于自己的产业资源禀赋，回归会展经济的价值功能，引领地方产业转型升级，让会展肩负起创新、驱动的使命，促进区域经济再升级，实现"产业+会展"的叠加效应。

未来，各会展城市应将"产业+会展"有机融合起来，用跨界、共享思维催动创新的能量源泉，从而撬动一个地区的主导产业和城市经济的跨越式发展。优势产业的发展会带动同类企业到优势产业地参观学习、拜访交流，促使行业内上下游公司产生进一步了解该区域产业需求的愿望；城市也需要通过对外宣传优势产业打造自身的特色名片，这进一步催生了对会展产业的需求，直接促进了会展产业的发展。除此之外，会展产业的发展与本地产业结构变化息息相关，新的产业发展会催生新的会展需求，产业种类的不断增多与完善为会展产业与发展提供新的契机，促成梯次结构品牌会展项目群的形成。下一阶段，各省、市应依托主导产业，重点培育一城市一产业一品牌的会展项目，加快优势产业与会展产业的高度融合，带动相关会展项目做大做强，并最终形成主题鲜明的专业化品牌会展。

（四）打造会展产业地区发展特色

目前，国内会展行业发展总体上表现为缺乏具有代表性的品牌化会展形象，企业参展仍以广告刊登、考察团考察等低端方式为主，导致会展产业未能充分发挥自身的经济效应，既不能形成强劲的投资拉动，也无法持续推动科技创新、消费升级和产业结构升级。未来，会展产业发展应紧紧围绕打造特色化、品牌化的展会，着力提升会展质量、档次和影响力，畅通会展产业发展路径。

1. 培育支柱性品牌展会

一是确定会展品牌定位。会展产业发展初期的经营宗旨是追求量上的提升以巩固城市会展产业的龙头地位，从而带动会展产业的多样化延伸，促进经济发展。但随着会展产业的不断优化升级，为加速会展行业的高度聚集、扩大会展产业的影响力、提高会展经营的持续盈利能力，会展产业需着力培育支柱性的品牌展会，并将品牌定位于高端客户，这不仅有利于避免会展品牌的低端锁定，还有利于吸引行业龙头企业聚集，充分发挥会展行业旁侧效应和前向效应作用，带动产业结构升级和消费升级。

二是打造城市品牌会展。城市和会展的发展是相辅相成的，城市知名度的提升有助于增加会展消费需求，而会展经济与城市发展的紧密结合又可以进一步提升城市的知名度，吸引不同行业的龙头企业参展，拉动城市的投资增长，带动城市的高端产业集聚和消费升级。

为促进城市会展产业的迅速发展，就必须依托品牌会展强大的号召力和辨识度，着力打造城市品牌会展。比如：沿海地区经济发达、贸易频繁的城市凭借其卓越的办展条件可以加大开放力度，举办国际性的商贸合作会议；产业优势明显的城市可针对优势产业举办产品交流会，宣传企业的实力和条件，吸引投资和更多的订单；地域特色显著的一些中小城市可通过向先进城市学习展会经验，打造以优质服务为特色的品牌展会，提高会展的专业性。

三是坚持招展和招商相结合。通过借鉴先进城市在会展举办、会展服务等方面的成熟理念和经验，将招商引资和会展经济发展紧密联系起来，形成以展招商和以商招展的良性互动模式，并最终促成一大批成熟的、先进的、有号召力的展会引入。坚持"引进来"与"走出去"相结合的战略，立足区域资源优势，由会展办牵头，各相关主管部门共同发力，在区域优势产业的相关领域重点做文章，以资金补贴、税收优惠等方式吸引国内和国际成熟的会展品牌落户本地，着力培育一批品牌展会。

2. 推进特色化展会发展

展会是会展经济发展的重要载体和生命线，品牌展会的数量和规模是衡量会展产业发展实力及增长潜力的首要标准和重要标杆。加快特色化展会发展，促进展会业特色化与品牌化协同发展是当前会展经济发展的重中之重。

一是加强对现有展会资源的分类管理和提升改造。以打造市场化、国际化和专业化的展会为发展目标，聘请会展行业专业团队和资深专家对现有的骨干展会资源和具有远大发展前景的展会资源进行科学分类、管理评估并提出针对性的改造、提升方案。下一步应将工作重点放在加强展会市场化和国际化建设上面，优化现有参展企业结构，合理分配本地企业、合资企业和外资企业的参展比例，充分发挥市场在会展经济发展中的调配作用，降低政府对会展经济的干预程度，以提升展会的生存竞争能力，增强会展的经济效应。

二是提升展前、展中、展后服务水平。推进特色化会展发展，打造优质会展品牌，必须提高贯穿展会发展生命周期的整体服务水平，切实提高展前、展中和展后服务水平。展前服务要着力做好展会立项和市场调研工作，展中服务要积极做好针对消费者、参展企业及相关单位和人员的服务工作，展后服务要充分做好数据梳理、分析、汇集等统计工作和参展商及观众的反馈工作。通过展会整体服务水平的不断提升增强扩大展会的影响力和吸引力，吸引高质量的参展商和高素质的观众积极参与，以促进展会综合水平的提高。

三是挖掘优势，培育特色展会。打造特色展会关键在于将展会与区域特色和优势产业相结合，以此推动城市展会的持续发展，强化城市展会的品牌形象，提升城市的竞争力和知名度。在培育品牌展会和特色展会的过程中，遵循"政府主导、市场运作"的基本原则，在特色展会发展初期，主要发挥政府的主导作用，依靠政府的公信力和政策性投入扩大展会的经济效应，增强展会的影响力，促进会展经济的迅速发展。在特色展会发展后期，政府应逐渐减少行政干预直至退出，通过市场化运作提升会展品牌可信度。坚持特色展会与品牌展会的协同发展，在品牌展会建设中不断融入地方特色，通过举办特色展会不断提升品牌展会的辨识度和综合竞争力，并最终形成特色鲜明的品牌展会。

（五）发挥政府对会展产业发展的引导作用

纵观会展产业整个发展历程，通过政府政策引导和战略规划，会展经济发展已取得显著成效，但在推进会展产业做强做大方面政府效能还未得到充分发挥。未来，会展产业应在发挥市场决定性作用的基础上，进一步发挥政府对其引导作用，优化政府定位，深化政府职能改革，着力落实和完善会展相关规划，畅通会展产业发展的宏观路径，有序推进会展产业做强做大。

1. 优化政府角色定位，促进政府职能转变

优化政府在会展产业发展中的角色定位，明确参展企业、政府各自的定位，厘清二者的相互关系，对会展经济发展尤为重要。政府在会展经济发展过程中应当扮演服务提供者的角色，而非掌舵者，为保障会展经济的健康、有序发展，政府应遵循"宏观把控，微观放手"的原则，对会展产业发展有所为有所不为，通过发挥政府调控职能，从宏观上把握会展产业的运行方向，聚焦会展发展的全局性问题和战略性难题，为会展行业提供优质的职能服务、公平的行业规则、健全的市场主体和良好的市场氛围，从微观上约束会展企业的市场行为，间接引导会展市场竞争。未来，在会展经济中，政府应将自身定位在引导及支持的角色上，合理把握介入会展产业具体运营的程度，并在适当时机退出，以充分发挥市场机制的调节作用。

会展产业通过回顾效应、旁侧效应和前向效应可极大地带动社会经济发展，因此，各地方都在大力推进会展产业发展，但由于缺乏正确的引导和政府管理缺位，许多地方会展产业盲目发展。未来，为促进会展产业健康发展，政府相关部门应加快职能转变，由传统的举办和承办会展向服务会展转变，正确引导会展经济发展。

具体而言：首先，政府要宏观统筹会展产业发展，明确会展经济未来的发展方向，制定并完善会展产业发展规划、法律法规、政策体系和人才制度，为会展发展营造良好的发展环境。其次，立足区域经济发展现状，鼓励地区间会展的联动发展，就会展发展模式、发展经验等相关内容加强区域交流与合作，协调推进西部城市范围内会展产业发展。再次，制定展会品牌化发展方向，加大会展行业的宣传力度，吸引高质量、多层次的参展商参展；建立展会引进奖励制度和会展企业统计数据库，引导会展企业向国际上优秀的品牌学习，提高会展的品牌化、专业化水平。最后，鼓励会展企业在提供基本的会展产品和服务的基础上，积极开发与会展活动相关的衍生产品和服务，以提高会展场馆的资源利用率，同时满足不同种类会展的需求，提升综合的会展服务水平。

2. 培育西部城市性的会展行业协会

培育会展行业协会是政府规范、约束会展企业，调节、干预会展经济运行的重要手段，完善的会展行业协会机制是制定会展行业标准、监督参展企业行为、防止政府职能越位等现象的有力保障，是会展经济走向专业化、标准化和规范化的坚实基础。地方会展产业的发展使得各地方会展行业协会纷纷建立，这既促进了当地会展经济的发展，又阻碍了会展行业在西部城市范围内的统一管理。随着会展产业日趋成熟，建立西部城市性的会展行业协会势在必行，应充分发挥会展行业协会在西部城市范围内的沟通、管理、监督等作用，增强西部城市性的交流与合作，促进会展行业的统一管理，引导会展行业有序发展，不断提高会展产业的市场化、自主化及规范化水平。

未来，会展行业协会应着重加强在项目策划、政策咨询、标准制定、信息交流、市场分析等方面的综合服务。具体而言：首先，结合会展行业服务内容和行业规范，加快会展企业资质评审制度的建立，按照展会的类型将展会具体划分为专业展和综合展，按照展会的性质将展会具体划分为国内展和国际展，按照展会的规模大小将展会具体划分为一般展、中型展和大型展。然后依据划分的类型分别制定专门的参展企业资质评审标准，全面整合会展资源，规范会展行业的市场准入标准。其次，完善会展产业统计制度，规范会展产业统计工作，出台明文的行业规则，要求各会展单位按时、按量填写会展报表并及时向会展协会会员及全社会公布会展数据，为会展企业规划发展提供便利的数据信息。最后，会展行业协会应做好行业规则制定工作，依据规则发放展会经营许可证，加强市场监督，避免举办主题雷同的展会，遏制会展市场的恶性竞争，为会展产业的良性发展创造一个优良的、开放的、有序的、规范的市场环境。

参考文献

[1] 孟凡胜,宋国宇,井维雪. 会展产业发展的影响因素及对城市经济影响的实证研究[J]. 技术经济,2012,31(4):32-37.

[2] 张翠娟. 会展产业对区域经济发展的影响研究[J]. 学术交流,2014(5):89-92.

[3] 马莉莉,王瑞,张亚斌. 丝绸之路经济带的发展与合作机制研究[J]. 人文杂志,2014(5):38-44.

[4] 杨军. 携手合作 凝聚智慧 共同推进丝绸之路经济带建设——2014西北五省区社科院丝绸之路经济带建设研讨会综述[J]. 青海社会科学,2014(2):202-204.

[5] Denver Severt, Youcheng Wang, Po-Ju Chen, DeborahBreiter. Examining the Motivation, Perceived Performance, and Behavioral Intentions of Convention Attendees: Evidence from a Regional Conference[J]. Tourism Management,2007,14(2):399-408.

[6] Carole B Sox, Stefanie Benjamin, Jason Carpenter, Sandy Strick. An Exploratory Study of Meeting Planners and Conference Attendees' Perceptions of Sustainable Issues in Convention Centers[J]. Journal of Convention & Event Tourism,2013,14(2):144-161.

[7] 方斌锋,吴蕾蕾. 提升会展产业规模和水平 推进西安国际化大都市建设[N]. 西安日报,2010-05-13(3).

[8] 李晓莉. 以举办2011西安世园会为契机 有效发挥西安中心城市的引领辐射带动作用[N]. 西安日报,2011-09-05(11).

[9] 张延龙. 实体性平台落子浐灞 陕西丝路战略"去虚化"[N]. 经济观察报,2014-09-15(12).

[10] Hanqin Qiu Zhang, Vivien Leung, Hailin Qu. A Refined Model of Factors Affecting Convention Participation Decision-making[J]. Tourism Management,2007,28(4):1123-1127.

"一带一路"背景下陕西会展业发展路径创新研究

张 鹏[①]

摘要：自"十三五"以来，陕西会展呈现出突飞猛进的发展态势，会展量年度平均增长率达到了40%，取得了较多的发展成绩。但是，在其快速发展的背后也存在很多的不足，例如人才稀缺、市场化运作水平较差、品牌会展项目引进力度不足、会展主体培育严重滞后等，均有待进一步改善。此外，陕西会展业当前仍然处于探索阶段，无论是理论体系抑或是实践体系均不成熟，现有的研究成果无法满足会展行业的发展要求，总体来看，其对陕西会展业的持续、稳定发展带来了严重的制约和影响。因此，本文在对处于发达水平的区域会展业进行参考、借鉴的基础上，结合陕西省优劣势及经济发展水平，尝试探索推进陕西省会展业发展的有效途径，从长远来看，这对促进陕西省会展业发展乃至全省经济快速发展有着重大的理论意义与现实意义。本文通过对前人研究成果的总结、归纳，根据全球化环境下会展业发展情况，以战略、产业经济发展作为分析切入点，结合陕西会展业发展实际，提出陕西会展业发展新路径：加强产业布局，鼓励市场运作；塑造会展品牌，打造特色展会；加强政府引导，突出发展重点；加强会展理论研究，培养会展专业人才；注重场馆建设，加快会展业国际化；鼓励会展旅游业发展，促进会展产业集群化发展。同时，陕西省政府在会展业发展中应洞悉国家方针，有效制定和应用政策、法规；加强政府宏观调控，加大政府支持力度；促进行业协会发挥作用，加强陕西会展业的产业化。

关键词：陕西会展业；影响要素分析；发展路径、对策；实施保障

---

① 西安外事学院陕西自贸区研究院副教授。

一、引言

党的十九大报告强调：应当进一步加快改革目标的深化，以此来不断健全社会主体制度、完善国家治理体系、提升现代化治理水平。在深化供给侧结构性改革方面，把提高供给体系质量作为主攻方向，这对会展业等现代服务业提出了更高的发展要求。2020年4月，习近平总书记来陕考察指出，一定要办好欧亚经济论坛、丝博会、杨凌农高会等会展活动；新时代陕西要有勇立潮头、争当时代弄潮儿的志向和气魄，既要抓住西部大开发、共建"一带一路"等重大机遇，又要善于从眼前的危机和挑战中抢抓和创造机遇，不断发展新模式、新业态、新技术、新产品，创造新的业绩，迈上新的台阶。因此，陕西会展业要抢抓发展机遇，深刻认识到新时代追赶、超越不是简单地追求 GDP 的增长，不是单纯追求总量的增加，而是在新发展理念引领下的内涵式发展，是更高质量、更有效率、更可持续的发展。陕西会展业要紧盯奋力谱写陕西新时代、追赶超越新篇章总体目标，坚定不移地贯彻新发展理念，落实高质量发展要求，在创新、协调、绿色、开放、共享发展上持续用力，实现量的合理增长和质的稳步提升，协同其他产业推动陕西经济高质量发展；迈出更大步伐，打造内陆改革开放高地，推动生态环境质量持续好转，不断把陕西改革开放和现代化建设事业向前推进。

会展产业是时代与经济发展达到一定水平后衍生出的一种新型产物，对推动政治、经济发展等发挥着不容小觑的作用。在发达国家，会展产业早已拥有趋于成熟的理论与实践体系。改革开放至今已有40余年，中国会展业在稳定的政治背景、经济背景下获得了长足的发展。它是开放型经济体系平台的直接体现，更是我国对外开放机制中的关键结构。2019年，中国境内共举办经贸类展览3547个，展览总面积为13048万平方米，同比增长0.8%。从中国境内举办的所有规模展览看，2019年中小规模展览数量居多，中大规模展览数量实现稳步增长。1万~3万平方米规模的展览共举办1677个，占全部规模展览数量的47.3%；3万~5万平方米规模的展览共举办757个，占全部规模展览数量的21.3%；1万平方米以下及10万平方米以上规模的展览数量均偏少，分别为303个及257个。近十余年，我国已完成"五大会展经济产业带"格局的构建，一些规模较大的会展机构都集中于一线发达城市，从区域的角度来看，包括北京—华北环渤海会展经济产业带、长三角—华东会展经济产业带、东北会展经济产业带、珠江三角洲—华南会展经济产业带、中西部会展经济产业带。这些会展经济产业带以梯度形式发展，充分挖掘自身各项资源要素，通过全面整合、优化配置，完成了凸显自身区域特色的创新系统的构建，对推进区域会展业发展及经济指标的增长有着重大的意义。

自"十三五"以来，陕西会展呈现出突飞猛进的发展态势，会展量年度平均增长率达到了40%，取得了较好的成绩。陕西省会展业区主要分为西安会展业聚集区、杨凌农业高新技术会展聚集区、渭南通用航空会展聚集区。会展业主要集中在西安市，该市区具有显著的交通优势，在各大二线城市群体中，无论是会展经济规模水平抑或是举办质量、数量都最具代表性。当前，陕西会展业发展卡在瓶颈期，且发展问题较多，如人才稀缺、市场化运作水平较差、品牌展会引进力度不足、会展主体培育严重滞后等，有待进一步改善。此外，陕西会展业发展当前仍然处于前期探索阶段，无论是理论体系抑或是实践体系均不成熟，现有的研究成果无法满足会展行业的发展要求，总体来看，对陕西会展业的持续、稳定发展产生了严重的制约和影响。本文以全球化环境为背景，通过对前人研究成果的总结，结合陕西会展业发展现状，将战略、产业经济发展作为分析切入点，构建陕西会展业发展的有效路径，以推进陕西会展业的快速发展，并期望为其他省市会展业发展提供更多的参考价值。

二、"一带一路"建设与陕西会展业的关系

（一）"一带一路"建设基本情况介绍

"一带一路"倡议是借助古丝绸之路概念，由中国提出的一项重大国际合作倡议。"一带一路"致力于欧亚非的陆、海互联互通，打造以合作共赢为核心的新型国际合作模式。同时，"一带一路"也是一个包容开放的平台，各意愿国均可参与建设，最终促进全球互联互通，保持全球经济繁荣发展。

1. 建设思路

（1）以点带面

按照"一带一路"战略的实施要求，以国际大通道及沿海中心城市作为依托、支撑，通过构建并完善重点经贸产业园区，将其作为与世界各国外贸合作的有效平台，合力建造新亚欧大陆桥、中国—中亚—西亚、中国—蒙古—俄罗斯等国际外贸合作走廊；从海域来看，以各大核心港口港站为枢纽，加大开发力度，与世界各国建立海上运输通道，丰富外贸经济合作途径。中巴与孟中印缅两大经济走廊同我国提出的"一带一路"战略有着紧密的联系，需要加强合作，以求取更多的发展。

（2）循序渐进

沿线国家对"一带一路"态度不一，必须掌握推进节奏。从合作国家来看，应以基础好、意愿强、战略地位关键、政治基础良好的周边国家为重点建设对象，从目前来看，哈萨克斯坦、印度尼西亚、巴基斯坦、俄罗斯等国家是主要对象。从合作领域来看，以建设一批具有示范性作用的重大旗舰项目为重点，形成吸引效应，

如打造中巴经济走廊旗舰合作示范区、中国—马来西亚"两国双园"项目等。

2. 建设内容

根据"意愿和行动","一带一路"内容可以概括为"五通",具体如下：

第一，政策沟通。推进"一带一路"倡议，应当确保与沿线各国战略相匹配，在既有的双边、多边合作机制上找到利益契合点，增强政治互信、利益相容。

第二，设施联通。"一带一路"沿线国家大多是新兴经济体和发展中国家，基础设施薄弱。中国依托自身强大的基建工程能力，重点与沿线国家在交通、能源、通信方面合作建设基础设施。

第三，贸易畅通。"一带一路"沿线国家大多处于工业化初期，工业基础薄。中国处于工业化中期，工业体系齐全，拥有强大的制造能力，特别是具有以高铁、核电、船舶、航空等为核心的高端装备制造能力。因此，加强投资贸易合作是促进沿线国家工业化、实现其经济发展的关键，也是中国经济发展的新引擎。现阶段，主要工作围绕促进投资贸易便利化、国际产能和装备制作合作、资源能源合作三个方面展开。

第四，资金融通。资金融通是"一带一路"重要支撑，各项合作都离不开资金的支撑。据预计，亚洲基础设施投资规模达 8 万亿美元。同时，现有的国际金融体系主要由西方国家主导，随着中国综合国力增强和人民币国际化，中国为保障自身利益，需日益加强在国际金融体系中的话语权。目前，资金融通主要围绕投融资、货币流通和金融安全三方面展开。

第五，民心相通。民心相通是"一带一路"建设的社会根基。"一带一路"建设在促进贸易发展的同时，也促进了文化、教育、科技、医疗、宗教等方面的交流和发展，给各方带来新的市场机遇，如中国—哈萨克斯坦—吉尔吉斯斯坦三国联合"丝绸之路文化申遗"、中国—东盟文化合作行动计划（2014—2018）、中国—东盟教育交流年、中国—俄罗斯（国家年/中俄青年友好交流年/旅游年等）、中国—中东欧国家合作贝尔格莱德纲要、中国在全球多国设立国际孔子学院、每年设立万个国外奖学金名额、结缔友好城市、设立旅游节等。

总之，"一带一路"是使全球共赢的中国方案，本质是促进全球发展和共同繁荣。在建设过程中，不是由中国独唱，而是基于共商、共建、共享的原则，与各国共建一条"和平丝绸之路""智力丝绸之路""健康丝绸之路""绿色丝绸之路"。

（二）"一带一路"建设与陕西会展业发展的辩证关系

陕西省政府有效识别历史机遇，深入贯彻习近平总书记提出的"五通"，建立贸易平台，完善贸易机制，陕西古丝绸之路起点的地位、效用越发凸显，有效推进了与沿线各国的交流、融合、合作、开放目标的实现。在"一带一路"建设过程中，"大通道"构筑不断取得新成绩，"陆、空、数字"各丝绸之路建设速度持续提高,陕西交通商贸枢纽地位越发巩固,初步完成了"大交流"格局的构建目标;文化交流范围持续拓展;经贸合作与对外开放也达到新高度。西安在"一带一路"建设体系中的内外影响力不断增强。"一带一路"建设为陕西会展业,尤其为西安会展业的举办提供了难得的发展机遇,西安可以凭借会展业中心城市角色展开空间布局、酒店服务设施与交通基础设施等产业配套工作,这能极大推动陕西会展业的成功举办和提升论坛服务能力,也为陕西会展业树立品牌形象和进行推广工作提供了有力的硬件和软件基础。

陕西会展业需要扮演好"一带一路"先行者的角色,通过开展各类展会活动来促进各区域、沿线国家之间的文化、经济交流互动,为共同发展、合作共赢奠定坚实的基础。在"一带一路"覆盖的各沿线国家及区域中,各国国情与社会文化呈现多样性,陕西会展业应当充分考虑此特性,不断提升专业服务能力及素养,通过在实践中不断完善、在完善中不断成长,赶超欧美各国会展业。在开展的各类会展活动中,应当保证凸显各国(区域)特色,为资源流动及互补提供良好的环境。通过同各沿线国家同行企业建立合作关系,可以有效识别自身区域化、国际化发展过程中的弊端及不足,进而有针对性地进行完善、改进。西安位于丝绸之路经济带的起点,应当着力完成窗口节点的构筑,发挥与外部各区域的经济互动衔接效用。通过会展活动的全面推广,使我国的合作理念深入周边各国及区域,扩展吸引范围,为"一带一路"目标顺利实现提供坚实的保障。

(三)陕西会展业对"一带一路"建设的影响

随着"一带一路"成为国家战略,陕西会展业被列为推动"一带一路"建设的重要产业之一。陕西通过举办各种展会,不但可以提升西安在外部的知名度及影响力,同时还可以提高对外开放水平,加快本土区域经济与社会的快速发展。此外,通过不断提升展会的质量水平,还能够向世界各国展现西安的发展空间及发展潜力,为构建更为广阔的合作平台提供无形的保障。近几年,陕西会展业开发、创新了多种合作模式,例如政企相互补充模式、多边与双边结合发展模式等,并在此基础上积极与西方政、商界人士进行交流沟通,扩展合作范围,对"一带一路"建设目标的实现起到了不容小觑的促进作用。随着欧亚区域合作的日益深入,很多国家及区域开始关注西安经济发展,并表现出较强的合作意愿。

三、陕西会展业发展现状分析

陕西会展业发展已历数年之久,无论是在规模水平,还是服务质量方面都取得了较多的成绩。但是,与一线发达城市会展业相比较仍然存在较大的差距。

（一）发展现状

1. 会展硬件设施持续健全

现阶段，陕西大型会议展览场馆主要有3个，室内展览总面积近111.6万平方米，包括西安国际会展中心、杨凌国际会展中心以及宝鸡会展中心，西安国际会展中心是陕西会展业的核心和重点。此外，省内可承接大中型会议论坛活动的宾馆及礼堂等的数量多达20个，与会展业关联度较深的配套设施也在持续建设、完善过程中，例如娱乐、休闲、餐饮以及交通等各领域。在"十三五"规划中，全省预计新增8个专业会展场馆。随着各专业会展场馆修建完成并试运营，全省会展产业发展硬件体系必将逐步完善。

2. 会展产业主体结构持续丰富

截至2019年12月31日，已在陕西注册的会展类企业主体数量达上千家，其中有60%比例的企业主体以提供会展服务作为核心业务。历经多年发展，陕西已初步完成了会展业企业群格局的构建，也成功吸引了省外知名企业入驻陕西会展市场，不断完善着陕西会展主体结构。

3. 会展品牌影响效应不断增强

近几年来，在陕西政府的扶持下，陕西省会展业已初步形成知名品牌，例如欧亚经济论坛、杨凌农高会、丝博会等。品牌展会的竞争实力与竞争优势持续增强，辐射效用不断增大，为陕西与国内外各领域的对接、融合提供了便利条件，更巩固了陕西在"一带一路"中的核心地位。2019年举办了欧亚经济论坛开幕式及金融、生态、文旅、气象、科技、教育、地质调查、电子商务、绿色建筑、上海合作组织成员国大使陕西行俱乐部10个平行分会，论坛期间还举办了媒体代表团骑行考察、先进制造业项目路演、国际创新设计周等活动，来自58个国家和地区的1000多名嘉宾在此进行了深入对话交流。2020年，陕西杨凌农高会吸引了52个参展国家和地区的人员，参会人数达150万人次，线下参展企业数量为2000余家，签约投资交易额为1103亿元；线上参展企业数量为6800余家，云上交易额为5亿余元。2019年5月，第四届丝博会吸引了来自国内23个省、区、市的2000余家企业，10余家央企及韩国、美国、德国等25个国家的近200余家企业，西安分团签约合同项目共458个，吸引投资总投资额8090.41亿元。

4. 会展经济效益稳步提升

自"十三五"以来，陕西针对内部各市区产业结构特征，在充分整合资源优势的基础上开展了具有各种特色的展业活动，包括节庆活动、赛事以及会议等。较为有代表性的活动有榆林煤博会、宝鸡钛博会、西安汽车展会、西安国际环保产业展、商洛体育赛事以及延安苹果展等，展会囊括了制造业、农业、能源化工业以及战略性新兴产业等多个领域。

（二）陕西会展业存在的弊端及不足

1. 市场化水平普遍不高

现阶段，陕西开展的各类会展活动基本以政府为主导，例如丝博会与农高会等都是采用此发展模式。市场化的会展活动数量整体不多，虽然也有少部分的市场化会展活动，但是与政府及行业部门有着很大的联系，导致会展业未能形成良性、活跃的市场竞争，最终结果则是会展业市场化水平与市场竞争力均较低。

2. 整体规模不大

会展业被引入陕西时间不长。根据相关数据统计，陕西每年组织开展规模及以上水平的会展活动频率仅是国内平均水平的40%，年均展览面积也仅为国内平均展览面积的55%。由此可发现，陕西会展业虽然发展速度较快，且取得了较多的发展成绩，但是整体产业规模水平仅在国内排中下层次。

3. 会展场馆利用率不足

现阶段，陕西内部已满足运营条件的各大会展场馆年均利用率均未能超过30%，与国内一线发达城市会展场馆50%的利用率存在很大的差距。此外，会展活动的配套保障设施也明显不足。

4. 区域发展均衡性不强

根据对陕西会展数据的相关分析，现阶段，会展行业大部分优质资源都集中于西安市，在全省会展活动中，西安的资源占据着80%的比例，其他市区的会展资源及类似企业数量相对不多。

（三）陕西会展产业发展机遇分析

现阶段，陕西正式步入工业化进程后半段发展期，第三产业创收总值不断提升，在全国产业总值中占比超过了40%，与全国均值相比低了9.4%。其会展产业与其他产业的关联度较高，实现了融合共进，也意味着该区域第三产业已迈入成熟发展阶段。由此可见，陕西会展产业的发展空间与发展潜力较为可观。

1. 政策机遇

会展业、制造业两者发展有着紧密的联系。随着"一带一路"倡议的快速推进，陕西始终以"向西开放"作为整体发展的主流方向，通过不断调整产业结构，加快产业升级转型，实现技术、模式、业态、产业的不断创新，各类新产品不断推出。加之自贸区、大西安等相关政策红利释放强度持续增强，使得陕西对外部优质资源、品牌、企业的吸引力大幅度增强，为会展企业贯彻"走出去"战略方针提供了机遇。

2. "追赶超越"，勇创新发展机遇

"追赶超越"是2020年习总书记再次来陕考察时提出的新要求，即要办好已有的品牌会展活动，同时既要抓住西部大开发、共建"一带一路"等重大机遇，又要善于从眼前的危机和挑战中抢抓和创造机遇，谱写陕西新时代追赶超越新篇章。2019年以来，陕西省在工作报告中提出了一系列战略目标，例如构筑新高地、激发新活力、共建新生活等"五新"战略任务。为了顺利实现追赶超越的目标，各战略任务同步进行，通过多种资源要素的整合配置，为陕西会展业发展提供了充足的资源支持。

3. 供给侧结构性改革带来的机遇

随着供给侧结构性改革的日益深入，陕西会展业迎来了转型升级的新契机。在市场资源高效配置的同时，利用产业政策红利，提升会展业市场活跃度，为该区域会展业发展提供各资源支持，以中高端层次产品作为开发核心，遵循合理性、科学性的原则，对产业供需结构进行优化调整，拓展陕西会展产业的合作深度与广度，实现产业水平与层次的真正提升。

四、影响陕西会展业发展的要素剖析

当前，陕西会展业发展水平在国内排名第15，与西北区域会展之都的战略目标还有很大的距离。如何才能快速陕西会展业的发展，强化陕西会展业的国内外竞争实力及优势，成为陕西政府及商界共同面临且亟须解决的关键课题。现阶段，针对影响会展业各要素的探究基本都是采用定性分析的手段，而定量分析的文献并不多。因陕西会展业统计工作完善度不够，在数据采集方面无法保障全面与连续，鉴于此，本文决定使用灰色关联分析法，对影响陕西会展业的各要素展开分析。

（一）研究方法

1. 灰色关联分析法相关理论

此方法以量化分析的手段，对事物的动态演变阶段情况展开剖析，通过对系统内各统计数据几何关系的对比得出两种数列，并对数列之间的关联度进行计算、判定。这是对特定系统发展演变趋势以定量的方式进行对比、描述的一种方法，其核心思想可概括如下：对参考数列、若干比较数列进行确定以后，根据其几何形状相似程度来衡量彼此的联系水平，是对比较、参考两种数列关联关系的直接反映。

2. 分析步骤

第一，对参考、比较两种数列进行确定。参考数列主要反映系统行为特点，而比较数列则是对系统行为起到影响作用。

设参考数列为 $X_0 = \{X_0(k) \mid k = 1, 2, 3, \cdots, n\}$，比较数列为 $X_i = \{X_i(k) \mid k = 1, 2, 3, \cdots, n\}$，$i = 1, 2, 3, \cdots, m$。

第二，对变量进行无量纲化处理。常用的无量纲化处理方法主要有初始值化、极值化、均值化以及标准差化等。使用均值化方法处理的各项指标数据构成的协方差矩阵一方面可以反映原始数据中各指标变异程度的差异，另一方面包含各指标相互影响程度的差异信息，因此，本文采用的是均值变换的方法，计算公式如下：

$$x(k) = \frac{X(k)}{\frac{1}{n}\sum_{i=0}^{n} X(k)}, k=1,2,3,\cdots,n, i=0,1,2,3,\cdots,m \tag{1}$$

（1）计算关联系数。

$X_0(k)$ 与 $X_i(k)$ 的关联系数为：

$$\zeta_i(k) = \frac{\min_i\min_k |x_0(k)-x_i(k)| + \rho\max_i\max_k |x_0(k)-x_i(k)|}{|x_0(k)-x_i(k)| + \rho\max_i\max_k |x_0(k)-x_i(k)|}$$

令 $\Delta_i(k) = |x_0(k) - x_i(k)|$，则

$$\zeta_i(k) = \frac{\min_i\min_k \Delta_i(k) + \rho\max_i\max_k \Delta_i(k)}{\Delta_i(k) + \rho\max_i\max_k \Delta_i(k)}$$ 为分辨系数。该系数与分辨力呈现负相关。

ρ 等于小于 0.05463 情形下，分辨力最佳最好，通常取 ρ 为 0.5。

（2）对关联度进行量化求值。

关联系数的确定建立在参考、比较两种数列在各时间点关联值的分析基础上，所以关联系数取值并非1个，在实务分析中通常会有多个。考虑到满足整体对比的需要，应当将各时间点关联系数通过集中处理形成一个总值，以此作为两种数列关系水平的量化表述，取各关联系数均值，以此作为关联度，即 r_i。计算公式为：

$$\rho \in (0,\infty) \quad r_i(k) = \frac{1}{n}\sum_{k=1}^{n} \zeta_i(k), k=1,2,3,\cdots,n \tag{2}$$

（3）关联度排序。

对两种形式数列 r_i 进行计算以后，根据由大到小的原则进行排序处理，假若 r_1 大于 r_2，则说明参考数列、比较数列对应的 x_0 与 x_i 相似度较高，表明两者拥有较高的关联度。

（二）相关影响要素的实证分析

1. 影响因素指标的确定

本文对影响城市会展业发展的各项要素进行了剖析，并结合现有的文献成果，对影响要素指标进行了确定。本文选择了四种影响要素，具体如图1所示。

第一，生产要素。生产要素涉及内容较多，比如自然资源、资本资源以及人力资源等。因会展业呈现一定的特殊性，加之数据可得性的影响，本次实证分析主要以两种生产要素作为指标，其一是人力资源，其二是资本资源。本文选取第三产业

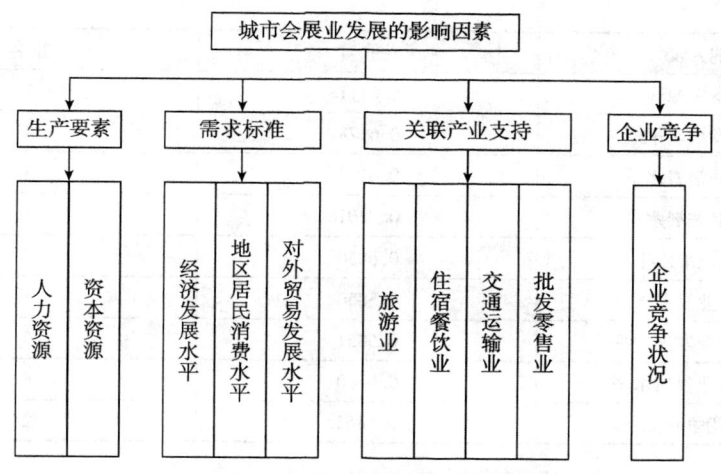

图1 城市会展业发展各影响要素明细

从业人员的数量（X_1）衡量会展业的人力资源状况，选取第三产业固定资产投资（X_2）衡量会展业的资本资源状况。

第二，需求标准。本文认为对区域会展业需求有关键性影响的要素主要有三个：一是经济发展水平，二是对外贸易发展水平，三是地区居民消费水平。本文用人均地区生产总值（X_3）衡量经济发展水平，用社会消费品零售总额（X_4）衡量地区居民消费水平，选用进出口总额（X_5）衡量对外贸易水平。

第三，关联产业支持。会展业关联产业较多，例如住宿餐饮业、旅游业以及交通运输业等。其一，会展业发展需要关联产业给予各方面的支持；其二，在得到关联产业支持的同时，又可以反作用于关联产业发展。本文用旅游业总收入（X_6）衡量旅游业的发展水平；用住宿餐饮业的增加值（X_7）衡量住宿餐饮业的发展水平；选取批发零售业作为一个相关行业，用批发零售业的增加值（X_8）衡量批发零售业的发展水平；用交通运输仓储邮政业的增加值（X_9）衡量交通运输业的发展水平。

第四，企业竞争。影响会展产业发展水平的要素可以总结为两点，一是会展企业的规模水平，二是企业之间的竞争强度。综合考虑，针对会展企业竞争水平的衡量分析，本文以租赁与商贸服务业法人单位数量作为关键指标，即X_{10}。

2. 实证剖析

采用灰色关联分析法，按照实证分析步骤，对参考、比较两种类型的数列进行确定，并进行无量纲化处理；对关联系数进行求值，对关联度进行计算，并按照大小排序，最后得出陕西会展业发展影响要素的关联度（见表1）。

表1 陕西会展业发展影响因素的关联度排名

影响因素	关联度	排名
人力资源	0.5301	10

续表

影响因素	关联度	排名
资本资源	0.6111	7
经济发展水平	0.6178	4
地区居民消费水平	0.6133	5
对外贸易发展水平	0.7201	1
旅游业发展水平	0.6830	3
住宿餐饮业发展水平	0.5850	8
交通运输业发展水平	0.5851	9
批发零售业发展水平	0.6130	6
企业竞争状况	0.6862	2

3. 结果剖析

第一，对陕西会展业发展影响最为显著的要素是对外贸易发展水平。现阶段，陕西省在全面推进实现内陆开放型高地的建设目标，此经济高地对加快该省会展业的发展、壮大有着积极的影响。随着陕西自贸区的建成，落实中心片区、西安国际港务区片区、西安杨凌示范区片区布局目标的不断推进，陕西与外界合作交流也持续深入。此外，陕西会展业国际化水平也显著增强，通过对国际规模及以上会展活动的引入，先后组织了欧亚经济论坛与农高会等多种会展活动。随着西安国际会展中心先后加入 UFI、ICCA、IFES、IAEE 四大国际会展行业组织，并通过质量、环境、职业健康安全管理体系认证，被评为国家级会展服务标准化试点单位，陕西会展业在国际中的知名度与影响力得到有力的强化。

第二，影响排名第 2 的要素为企业竞争水平。从微观角度来说，会展经济的主体为各大会展企业，其规模水平、综合实力对会展产品及服务的质量有着决定性的影响。由此可判定，会展企业竞争实力与竞争优势的具体表现很大程度上反映出当地会展业的发展水平。

第三，影响排名第 3 位的因素为旅游业发展水平。会展业、旅游业都属于服务产业，且关系较为紧密，加上房地产业，它们在现阶段被誉为"21 世纪的三大无烟产业"。随着旅游业各项经济指标的不断增加，对陕西外界良好形象、影响力、知名度也表现出积极影响，可以吸引更多的外省及外域人员来参展、消费，进而作用于会展业收入的提升。

第四，经济发展水平。区域经济系统的运作现状对会展供需的平衡有着直接的影响。例如，整体运行处于良好水平，区域经贸活动较为频繁，则对会展需求起到刺激、促进的作用；反之，则起削弱、消极影响。

具体而言，会展业发展的影响要素类型很多，要想提升整体发展层次，需要多个方面的共同合力，比如完善基础配套设施、增强对外开放水平、加快当地区域经济发展、做好人才引进与培育等。

五、陕西会展业发展对策与实施保障、措施

（一）陕西会展业发展模式与路径对策

1. 做好产业的筹划布局，增强市场运作能力

（1）产业布局

第一，打造高端国际会议产业。根据陕西发展目标，尤其是西安的国际化发展目标要求，结合陕西文化底蕴及旅游资源优势，加快各专业领域高端会议产品的开发与推广，完成高端国际会议基地的建设。在重点领域确定方面，主要集中于科技、环保、新能源、软件、医药以及旅游等，通过会议业、旅游业的衔接融合实现同步并行发展，赋予会议旅游产品更多的特色功能，增强对各界客户的吸引力，将西安逐步打造为国内高端会议的核心区域。

第二，发展基于规模化视角的自主品牌会展业。不断强化各展会的自主品牌影响效力，比如欧亚经济论坛、丝绸之路旅游博览会和杨凌农高会等。对国内外优势资源进行深入挖掘、充分整合，加大培育力度，不断提高会展规模水平、服务质量水平，为品牌的国际化打下坚实的基础。

第三，西安会展业应当加快与支柱产业的融合。依托"五区一港两基地"和五大主导产业，着力于政府有效引导、多点培育、深入挖掘、加快扩大会展规模及提高服务质量，完成"一园区一平台"及"一产业一品牌"的格局构建。

第四，凸显具有特色潜力的会展产业。利用西安丰富的文化底蕴及各项资源创新会展产品，融入本土化特色，增强产品的吸引力，增加其更多的附加价值。例如，将秦岭终南山地质公园作为核心，开发一些户外运动类的会展项目；当地高校或研究院凭借人才优势，以人才交流为主题，创新特色会展等。

（2）市场运作

第一，在对陕西经济发展情况及产业特色优势全面了解的基础上，对国内外会展业成功的结构布局进行深入剖析，识别其成功模式及经验，结合本土区域发展规律，遵循合理性、严谨性、科学性的原则，制定相应的发展规划。

第二，丰富扶持政策体系。对会展业涉及的法律法规体系进行全面审视，识别漏洞与不足，并有针对性地进行填补、改善，加强对会展主体行为活动的规范力与约束力，为行业良性发展提供政策环境方面的保障。

第三，陕西会展业应当积极走出国门，与西方发达区域的会展业同行进行交流学习，并积极建立各种业务合作关系，在实现效益双赢的同时实现本土会展业模式、服务、管理制度等各方面的改善。

第四,强化品牌的宣传力度,实施差异化品牌战略。在会展业运营管理体制方面,要以政府、市场运作相互结合为主要模式,在由市场主导的同时,政府也要做好指导、协调、监管等各项工作,不断提升行业的市场化水平。

2. 强化会展品牌建设的特色元素的融入

(1) 明确品牌定位,体现特色

在新时期,陕西会展业要结合"一带一路"的战略规划,依托西安地区自身的区位和资源优势,加快丝绸之路经济带核心地的建设。已有的会展品牌要将品牌定位在策展、办展以及推广、会务服务上。具体措施如下:

一是继续体现出高端特点。各展会要充分发挥论坛主办、协办和承办单位的资源优势和得天独厚的资源调配能力,邀请国家领导人和各国重要元首或官员出席论坛,并在展会期间发表主题演讲或分会重要讲话。要使各展会成为"一带一路"各国家领导人、行业代表、参展方等人士的一次重要聚会的场所。同时,要注重在展会中配套"展中展"活动,加强与会代表信息沟通、感情联络、看法交换,使各展会成为探求合作的一个重要的高级别活动和重要的舞台。

二是体现国际特色。各已有知名品牌展会每次举办主题都应有差异,要体现出向国际开放的态度。与此同时,会展组织形式需要国际多组织一同参与确定,且在各个领域必须均有体现。

三是确定好主题。在未来的展会策划中,要在展会主题中充分体现品牌定位,确保每届展会主题、分会主题以及嘉宾发言都在品牌定位框架下进行。

(2) 增强会展品牌之间的联合,扩大品牌影响范围

各展会在未来策展中要依据"一带一路"战略,围绕大西北先进制造业中心、西部物流商贸中心、西部地区科技教育中心、中国历史文化旅游中心、亚欧大陆桥(中国段)经济带金融中心、内陆最大的交通通信中心建设,举办、建设分会、论坛或者展会。"展中展"的形式可呈多样化,既包括"论坛",也包括其他会议等。采用此种做法一方面有助于实现自身的"展""论"结合,另一方面能够跟大论坛起到彼此补充的作用。

(3) 打造合理、适用的评估体系,强化打造品牌资产

要对品牌资产予以重视,树立正向、积极的观念,从品牌知名度、顾客满意度、品牌联想等环节着手,围绕会展品牌资产展开深入分析,以此来制定长期的战略规划。各会展要积极响应部署,加快评估体系的建设步伐,同时还要设计出详细、科学的评估标准。以不同的方式使会展品牌得到有效传播,进而强化会展品牌优势,加深目标群体的印象与提高友好度,提高与会人员的忠诚度。

(4) 注重会展品牌管理,持续强化品牌优势

各展会要注意经济衰退,企业不景气、无力参展的情况;竞争激烈,同期或前

后有强劲竞争力的展会；国家政策变动（宏观调控、行政限制政策、市场风险）；危机（新冠肺炎病毒传播）；营销风险（展览策划出现差错：时间、地点等；销售策略制定错误：价格定位失败、展台布局缺乏合理性等）；财务风险（定价缺乏合理性、折扣较大、坏账等）。

（5）从战略角度来分析并制定科学的会展品牌战略，提高品牌质量

各会展经营者与管理者都应意识到品牌的重要性，要将其视作推进会展业稳定、良性发展乃至走出国门的关键因素。具体来说，品牌化发展可以从会展现场的设计、主题的确定、组织管理等方面进行。

（6）借助新媒体优势，加大品牌宣传

各展会在进行品牌传播时，切勿局限于单一的传播模式。从论坛方面来看，应当积极开发新的宣传路径，与央视、凤凰卫视等知名媒体达成战略共识与合作，依托网络直播、电视直播等路径来强化受众对论坛的认知。再者，应当根据外部环境与自身实际打造专属网站，同时开设公众号、微博，撰写并推出相关软文，紧跟时代脚步，科学配置网络资源，摸索发展网络品牌。因此，陕西会展业要依托丰富的传播路径，打造特色论坛品牌，开展特色传播。

3. 政府部门应发挥引导作用，突出发展重点

（1）以市场化为动力，全面推进品牌建设

以市场为导向，科学应用会展资源，加快政府职能转变，采取有效路径、策略引导和支持各会展主体介入，鼓励前景较好的会展企业介入本地会展业的市场运作。邀请国内外大型品牌会展活动，通过政策优惠等有效手段支持和吸引国内外影响力较大的展览公司前来设立办事处或者成立分公司，学习和借鉴他们的品牌理念与运作技巧，强化市场运作。重点打造专业品牌会展，在财政、政策方面予以一定扶持，进而强化会展项目的品牌优势。

（2）以专业化为标准，加快发展会展产业

加强产业会展资源的协调、整合力度，调动各大产业部门结合产业结构调整升级战略，开发会展项目。重点围绕主导产业搭建产学研对接、贸易合作和招商引资平台，全面促进会展业与主导产业的融合发展。根据产业发展情况，科学配置会展资源，按照"一产业一展会、一园区一平台"的原则，对题材重复的同质类展会合并做大，实现产业大型展会的规模效应，更好服务主导产业和区域板块发展。大力发展学术会议和企业年会，重点培育与西安市重点产业、优势产业和战略性产业相关的会议品牌，促进与展览业融合发展。

（3）以信息化为抓手，加快发展智慧会展

在全行业积极推广大数据、移动互联网以及多媒体视听等信息化技术，促进会展活动与网络平台相互融合、相互促进，突破传统展会时空局限，实现办展的转型

升级。打造大数据中心，依托现代化技术，围绕西安当地的会展行业展开数据搜集、分析和运用，提升会展政务服务效率。完善会展场馆无线网络设施，开发会展业移动互联网应用平台（APP）和移动应用平台，促进O2O会展业态发展。

（4）以规范化为重点，加快发展法治会展

按照建设"法治西安"的总体要求，结合行业特点和市场需求，进一步规范会展市场秩序，提升会展行业依法行政水平。贯彻落实《西安会展业促进条例》，简化管理程序，创新管理模式，完善市场运行机制，清理妨碍公平竞争的政策规定，加快会展业市场化、专业化。加强知识产权保护和信用体系建设。鼓励办展主体通过使用专利申请、商标注册等手段保护展会知识产权；研究建立全行业诚信体系，探索建立企业信用档案和违法违规单位信息披露制度，切实提高行业自律水平。研究出台支持会展小微企业的政策措施，建立合理、科学、有序、高效的会展业政策支持体系。

（5）以国际化为目标，加快发展城市会展

将亚欧经济论坛视作重要平台，积极组织"一带一路"沿线国家开展会展活动，进一步增强西安地区的影响力。主动与国内外知名办展单位展开交流与合作，尽可能多地取得国际会议的承办权，以此达到提高知名度的目的。全面推进国际化发展，依托西安各类资源优势，全面发挥营销城市的特色功能，打造独具特色的国际化城市形象，促进当地向大都市方向发展。

4. 加强会展理论研究，培养会展专业人才

调查发现，陕西省在会展理论研究方面比较欠缺，应当予以重视，强调政府、企业、高校等的交流与合作，进而打造契合实际的学科研究体系，保障当地会展业稳中向好发展。陕西会展业的从业人数较少，特别是创意设计等方面的人才更是凤毛麟角，相关的技能培训也存在诸多短板，严重影响了当地会展业的良性发展。统计得知，当地开设会展相关课程的高校共计6所，每年毕业生的数量大约在3000人，但对口专业的毕业生却寥寥无几。通过调查了解到，现有的会展业从业人员大部分所学专业都与会展学科无关，一方面不具备专业的实践技能与文化知识，另一方面文化素养普遍不高，且未形成良好的服务意识，严重制约了会展业的良性发展。鉴于此，应当重视对会展业人才的培养，具体可从政府、企业、高校三个方面着手。

第一，积极鼓励西安区域的各高等院校按照会展业发展的人力资源需求现状，制订对应的课程培训方案，加快应用型会展人才培育体系的构建。在校内专门开设会展专业教育课程，会展企业也需要做好内部人才培养工作，通过与高等院校合作，为优秀的会展毕业人才提供实习、锻炼的机会。通过合理引导，提升会展专业学生的自信心，使学生踊跃参与各种社会会展实践活动，丰富实战经验，提升实战能力。此外，院校也应当定期邀请业界的资深人士或专家前往课堂进行言传身教。

第二，政府应当充分发挥人才培养的主导作用，制定相关激励、鼓励政策措施，吸引业界会展管理人才、权威人士前往院校及本地会展企业进行工作指导与经验交流，从而使院校和学生全面掌握会展业人力资源现状及需求。通过共建会展职业培训体系，有效推进会展专业人才的培育。

第三，会展企业领导应当加强对人才技能培训的重视与支持力度，确保培训内容、模式的制定与实际要求相匹配，通过有效培训来提升内部从业者的专业能力及专业素养。

5. 加快场馆建设，提升会展业国际化水平

场馆属于会展业提供各项服务的基本载体，在对某一区域展览水平及质量进行衡量评估时，场馆及配套设施属于关键指标。陕西省应当立足于实际，结合会展业发展需求，加快场馆设施建设，丰富场馆各项功能要素，为展馆特色化、国际化、专业化发展奠定有效的保障基础。需要注意的是，场馆配套设施的完善至关重要，例如娱乐购物、交通运输等，可以提升参与者的体验感与满意度。要提升场馆资源价值的挖掘效率，以"错位发展"为主要模式，对各大场馆的发展目标进行重新定位，从本土化目标扩展至国际化目标，抢占高端市场，承接举办规模以上的各类会展，引导其他场馆走特色、专业道路，抢占中低端市场，承接举办特色会展，最大化配置各类资源，减少浪费。

因此，陕西省应当对当地会展与会展场馆进行集聚并合理利用，主动介入国际交流与合作，吸引影响力较大的国际会展，进而推进当地会展业国际化发展。

6. 支持会展旅游业发展，引导会展产业集群化发展

相较于其他产业，会展业具有突出的综合性特征。它的良性、长久发展离不开餐饮、交通等产业发展，同时也能够促进相关产业的发展。从某种层面上讲，相关产业的发展能够增强会展业的竞争优势。会展旅游因为能够节约参会者的旅游交通时间，且能够追求最大旅游效益，成为发展新市场的关键。所以，会展主办者或者旅游企业应当结合实际，如场馆、旅游景点的位置等，合理规划出参会者的旅游短期线路。旅行社与会展公司进行洽谈与合作，结合会展公司提供的参会者的相关信息，推出具有针对性的旅游产品，迎合参会者的实际需求，进而带动当地旅游业的发展。另外，还能够对会展业的服务质量起到一定的改善与强化作用，进而更好地促进会展业的长久、稳定发展。

此外，按照会展产业链情况及品牌战略定位，不断发挥丝绸之路国际会展中心的推动功能，推进会展业建设，完善功能体系及配套设施体系，加快产业集群的构建，具体可以划分为以下六大集群：西安国际会展中心综合服务集群（以西安国际会展中心为主导）、农业会展集群（以杨凌农高会为主导）、文化会展集群（以丝绸之路商旅街区、大唐西市博物馆等为主导）、航空与机械制造会展集群（阎良航空

高技术产业基地)、会展旅游集群(以临潼国际会议中心、骊山国际温泉酒店城为核心)、体育赛事会展集群(以渭北工业区为主导)。全面推进会展集群建设,依托信息共享与交流,起到宣传品牌会展项目的目的。

(二) 实施保障措施

1. 有效制定和应用政策法规

一是应当从自身着手,对政府部门的错位等行为进行有效纠正,补充优化相关政策,对会展活动予以科学监管,积极做好补位,进而有效规避脱节。

二是根据陕西省实际情况,学习、参考国内外相关领域的成熟经验,制定相关的科学、有效的法规,进而起到良好的约束与规范作用。另外,还应加强调解与仲裁体系建设,一旦组织商、参展商、观众之间发生冲突,这将是最有效的处理途径,且能够保障各方合法权益不受侵害。

三是调查发现,受主办方差异影响,陕西省的展会质量良莠不齐,组织无秩序。鉴于此,首先要对现行的准入机制进行有针对性的补充和优化,然后设计比较科学的资质评定体系,以此来营造良好的市场氛围,进而起到规范作用。另外,还应持续学习他国会展业发展比较成熟的经验,尤其在知识产权认证与保护方面,必须给予足够重视,为会展业的合理化竞争奠定坚实基础。

四是采取多样化的政策扶持,精准掌握会展业的实际需求,有目的性地进行帮助,如税收减免等。这不仅有助于实现资源、能源的科学配置,还有助于吸引国外的展商。从某种程度上讲,这属于无形吸引,既吸引人流、客商与外资,还吸引与会展相关的前沿技术与管理经验。一旦会展业发展步入中后期,则需要积极践行市场化运作,按照市场规律运作。

五是针对非规模型会展企业,在必要时予以一定的帮扶与保护,或者采取兼并的措施,通过彼此合作与学习,实现互利共赢,从而保障会展业水平稳定攀升。

2. 注重宏观调控与政府支持

在推进会展业发展过程中,政府部门应结合市场实际进行科学的宏观调控,当会展业发展走上正轨后,政府部门应坚持政企分开,舍弃事必躬亲的观念,以"掌舵者"的身份,有针对性地进行补充和扶持,这有助于推动会展企业做大做强。具体来说,政府部门在会展业发展期间并非扮演着实践者的角色,而是作为公共服务者。另外,需要强调的是,政府部门在短期内无法做到全身而退,而且就目前来说,政府部门的帮助与扶持能够对会展业的发展起到良好的促进作用。相较于发达国家,我国会展业尚未进入成熟阶段,发展时间较短,在未来的一段时间内还离不开政府部门的支撑与保障。鉴于此,对于政府部门来说,可以在政策方面予以一定的优惠,如降低贷款利率,也可以借助自身优势加大宣传力度等。

陕西省政府应协助有效管理会展，还应继续增加资金补贴，扶持产业不断发展。扶持资金主要用于大力招徕全国性大型展会和外地知名展会，加强宣传推介、会展软环境优化提升及会展业基础性工作，以及对陕西省展览、会议等会展项目的奖励扶持等。针对新注册的会展企业，根据其所属辖区以及对工商、文化企业的帮助情况，在政策方面给予适当的优惠。针对规模以上的展会，结合其规模、行业类别等情况，恪守"一展一策"原则，在资金等方面予以一定的帮助。

3. 全面发挥行业协会优势

（1）以服务为基础，引导会展行业稳中向好发展

围绕国内外涉及会展业发展的数据进行搜集与梳理，进而提出行业发展的指导与建议。强调客观事实，依托数据与剖析结论开展咨询服务，将其作为会展业发展期间的重要指导依据与支撑保障。效仿政府部门，成立专门的权威统计部门并完善相关体系，打造高质量的信息集聚与传播平台；按照政府部门的相关要求全面系统地解读相关政策与法规，同时还可以作为相关产业与学术领域的重要依据。鉴于此，行业协会应当采取有效策略实现两者的完美结合，制定合理、有效的专业人才培养策略，培养高精尖人才，组建一流的会展团队，进而弥补高校实践能力不足的缺陷。

（2）做到严于律己，确保行业行为良性、稳定

应当结合外部环境与自身情况，一方面制定合理的相关政策与法规，另一方面创建有效的行业标准，进而起到约束和规范作用。要引起对自我评估与市场监管的重视，确保知识产权不受侵犯，保障行业良性、稳定发展。应当完善资质认证标准体系。政府部门在下放责权、精简部门期间，行业协会应当根据西安当前发展现状制定科学的行业人才衡量标准。在此基础上建立健全认证体系，进而在确保人才实用的同时，规避资质证书无效的问题。

（3）发挥协调作用，加快会展行业资源的科学整合

科学整合会展行业资源，与国内外经济发展出众的城市进行针对性交流。这有助于掌握和分析当地会展业的发展优势与导向，进而做到资源的科学配置。围绕行业内的企业发展情况展开全面调研，掌握它们的实际需求，发挥好纽带作用，把企业与相关服务业面临的短板问题与建设性建议传递至政府部门，这有助于政府部门更加真实、全面地了解情况，进而制定具有较强针对性的策略，以此保障企业与行业的稳定、有序发展。注重民生：行业协会要发挥协调优势，及时掌握行业面临的困难与问题，并采取有效的应对策略，进而保障市场秩序和谐；组建专门的协调管理部门，有效规避因管理部门较多而导致的分工不明、相互推诿问题，同时要制定科学、可行的规章制度；涉及会展业的部门、行业间要保持沟通，依托会展业聚合作用的全面发挥，保障其他相关产业的稳定、有序、健康发展。

参考文献

[1]李兵水. 地方政府竞争力视角下西南会展业竞争力研究——以成都会展业为例[J]. 广西经济管理干部学院学报,2014(3):58-62.

[2]于良. 美国旅游人才培养:从教育谈起[J]. 旅游学刊,2015(9):4-6.

[3]赵旭. 西安会展业发展现状及策略[J]. 现代企业,2015(3):24-25.

[4]范夕霞. 青岛市会展业发展的 SWOT 分析与对策[J]. 求知导刊,2016(3):34.

[5]石静. 临沂市会展业发展的现状与对策研究[J]. 中国商论,2016(31):133-135.

[6]魏晓颖. 呼和浩特市旅游会展发展存在的问题及其对策[J]. 企业导报,2016(1):64-66.

[7]高国兴. 城市会展行业对城市发展影响分析[D]. 上海:复旦大学,2014.

[8]王怡. "一带一路"背景下陕西会展业空间布局结构调整研究[J]. 中小企业管理与科技(上旬刊),2018(4):35-36.

[9]西安会展网. 2018 年度西安市会展活动情况统计[EB/OL]. (2019-01-21)[2019-01-21]. http://xahzw.xa.gov.cn.

[10]西安会展网. 2016、2017、2018 年度西安市会展活动情况统计[EB/OL]. [2019-01-21]. http://xahzw.xa.gov.cn/ptl/def/def/index_1272_4884_ci_trid_3719793.htm.

[11]王瑞峰,李爽. "一带一路"倡议战略对中国经济发展水平的影响[J]. 技术经济,2018(1):122-128.

[12]陈楚. 西安会展业发展中政府角色定位研究[D]. 西安:西北大学,2019.

[13]刘晓惠. 会展产业发展的现状与对策研究——以陕西省为例[J]. 西部财会,2017(12):75-78.

[14]朱彦,赵月新. 西安市会展产业与城市经济增长的互动分析[J]. 现代经济信息,2018(14):488-489.

[15]V S McCabe. Strategies for career planning and development in the Convention and Exhibition industry in Australia [J]. International Journal of Hospitality Management, 2008(6): 222-231.

[16]David Anderson, Hiroyuki Shimizu. Factors shaping vividness of memory episodes: Visitors' long-term memories of the 1970 Japan World Exposition[J]. Taylor & Francis, 2007(2): 177-191.

[17]Akiko Yamazaki. Coordination of verbal and non-verbal actions in human-ro-

bot interaction at museums and exhibitions［J］. Journal of Pragmatics，2010（9）：2398－2414.

［18］Akiko Yamazaki. Coordination of verbal and non－verbal actions in human－robot interaction at museums and exhibitions［J］. Journal of Pragmatics，2010（9）：2398－2414.

供给侧改革视角下陕西"一带一路"沿线国家农产品出口贸易研究

周晓燕[①]

摘要： "一带一路"倡议是陕西农产品"走出去"面临的重要机遇期。经过多年的发展，陕西农产品"走出去"成效初显，陕西与"一带一路"沿线国家农产品贸易往来越来越频繁，贸易成果越来越丰富。但同时也存在着不足，集中体现在市场定位模糊、竞争力不足、农业合作交流不深入、互联互通的基础设施还不够完善、绿色贸易壁垒逐年升级、保障机制不够健全等方面。农产品供给侧结构性改革战略目标在于优化农产品供给侧各种要素及其配置，提高农产品供给体系的质量和效率，形成结构合理、保障有力的农产品有效供给机制。借鉴发达国家农产品供给侧结构性改革的成功经验，本文以供给侧改革下陕西农产品对"一带一路"沿线国家的出口为研究对象，首先分析了陕西农产品贸易发展现状，"一带一路"沿线国家农业发展概况。接着分析了"一带一路"倡议给陕西农产品发展带来的机遇并指出存在的问题。然后阐述了以美国为代表的农产品供给侧改革的国际经验。最后从供给侧改革的视角提出了促进陕西农产品对"一带一路"沿线国家出口的对策建议：加强基础设施建设，打造国际性的综合交通枢纽和物流中心；加快合作园区建设，抱团发展；创建品牌，提升核心竞争力；鼓励发展农产品加工业，优化农产品出口结构；推进新型农业合作模式，从源头防范绿色贸易壁垒；完善公共服务体系，强化环境保障。

关键词： 供给侧结构性改革；陕西；"一带一路"沿线国家；农产品贸易

---

① 西安外事学院陕西自贸区研究院副教授。

一、引言

20世纪末至21世纪初，国际社会发生深刻的变化，国际多边贸易体制陷入困境，世界贸易组织（WTO）谈判进程缓慢，区域经济合作兴起，国际贸易规则面临新的挑战。此外，世界多极化的发展促进了大量的新兴经济体的崛起，这些国家主要分布在东南亚、南亚、中亚、西亚等地区，它们的发展愿望极为强烈。同时，对于我国来讲，构建命运共同体、整合亚非欧大陆、提高区域合作水平是我国经济发展的迫切需要。因此，2013年9月和10月，习近平总书记分别在哈萨克斯坦的访问和亚太经合组织领导人非正式会议中，正式提出了共建"一带一路"的重大倡议，并很快在国际社会得到了广泛的关注。第71届联合国大会决议指出，希望国际社会通过"一带一路"等经贸合作倡议，因为"一带一路"沿线国家的资源禀赋不同，经济互补性非常强，所以沿线各个国家和地区之间合作的潜力巨大。2015年3月，"一带一路"的建设进入初步实施阶段，是我们国家新时期优化对外开放格局、加强与"一带一路"沿线国家之间的合作互补、促进共同发展和繁荣的重要举措。"一带一路"不是一项简单的国内发展战略，而是一项有着极为重大意义的国际倡议，其覆盖了亚洲的绝大多数国家、非洲和大洋洲的一部分国家以及欧洲的主要国家，覆盖的国家众多。

供给侧改革是针对需求管理而提出的宏观经济学的政策概念，产生于20世纪80年代初，出发点是彻底批判凯恩斯主义。凯恩斯主义的核心是注重需求侧的管理，通过刺激需求达到经济调控目的，其典型工具是货币政策。制度经济学代表人物之一、美国著名经济学家舒尔茨说过，"任何制度都是对实际生活中已经存在的需求的响应"。随着中国经济进入转型升级的新阶段，一些制度体系已严重滞后，进而提出了创新制度供给的迫切需求。所有这些需求加起来，可以概括为一句话：发挥市场配置资源的决定性作用和更好地发挥政府作用。这主要是因为虽然我国实行社会主义市场经济体制已有30多年了，但迄今为止仍然只能称为"半拉子"市场经济，在影响经济增长至关重要的土地、劳动力、资本、创新等要素方面，还存在着十分明显的供给抑制与供给约束。现在制度结构、生产结构已经不能满足庞大的中等收入家庭的各类新需求，不利于中国各类消费潜力、改革红利的释放。正是在这个意义上，党的十八届五中全会才会提出"释放新需求，创造新供给"的号召。2016年1月27日，中共中央总书记、国家主席、中央军委主席、中央财经领导小组组长习近平主持召开中央财经领导小组第十二次会议，研究供给侧结构性改革方案。2017年10月18日，习近平同志在十九大报告中指出，深化供给侧结构性改革，建设现代化经济体系，必须把发展经济的着力点放在实体经济上，把提高供给体系质量作为主攻方向，显著增强我国经济质量优势。供给侧结构性改革，就是从提高供给质量出发，用改革的办法推进结构调整，矫正要素配置扭曲，扩大有效供给，提高供给结构对需求变化的适应性和灵活性，提高全要素生产率，更好满足广大人民群众的需要，促进经济社会持续健康发展。

2016年1月中央一号文件提出，"加强与'一带一路'沿线国家和地区及周边国家和地区的农业投资、贸易、科技、动植物检疫合作"。2017年5月，中国发布《共同推进"一带一路"建设农业合作的愿景与行动》。中国与"一带一路"沿线国家的农产品贸易发展前景广阔，农业合作空间巨大。"供给侧改革"已经成为时下中国经济领域最引人注目的词汇，成为国家战略。陕西省政府在2017年5月发布了陕政办函〔2017〕45号文件即《陕西省人民政府办公厅关于促进农业对外合作的通知》，提出要利用"一带一路"优势，深化农业对外投资合作，扩大农产品贸易。陕西的农产品在国际舞台上质量不高、价格较低、形象较差，出口量上不去，究其原因，还是供给出了问题。"一带一路"战略给陕西的农产品贸易带来了新的发展机遇，要想抓住这个千载难逢的好机会，就要找出根本问题及原因，找出解决问题的办法。本文从供给侧结构改革的视角，找出陕西与"一带一路"沿线国家和地区农产品贸易的发展机遇，最终为促进陕西农产品对"一带一路"沿线国家和地区的出口发展建言献策。

二、陕西省农产品贸易现状

（一）陕西农产品生产现状

陕西是一个农业大省，横跨黄河与长江两大流域中部，纵跨三个气候带，由于其得天独厚的地理位置，具有明显的比较优势，非常适宜一些特色农产品的种植与生产。近十年来，陕西农林牧渔业总产值不断上升，年均增长率达14.7%，2015年总产值为2813.50亿元，同比增长2.6%。

在农业方面，陕西农产品产量不断增加，尤其是粮食、蔬菜和苹果的增长势头较为明显。2005—2015年，陕西省粮食、蔬菜、水果（尤其是苹果）的产量一直处于较高的水平，且呈现出不断上升的发展趋势。2015年，陕西省农产品产量由高到低排列：蔬菜产量为1822.53万吨，较上年增长5.8%；水果产量为1630.62万吨，同比增长4.9%，其中苹果产量占比63.6%，达1037.30万吨，较上年增长5.0%；粮食产量为1226.80万吨，较上年上升2.4%；奶类、肉类、油料、禽蛋、水产品及棉花产量分别为189.92万吨、116.15万吨、62.66万吨、58.06万吨、17.58万吨和3.86万吨。对于当前陕西农产品而言，棉花、油料、小麦、大豆等这些土地密集型的粮食产品及畜产品虽然得到了较大发展，但同国内外其他地区相比还存在一定的差距，比较优势不明显，国际竞争力也不强。与此相反，蔬菜、水果及粮食等劳动密集型农产品具有较强的比较优势，尤其是苹果连年丰收，产量迅速提高，在陕西农产品出口总量中占比较大，为陕西的经济增长增色不少。

（二）农产品贸易总体呈增长趋势

进入 21 世纪以来，陕西农产品贸易发展总体呈增长势头。数据显示，2005—2017 年，陕西省农产品进出口额虽然有一定波动，但大体呈上涨趋势，农产品贸易量从 2005 年的 29679.30 万美元增加到 2017 年的 95796.71 万美元，年均增长率为 10.3%。其中，农产品出口额增长较缓，由 2005 年的 268865.10 万美元增加至 2015 年的 60637.25 万美元，年均增长率为 6.5%；农产品的进口规模大体上一直在扩大，且增长速度快于出口，由 2005 年的 2814.20 万美元增长至 2015 年的 35159.46 万美元，年均增长率达 26.1%。

（三）农产品出口大于进口

数据显示，多年以来，陕西省农产品的出口额绝对值总是远大于进口额。其中以 2007 年和 2012 年最为突出，这两年间陕西农产品出口额均达到了 80000 美元，而进口总额不到 10000 美元，出口是进口的 8 倍还多。但这种顺差在逐渐缩小，且农产品进口增长速度要快于出口。从 2012 年开始，陕西省农产品出口额甚至开始出现下降趋势。以最近的 2017 年为例，陕西农产品出口额为 60637.25 万美元，而进口总额为 35159.46 万元。由此可见，近年来其他国家或地区对陕西省农产品的需求量依然很大，同时陕西省农产品的对外依存度也在逐渐提高。

（四）农产品贸易结构

2015 年陕西农产品贸易总额为 95796.71 万美元，同比增长 13.5%。陕西省统计年鉴数据显示，2017 年陕西主要出口的农产品有食用蔬菜、根茎及块茎、食用水果及坚果、茶叶及调味、含油子仁及果实、稻草秸秆及饲料、树脂、蔬菜水果等，尤其是蔬菜水果类，出口额达到了 33118.98 万美元，占陕西省农产品出口总额的一半以上。主要进口的农产品有肉类、乳品、蛋品、天然蜂蜜、含油子仁及果实、稻草秸秆及饲料、谷物、粮食粉类等，其中含油子仁及果实、稻草秸秆及饲料进口量最大，达到了 30479.05 万美元，占到进口总额的 86.69%。由此可以看出，2015 年陕西省农产品的出口种类要多于其进口需求种类，且对不同种类的农产品有差异化的进出口需求（见表 1～表 2）。

表 1　2015 年陕西主要出口的农产品及金额

农产品	出口额/万元	农产品	出口额/万元
果蔬汁	151492	食用油籽	1248
苹果汁	140573	大豆	1223
鲜、干水果及坚果	45781	花生、花生仁	25
柑、橘	885	谷物与谷物粉	430
鲜苹果	34681	稻谷与大米	50
粮食	13419	茶叶	411
淀粉块茎及薯类	305	乳品	284
豆类	12684	水海产品	280
干豆	11461	食用植物油（包括棕榈油）	26
蔬菜	6427	菜籽油	25
烟（烤烟、纸烟）	3874	菜籽油和芥籽油	25
天然蜂蜜	3483	烘焙花生	10

表 2　2015 年陕西主要进口的农产品及金额

农产品	进口额/万元	农产品	进口额/万元
大豆	137090	原木	548
棉花	6863	食用植物油	59
纸浆	1886	鲜、干水果及坚果	57
配置的动物饲料	1137	冻鱼	53
饲料用鱼粉	1065	其他植物油	10
锯材	887	谷物与谷物粉	1

三、"一带一路"沿线国家农业发展概况

"一带一路"沿线国家和地区指的是"一带一路"沿线 64 个国家和地区，划分为中亚、蒙俄、东南亚、中东欧、南亚及西亚、中东等 6 个区域。从沿线国家和地区的基本情况来看，农业在大多数国家占据了重要的地位，耕地资源普遍较为丰富，但农业技术落后，总体农业生产水平普遍偏低。

（一）农业产值在"一带一路"沿线国家的总产值中占有较大比重

农业产值在"一带一路"沿线国家的国民经济产值中普遍占有较大比重，特别是巴基斯坦、老挝、柬埔寨、尼泊尔等国家，农业产值占 GDP 比例已经达到了 20%，中亚五国中，乌兹别克斯坦、塔吉克斯坦、吉尔吉斯斯坦的农业产值占 GDP 比例也超过了 15%。

（二）农业土地面积占全国土地比重和人均耕地面积在全球处于领先状态

从农业土地占比来看，"一带一路"沿线国家农业土地用地占全国土地面积比重较高。蒙古、哈萨克斯坦等国家农业土地面积占比达到了50%以上。从人均耕地面积来看，"一带一路"沿线大部分国家的人均耕地面积都比中国要高，特别是中亚五国、中东欧国家、东南亚国家等的耕地，有很大一部分未被合理利用，具有很大的农业开发潜力。

（三）"一带一路"沿线国家总体农业生产技术水平较低

"一带一路"沿线国家虽然在农业资源上具有先天优势，但在技术应用等方面明显不足，农业生产水平普遍偏低。以谷物单产水平为例，"一带一路"沿线国家如俄罗斯、蒙古、中亚五国、西亚、南亚诸国谷物单产水平普遍偏低，其中土库曼斯坦、蒙古等国家的谷物单位面积产量只有中国的1/4左右，农业生产技术水平亟待提升。

四、"一带一路"倡议给陕西农产品发展带来的机遇

（一）一带一路倡议给陕西农产品发展带来的机遇

陕西在"一带一路"建设中有较为明显的区位优势和农业比较优势，陕西应抓住"一带一路"建设机遇，促进农产品贸易发展。2015年10月，陕西省出台了《加快实施农业"走出去"战略的若干意见》，对陕西农产品融入"一带一路"作出了部署，明确指出要积极搭建"一带一路"合作交流平台，有针对性地与丝路沿线国家在果业技术交流、牧草种植加工、畜牧养殖示范、加工物流中心等方面加强合作，取得积极进展。

一是拓展了农产品的市场空间。在"一带一路"倡导的区域合作框架下，通过逐步建成高水平的自贸区网络，必将推动形成公平、合理安全、稳定的区域农产品市场体系，使沿线各国家和地区能平等、安全地分享各国和地区经济发展、农产品市场增长带来的利益。"一带一路"国家和地区与中国西部相邻，而陕西又是西部的核心区域，积极融入"一带一路"建设，有利于拓展陕西农产品的发展空间，形成覆盖"一带一路"区域的农业供应链，对促进陕西农产品建立全球价值链有利。

二是搭建了农产品的国际合作平台。在"一带一路"倡议下，立足于我国的农业特色优势，围绕"一带一路"沿线国家和地区的重点涉农企业、农特产品，我国搭建了会展机构协作办展、组团参展、交流合作、高峰论坛等平台，促进了国家和地区间的务实农业合作。陕西农特产品丰富，农业技术先进，要积极主动融入"一

带一路",利用好这些平台,加快农产品"走出去"步伐。

三是有利于推动农产品加工业的转型升级。农产品加工业是陕西农村经济的支柱产业,也是农业现代化的重要支撑力量。但陕西农产品加工业总体大而不强,经营分散、规模偏小、标准化程度低,这与现代农业产业体系建设不相适应,与工业发展转型要求不相适应,与城乡居民不断升级的消费需求不相适应。在加快农产品"走出去"的同时,也在倒逼农产品加工业的转型升级。

(二) 陕西农产品融入"一带一路"沿线国家现状

首先,农产品双边贸易额增长迅速,我国对沿线国家的贸易逆差实现反转。2010年以来,我国与"一带一路"沿线国家的农产品贸易水平增长迅速,到2016年我国与沿线国家的农产品双边贸易额达到了555亿美元,与2010年农产品贸易额288亿美元的水平相比几乎翻了一倍,占到了同期中国对外农产品贸易总额的30.07%。随着"一带一路"倡议的不断推进,沿线国家已经逐渐成为我国尤其是陕西农产品的主要贸易合作伙伴。

其次,陕西与沿线国家农产品具有良好的互补性,贸易区域主要集中在东南亚。从产品结构来看,沿线国家各有优势。陕西出口的农产品主要集中在水果、蔬菜等方面,中亚国家主要出口粮食和棉花等土地密集型农产品,蒙古、俄罗斯凭借其丰富的土地资源在谷物类产品方面具有竞争优势,南亚国家则在肉类、水产品、水果等农产品方面具有竞争优势,中东欧国家在肉类、谷物、烟草等农产品方面具有竞争优势,西亚国家在蔬菜、水果产品上具有竞争优势,而东南亚国家凭借其良好的气候条件和自然资源,在水产品、糖制品、烟草、天然橡胶、动植物油脂等多个方面具有竞争优势。从各国的优势产品结构来看,"一带一路"沿线国家的优势农产品与陕西存在着较大的不同,尤其是东南亚、南亚和中东欧国家,除鱼及鱼制品外,其他优势的农产品均与陕西农产品存在互补性,具有较大的农产品贸易合作潜力。

最后,就目前陕西农产品融入"一带一路"建设的发展现状而言,正处于追赶和超越的阶段。陕西省作为"一带一路"建设的主要节点,在发展过程中要以建设内陆改革开放新高地为统领,努力成为承接东部和全球产业转移的首选之地,建立海上丝绸之路的交通,制定并出台一系列规划和措施。只有和"丝绸之路"沿线国家以及地区在经济、科技、文化等方面开展富有成效的交流和合作,才能为"一带一路"建设奠定坚实基础。目前陕西举全省之力,正在整合参与"一带一路"建设的农业资源,积极申报"丝绸之路"经济带自由贸易试验区,努力建设能更好辐射带动对外开发的新高地。在农业参与"一带一路"建设过程中,必须以技术为核心,以相应的资本为纽带,以农业种植和加工企业为主体,以市场为导向,逐步建设国家资助创新示范区和国家全面创新改革试验区,加大陕西省金融改革创新力度,努力建设在丝绸之路经济带上具有影响力的金融中心。

五、陕西农产品参与"一带一路"建设中存在的问题

尽管陕西与沿线国家农产品贸易水平不断提升,但陕西与"一带一路"沿线国家的农产品贸易合作并非一帆风顺,仍然存在诸多问题,在不同程度上影响了陕西与"一带一路"沿线国家农产品贸易的健康发展。

(一)市场定位模糊

大量实例表明,陕西农产品参与"一带一路"建设的关键在于明确农产品的市场定位。但我国"一带一路"建设的起步比较晚,很多制度、规范、体制还不够完善,对农产品市场定位还存在模糊不清的问题,很大程度上限制了农业参与"一带一路"建设的步伐。例如,苹果、猕猴桃产业等还没有形成属于自己的品牌和标志,也没有明确陕西农产品在国际市场上可以提供什么产品来满足客户群体的需求。

(二)竞争力不足

竞争力是一个国家、企业获得持续稳定发展的前提条件。在"一带一路"大环境下,古"丝绸之路"上各大城市和国家都获得了良好的发展机遇,都在争先恐后地发展该区域的核心竞争力。陕西省属于内陆城市,在一定程度上限制了市场信息流通的速度,虽然在互联网的背景下,信息传输的速度大大增加,但缺乏真实性和可考察性,导致陕西出产的农产品市场信息的时效性不高,大大降低了农产品融入"一带一路"建设的竞争力。

(三)农业合作交流不深入

农业合作交流不够深入,是目前约束陕西农产品参与"一带一路"建设的主要因素。在种源引进、农业设施设备、农业创新技术交流、人才培训、农产品精深加工等领域开展多层次、多形式的国际交流合作还不够深入,导致陕西农产品在产量、种类、品质等方面一直难以取得重大突破。

(四)互联互通的基础设施还不够完善

农产品具有季节性特征,不易保存,因而农产品贸易对物流的要求格外高。高效快捷的物流配送服务是提高和改善陕西农产品贸易的关键,而互联互通的交通、物流、信息化建设等则是提升物流配送服务的必备基础设施。从目前来看,由于"一带一路"沿线的国家大多是发展中国家,其交通运输、商贸物流、信息化基础

设施投入长期不足，基础设施普遍比较落后，特别是缅甸、老挝、柬埔寨等国的道路交通发展水平严重滞后，许多道路建设标准低于东盟地区的基准，在一定程度上影响了陕西与"一带一路"沿线国家农产品贸易的合作与发展。

（五）绿色贸易壁垒逐年升级

随着社会经济发展水平的不断提高，人们对于农产品的质量要求不断提高。同时随着贸易保护主义的抬头，陕西在对"一带一路"沿线国家的农产品出口贸易过程中，遭遇到的绿色贸易壁垒逐年升级。以马来西亚、新加坡等沿线国家为例，他们对于进口的农产品制定了高标准的农产品检验检疫标准，陕西在出口蔬菜、水果、茶叶等产品时常常由于化肥、农药残留指标不达标等原因被退货，导致出口企业损失惨重，影响了陕西农产品贸易的健康发展。

（六）保障机制不够健全

建设完善的保障机制是农业参与"一带一路"建设的关键和前提，也是保证相关工作能顺利开展的基础。但就陕西目前农业发展的现状而言，各种保障机制还不够完善，在一定程度上限制了陕西农产品参与"一带一路"建设的效率。

六、农产品供给侧结构改革的国际借鉴

我国既是农业大国又是人口大国，农产品供给侧结构均衡关系国民经济与国计民生，亟须大力推进农产品供给侧结构性改革，转变经济政策思维范式，激活农业企业活力。然而，长期以来我国农产品分散经营，农产品流通体制较为落后，因此，我国农产品供给侧结构性改革的实践经验相对匮乏，有必要借鉴发达国家的成功经验。纵观西方国家现代农业改革实践，从20世纪50年代西德艾哈德总理实施社会市场经济政策，到80年代英国撒切尔政府的经济政策改革，均是以"小政府、大市场"为战略目标的供给侧改革。美国是世界农产品生产大国和贸易强国，玉米和大豆出口量占世界的3/4。然而，美国也曾经历诸如艾奥瓦州大豆滞销、加利福尼亚州橙子积压和华盛顿州牛奶大批倾倒等农产品供给结构失衡的困境。美国在优化农产品供给侧主体要素、产品要素、资金要素、信息要素、技术要素和制度要素等方面积累了宝贵经验，值得我国参考借鉴。

（一）农产品供给侧主体要素：主导生产与销售的农业合作社

农业合作社是美国农产品供给侧核心主体之一，有效联结农户、生产商、分销商和物流服务商等农产品供给侧成员。目前，美国小麦、玉米和大豆等大宗农产品，

以及葵花籽、胡萝卜等小品种农产品，均形成了相应的农业合作社，其在提高农产品生产规模和销售额、提升农产品质量、实施农产品品牌营销等方面作用巨大。

West Central Cooperative 农业合作社（以下简称 WCC）成立于美国艾奥瓦州，目前拥有大豆种植农户和渠道商等社员 3500 余人。WCC 是大豆生产加工标准的制定者，主要从事大豆相关产品深加工及销售，拥有大豆榨油厂、大豆生物柴油厂和饲料加工厂等。在大豆生产方面，2015 年 WCC 投资 270 万美元进行技术研发和设备投资，大幅度提高大豆产品的生产规模与产品质量，大豆产品销售量增长幅度达到 10%。在大豆销售方面，2008 年 WCC 构建了全天候线上谷物交易服务平台，提供准确的、丰富的大豆产品供求信息，在提高大豆产品销售额、实现大豆产品供求平衡等方面卓有成效。

加利福尼亚州 Sunkist 种植者股份有限公司（以下简称新奇士）是世界上历史最悠久、规模最大的柑橘合作社，目前生产经营柑橘及果汁产品 600 多种，拥有 6000 多个合作果农、60 多家本地产品包装企业。目前，新奇士产品占美国本土柑橘市场 50% 以上的份额，海外市场份额每年以 0.5% 的速度递增。新奇士基于"公司＋果农"供应链模式，为果农提供柑橘种植技术研究成果和种植指导服务，果农负责提供柑橘产品，新奇士实施品牌商标授权计划，投放全球广告。新奇士品牌营销坚持以产品质量为前提：一是选择阳光充足、降水充沛的加利福尼亚州作为种植主产区，运用先进农业科技精确计算脐橙、葡萄柚和柠檬等不同品种柑橘的成熟期，向市场供应不同质量档次的多样化产品；二是设立规范的质量检验标准，实施内部巡查监督制度，明确质量责任主体；三是运用先进科技进行全自动流水线分级、挑拣和包装，提高产品外观、色泽的标准化程度。由此可见，农产品品牌营销可实现农产品供给侧价值增值，扩大农产品市场份额。

（二）农产品供给侧产品要素：优质高端的有机农产品

美国有机农业方兴未艾，已成为现代农业结构升级、农产品供给侧结构优化的重要路径之一。1990 年美国国会通过了《有机食品生产法案》，2000 年美国统一了全国有机农产品生产、运输和加工标准，2002 年美国建立了有机农产品认证体系。近年来，美国农业部设立 5000 万美元基金资助有机农产品的生产、流通与营销工作，全面提高农产品供给侧质量水平，更好地满足消费者对高质量农产品的需求，实现农产品供给侧与需求侧的有效对接。国际有机运动联盟统计信息显示，2012 年美国有机农产品零售额 2847.5 美元，占全球市场的 44%。据美国有机农业协会报道，2013 年美国有机农业产值 315 亿美元，年增长率 10.2%。可见，美国已发展成为世界有机农业生产和消费大国。美国农业部通过价格红利、信息管理系统和技术支撑等途径，推动有机农业持续健康发展。近年来美国有机水果、有机蔬菜和有机奶制品的产量、贸易额和销售量均持续增加。可见,有机农产品的高效供给较好地满足了市场对高端农产品的需求,实现了农产品供给侧与需求侧的结构均衡,提供以有机农产品为代表的安全、优质的农产品成为农产品供给侧质量升级的发展趋势。

(三)农产品供给侧资金要素:强而有力的农业保险

美国发达的农业保险政策,是保障农产品供给侧价格合理、资金流动顺畅,增强农产品抵御自然灾害能力,降低农产品市场不确定性风险的重要工具。美国是世界上最大的玉米生产国和贸易国,2012年美国遭受50年不遇的严重旱灾影响,美国玉米产量大幅下降,但玉米价格上涨,美国农民玉米收入甚至创历史新高。"农业遭灾而农民增收"现象背后,正是美国农业保险制度在发挥效力。美国农业保险险种包括多种风险农作物保险、团体风险保险、实际产量历史保险、单产保险和收益保险五大类。在上述案例中,2012年美国玉米保险面积为8100万英亩,占美国玉米种植总面积的85%,其中,收益保险占88.1%。同年,美国小麦、大豆和棉花的农业保险覆盖率均达到85%以上。可见,美国建立了完善的农业保险体系,主导了玉米、小麦和大豆等大宗农产品的国际市场价格,保障了农产品供给侧效率与农民收益。当前,美国农业保险政策不断发展完善,针对不同地区、不同农产品以及不同农产品设计差异化的农业保险险种,政府投入的财政补贴资金水平稳步上升,充分调动了保险公司和农场主参与农业保险的积极性。

(四)农产品供给侧信息要素:严谨周密的农业信息监测预警体系

美国农业部是农业统计信息管理的权威部门,自1863年7月开展第一次农作物产量调查后,逐渐形成了规范的、持续的农业信息监测预警体系,负责对农业信息进行采集、整理、统计和发布,提高了农产品供给侧信息的准确性、丰富性和权威性。美国农业部每年发布如《世界农产品供需评估报告》和《国内外农业展望报告》等农业信息统计报告超过400份,成为国际农产品供求信息的风向标,有效地实现了农产品供求平衡。美国农业统计局信息统计覆盖美国52个州和地区的200多万个农场,涉及120种农作物和45个畜禽产品,包含美国各地农场个数,各种农作物的种植面积、产量、库存量、平均价格分析等。比如,美国华盛顿州果树协会参与农业信息采集,按照农业部标准收集苹果的品种、质量分级、尺寸规格、运输包装类型和运输量、库存量等数据。以每月发布的《世界农产品供需评估报告》为例,该报告涵盖了美国农产品各个品种的供求平衡表,包括美国主要谷物、大豆、棉花和畜产品等供求平衡状况及价格走势,具体包括农产品各个品种的期初库存、产量、进口量、国内消费量、出口量和期末库存等。此外,该报告还对农产品国内外销售信息进行统计汇总,在农产品供求平衡表的基础上增加了农产品播种面积、收获面积、平均单产量等内容。目前，美国农业信息监测预警体系拥有专业的信息统计机构和科研团队，形成了权威的信息发布制度。一方面，美国农业部及经济研究局、营销服务局和农场服务局下属官方部门，以及美国食物政策研究所等科研机构，还有专业的农业咨询研究公司等多方参与，开展产学研合作；另一方面，各类农业信息报告发布前均经过闭门会议流程，专家团队对各类供给信息进行讨论并达成共识，对信息及讨论结果进行审核。由此，美国农业信息监测预警体系保证了信息报告的严谨性、公信力和影响力。

（五）农产品供给侧技术要素：科学先进的农产品物流技术

美国通过农业技术进步推动农业生产突破资源禀赋约束，提高农产品生产效率，降低农产品流通成本，促进农业产业结构升级。美国农业人口数由19世纪中期占人口总数的64%下降到目前的不足2%，美国农场数量从20世纪50年代的680万户降低至如今的200万户。先进的农业科技为美国农产品物流体系"大生产大流通"提供技术支撑。美国玉米、小麦、大豆、蔬菜和水果等专业化生产集聚区域的农产品物流以直销模式为主，80%的农产品经过田间采摘以后，通过预冷、冷库、冷藏车、批发站冷库、超市冷柜的物流链条直接到达消费者手中，农产品物流环节的损耗率仅为1%。美国农产品物流技术含量高，注重道路、码头和冷库等农产品物流公共设施建设，进行科学的物流网点布局，从而提高农产品流通效率，降低生鲜农产品耗损率。例如，美国已形成从集装箱、小包装、托盘到运输设备、库房和搬运机械等一系列农产品物流标准化系统。此外，美国农产品物流储运设备的机械化程度高，有螺旋式输送机、可移式胶带输送机、低运载量斗式提升机等多种装卸运输设备，从而缩短了农产品运输周期，提高了农产品流通效率。又如，基于条形码技术建立的农产品溯源系统，使农业企业实时掌控农产品供应链物流动态，并且实现对农产品供应链、农产品质量安全回溯，提高了美国农产品流通的实时性和准确性。可见，发达的美国农产品物流技术提高了农产品流通效率，降低了农产品流通成本，实现了农产品供给侧流通环节的效益最优。

（六）农产品供给侧制度要素：快速高效的农产品召回制度

美国实施由农业部所属食品安全检验局（FSIS）、卫生和人类服务部所属食品和药品监督管理局（FDA）联合监管的农产品召回制度，并建立了完善的农产品召回法律体系，为农产品供给侧质量安全提供有力的制度支撑。农产品召回制度已成为美国加强农产品质量安全监督管理、保障农产品市场公平竞争和保护消费者人身安全的有效手段，它在降低农产品安全事件危害、明确农产品质量责任主体、降低农产品供给侧安全风险等方面成效显著。

美国农产品召回数量大,产品品种多,覆盖范围广。根据 FSIS 官方网站的数据统计结果,1995—2014 年,美国肉类和家禽产品召回次数总计 1217 次,召回数量总计 8.93 万吨,涉及牛肉产品(41.1%)、猪肉产品(5.1%)、鸡肉产品(23.3%)和其他产品(30.5%),共包含具体品种 409 个。农产品召回事件在各个州分布频率由高到低的前 10 位依次是:加利福尼亚州、纽约州、宾夕法尼亚州、伊利诺伊州、得克萨斯州、密歇根州、新泽西州、俄亥俄州、威斯康星州和明尼苏达州。一方面,美国对农产品召回的主体、范围和流程等进行了严格规定,促使农业企业自觉采取质量安全控制行为;另一方面,当发生农产品安全事件时,美国促使农业企业及时地、高效地收回问题农产品,如实公布农产品质量安全事件数据。美国农产品召回以完善的法律体系为基础,农产品召回的监管机构、实施程序、法律责任以及质量标准、检测方法等都通过法规条例进行了明确规定(见表3)。

表 3 美国农产品安全法律法规

法律法规及颁布时间	内容
《联邦肉类检验法》(1907 年 3 月 4 日)、《家禽产品检验法》(1957 年 8 月 28 日)、《蛋产品检验法》(1970 年 12 月 29 日)	明确肉类、家禽和蛋类制品检验的各种规程与标准,对国内生产和进口肉类、家禽和蛋类产品实施检验,保证安全卫生、标签及包装适当
《食用牛奶法》(1923 年 3 月 4 日)、《进口牛奶法》(1927 年 2 月 15 日)	规定牛奶国内贸易和进口采用许可制度,对牛奶生产、储存、运输及带菌指标、温度指标等明确检验规定
《联邦食品、药品和化妆品法》(1938 年 6 月 25 日)	取代了 1906 年《纯净食品及药品法》,对食物、药物、食品器皿、化妆品、伪劣食品、药品和化妆品等进行了定义
《公共卫生服务法》(1944 年 7 月 1 日)	明确严重传染病的界定程序,制订传染病控制条例
《公平包装与标签法》(1966 年 11 月 3 日)	要求食品有统一格式的标签
《食品质量保护法》(1996 年 8 月 3 日)	对食品杀虫剂制定了使用范围和限量标准,为婴儿和儿童提供特殊保护,要求定期对杀虫剂的注册和容许量进行重新评估
《生物恐怖主义法案》(2002 年 6 月 12 日)	强化进口食品的检验范围,开发进口食品快速检验技术
《FDA 食品安全现代化法》(2011 年 1 月 4 日)	对 FDA 监测食品生产者的方式、工具与频率等作出明确规定,并授权 FDA 可以对所有食品实施强制召回

自 1906 年第一部关于农产品安全的成文法《纯净食品药品法案》颁布到 2011 年奥巴马总统签署《FDA 食品安全现代化法》,美国农产品安全法律体系经过了百余年的发展历程,目前有超过 200 部法律法案,构成世界上最完善的公共卫生和消费者保护网络。其中包括《联邦食品、药品和化妆品法》《联邦肉类检验法》《家禽产品检验法》和《蛋产品检验法》等法律。

七、供给侧改革视角下陕西对"一带一路"沿线国家农产品出口贸易的发展策略

农业发达国家在农产品供给侧的主体要素、产品要素、资金要素、信息要素、技术要素和制度要素等方面的政策变迁与实践经验,对同样是对农业大国的中国尤其是陕西,在经济增长转型时期推行农产品供给侧结构性改革具有重要的借鉴意义。立足于我国农业产业化进程不断推进、居民消费水平持续提高和农产品质量安全危机频发的实际,在供给侧结构性改革视角下,促进陕西对"一带一路"沿线国家和地区的农产品贸易实现路径如下。

(一)加强基础设施建设,打造国际性的综合交通枢纽和物流中心

基础设施建设是陕西农产品参与"一带一路"建设的基础和保障。陕西是一个不沿边、也不靠海的内陆城市,对外开发大受限制,但在"一带一路"的框架中,陕西却成为连接中亚桥梁的主要纽带。比如:近年来,陕西完善交通基础设施投资900多亿元,高速公路里程超过5000公里,从2014年至2017年年中,陕西省新增铁路600多公里,"长安号"国际货运列车每天一班正常运行。截至2017年6月,陕西省共有24条国际航线和密集的国内航线等,这些基础设施的完善为陕西农产品走向世界奠定了坚实的基础。在交通物流等基础设施建设中,要以系统化的思维作好铁路、公路、航空综合立体交通的规划,在硬件设施建设、软件设施建设和政策汇聚后就会自然形成物流枢纽。

(二)加快合作园区建设,抱团发展

在"一带一路"大环境和全球经济一体化的趋势下,陕西要想充分发挥丝绸之路起源地的优势,就必须加快合作园区的建设,最大限度地提升陕西对外开放水平。具体而言,可以从以下几个方面入手。

第一,逐步适应国内企业区域经济一体化的发展趋势,逐步打通陕西面向长江流域和东部沿海经济带的进出口,并紧抓陕西西咸新区国家级新区建设机遇。第二,主动借鉴上海自贸区农业对外合作与交流的经验和启示,申请成立"丝绸之路"经济带陕西自由贸易区,重点发展国际配送、国际采购、出口加工农产品,以及离岸金融业务,并对海关特殊监督区管理制度进行探索和完善。第三,逐步拓展经贸交流渠道,充分发挥"一带一路"的平台作用。切实做好中国东西部合作和投资贸易洽谈会,办好"一带一路"的高峰论坛,努力打造国际化农业合作发展平台。同时还要充分发挥陕西杨凌农业高新区技术领域的优势和西安高新区产业优势,努力与

"丝绸之路"沿线的国家进行农业合作和交流,建设一批境外现代化农业示范园区,进一步推动"一带一路"事业持续稳定发展。

(三)创建品牌,提升核心竞争力

一个国际化大品牌不但能提高产品的市场竞争力,而且是一个国家的标志和象征,因此,陕西农产品在参与"一带一路"建设过程中,必须积极打造属于自己的品牌。比如:2016年5月25日,爱菊集团和哈萨克斯坦的合作,主要是出于食品安全考虑,看中了哈萨克斯坦地广人稀、作物自由散种、不施化肥农药的天然优势。这一项目也是"中哈产能与投资52个合作项目清单"中我国唯一的粮油加工型农业项目。爱菊是借助"一带一路"积极"走出去"的陕西农产品企业,但并不是唯一的农业企业。同时,为有效落实"走出去"的发展战略,陕西农产品在参与"一带一路"建设中要严格遵循《陕西省关于加快实施农业"走出去"战略的若干意见》中的规定,积极搭建"一带一路"合作交流平台,为实现陕西农产品"走出去"提供有效的保障。

(四)鼓励发展农产品加工业,优化农产品出口结构

针对陕西与"一带一路"沿线国家和地区的农产品贸易仍然以初级农产品为主、产品附加值偏低、竞争力薄弱的问题,为了改善当前对外农业贸易条件,应大力支持和鼓励企业发展农产品加工业,提高现有农产品加工的技术,提升农产品深加工能力和产品的附加值。相关企业应摒弃过去单纯追求出口数量的短视做法,转而以追求农产品的质量和信誉为目标,打造农产品的国际化品牌,通过质量和口碑赢得"一带一路"沿线国家和地区市场的认可。随着劳动力成本的攀升,中国的劳动密集型农产品的出口优势也会消失,同样需要调整低成本竞争战略,改变生产结构,加强培养高质量、高品牌影响力的农产品来适应新形势。

(五)推进新型农业合作模式,从源头防范绿色贸易壁垒

中国目前与东盟建立的自贸区合作模式已经取得了明显的成效,同时也起到了很好的示范作用。中国与"一带一路"沿线其他国家和地区的农业贸易合作可以以此为蓝本,在条件允许的情况下,可以与中亚地区、蒙俄地区等建立自由贸易区,促进多方的农业贸易交流。除此之外,还可以采取建立高新技术开发园区的方式,由局部向四周辐射,以点带面谋求更大的发展。针对绿色贸易壁垒问题,应从源头出发,致力于大力提高农产品的出口质量与卫生安全,如果陕西出口的农产品具有安全质量问题,应采取措施立刻召回问题产品并且追查安全问题的形成原因。可先停止该安全问题产品的加工生产,待查明产品是种植环节还是生产环节出现了问题

后，及时通过改善工艺技术来解决问题。如果是进口国对陕西出口的农产品存在有意的刁难歧视行为，应迅速向国际贸易主管的部门反映，通过在 WTO 框架内平等协商、提请仲裁等方式解决，切实维护好陕西农产品贸易的合法利益。

（六）完善公共服务体系，强化环境保障

服务就是生产力。一是要搭建好信息服务平台，全面收集、整理分析和发布"一带一路"农产品贸易信息，探索建立稳定的对外农业投资合作信息采集网络，实现资源共享、信息互动，并在信息共享的基础上组织专家进行分析。二是建立健全农产品行业中介服务网络。充分利用海外华人、华侨创办的中介服务机构，为境外涉农企业提供投资环境评估、法律、项目咨询等服务。三是加快培育以果业、粮食、畜牧、茶叶等为重点的行业协会、产业联盟等社会化服务组织，发挥行业自律、价格协调、应对贸易纠纷、抵御境外风险等方面的作用。

参考文献

[1] 李艳红. 对"一带一路"下我国农产品进出口的有关分析[J]. 中国市场, 2019(14):73-74.

[2] 张坤, 王昌建. "一带一路"沿线部分国家食品农产品标准与法规分析研究[J]. 中国标准化, 2019(5):144-147.

[3] 徐长松, 赵霞. 中国与"一带一路"国家农业贸易合作的现状、问题与前景展望[J]. 农业经济, 2018(10):130-131.

[4] 陈华英, 朱荣惠. 一带一路战略背景下的农产品国际贸易分析[J]. 现代商业, 2018(24):41-42.

[5] 陈广晓. "一带一路"农产品国际贸易未来发展趋势探究[J]. 特区经济, 2018(7):87-89.

[6] 田静莉. 推进陕西农产品供给侧结构性改革的思考与建议[J]. 时代农机, 2018, 45(7):33-34.

[7] 张首魁, 付冬琪. 农业供给侧结构性改革路径研究——基于陕西的考察[J]. 陕西行政学院学报, 2018, 32(1):117-122.

[8] 张建涛. 陕西省推进农业供给侧结构性改革的目标与路径[J]. 陕西理工大学学报（社会科学版）, 2017, 35(2):82-87, 102.

[9] 李燕华. "一带一路"发展与我国农业经济供给侧结构改革[J]. 农业经济, 2018(10):45-47.

[10]王乾星."一带一路"国家倡议下我国外贸供给侧结构性问题研究[J].新疆广播电视大学学报,2018,22(3):58-63.

[11]吴笛,高明月."一带一路"战略下我国农产品国际贸易发展问题及对策分析[J].南方农业,2016,10(24):94-95.

[12]张蓓.农产品供给侧结构性改革的国际镜鉴[J].改革,2016(5):123-130.

[13]何婧华.我国农产品对外贸易战略转型的实现路径研究——以供给侧结构性改革为背景[J].农业经济,2018(4):117-119.

[14]魏征.供给侧改革背景下我国农产品对外贸易国际竞争力分析[J].商业经济研究,2018(23):128-131.

[15]杨中柱.农业供给侧结构性改革背景下我国农产品出口贸易创新发展研究[J].河南工业大学学报(社会科学版),2017,13(6):7-11.

陕西农产品跨境电商发展研究

彭 勇[①]

摘要：我国已经成为全球贸易量最大的国家。受到新冠肺炎疫情等因素的影响，全球经济放缓，我国传统贸易方式受到明显的阻碍，经济下行压力巨大。跨境电子商务贸易却逆势增长，爆发出潜在的活力，将会是未来对外贸易的一种重要方式，因此需要我们对这种新的贸易方式进行研究，以便更好适应未来经济贸易的发展。当前陕西农业优势明显，具有很多优势农产品，但在传统贸易中农产品出口遇到了一些障碍。跨境电商的发展为陕西农产品贸易发展提供了一个新的途径。研究陕西农产品跨境电商的发展，对进一步扩大陕西农产品贸易具有重要的现实意义。本文在研究陕西农产品跨境电子商务发展现状的基础上，分析其存在的问题，对其发展面临的优势和劣势进行分析，最后提出了促进陕西农产品跨境电商高质量发展的对策建议。

关键词：陕西；跨境电子商务；农产品

一、引言

2020年随着新冠肺炎疫情的发展，全球经济复苏变得越发困难，全球外贸市场的发展面临较大的阻力，各国之间贸易摩擦不断增加，我国进出口贸易也遇到困难。目前传统的大单贸易受到贸易需求的小单化的挑战，跨境电商作为新的一种贸易方式正在崛起。商务部信息显示，我国2019年进出口贸易总额同比只增长3.4%，而我国跨境电商零售进出口额同比却增长了38.3%。跨境电商的增长势头迅猛，明显

[①] 西安外事学院陕西自贸区研究院讲师。

比传统贸易增速更快,因此需要我们更加关注跨境电商的发展。在跨境电商发展中,农产品跨境电商是其中重要的组成部分,近几年,随着我国农产品出口越来越多遇到国外绿色贸易壁垒加之国外贸易保护不断升级,传统农产品处在出口转型升级的关键时期。中国共产党第十九届中央委员会第五次全体会议提出要优先发展农业农村,全面推进乡村振兴,坚持把解决好"三农"问题作为全党工作重中之重。当前陕西农产品跨境电商有了很大的发展,但随之也暴露出一些问题,需要加以解决。通过研究陕西农产品跨境电商的发展,不仅可以提升陕西农产品竞争力,而且对于推进陕西乡村振兴,实现《中共中央关于制定国民经济和社会发展第十四个五年规划和二〇三五年远景目标的建议》具有重要的理论和现实意义。

二、陕西农产品跨境电商的发展现状

(一) 陕西农产品跨境电商的发展现状

1. 农产品出口规模不断扩大

随着跨境贸易渠道的不断扩展,众多优质农产品纷纷走出国门,陕西的农产品也源源不断地出口到世界各地,一部分已经成为国际市场的宠儿。在这一过程中陕西积极推动陕字号农产品畅销海外,通过实施农产品品牌建设使农产品进出口规模不断扩大。西安海关发布的数据显示,2020年第一季度,陕西农产品出口额同比增长51.9%,增势明显。其中,苹果汁出口额4.2亿元,同比增长1.4倍;植物提取物出口额2.8亿元,同比增长24.8%;苹果、梨出口额同比分别增长35.7%和1.6倍。此外,蔬菜、茶叶、烤烟出口额同比分别增长41.3%、11倍和2.6倍,农产品跨境电商约占到贸易份额的15%,正在推动陕西农产品贸易向更高层次发展。

2. 出口农产品主要为优势农产品

相较于其他省,陕西农业具有良好的气候和自然条件,国外消费者对陕西农产品消费需求巨大。如表1和表2所示,2014—2018年陕西整体上出口的主要农产品类型包括鲜果、干果及坚果、干豆、茶叶,其中具体作物又包括鲜活冷冻蔬菜、干的食用菌类、橘、橙、鲜苹果等。特别是陕西的水果、茶叶等出口增长明显,干豆、蔬菜基本保持稳定,而天然蜂蜜则下降明显。从2018年陕西主要出口农产品情况我们可以看出,干果及坚果(主要是苹果)、干豆、蔬菜、茶叶在整个农产品出口中所占的比重最大,占比分别为73.03%、15.42%、5.3%、4.64%,优势农产品占有绝对比重。正是在跨境电商推动下,农产品的结构性变化得到进一步强化,同时使得消费者有了更多的选择,其灵活性和多样性的特点将陕西农产品贸易推向更高的阶段。

表1 2014—2018年陕西主要出口农产品金额变化情况　　　　　单位：万元

年份	谷物	蔬菜	干豆	干果及坚果	食用油籽	天然蜂蜜	茶叶
2014	4140	3146	24276	54019	378	9101	100
2015	868	3525	9898	33833	10682	7046	9
2016	119	12944	13903	83471	5	593	5836
2017	562	6251	14989	71367	60	312	2497
2018	1200	4457	12848	60849	63	113	3782

资料来源：根据《陕西统计年鉴》（2019）数据资料整理。

表2 2018年陕西主要出口农产品出口额及比重　　　　　单位：万元

	谷物及谷物粉	蔬菜	干豆	干果及坚果	食用油籽	天然蜂蜜	茶叶
金额	1200	4457	12848	60849	63	113	3782
所占百分比/%	1.44	5.3	15.42	73.03	0.07	0.1	4.64

资料来源：根据《陕西统计年鉴》（2019）数据资料整理。

3. 跨境电商作用更加显著

与传统农产品贸易方式相比，跨境电商的发展有力地促进了农产品贸易方式的创新与转变，较好地解决了以前传统贸易成本过高、效率低下等问题。跨境电商在进出口零售领域中作用巨大，消费者在跨境电商平台可以买到国外优质农产品，而国内优质农产品也可借助跨境电商渠道源源不断地销往海外市场。数据显示，2019年陕西省农产品网络零售额为73.95亿元，同比增长70.3%，洛川苹果、周至猕猴桃、临潼石榴、紫阳富硒茶等借助跨境电商渠道已经走出陕西，成为陕西优质农产品品牌。同时，陕西省自营电商平台也不断涌现，如跨境电子商务平台洋货码头，涉农电子商务平台百味网、逛集网，形成了一批本土特色的电子商务平台。目前随着全省跨境电子商务的不断发展，全省电商产业呈现出蓬勃发展的势头，已成为陕西省农业经济发展的一个新的亮点。

（二）陕西农产品跨境电商的发展模式

陕西目前主要农产品跨境电商模式：一是跨境B2B模式。本省生产商将农产品通过自有或跨境电商平台（如阿里巴巴国际站、敦煌网、大龙网等）卖给海外经销商，消费者通过其他渠道再从海外经销商那里购买获得农产品。在陕西，农产品跨境电子商务B2B模式一直都占据主要的地位，今后也将是主要的跨境电商模式。近年来陕西对跨境农产品电商的扶持力度不断加大，特别是加强了与"一带一路"沿线国家B2B的在线交易，尤其是与沙特阿拉伯、哈萨克斯坦、俄罗斯等特定经济体之间不断扩展国际合作,通过开通跨境电子商务绿色通道为外汇结算、通关、农产品运输等方面提供便利,同时通过提供多角度、全方位、多层次的互动式服务,为生产商、贸易商和消费者提供沟通渠道,极大地深化和发展了与这些国家的农产品贸易。跨境 B2B 电商的转型升级也推动了"新零售"时代的到来。在传统农产品跨境电商模式下,线上完成买卖双方信息撮合,线下完成交易并支付;"新零售"电商模式则完全不同,它通过向买者和卖者提供数据服务,同时使双方当事人在信息流和资金流上高效统一,整个贸易链条形成交易闭环,达到全流程交易和全方位覆盖。但就目前来说,农产品跨境 B2B 电商并没有像国内电商那样拥有便捷的支付工具,需要进一步完善。二是跨境 B2C 模式。省内生产商通过自有或跨境电商平台(如亚马逊、全球速卖通、eBay 等),将农产品直接销售给海外消费者。B2C 模式减少了农产品流通中间环节,使其效率得到极大提升,同时也为消费者提供了多产品选择机会和优势价格。对农产品供应商来说,B2C 模式实现了农产品销售情况实时、多维度监控,并能通过大数据分析预估消费趋势,实行以销定产,规避滞销风险,收益更高。但相较于 B2B 模式,B2C 模式在物流服务、检验检疫、跨境法律、本地化服务最后一公里等方面仍存在诸多瓶颈,这也促使传统农产品跨境 B2C 电商模式转变,借助与本地商家的合作服务于海外消费者。

三、陕西农产品跨境电商发展中存在的问题

当前,陕西农产品跨境电商得到很大的发展,但在发展中仍然遇到一些问题,具体表现在以下几个方面。

(一)平台建设

1. 缺少平台综合服务能力

目前陕西农产品跨境电商平台缺少平台综合服务能力。农产品跨境电商平台要面对不同国家和地区的买家和卖家,在传统贸易中,企业往往只发挥中介的作用,而跨境电商平台要求为买卖双方提供综合性商业服务,主要包括产品信息、物流、融资、订货、下单、结算、通关、关税等一系列的活动,同时对买卖双方的利益都要予以保护。而从陕西农产品跨境电商服务平台发展阶段来看,其还处于缺乏综合服务能力、难以满足综合服务需求的阶段。另外,企业在发展战略的认识上也缺乏远见,不能制定企业的中长期发展战略,这就造成跨境电商平台的短视,使得跨境电商企业不够重视用户现有的诉求,更不会重视相关资源的投入,如资金、技术、售后服务等,这就导致了其平台综合服务能力不能满足发展的需要。

2. 专业性农产品跨境电商平台缺失

近年来,陕西农产品出口贸易额不断增加,跨境电商企业迅速发展,但在发展

的同时,专业的农产品跨境电商平台并没有几家,大多数企业仍然靠传统的综合性电商平台来开展农产品跨境电商业务。目前陕西专门做农产品的仅有西域美农一家平台,由于专业性平台过少造成不能覆盖全球主要市场。此外,由于专业性农产品电商平台的不足,使得农产品跨境电商企业不能很好地了解主要竞争对手的情况,对自己企业的优劣势没有一个清晰的认识,也就不能达到改善经营的目的,造成企业定位不够准确。

3. 与综合性跨境电商合作方式单一

目前陕西绝大多数农产品企业都是通过综合性跨境电商平台开展业务,在这一过程中,跨境电商平台只是一个销售的媒介,没有充分利用综合电商平台进行相关广告和推介合作接洽,也没有充分发挥平台的宣传作用,例如利用平台定期宣传企业品牌、特色农产品等。此外,由于缺乏行业合作精神,农产品企业多数没有与其他相关农产品企业进行合作,只是单打独斗,这就不能很好地形成合力,没有发挥集体宣传的优势,导致农产品企业在电商平台难以吸引消费者和买家的注意,业务拓展困难。

4. 缺少权威性行业发展规范

我国目前虽然已经出台了《关于实施支持跨境电子商务零售出口有关政策的意见》《关于跨境电子商务综合试验区零售出口货物税收政策的通知》《支付机构跨境电子商务外汇支付业务试点指导意见》《关于跨境贸易电子商务进出境货物、物品有关监管事宜的公告》等系列文件,但从实际执行的效果来看仍不能完全满足实际的需求。此外我国至今没有跨境电商服务方面的权威性文件,由于没有规范性的政策文件出台,跨境电商平台企业、农业企业在实际操作中遇到了一系列的困难,跨境电商平台和农业企业合作中容易产生纠纷,不利于进一步的合作发展。

(二) 农产品质量

1. 质量管理体系滞后造成农产品质量难以与国际接轨

由于质量管理体系滞后,使得我国农产品质量无法得到保障,这是造成我国农产品频繁受到国外绿色贸易壁垒影响的原因之一。我们在农产品生产中没有建立严格的检验体系和质量管理体系,造成发生农产品问题时很难对其源头进行追溯,这就给农产品售后服务埋下隐患。绿色贸易壁垒在发达国家的广泛实施使得我们的农产品遭受调查的品种越来越多,但是我们的农产品企业并没有及时将企业的质量管理体系与国际标准对接,也没形成系统的质量追溯体系,在农产品品质确认上还是以原有的"经验"来判断,也没有权威性的机构来对农产品进行等级评判,这就造成进口国所在市场对于农产品品质的认识与我方存在差异,进而影响农产品的进一步出口。

2. 缺少精深加工农产品

陕西农产品目前缺少深加工，多以简单加工为主，农产品出口附加值较低，仅有少数企业出口高附加值的加工农产品，精深加工农产品数量偏少，没有取得规模优势、品牌优势。此外由于农产品加工企业对消费者的喜好和需求缺乏了解，很少面对国外消费者，不能有效掌握国外消费者心理，又缺少对精深农产品加工技术的探索愿望和积极性，造成农产品加工较长时间处于停滞不前的状态。

3. 农产品企业品牌意识薄弱

陕西农产品企业还没有建立起品牌意识。品牌有助于提高市场对产品的认知度、认同感，对于保证产品质量、促进企业管理水平提升将产生不可估量的影响。但由于缺乏相关品牌意识，陕西农产品在跨境销售中成绩不够理想。主要原因是大多数陕西农产品企业所面对的消费主体仍主要是国内消费者，而国内消费者对于农产品品牌往往要求不高或根本没有品牌意识。另外农产品属于初级产品，在生产、加工、储存和运输中存在一些不确定的因素，容易造成产品质量的不稳定，给打造品牌带来一定难度，致使企业不愿意花精力和时间做好相关农产品品牌建设。

4. 特色农产品种类偏少

农产品是消费者日常生活中必需的产品，同一产品种类越多，消费者可选择性越强，其对产品尝鲜、猎奇的心理使得企业容易开拓新的市场。陕西主要出口农产品有苹果汁、茶叶、大枣等，而这些农产品并非陕西所特有的，周边省同样有这些品种，使得陕西在农产品种类上不具有太大的竞争优势。由于缺少特色农产品且农产品种类偏少，今后陕西农产品企业在努力开拓国外新市场的同时，还要维护原有国际市场，将面临一定的困难。

（三）冷链物流

1. 冷链物流企业信息化水平低下

在陕西冷链物流企业中地理信息系统、射频识别技术、全球卫星定位系统等先进软件的应用较少，造成冷链物流企业在农产品运输过程中很难全程监控其物流状态，造成"断链"情况的出现，这主要是因为相关企业物流信息化系统建设落后。企业信息化水平的低下，造成整个物流过程中农产品质量的不确定因素大幅增加，不仅在管理上给农产品企业和物流企业造成困难，更不利于消费者建立对产品质量的信心和农产品企业自身信誉的提高。

2. 未建立规范的冷链行业标准

陕西冷链物流企业多以中小企业为主，采用的冷库主要为简易冷库和家庭冷库，未建立规范的冷链行业标准，造成一部分农产品在运输过程中温度并未达到控制温度的要求，这是农产品企业在选择冷链物流企业前难以了解到的。还有一些冷链物流企业为了能降低运营成本在运输过程中调高温度,使得农产品在不适合的温度中运输,造成产品品质下降。结果是消费者认为农产品质量不好,对农产品企业的产品信任感大幅度下降,不利于农产品跨境电商企业的进一步发展。

3. 缺乏先进的冷链物流企业管理机制

目前陕西大多数冷链物流企业大都采取农产品由客户自己封装处理入库的办法,装卸作业仍是采用传统的人工方式,客观上容易造成农产品入库统计失真、入库耗费时间长、运行效率低等各种问题。众所周知,农产品运输中会有一部分的物流损耗,因此几乎没有人提出需要物流企业对农产品损耗承担责任,这就使物流企业缺乏自主创新动力,不能积极通过改进管理、降低损耗来争取更多的用户。

4. 冷链基础设施投入不足

陕西多数能够进行农产品跨境电商业务的冷链物流企业,无论是冷库规模、冷藏车数量等方面都无法满足现有跨境电商发展的需要,而其他中小型冷链物流公司的设备往往已经使用较长时间,设施设备的维修保养成本较高。由于设备更新不及时,设备技术落后,冷链设施还用传统的人工方式设置温、湿度。此外缺乏专业机修人员也使得冷链设施不容易及时得到维护和保养,因此如何让农产品在到达消费者手中时仍然保持新鲜和高品质就成为一个亟待解决的问题。

(四)专业人才

1. 高校不能提供匹配的专业人才

目前在农产品跨境电商行业中,其综合人才比较稀缺,企业寻求相关人才主要是通过高校招聘。但目前陕西高校大多只有国际贸易、冷链物流、电子商务等单一专业,缺少农产品跨境电商综合性专业,使得企业在选择人才时不能直接利用高校的人力资源,只能选择学习单一专业的人员。企业还需要对新招聘的员工进行培训、沟通、传帮带等,帮助其掌握其他专业知识,使得企业耗费大量的时间和金钱,影响企业的长远发展。

2. 跨境电商专业人才缺乏

目前陕西跨境电商农产品企业大多没有开展跨境电商业务的专业人员,主要还是由之前从事国内贸易和营销的人员开展跨境电商业务。而之前从事国内贸易和营销的人员对传统业务熟悉,但对跨境电商业务中如何让国外消费者了解产品、如何对消费者进行产品营销不熟悉,需要一个重新学习的过程,造成企业在开拓国外市场时进展缓慢。另外这些营销业务人员往往需要兼顾线上和线下业务的营销,开展线下传统贸易活动业务往往是他们擅长的,这就造成他们对线上业务的疏忽。由此可见跨境电商专业人才的缺失,使目前开拓国际市场具有一定的难度,农产品跨境电商规模难以在短期内得到大幅提升。

3. 企业综合性人才稀缺

陕西农产品企业由于几乎没有熟悉冷链物流、跨境电商以及加工和销售等各个环节的综合性人才，使得企业必须花费大量的时间、资金和精力在原有人才的基础上进行重新培养。企业在各个环节都需要摸索、借鉴和吸收其他行业、企业的经验，这就有可能使企业错失占据国际市场的有利时机，不利于企业的进一步发展。

四、陕西发展农产品跨境电商的优势与劣势分析

（一）优势分析

1. 农业资源丰富

陕西自然资源丰富，生物物种多样，呈现东西窄、南北狭长的特点，横跨8个纬度和3个气候带。陕北地区干旱少雨、地域辽阔，具有建立优质小杂粮、薯类、牧草生产基地的独特优势；渭北草原气候、土壤要素组合良好，是闻名全国的优质苹果和优质专用小麦生产基地；关中平原土地肥沃，灌溉条件优越，又有邻近大中城市的区位优势，适宜建立大棚蔬菜、优质小麦、优质玉米及其他高效经济作物生产基地；陕南水热资源和植物资源丰富，工业污染少，是生产无公害蔬菜、茶叶、中药材及其他绿色产品的天然基地。目前陕西是全国水果种植第一大省，2018年水果总产量1566万吨，其中苹果产量1008.6万吨，占世界的1/7；猕猴桃、苹果汁产量占据世界的1/3。不论规模、数量、还是产量，陕西果业都稳居全国第一，这为陕西农产品跨境电商的发展提供了良好的农业资源基础。

2. 交通区位优势

陕西目前拥有超大规模的综合交通运输网，具有明显的交通区位优势。在航空方面：西安咸阳国际机场已成为西北地区最大的空中综合交通枢纽，旅客吞吐量全国排名第8位。未来西安咸阳国际机场将布局5条跑道，建设南主北辅两个航站区、东西2个航站楼群，航站楼总面积达到150万平方米。预计到2020年年末，旅客吞吐量达到5500万人次，机场运输起降达到38万架次，货运吞吐量达到50万吨。公路方面：西安是全国公路六大枢纽之一，目前已基本形成以"一环十二辐射"为主骨架的公路网和"米"字形高速公路网。铁路方面：西安北客站为亚洲最大火车站，是全国铁路六大铁路枢纽之一，未来将建成全国"米"字形高铁枢纽网，目前中欧班列"长安号"已实现常态化运行。西安正以西安咸阳国际机场、西安北客站和西安国际港务区为依托，构建对外运输大通道，加快打造具有更大辐射范围和集聚能力的国际性综合交通枢纽，以成为重要的客流、物流、信息流和资金流汇聚地，这为陕西农产品跨境电商的发展提供了良好的交通运输保障。

3. 跨境电子商务示范园区的建设

跨境电子商务示范园区的建设工作目前正在加快进行中，并且与跨境电商服务平台形成良好的对接，未来将实行便利快捷的通关检验流程，同时示范园区内的运营主体都将具备完善的配套基础设施，并提供完善的跨境电子商务公共设施服务保障。跨境电子商务示范园区具有明确的服务定位，可以为陕西的跨境电商企业提供备案、通关等一站式的服务。

4. 海关监管模式的创新

根据陕西原来的海关监管办法，之前农产品进出国内关境备案程序复杂，严重影响境内外农产品进出口的通关速度。而现在农产品从境外进入，按保税管理，这就降低了进出境的交易成本，相比于之前的报关制显得更为高效。原有报关过程中，报关单、备案清单都需要通过两次申报、两次放行和一次转关，而现在海关施行新的监管政策，允许凭进出境商品单据先将跨境商品送入监管区，之后再根据进出境商品备案清单进行申报，使得进入海关监管区的流程得以简化，为农产品跨境电商企业提供了快捷通关的便利条件。

5. 跨境物流行业发展优势

陕西目前跨境物流企业多数集中在陕西自由贸易试验区（以下简称陕西自贸区）、跨境电子商务示范园区，这些区域的建设对跨境物流行业产生了深远的影响，物流行业迎来了快速发展的机遇。以陕西自贸区为例，从自贸区建成至2020年6月30日，陕西省自贸区新设市场主体66047家，新增注册资本8049.29亿元。其中新设企业44487家（含外资企业521家），新增企业注册资本8027.32亿元（含外资企业注册资本28.67亿美元），新增注册资本亿元以上企业788家。其中物流企业约占企业总数的15%，其整体参与度较高。由于第三方物流企业大量入驻陕西自贸区从事高效的现代化跨境物流服务，使得商品的通关时间平均减少2~3天，极大地缩短了跨境物流的通关时间。与此同时，省内相应的园区由政府部门制定了物流相关的信息化标准，通过对跨境物流信息平台的规范建设，使跨境商品的信息在数据库实现同步，逐步实现物流信息的公开化，提高企业自身的服务质量和效率，不仅规范了跨境物流企业，而且为跨境电商消费者提供了有效的物流信息服务，提升了消费者的用户体验。这使得跨境物流行业能够适应和满足跨境电商的快速发展，适应整个跨境电商市场的需求。

（二）劣势分析

1. 跨境电商试点城市的竞争

我国目前已经开放的几十个跨境电子商务的试点城市中，各个试点城市都在为跨境电子商务的发展创造良好的环境，各部门也对跨境电商实施程度各不相同的扶持政策，通过相关优惠措施和服务体系的完善分别发挥各自特色。其中杭州的线上单一窗口平台模式和郑州全球物流体系的优势明显，给陕西农产品跨境电商的发展带来一定的竞争压力。

2. 一般出口模式发展不够成熟

到目前为止，在海关完成农产品跨境电子商务备案的商品种类不够丰富，相比于跨境进口电商商品，参与跨境电商的农产品的成交量不足且种类较少。一般出口模式中，农产品跨境电子商务相关的保障体系、支撑设施也不成熟，仍在逐步完善，相关出口业务的监管场所如铁路、机场和口岸也在不断建设中。

3. 进口灰色清关行为严重

跨境电子商务进口农产品大多以快递件和物流小包的方式进入国内市场，进口商或消费者在向海关部门进行进口申报时，为了节省税费故意低报商品的价格，导致相关税收的巨大损失，对国家税收政策产生冲击。

4. 国外知名跨境电商企业冲击

当前陕西农产品跨境电子商务的发展与发达国家相比，还存在着一定的差距，国外生产企业和跨境电子商务服务企业将会对其造成巨大挑战。例如国外高质量农产品生产商可以通过跨境电子商务以低廉价格给国内部分信任度较低的农产品生产企业带来冲击。例如，Paypal 公司是当前全球最大的第三方在线支付公司，在全球的支付市场上借助它支持的 190 个国家和 25 种货币的业务优势牢牢占据着在线支付的优势地位。UPS 和 DHL 等大的国际物流公司等也运用自己在技术方面的优势，几乎垄断国际物流快递业务。

五、促进陕西农产品跨境电商高质量发展的对策建议

（一）加快农产品跨境电商平台建设

通过农产品跨境电商平台，能够使相关农业企业更好地了解目标国消费者的偏好，更好地满足其对产品的需求。对企业明确出口市场和出口产品有指导作用。因此要扩大现有综合性跨境电商平台对农产品企业出口的服务范围，建立自有农产品专业跨境电商平台，更好地为农产品出口提供专业电商服务。

1. 加快建设专业性品牌电商平台

每个跨境电商平台在服务的内容和服务的对象上都存在不同，这主要是由平台自身的定位和特点来决定的，要从与其他竞争对手的竞争中取胜必须找到适合自己的行业。农业是陕西的重要产业，陕西农产品跨境电商目前处于初创期，拥有很大的发展空间。政府部门应发挥主观能动性，加强引导跨境电商企业与农产品企业通过合作发展，建设专业性农产品跨境电商平台。一方面有利于国外消费者更好地搜

索到相关农产品,减少消费者对跨境网购的种种担心,培养消费者对产品的忠诚度以及购买偏好;另一方面企业可以通过对消费者的购买数据的分析,改进相关产品以及自身的经营管理,更好地促进今后农产品跨境电商的销售。

2. 加强与综合性跨境电商平台的多样性合作

企业要想获得更大的市场份额,就需要不断寻我合作伙伴并扩展渠道,其中综合性跨境电商平台就是需要重点关注的,要主动与综合性跨境电商平台进行多样化合作。首先要发挥综合平台的宣传作用,争取在平台醒目、标志性强的板块进行广告宣传,吸引消费者的注意;其次要充分利用平台搜索引擎,在消费者搜索农产品相关字眼的时候,能够出现在页面的前面,使消费者能够关注到该产品;最后要在平台上利用国外相关节假日经常开展电商促销活动,通过活动积极吸引目标客户的注意。

3. 健全出口跨境电商平台质量监管体系

消费者在购买农产品时主要关注的就是农产品的质量,如果农产品质量出现问题,将对农产品跨境电商平台的声誉造成影响,进而影响其发展。因此对于在平台销售的农产品应严把质量关,平台要加强对相关农产品出口跨境电商企业的产品质量审核和认证;建立质量监管小组,并与有关政府监管部门联合加强监管力度;在平台中设立质量监管体系,一旦发现产品质量投诉和问题可以及时处理。政府主管部门应尽快制定与平台有关的质量监管法律法规,做到有章可循,各相关农产品出口企业也可通过联合行业各生产企业,建立行业自律组织,从而赢得消费者的信任,否则将不利于农产品通过跨境电商平台出口。

(二) 提升农产品质量

陕西要确保农产品在国际市场的竞争优势,必须要提升农产品质量,严格按照国际标准把控产品品质,只有这样才能更好地扩大国际市场份额。

1. 做好源头防控,加强农产品质量安全管理

要保障农产品质量安全,首先要在农产品生产的源头进行控制。在农产品生产过程中,生产企业要按照国外农产品的质量标准组织生产和加工,对肥料和饲料等进行科学合理的使用,严格控制相关物料的投入量;要健全农产品质量安全管理体系,对农药用量进行规范,学习掌握农药残留限量、残留检测方法。政府相关监管部门应定期公布相关抽查结果,加大对不合格企业的处罚力度,以确保生产的农产品达到国外农产品相关标准。同时要加大对企业使用农药等相关标准的宣传,促企业自己就能从源头上严格控制产品质量,为扩展国外市场打下良好的基础。

2. 通过相关农产品质量体系认证获得国际市场认可

目前农产品进入国际市场的敲门砖主要是通过相关农产品质量体系认证。作为农产品企业,要提升农产品质量,最主要就是使农产品质量与国际标准接轨,企业必须通过欧盟、HACCP 和 ISO9000 等各种质量体系认证。同时农产品企业还要密切关注农产品出口所遇到的相关技术性贸易壁垒,以此为依据与企业自身情况进行对照,避免遇到类似情况,针对性地采取相应措施主动规避和防范相应的风险。

3. 大力发展精深加工农产品

精深加工农产品在国外市场往往受到普遍青睐,主要是中高端市场对其需求比较旺盛,在同等质量下消费者往往会被加工农产品的加工深度所吸引。因此作为农产品加工企业,要积极了解国外市场尤其是中高端市场对农产品加工制品的需求,在原有品种的基础上,积极与高校、政府科研机构进行科研合作,开发出具有自己特色的新品种,同时要不断改进加工技术,不断培育新的产品,开发出满足国外消费者需求的精深产品,增强农产品的国际市场竞争力。

4. 注重农产品品牌建设,扩大农产品知名度

树立农产品品牌将有利于获得消费者的信赖和偏好,有利于消费者更好地识别所购买农产品的厂家或来源,对消费者之后形成持续购买行为将产生一定的引导作用。从目前陕西农产品跨境电商发展过程来看,陕西在农产品品牌上推广力度不够,相关农产品企业在种植、加工、销售等方面没有充分认识到品牌的作用,尤其是中小微农产品生产企业要增强品牌意识,自创品牌,通过品牌的树立推动产品的宣传推广,并在电商平台大力宣传自有的品牌与特色,利用品牌效应打开新市场。

(三) 提升冷链物流企业综合能力

冷链物流是农产品企业开展跨境电商业务不可或缺的一个环节,有利于降低农产品企业成本,又可提升农产品品质。要促进陕西农产品跨境电商发展,就需要不断提升冷链物流企业的综合能力,在与之相关的仓储、运输、配送等环节做好准备。

1. 加大冷链基础设施建设投入

冷链基础设施的好坏对于控制农产品物流成本,提高农业生产企业经济效益具有重要的作用。目前陕西也在积极推进冷链物流企业的建设,一方面要加大资金的投入,改善基础配套设施,为冷链物流企业创造好的外部环境。同时要加强监管,不符合冷链标准或运输中达不到冷链运输要求的企业必须限期整改。冷链运输企业要及时淘汰落后的冷链设备和技术,引进先进的制冷技术,对冷冻库、冷冻车进行及时更新;积极聘请相关技术人员和专家,对设施设备及时进行保养和维护,从而达到有效控制物流成本的目的。

2. 推进行业标准化建设

陕西冷链物流企业要积极推进行业标准化建设,加强物流企业之间的交流与合作,要以国家标准化委员会 2015 年颁布的《国家标准化体系建设发展规划

（2016—2020年）》为依据，在冷链物流的用语、计量、技术等方面进行规范，形成统一的标准。同时可以通过行业协会进行协调，建立标准的服务保障体系，努力提升冷链物流管理水平和服务质量，使得陕西冷链物流企业能与国际接轨，更好满足农产品运输的需要。

3. 建立健全冷链物流信息化水平

由于我国冷链物流企业物流起步较晚，与世界级冷链物流企业还存在很大的差距，尤其是在冷链物流系统信息化水平方面表现落后，而当前冷链物流追踪需要以信息系统作为支撑，因此就需要企业积极研发相关信息技术，同时要在此基础上引进先进的技术，并加以消化和吸收。另外，企业要努力提高自身的信息化管理水平，建立起冷链产品全程监控系统平台，使得农产品能做到从采摘到零售终端的全程冷链监控。

4. 提升第三方冷链物流企业竞争力

陕西目前大多数第三方冷链物流企业都是民营企业，由于企业规模的限制致使企业很难通过自身的实力提高技术和管理水平，因此需要相关冷链物流企业加强与大型冷链物流企业的联合，通过合资、合作等方式，利用大公司的管理制度、先进技术和设备，使企业竞争力不断提升。此外，第三方冷链物流企业在提供传统的仓储和运输配送业务之外，要积极提升增值服务能力，特别是满足冷链宅配、网络客户等新兴客户需求，向综合性冷链物流服务企业转型升级，巩固提升企业核心竞争力。

（四）培育综合性专业人才

人才是企业做大和做强的根本，是推动农产品深加工发展的重要条件，也是农产品企业持续发展的重要保障。陕西农产品生产企业要根据自身需求，培育适合企业发展的综合性专业人才。

1. 与学校、科研机构合作培养专业人才

学校、科研机构是培养人才的较好平台，农产品企业应积极与开设相关专业学校进行合作，可以将技校、高校教育与企业实际岗位人才需求结合。一是可以为在校学生提供实习岗位，这样学生实习后就能直接进入企业岗位进行工作。二是学校也可以为企业员工提供相关物流、农业、贸易等方面的教育，为企业发展进行知识技能的储备。此外要认识到农产品科研机构对农产品质量提升的重要作用，积极与农产品科研机构合作，通过产学研相结合的方式，为科研机构提供科研经费，同时利用科研机构的研究成果为企业开拓国际市场提供帮助。

2. 针对性培养农产品跨境电商综合性人才

农产品企业目前在发展跨境电商业务中，除了需要与农产品生产加工环节相关的种植、加工、销售人才，也需要有冷链物流和跨境电商等相关知识的综合性人才，从而促进产业行业的全面发展。综合性相关人才能在企业产品的生产、加工、运输、跨境销售各个环节参与应对出现的问题，而且能够根据出现的问题来找出企业目前存在的问题并进行改进。因此企业应发掘优秀的员工，并加以培养，也可以通过提高福利待遇、进修学习等措施提高现有员工的知识储备和技能，培养所需的综合性人才。另外，可将员工送往有业务关系的冷链物流、跨境电商平台等企业，让他们了解农产品跨境电商所涉及的各个环节的具体运作过程，使员工成为农产品跨境电商产业链的精通者，为企业未来做好人才储备。

参考文献

[1] 人民网. 中国共产党第十九届中央委员会第五次全体会议公报[EB/OL]. http://finance.people.com.cn/n1/2020/1029/c1004-31911522.html.

[2] 龙朝晖. 我国跨境农产品电商主流模式运行的困境与优化[J]. 农业经济, 2019(3):119.

[3] 乔旭亮. 上海自贸区建设背景下我国跨境电子商务发展问题研究[D]. 南宁:广西大学,2016.

[4] 陈木兰. 自贸区背景下福州经济技术开发区水产品跨境电商发展状况及对策研究[D]. 福州:福建农林大学,2017.

[5] 彭勇. 我国跨境电商农产品运行机制研究[J]. 中外企业家,2017(19):32.

[6] 盛慧娟,徐士元. 自贸区背景下舟山水产品出口跨境电商发展对策[J]. 安徽农业科学,2019(1):272.

跨境电商促进陕西特色农产品出口路径研究

周晓燕[①]

摘要： 特色农产品主要指依据当地原始地理地貌、土壤、水资源和人文环境等独特的生态环境，有着至少上百年生产历史，由传统生产工艺生产的具有地方特色的农业产品，包括当地特色农产品和特色农副产品。陕西是典型的农业大省，近些年来陕西特色农产品受到国内国际市场的广泛欢迎，出口量也不断增加。但与此同时，陕西特色农产品也面临诸如产销脱节、市场开发与产量不协调、信息传递不及时等急需解决的问题。跨境电商由于具有通关效率高、简化对外贸易流程、提升物流配送速度和外贸结算效率、降低产品出口成本等优势，日益受到人们的关注。基于此，本文第一部分描述了陕西特色农产品生产及出口现状，陕西特色农产品跨境电商发展现状；第二部分对陕西特色农产品跨境电商的发展实践进行了分析，进而指出陕西特色农产品出口跨境电商发展中存在的问题；第三部分运用 SWOT 分析法对影响陕西特色农产品出口跨境电商发展的内外部因素进行深入剖析；第四部分针对相关问题提出了陕西特色农产品出口跨境电商的发展对策，即加快陕西特色农产品出口跨境电商平台建设，树立陕西特色农产品品牌形象，完善陕西特色农产品跨境电商出口物流体系，大力培育陕西特色农产品出口跨境电商专业人才等。

关键词： 跨境电商；陕西特色农产品；出口

---

① 西安外事学院陕西自贸区研究院副教授。

一、引言

2016年中央一号文件提出"加强与'一带一路'沿线国家和地区及周边国家和地区的农业投资、贸易、科技、动植物检疫合作"。2017年,中国农业部、发改委、商务部、外交部四部委联合发布的《共同推进"一带一路"建设农业合作的愿景与行动》提出,要发挥沿线国家农业比较优势,充分利用相关国际金融机构合作机制与渠道,加大对农业基础设施和生产、加工、储运、流通等全产业链环节的投资。目前,中国与"一带一路"沿线国家的农产品贸易发展前景广阔,农业合作空间巨大。陕西省政府在2017年2月发布了陕政办函〔2017〕45号文件《陕西省人民政府办公厅关于促进农业对外合作的通知》,提出要利用"一带一路"优势,深化农业对外投资合作,扩大农产品贸易。

陕西是炎黄文明的发源地之一,在我国的发展历史中有着重要的地位。陕西人民在悠久的历史中创造出了灿烂的文化,这里得天独厚的气候使得这里的物产十分富饶,所产出的农产品至今在我国有着重要的地位。陕西的植物资源十分丰富,境内秦岭巴山纵横,为生物的多样性提供了良好的基础。农业部在2017年2月25日关于认定中国特色农产品优势区名单(第一批)的通知中,认定了陕西省商洛市商洛核桃中国特色农产品优势区、陕西省洛川县洛川苹果中国特色农产品优势区,2018年12月13日关于认定中国特色农产品优势区名单(第二批)的通知中,认定了陕西省大荔县大荔冬枣中国特色农产品优势区、陕西省富平县富平奶山羊中国特色农产品优势区,2019年12月9日关于认定中国特色农产品优势区名单(第三批)的通知中,认定了陕西省眉县眉县猕猴桃中国特色农产品优势区、陕西省紫阳县紫阳富硒茶中国特色农产品优势区、陕西省商洛市商洛香菇中国特色农产品优势区、陕西省韩城市韩城花椒中国特色农产品优势区。

二、陕西特色农产品跨境电商发展现状

(一)陕西特色农产品生产及出口现状

1. 生产现状

陕西省地处中国内陆腹地,黄河中游地区,面积20.5万平方公里,地形东西窄短、南北狭长,有高原、山地、平原和盆地等多种地形,形成了黄土高原的陕北、平原地区的关中、秦巴山区的陕南三大区域。三大区域横跨三个气候带,南北气候差异较大。较大的气候差异、多样化的自然资源和当地人民丰富的农耕经验孕育了众多富有特色的优质农产品。截至2017年10月,陕西省412件农产品列入全国地域特色产品资源普查名录,89件农产品获得地理标志注册保护,全省特色农产品集

群正在加速形成。陕西苹果、酥梨、猕猴桃、红枣"四大宝",陕北的优质小杂粮、大枣,陕南的林特产品、茶叶、中药材在国内外市场享有盛誉。临潼石榴、韩城大红袍花椒、凤县大红袍花椒(凤椒)、紫阳富硒茶、汉中仙毫、富平柿饼、镇安板栗等已成为陕西独特的农业品牌,眉县猕猴桃成功获得"国家级农产品地理标志示范样板"称号,大荔冬枣、留坝蜂蜜、商南茶和洋县黑米、洛南核桃、直罗贡米等陕西优质特色农产品市场价值与综合效益稳步提升。

(1) 水果

陕西苹果、酥梨、猕猴桃、红枣"四大宝"在国内外市场享有盛誉。2018年全省园林水果面积已达111391.7万公顷,水果总产15660147吨,其中苹果种植面积59757万公顷,年产量10086877吨,产量居全国第2,陕西苹果以红富士为主,同时还有秦冠、嘎拉等优质品种;梨种植面积4656.8万公顷,年产量997191吨;猕猴桃种植面积5316.2万公顷,年产量947888吨,产量居全国第1;红枣种植面积21479.5万公顷,年产量979261吨,产量居全国第5;柑、橘种植面积2349.7万公顷,年产量469069吨;葡萄种植面积4687.8万公顷,年产量728393吨(见表1)。全省各类果库库容400万吨,其中机械冷库、气调冷库40万吨。

表1 2016—2018年陕西主要水果种植面积及产量

品种	2016年		2017年		2018年	
	面积/千公顷	产量/吨	面积/千公顷	产量/吨	面积/千公顷	产量/吨
苹果	576365	10331643	586171	10924555	597570	10086877
柑、橘	25867	435618	23234	457490	23497	469069
梨	45776	1001325	46207	1052073	46568	997191
葡萄	41956	692059	44742	785571	46878	728393
桃	35921	694683	36790	713896	33906	717220
红枣	188716	822110	202398	924650	214795	979261
杏	34135	116419	33334	125079	34076	124984
柿子	12054	233871	14820	234320	19578	260666
猕猴桃	47102	978723	50248	1008651	53162	947888
石榴	3349	37256	3694	45726	4082	53916
其他水果	54321	332553	48330	335961	39806	294682
合计	1065572	15676260	1089969	16607972	1113917	15660147

陕西目前已经在渭北形成了全国乃至世界面积最大集中连片的优质苹果基地,在陕北的无定河以南到渭河以北的河流沿岸建成了酥梨基地,在黄河沿岸建成了红枣基地,在秦岭北麓和汉江流域建成了猕猴桃基地。2004年"陕西苹果"原产地域保护标志正式启用,全国最大的猕猴桃基地陕西省周至县采用有机种植技术生产的

猕猴桃通过了欧盟食品组织认证。全省绿色果品基地面积达 270 万亩，其中苹果面积 240 万亩，成为我国绿色果品重点生产基地。

（2）茶叶

陕西产茶历史悠久，陕青茶产于陕南汉中、安康、商洛三市。陕青具有条索紧结、汤色浅绿、滋味醇厚、回味甘甜等特点，除含咖啡因、茶碱、可可碱、黄嘌呤、维生素等外，还有人体所需的微量元素，尤富含硒元素，故又称富硒茶，茶叶品质极佳。截至 2018 年年底，全省茶园面积达到 13.589 万公顷（2038.35 亩），产量达 71038 吨，产值达 5307889 万元。其中采摘面积 50 万亩（1 公顷 = 15 亩），茶叶总产量 1.02 万吨（见表 2）。

表 2　2016—2018 年陕西茶叶种植面积、产量、产值

年份	种植面积/千公顷	产量/吨	产值/万元
2016	118.03	61131	373008
2017	126.57	66672	421778
2018	135.89	71038	5307889

（3）干果调味品

陕西核桃皮薄、仁大、饱满，仁与壳易分离，出油率高，富含脂肪、蛋白质和钙、磷、铁、胡萝卜素、维生素。2017 年全省核桃产量 33.6 万吨，其中商洛市产 13.13 万吨。

板栗全省年产 2.6 万吨，其中镇安大板栗已有 3000 多年的种植历史，以味美香甜、个大色润、果粒饱满、营养丰富而著称，1960 年被林业部认定为优良品种。

大红枣是陕北延安、榆林著名的土特产，果大、色红、甜酸可口，含蛋白质、糖类、有机酸、黏液质、维生素和钙、磷、铁等矿特质，具有补脾养胃、益气生津、清热解毒等功效，是一种医、食两用的干果品。2017 年全省年产约 87.23 万吨。

花椒主产于陕西凤县、韩城。穗大粒多、皮厚肉丰、色泽鲜艳、品质优良，"大红袍凤椒"闻名全国。2017 年全省年产约 8.28 万吨。

木耳陕南各地均有生产，体大肉厚、味美可口，富含蛋白质、氨基酸和多种维生素。

香菇陕南各地均有生产，营养丰富、味道鲜美，富含蛋白质、氨基酸和多种维生素，是保健、抗癌防癌的理想食品。

黄花菜又名金针菜，主产于大荔县，已有 200 多年栽培历史。1983 年在全国黄花菜品质鉴定会上，被誉为"西北极品"。

陕西兴平大蒜种植历史悠久，民间有"唐蒜"之说，"大蒜之乡"的美称也早已饮誉全国。兴平大蒜以蒜头肥、瓣个大、包衣紧、味辛辣为特点，蒜薹翠绿鲜嫩、甘辛适中、味道鲜美，种植面积在 8 万亩以上。1986 年被陕西省人民政府确定为陕西省大蒜生产基地。

陕西辣椒以"秦椒"驰名国内外，宝鸡是秦椒的主产区。

近几年，陕西干果调味品年产值呈现不断增长趋势（见表 3）。

表3 2016—2018年陕西干果、香料、中草药材产值

年份	干果/万元	香料作物/万元	中药材/万元
2016	520298	314245	697984
2017	626080	322144	730172
2018	566481	475859	915407

（4）食品

西乡牛肉干始制于清同治年间，色红、酥松、清香、余味悠长、营养丰富，1981年获陕西省优质食品称号。

腊牛羊肉是用鲜牛羊肉加工而成的腊味品，肉质酥松、色泽红润、膘肉分明、气味香醇。

黑米色乌黑而有光泽，有药疗价值。洋县是主产区，所产黑米品质极好。

香米色纯白、半透明，食味爽口、营养丰富、医食兼优，素有"一户煮粥百家香"之誉。

小米的蛋白质、脂肪含量高于玉米和大米，维生素、蛋氨酸含量丰富。陕北是主产区，延安小米是陕北小米的代表，因在抗日战争的艰苦年代对中国革命作出贡献而名扬四海。

（5）优质药材

山萸肉又名枣皮，产于佛坪县等地。含山茱萸碱皂、维生素C等，是六味地黄丸、十全大补丸等中成药的主药之一。

五味子是天然野生藤本灌木，产于柞水等地，它以果实入药，味甘酸醇香。

定边甘草皮棕红、体黄白、味甘甜、质坚硬、断面呈花纹样，品质好、产量高，史称"西草""梁外草"。

绞股蓝俗名五爪龙，陕西省平利等县资源十分丰富，野生，亦可人工栽培。其富含绞股蓝皂苷，有平衡血压、促进代谢、增强免疫力、抗癌、抗衰老、抗动脉硬化等神奇功能。

沙棘又名酸刺、醋柳，主产于陕北地区。果呈金黄色颗粒状，有健脾养胃、生津解渴、舒胸化积和增进食欲等作用，既可药用，又是加工食品、饮料的优质原料。

2. 出口现状

陕西省特色农产品种类丰富，出口的农产品种类繁多，主要以谷物、鲜菜或冷冻蔬菜、干的食用菌、干豆、橘、橙、鲜苹果、花生仁、天然蜂蜜、茶叶、蘑菇罐头、药材、烤烟、生丝、山羊绒为主。以2018年为例，从出口数量上来看，鲜苹果出口数量最多，占到总出口量的一半以上；其次是干豆、橘及橙类、鲜菜或冷冻蔬菜、烤烟、谷物及谷物粉、药材、蘑菇罐头、茶叶（见表4）。从出口的金额上看，出口金额最大的是鲜苹果，其次依次为干豆、烤烟、山羊绒、橘及橙、茶叶、药材和生丝（见表5）。

表4 2016—2018年陕西省农产品主要出口商品数量

单位：吨

年份	谷物及谷物粉	鲜菜或冷冻蔬菜	干的食用菌	干豆	橘、橙	鲜苹果	花生仁	天然蜂蜜	茶叶	蘑菇罐头	药材	烤烟	生丝	山羊绒
2016	220569	12637007	223051	11303372	1597071	110970773	1250	295725	279213	106080	430851	3125219	58843	37042
2017	1389918	7064102	51487	9629962	1058366	88782618	35900	162830	207463	142794	432932	4031796	37195	54153
2018	3344780	4012135	4190	12069600	6153752	62334926	59000	40780	233450	335515	847371	3651196	51731	71231

表5 2016—2018年陕西省农产品主要出口商品金额

单位：万元

年份	谷物及谷物粉	鲜菜或冷冻蔬菜	干的食用菌	干豆	橘、橙	鲜苹果	花生仁	天然蜂蜜	茶叶	蘑菇罐头	药材	烤烟	生丝	山羊绒
2016	119	6055	2293	13903	1103	65740	2	593	5836	461	2465	5323	1759	2410
2017	562	1831	637	14989	747	56564	47	312	2497	563	2194	7131	1499	3387
2018	1200	1032	415	12848	4373	42388	48	113	3782	1311	3173	6317	2150	5796

（二）陕西特色农产品跨境电商发展实践

近年来，陕西加大政策支持力度，持续优化营商环境，发挥中国（西安）跨境电子商务综合试验区优势，通过建设西安进口商品展示交易分拨中心、跨境电商国际合作中心，实现信息流、资金流、货物流快速、高效、低成本流动，持续提高要素配置和经济效益，实现共赢发展。

从 2014 年 3 月西安获批为跨境电商服务试点城市，到 2018 年 7 月获批为国家跨境电商综合试验区，跨境电商在西安每年始终保持 30% 以上高速增长。目前西安已形成以化妆品、母婴、服装箱包、酒水饮料、配饰、电器六大领域为主导，月供货量近万单，月进出口值近 10 亿元的跨境电商产业聚集区。跨境电商已经成为陕西外向型经济发展的新引擎。

目前，陕西省着力打造的跨境电商先行区——西安国际港务区，依托国内唯一获得国际、国内双代码的内陆港口，先后建设了进境粮食指定口岸、进口肉类指定口岸、整车进口口岸、跨境电商监管中心，并在德国法兰克福、哈萨克斯坦卡拉干达州等地设立 8 处"海外仓"。目前西安国际港务区已经建成了跨境电商服务平台及相关配套产业服务链，开辟了阿姆斯特丹—西安、芝加哥—西安的跨境电商货运直飞航线，以及西安—明斯克跨境电商"长安号"专列。

西安国际陆港集团在推进跨境电商线上线下融合发展上下大功夫，除了丰富线上线下商品供应、改善消费环境、优化服务供给、引导出境消费回流，还在主要商圈、社区及综合保税区开设跨境电商线上线下（O2O）体验店和直营店。

依托口岸与通道优势，西安国际陆港集团举办西安港"长安号"集装箱购物节活动，建立了"洋货码头"、"Ulife"、LENPO（澜博）跨境购物中心、西安港进口红酒交易基地等具有影响力的进口服务平台及运营品牌。国内知名电商企业京东集团、蜜芽集团、绿地集团集中落地西安国际港务区，进一步丰富了跨境电商生态圈，让内陆城市尽享"买全球、卖全球、享全球"的便捷。

而西咸新区空港新城作为西北唯一的国家级临空经济示范区，拥有全国排名第 7 的航空口岸——西安咸阳国际机场，以及进口食用水生动物、冰鲜水产品、水果、肉类四大指定监管场地和进口药品指定口岸，形成了"临空＋自贸＋保税＋口岸＋跨境＋航权"六大叠加优势，构建起以国际快件和国际冷链运输为主的跨境电商新模式。

2018 年 10 月，人民银行西安分行创新"互联网＋跨境人民币"新模式，推动建立"通丝路"——陕西跨境电子商务人民币结算服务平台，为小微企业和贫困农户将陕西特色产品推向全球市场搭建了一条便捷的"人民币网上丝绸之路"。

2019 年 4 月 8 日，陕西省首单跨境电商网购保税进口交易商品在西咸保税物流中心（B型）正式通关，空港新城建设的2400平方米的跨境电商公共仓同步投入运营，与为中小型企业打造的"低门槛、零成本"的云丝路跨境电商孵化基地以及进口商品展示交易分拨中心共同承载具有空港品牌特色的跨境电商产业。

2019年8月12日，西咸新区空港新城"一带一路"进口商品展示交易分拨中心暨自贸大都汇国别馆正式开馆，涵盖"一带一路"国家特色商品展馆、商品交互体验空间及商务配套空间等馆。西班牙的橄榄油、法国的化妆品、俄罗斯贝加尔湖的高端饮用水等"一带一路"沿线国家特色产品、手工艺品在这里都能找到。

"一带一路"进口商品展示交易分拨中心依托陕西西咸保税物流中心，以保税备货模式将商品集中储存于物流中心保税仓，采购成本和物流成本大大降低，进货企业在分拨中心挑选展示的商品后，货物直接从保税仓发货，分拨速度很快。

下一步，"一带一路"进口商品展示交易分拨中心、保税物流中心、跨境电商公共仓将实现"区内区外"联动、"线上线下"结合，为陕西乃至西北企业提供零售供应链分拨服务，打造跨境电商展示交易分拨集散基地。

三、陕西特色农产品跨境电商发展中存在的问题

虽然陕西出口的特色农产品已经具备一定的经济规模和相当的区域优势，但是在特色农产品出口跨境电商贸易中，与西方发达国家相比仍然有很长的路要走。陕西特色农产品出口的总体规模、产能、出口品种、技术创新能力、企业管理能力等方面的问题不断出现，严重影响了陕西特色农产品出口跨境电商的发展。

（一）陕西特色农产品跨境电商发展中的平台建设问题

1. 陕西特色农产品出口跨境电商行业发展规范缺失

特色农产品出口企业开展跨境电商必不可少的要件就是跨境电商平台，缺了它业务就无法开展，它扮演着集成服务商的角色。目前国内众多企业使用的跨境电商平台主要是速卖通、亚马逊、eBay及Wish等四大平台，但是它们都各自存在着不可避免的缺陷。我国虽然已经连续出台了《支付机构跨境外汇支付业务试点指导意见》（2013年2月21日）、《关于实施支持跨境电子商务零售出口有关政策的意见》（2013年8月21日）、《财政部 国家税务总局关于跨境电子商务零售出口税收政策的通知》（2013年12月30日）、《关于跨境贸易电子商务进出境货物、物品有关监管事宜的公告》（2014年7月23日）等一系列有关跨境电商的政府文件，但是从现实情况观之效果有限，并不能满足陕西乃至我国特色农产品出口跨境电商的实际需求。有关跨境电商服务，目前我国还没有出台专门的指导意见或文件，这就导致了在现实操作中，特色农产品出口跨境电商企业的发展面临非常多的阻碍与困难，这

些极有可能导致农产品跨境电商交易失败,对陕西特色农产品出口跨境电商的发展产生不利影响。

2. 陕西特色农产品出口跨境电商专业平台缺乏

近年来,随着"一带一路"建设的推进以及中国(陕西)自由贸易试验区的建立,陕西特色农产品出口贸易额不断增加。同时,虽然我国的跨境电商发展迅速,尤以阿里巴巴为典型代表,但是陕西特色农产品出口企业却多数仅仅依靠现有的综合型电商平台开展跨境电商业务。而这些综合性平台的某些规则可能不适用于特色农产品,导致特色农产品交易量十分有限。因此当前陕西缺乏具有专业水平的特色农产品出口跨境电商平台。由于陕西专业跨境电商平台的缺乏,导致了卖方市场和买方市场信息不畅,进而导致陕西很多特色农产品出口企业无法快速地被目标客户找到,好的特色农产品出口企业无法发展壮大,更不能有效地分析企业自身的优劣势并修正完善企业的经营策略。

3. 陕西特色农产品出口企业与综合性跨境电商合作方式简单

目前陕西正在开展特色农产品出口跨境电商业务的企业比较少,仅有开展跨境电商业务的企业也只是利用跨境电商平台的销售功能,并没有充分利用跨境电商平台的其他功能,不利于陕西特色农产品出口跨境电商的发展。陕西特色农产品出口企业应该与综合性跨境电商平台开展全方面战略合作,充分发挥综合性跨境电商平台的功能,比如通过跨境电商平台开展促销活动,只有这样特色农产品出口企业的利润才能增加,企业才能得到持续发展,并最终促进陕西特色农产品出口跨境电商发展。目前陕西特色农产品出口企业和跨境电商平台的合作方式过于简单,无法吸引大量境外消费者,也就导致企业无法在业务规模和品牌宣传上取得优势。

4. 陕西特色农产品出口跨境电商平台综合服务能力薄弱

从陕西的实际情况来看,目前陕西的跨境电商平台企业还只是相当于一个中介,并没有发挥出特色农产品出口跨境电商平台与以往平台的不同作用。从陕西特色农产品出口跨境电商服务平台的发展情况来看,实际情况很不如人意,其发展缓慢,综合服务能力十分有限,难以满足陕西特色农产品出口跨境电商企业发展的复杂需求。同时由于陕西特色农产品出口跨境电商企业和跨境电商平台提供企业对自己的发展战略定位不清、方向不明,导致其无法采取正确的策略或对策来促进跨境电商平台综合服务能力的提高,不能投入资金和人力来建设水产品出口跨境电商平台。以上种种不足导致了陕西特色农产品出口跨境电商平台综合服务能力的薄弱。

(二)陕西特色农产品跨境电商发展中的产品质量问题

1. 陕西特色农产品出口加工企业水平有限

由于陕西特色农产品出口加工企业技术落后,很难对出口的特色农产品进行精加工、深加工，产品的经济附加值必然很低。这样就无法形成竞争优势，在进行对外贸易时很容易遭受打击，甚至一蹶不振。陕西特色农产品出口加工企业对农产品精深加工研发投入不够，高经济附加值的产品很少，这样其出口的特色农产品就无法形成规模和品牌优势。由于陕西特色农产品出口加工企业并未直面消费者，无法了解消费者真正的需求偏好，同时由于相关企业缺乏研发积极性，不愿意投入金钱与人员，这就进一步导致了陕西特色农产品出口企业加工方式粗放，产品品质长期得不到提升。

2. 陕西特色农产品出口质量管理体系落后

我国农产品之所以在国际市场上遭到贸易保护和绿色壁垒冲击，最主要的阻碍因素就是我国落后的农产品质量管理体系。目前我国还未形成统一规范的农产品出口质量管理体系，一旦出现农产品质量问题，无法查找到具体的生产企业。虽然形势很严峻，但是很多农产品出口企业依然不重视农产品质量管理体系建设，心存侥幸，结果就是面对绿色壁垒时，出现难以预计的巨大损失。目前陕西特色农产品质量管理体系还没有形成，质量追溯体系更是无从谈起，农产品的品质等级的判定还主要是靠经验，这样就会导致出现品质等级认定的不同，极易出现以次充好、好货难卖好价的现象，故而亟须加快我国农产品出口质量管理体系的建立。

3. 陕西特色农产品出口跨境电商企业品牌意识薄弱

陕西的特色农产品出口跨境电商企业并未建立起品牌意识，各自为政，一家企业一个品牌，没有设计统一的标识、包装，这很不利于企业的发展壮大。品牌意识薄弱的主要原因是陕西特色农产品加工企业生产的都是初级产品，企业认为没有树立品牌的必要，没有认识到品牌的重要性。而且国内企业和消费者缺乏对知识产权的重视，也就不重视品牌建设。这势必导致陕西特色农产品缺乏国际竞争力，无法与其他国家的名牌农产品进行竞争。

（三）陕西特色农产品跨境电商发展中的人才问题

1. 陕西特色农产品出口企业对人才需求不够重视

陕西多数特色农产品出口企业不重视专门人才的培养和招纳，认为开展跨境电商业务并不需要专门人才，认为普通销售人员即可以代替专门的跨境电商人才。由于国际市场不同于国内市场，国内市场的营销方式方法无法适应国际市场，让普通营销人员开展跨境电商业务，将会使企业遭遇挫折。此外，陕西的特色农产品出口企业也不太关注相关的人才政策，对于政府发布的人才引进政策漠不关心，没有认识到跨境电商人才的重要性，导致企业错过发展壮大的良机。

2. 陕西特色农产品出口企业与高等院校人才难以相匹

人才是一个国家发展的动力，更是一个企业发展壮大的利器。目前陕西特色农产品出口跨境电商企业的人才来源主要是同行跳槽和高校招聘,企业很难真正招到需要的跨境电商专业人才。其主要原因是特色农产品出口跨境电商企业并未积极主动与高校合作培养跨境电商相关专业人才。综观全国各大高等院校,并没有开办特色农产品出口跨境电商专业的学校,绝大多数都只是开办了相关专业,比如电子商务、国际经济贸易、物流管理等,无法匹配企业的人才需求,这就导致企业招不到真正需要的且对口的专业人才,很容易造成人员和资源浪费,企业新招入的相关专业人才必须增加跨境电商业务的培训,这就无形地增加了企业的发展成本,而且培训效果也不一定完全符合企业的要求,不合格的人才必然对特色农产品出口跨境电商发展的不利。

四、跨境电商促进陕西特色农产品出口的能力分析

(一)内部能力分析

1. 优势要素分析

(1)自然条件优越,交通便利

陕西省按地理方位划分属于西北地区,北部为黄土高坡,南部为关中平原、渭河谷地,北部属于温带季风气候,夏季温度高,冬季干燥寒冷,全年降水较少,晴朗天气多,南部属于温带大陆性气候,光照充足,气温较高,这样更有利于农作物的生长,使其营养价值更高。

陕西省交通便利,截至 2019 年开通的有:西安咸阳国际机场 5 条航线、7 条高铁线路、6 条普通铁路、8 条高速公路。陕西交通运输的快速发展,能够让顾客在最短的时间内吃到绿色、新鲜、健康的农产品,交通便利为农产品的发展提供了重要保障。

(2)历史悠久,具有品牌优势

改革开放后,陕西人民努力奋斗,为今天产业形成与发展奠定了基础、提供了宝贵的经验教训,同时也为陕西农产品打响了一定的品牌知名度,使其具有明显的比较优势。

农业部在 2017 年 2 月 25 日关于认定中国特色农产品优势区名单(第一批)的通知中,认定了陕西省商洛市商洛核桃中国特色农产品优势区、陕西省洛川县洛川苹果中国特色农产品优势区,2018 年 12 月 13 日关于认定中国特色农产品优势区名单(第二批)的通知中,认定了陕西省大荔县大荔冬枣中国特色农产品优势区、陕西省富平县富平奶山羊中国特色农产品优势区,2019 年 12 月 9 日关于认定中国特色农产品优势区名单(第三批)的通知中,认定了陕西省眉县眉县猕猴桃中国特色农产品优势区、陕西省紫阳县紫阳富硒茶中国特色农产品优势区、陕西省商洛市商

洛香菇中国特色农产品优势区、陕西省韩城市韩城花椒中国特色农产品优势区。

（3）跨境电子商务生态体系越来越完善

跨境电商的经济主体主要有三种：一是电子商务出口企业，二是为出口企业提供交易服务的电子商务平台，三是跨境电商服务企业。这三种跨境电商的经济主体都是围绕着电商平台开展经济活动。西安国际港务区成功引进了一些著名的电器生产企业，如国美国际、唯品国际、京东全球购等。我国第三方跨境电商平台发展迅速，结果令人欣喜，如敦煌网、阿里的速卖通等。

（4）当地政府的强力支持

各级政府政策支持是发展陕西电商的加油泵。陕西各级政府已经开始着手建设跨境电商平台，物流、支付等平台也逐渐有了一定的规模。2014年，陕西省政府出台了《关于进一步加快电子商务发展的若干意见》，指明了未来陕西跨境电商发展的总体思路和重点工作。同时又出台了关于加快电子商务发展的若干意见和实施方案，为今后电商的发展指明了方向和实施路径。具体举措如：支持企业开展跨境电子商务业务；完善跨境电子商务产业园服务功能；加快推进西安国际港务区、西咸新区空港新城等跨境电子商务产业园区建设；创新金融服务方式；鼓励跨境电子商务企业建设境外服务网点。

（5）跨境电商发展配套环境好

近年来，陕西加大政策支持力度，持续优化营商环境，发挥中国（西安）跨境电子商务综合试验区优势，通过建设西安进口商品展示交易分拨中心、跨境电商国际合作中心，加大公路、铁路、机场建设，加快跨境电商物流设施建设。陕西很多高校开设了跨境电商课程，保证跨境电商人才供给。跨境电商相关的法律法规也日益完善。根据相关学者分析，陕西跨境电商发展配套环境较好，处于全国中上发展水平。

2. 劣势要素分析

（1）特色农产品未形成生产规模化、产品标准化、产业链条化。

陕西特色农产品主要靠各村的零散农户进行生产，生产、加工、销售等没有形成严密的组织结构，没有形成规模效应，利润较低。由于缺乏龙头企业带动，农产品行业发展相对缓慢。农产品产业非常缺乏科学的发展，深加工和销售非常欠缺，未将产品品牌化，从而导致产业链没有形成。缺乏技术干部、农民素质不高，也严重阻碍了特色农产品的发展。

（2）物流渠道不完善

电子商务想要进一步发展，必须依赖完整的物流体系及完善的配送服务，因此对物流配送服务系统要求较高。目前，陕西物流渠道不够全面和完善，具体表现为现代物流产业不健全，物流管理体系级别低，在陕西乃至全国的物流配送能力达不到要求。大部分的乡镇还没有建立完善的物流配送网络，而乡镇的配送距离远、成本高，导致很多物流公司都不愿意提供配送服务，农产品的销量自然提不上去。用于物流冷链储运设备短缺和应用不足，也导致了新鲜农产品难以进行长时间和长距离的运输，就算能够保证运输，也不能保证产品的新鲜度，进一步导致交易失败，无法成功。总的来说，电商对物流要求高，而陕西传统物流达不到这个要求。如果电商的物流体系不够完善和全面，将会大大限制陕西跨境电商贸易的发展，对发展跨境电商的发展十分不利。

（3）缺乏跨境电商人才

人才的短缺使得电商无法像其他成熟的产业一样快速发展，电商产业需要有大量的跨境电商业务人才。陕西虽然是一个有高效、丰富的教育资源的教育大省，但由于其地理劣势和经济发展资源相对匮乏，导致人才流失现象非常严重。就跨境电商的发展而言，由于陕西只是形成了初具雏形的跨境电商体系，很多方面建设不足，比如电商氛围不够，无法为电商人才提供想要的发展空间，所以他们不会留在陕西发展，而是集体向东部沿海地区集聚。此外，陕西电子商务产业和经济发达地区相比起点低、开始晚，还不够成熟，地方电商人才实际操作经验少，而经济发达地区的电子商务发展迅速，给出的待遇好，所以陕西无法吸引高层次电商人才留下。

（二）外部环境分析

1. 机会要素分析

（1）绿色环保健康的有机农产品

党的十九大以来，绿色环保健康成为新时代的主题，顺应绿色经济的潮流，农产品必将成为大众欢迎的礼品。加之互联网行业的繁荣发展，使得农产品"走出去"已不再是难题，产品可以进行线上和线下的同步推广。农户可与拼多多展开合作，在阿里巴巴注册商会，进行大批量的跨省跨区域批发，在淘宝、京东等电商平台上自营网店，方便其他区域消费者的购买和选择。

（2）国外市场空缺

农产品产量及人均占有量极少，发展空间及市场潜力巨大。根据市场数据分析，农产品消费量近年来持续递增，市场发展和需求潜力巨大。从出口市场看，韩国、日本等发达国家消费量大，需大量进口。

（3）国家对发展农业的政策支持

党的十九大指出，要重视经济建设、政治建设、文化建设、社会建设、生态文明建设，要重视文化传承与发展，要将中国文化与"一带一路"结合起来，运用法律手段维护品牌形象。特色农产品可以借着"一带一路"的发展，把特色农产品推向全世界，让世界人民都能吃到中国的农产品。陕西省政府为鼓励果农培育出优良的红薯、柿子、甜瓜、石榴等,实施了一系列优惠政策,给予了一定的补贴,有利于农产品品质的提升。

(4) 陕西自贸区的成立及"一带一路"带来的机遇

"一带一路"建设在一定程度上带动了陕西跨境电商产业的快速发展,逐渐形成了一条包含陕西的网上丝绸之路。陕西位于东部和西部的接合点,现代经济的发展离不开发达的交通和健全的物流产业,西安国际港务区主要依赖三个平台,即综合保税区、公路港和铁路集装箱中心站,通过这三个平台把沿海港口的出口功能牵引到内地西安来,建立一个四通八达的物流中心,该物流中心必须连接通江达海的国际内陆港以及该港周边。陕西位于"丝绸之路"沿线经济带的重要战略节点,资源和区位优势会使陕西成为对外开放前沿省,为其跨境电商进一步发展创造优势。

(5) 国家对跨境电商的大力扶持

国务院是跨境电子商务相关政策指导的制定者。自 2013 年开始发展跨境电商起,国家对跨境电商大力扶持,既批准了试验区,也制定了相关跨境电商的政策。

由表 6 可见,从 2013 年至 2017 年期间,国务院发布了一系列相关跨境电商政策,包括:针对各部门要求的《国务院办公厅关于实施支持跨境电子商务零售出口有关政策意见》、针对基础设施的《国务院办公厅关于支持外贸稳定增长的若干意见》、针对提高效率的《国务院办公厅关于大力发展电子商务加快培育经济新动力的意见》、针对支持新业态的《国务院关于促进外贸回稳向好的若干意见》、针对降低进口税率的《国务院关税税则委员会关于调整部分消费品进口关税的通知》等。

表 6 2013—2017 年国务院相关跨境电商政策

时间	政策的主题	名称
2013 年 8 月	对各个部门要求	《国务院办公厅关于实施支持跨境电子商务零售出口有关政策意见》
2014 年 5 月	基础设施	《国务院办公厅关于支持外贸稳定增长的若干意见》
2015 年 3 月	批准试验区	《国务院关于同意设立中国(杭州)跨境电子商务综合试验区的批复》
2015 年 5 月	效率提高	《国务院办公厅关于大力发展电子商务加快培育经济新动力的意见》
2016 年 6 月	基础设施	《国务院办公厅关于促进跨境电子商务健康快速发展的指导意见》
2016 年 1 月	批准试验区	《国务院关于同意在天津等 12 个城市设立跨境电子商务综合试验区的批复》
2016 年 5 月	支持新业态	《国务院关于促进外贸回稳向好的若干意见》
2017 年 11 月	降低进口税率	《国务院关税税则委员会关于调整部分消费品进口关税的通知》

2. 威胁要素分析

(1) 同行业公司较多,竞争激烈

陕西售卖和加工农产品的企业各自为政,大家争相推出自己的产品,盲目跟从,秩序混乱,不能保证产品的市场优势,同时各企业也不能推出具有特色的农产品。

(2) 对外贸易遭遇贸易摩擦

当前,我国对外贸易碰到了不公平待遇:一是贸易保护主义抬头,一些贸易大国不断提高针对我国的关税壁垒以保护本国贸易;二是不断增加针对我国跨境商品的调查,如煤矿、服装、化工、医疗器材等产品都遭到了一系列的调查。陕西电商对外贸易形势极度严峻,也会阻碍陕西跨境电商的发展。

(3) 信用支付风险

目前,陕西特色农产品跨境电子支付在流程上还存在以下问题:一是由信息系统故障引起的支付信息丢失问题。二是存在支付风险。具体表现在以下两个方面:一方面是不同国家的公司在电子支付风险监管的规则设立上存在异议,不同国家针对跨境电商的法律监管体系不同,相关法律界定不清楚;另一方面是跨境电子支付在具体实施过程中出现了新的问题,如无法在法律上判定电子货币发行的范围等。

(三) 结论

通过 SWOT 分析法对影响陕西特色农产品出口跨境电商发展能力的内外部因素进行分析,得出基本结论,如表 7 所示。

表 7　陕西特色农产品出口跨境电商发展 SWOT 分析

	内部条件		外部条件
优势	1. 自然条件优越,交通便利; 2. 历史悠久,具有品牌优势; 3. 跨境电子商务生态体系越来越完善; 4. 当地政府的强力支持; 5. 跨境电商发展配套环境好	机遇	1. 绿色环保健康的有机农产品; 2. 国外市场空缺; 3. 国家对发展农业的政策支持; 4. 陕西自贸区的成立及"一带一路"带来的机遇 5. 国家对跨境电商的大力扶持
劣势	1. 特色农产品未形成生产规模化、产品标准化、产业链条化; 2. 物流渠道不完善; 3. 缺乏跨境电商人才	威胁	1. 同行业公司较多,竞争激烈; 2. 对外贸易遭遇贸易摩擦; 3. 信用支付风险

五、跨境电商促进陕西特色农产品出口的路径

陕西特色农产品出口跨境电商发展目前还处于初级阶段,很多方面还不很健全,尤其在特色农产品出口跨境电商平台建设、跨境电商产品质量、跨境电商物流、跨境电商专业人才等方面的问题尤为突出。针对这些问题提出以下对策建议:

(一) 扩大农产品跨境电商出口平台发展多元化

截至 2018 年,西安国际港务区已经有跨境电商企业 240 多家,物流企业 8 家,

支付企业 7 家。阿里巴巴、敦煌网、丰趣海淘等国内知名跨境电商平台陆续进驻西安，为陕西跨境电商发展创造了很好的平台条件。但由于我国农产品进出口的检测标准、流程以及监控体系不完善，各进口国家对农产品质量的检测标准不一致，因此国内外各大跨境电商平台很少开通农产品跨境通道。截至 2018 年，只有 Shopee（虾皮网）在东南亚市场逐渐开展农产品跨境电商业务。

因此，为了更好地促进陕西特色农产品的出口，一方面，除了可以在现有的平台基础上继续摸索进行农产品的跨境出口，企业也可加强探索移动端跨境电商发展模式，政府层面可加大农产品跨境电商出口自建平台的建设。另一方面，如果农产品确实在平台上架困难，也可以和有"海外仓"的企业合作，通过传统的方式将陕西特色农产品运往国外，并放在合作企业的"海外仓"，由合作企业进行海外销售。

（二）树立国际品牌形象，提升陕西特色农产品国际市场竞争力

为人所熟知的品牌名称和良好的品牌形象对于产品的销售非常重要。陕西特色农产品要想走出国门，并在国际市场上站稳脚跟，树立国际品牌是首要任务。而树立良好的国际品牌需要从提升产品质量、规范出口标准、打造营销团队、做好客户服务等方面入手。

高质量的特色农产品，需要根据农产品的生长特点因地制宜，从育种、选苗、土壤、播种等方面综合考虑，规范出口标准，需要制定科学专业的系统。政府可以对各省当地出口的农产品从生产到最终运输到消费者手中这一过程制定一系列的出口指标，对农产品的种植、加工和包装、仓储等进行统一指导，并建立质量安全追踪系统。优秀的营销团队需要了解全球市场行情，把握市场机会并精准出击。优质的客户服务需要能解决在特色农产品跨境电商销售整个过程中出现的各种问题。

（三）完善特色农产品跨境电商出口物流体系

在跨境电商领域，物流成本过高、冷链物流运作体系尚不完善等问题一直是制约其发展的重要因素。因此，为了节省物流成本，可以采用传统国际贸易运输方式，通过海运、铁路、航运等将陕西特色农产品集中先运到海外的"海外仓"，然后再分批发到卖家手中。而由于特色农产品从采摘到买家收货的过程持续的时间比较长，农产品质量得不到保障，这又需要国内外研究者加强农产品物流技术的研发。各大跨境电商农产品出口企业需要完善自身配套物流系统建设，升级冷链物流运输工具，还需要建设国内保鲜仓储设施。政府也应根据当地冷链物流行业发展的实际情况，对从事农产品冷链物流的企业给予财政、税收政策的优惠，协助当地特色农产品顺利出口。

（四）培养特色农产品跨境电商相关人才

特色农产品跨境电商为陕西本土品牌提升国际知名度创造了有利条件，提升了农产品品牌知名度和品牌影响力。与此同时，特色农产品跨境电商的发展必然需要更多熟悉当今电子技术、了解农产品贸易的综合型人才。目前，陕西省特色农产品跨境电商行业十分缺乏这类人才。在人才培养方面，一方面，可以通过高校设置跨境电商专业、开设农产品跨境电商方向学科来培养新一代农产品跨境电商人才；另一方面，政府或农业合作社可以与高校合作开设农产品跨境电商培训班，对现有农民进行培训，以期让更多陕西特色农产品走出国门。

参考文献

[1] 李燕,朱芳阳,陈金源,黄金华. 基于多元线性回归分析的我国农产品跨境电商发展实证研究[J]. 数学的实践与认识,2020,50(12):299-310.

[2] 陈慧,刘琦,袁照稳. 新中美贸易关系下中国农产品跨境电商发展的SWOT分析[J]. 特区经济,2020(7):93-95.

[3] 唐曼兰. "一带一路"倡议下广西农产品跨境电子商务存在的问题及对策分析[J]. 中国管理信息化,2019,22(12):110-111.

[4] 徐汉柱. "一带一路"倡议下农产品跨境电商与跨境物流的发展[J]. 现代营销(下旬刊),2020(5):176-177.

[5] 李侃. 我国农产品跨境电商发展现状及策略研究[J]. 农家参谋,2020(17):249.

[6] 周道,贺韧. "一带一路"背景下湖南农产品跨境电商存在问题及对策研究[J]. 山西农经,2020(9):46,48.

[7] 简萍. 我国"跨境电商+农民专业合作社"模式的构建探讨[J]. 农村实用技术,2020(5):24.

[8] 锁冠侠,熊政力. 基于"一带一路"战略背景下甘肃省农产品跨境电子商务发展策略[J]. 社科纵横,2018,33(7):33-35.

[9] 施清芳. "一带一路"背景下我国农产品跨境电商出口的实践研究——基于Shopee平台实践[J]. 全国流通经济,2019(31):14-15.

[10] 丁珏. "一带一路"倡议下浙江跨境农产品电商发展态势分析[J]. 经济论坛,2020(5):98-104.

[11] 张晓琴,王悦. 跨境电商农产品贸易发展特点与制约因素——以四川省为

例[J].商业经济研究,2020(7):158-161.

[12]王丹妮.跨境电商平台促进重庆农产品出口的可行性研究[J].中外企业家,2020(16):81.

[13]崔瑾英."一带一路"背景下跨境电商助力河南精准扶贫的机制和实施路径研究[J].决策探索(下),2020(3):7-9.

[14]李媛,汪佳滨,李光辉.我国农产品跨境电商的发展困境与对策[J].中国农业会计,2020(3):10-13.

[15]徐冉."一带一路"背景下河南省农产品跨境电商物流系统优化研究[J].经济研究导刊,2020(9):61-62,69.